纵横百家

让 学 术 亲 近 大 众

梁漱溟

左上：在北京顺天学堂读书时的梁漱溟　　右上：二十世纪三十年代的梁漱溟

左下：二十世纪五十年代的梁漱溟　　右下：二十世纪六十年代的梁漱溟

梁漱溟之父梁巨川携全家合影。后排左起，梁漱溟母亲张滢、梁漱溟祖母陈恭人、梁漱溟父亲梁巨川、梁漱溟兄长梁焕鼐；前排左起，梁漱溟大妹梁新铭、梁漱溟、梁漱溟二妹梁谨铭

梁漱溟与家人合影。左起，梁漱溟大嫂彭清绮、梁漱溟母亲张滢、二妹梁谨铭、祖母陈恭人、梁漱溟、父亲梁巨川、大妹梁新铭、兄长梁焕鼐

梁漱溟私塾照。 右一为梁漱溟塾师刘纳先生，右二为梁漱溟、右三为梁漱溟二妹梁谨铭，右五为梁漱溟大妹梁新铭

民国初年，中学毕业的梁漱溟着兄长留学日本的服装留影

北京大学任教时的梁漱溟

一九一九年夏，梁漱溟与张申府（右一）、李大钊（右三）、雷国能（右四）摄于中央公园（社稷坛）

一九二一年阴历九月二十五日，梁漱溟与伍庸伯及友人摄于北京动物园。前排右起第六人为梁漱溟，右起第八人为伍庸伯

一九二二年夏，梁漱溟赴山东曹州讲学于菏泽留影。二排中为梁漱溟

一九二九年，梁漱溟在山西考察村政设施时留影。右二起，周用、梁漱溟族侄梁培伟、梁漱溟、马仰乾、冯炳奎、杨遂良

一九三三年，梁漱溟（中立者）与工作同仁合影于邹平乡村建设研究院门外。二排右一为潘从理

一九三六年，梁漱溟与长子梁培宽、次子梁培恕摄于济南

一九六一年，梁漱溟与长孙梁钦元、次孙梁钦东摄于北京

一九三八年一月，梁漱溟与毛泽东主席在延安促膝交谈

一九四六年，梁漱溟与张澜摄于南京蓝家庄

一九四八年，梁漱溟摄于重庆北碚勉仁书院。其时，他正在撰写《中国文化要义》

一九四九年，中华人民共和国成立前夕，梁漱溟摄于重庆北碚

一九四九年十二月十五日，友人为梁漱溟赴京送行合影。前排右二起，云颂天、陈树棻、梁漱溟、陈亚三、杨历坚、席朝杰；二排右三为侯子温

一九五一年，梁漱溟摄于颐和园

二十世纪六十年代，梁漱溟参观展览会

一九七四年，梁漱溟在北京新中街寓所前

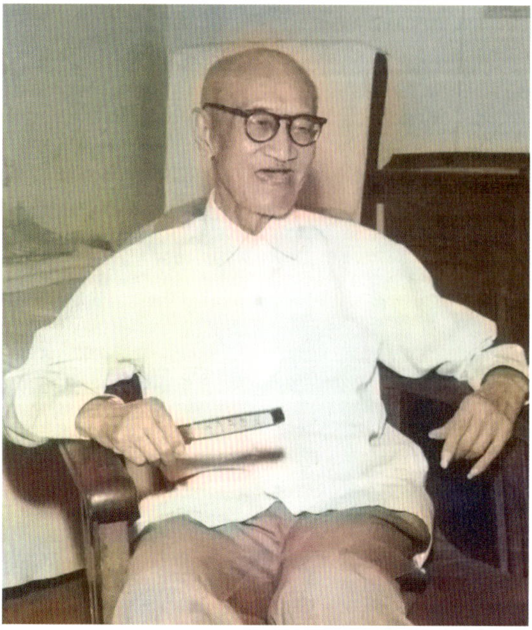

一九七九年九月，梁漱溟摄于
新中街寓所

二十世纪八十年代，梁漱溟在中国文化书院讲座

一九八六年，梁漱溟
在寓所楼下习拳

一九八六年，梁漱溟在复兴门外寓所工作

一九八四年，梁漱溟与彭真交谈

一九八七年七月，梁漱溟与晏阳初在复兴门外寓所交谈。后立者为梁漱溟孙女梁彤（梁钦慧）

一九八二年，全国政协直属学习小组成员合影。前排中为梁漱溟，右一为黄维，右二为赵君劢，右三为溥杰，右四为程思远，右六为秦德君，右七为董竹君，右八为宋希濂；后排左一为汪东林，左三为沈醉

一九八六年夏，梁漱溟与次子梁培恕（左一）、孙子梁钦东（右一）、孙女梁彤（右二）合影于寓所楼下

梁漱溟雕像

位于山东省邹平市黄山的梁漱溟墓

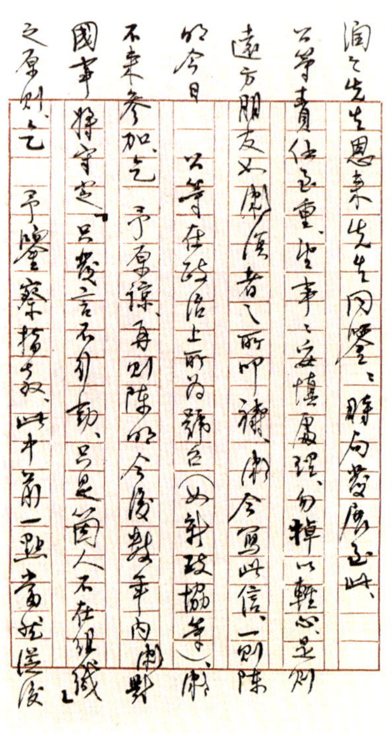

一九四九年，梁漱溟致毛泽东、周恩来函稿

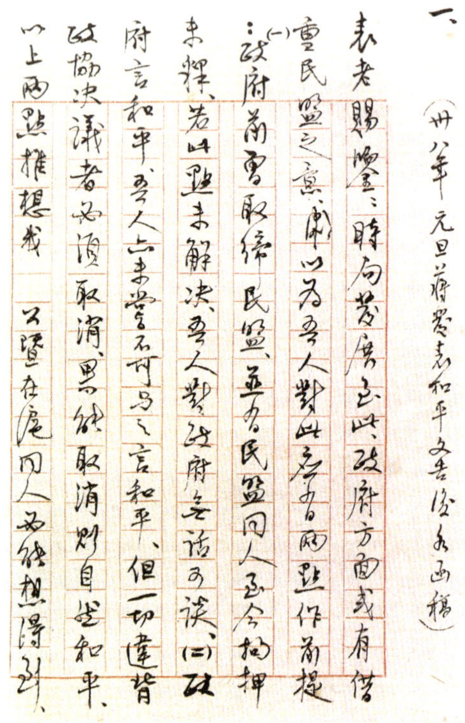

一九四九年，梁漱溟致中国民主同盟主席张澜函稿

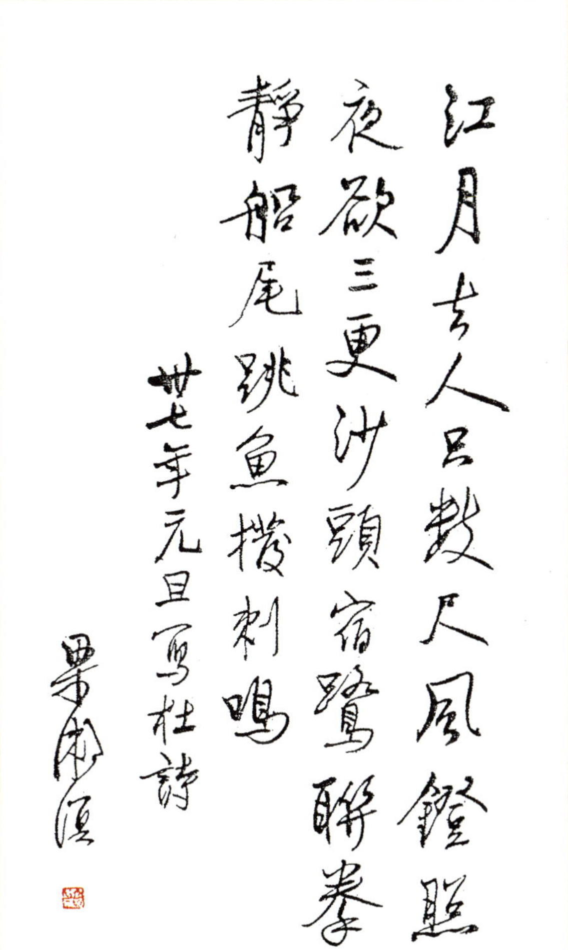

一九四八年，梁漱溟录杜甫《漫成一绝》手迹

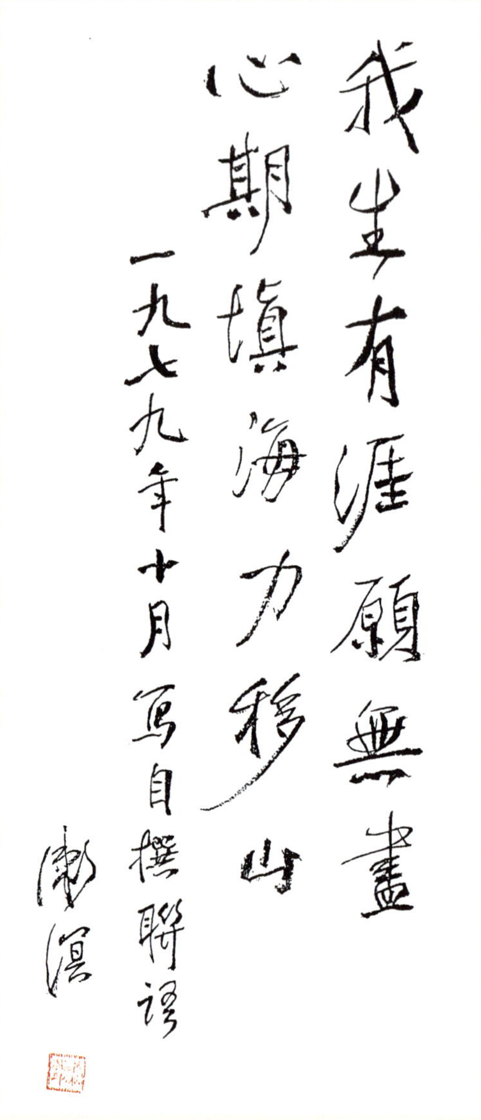

一九七九年十月，梁漱溟手书自撰联语：“我生有涯愿无尽，心期填海力移山。”

但愿世界会更好

我的父亲梁漱溟

梁培恕——著

中国大百科全书出版社

图书在版编目（CIP）数据

但愿世界会更好：我的父亲梁漱溟 / 梁培恕著 .—北京：中国大百科全书出版社，2021.8

ISBN 978-7-5202-1027-0

Ⅰ . ①但… Ⅱ . ①梁… Ⅲ . ①梁漱溟（1893-1988）—传记 Ⅳ . ① K825.4

中国版本图书馆 CIP 数据核字（2021）第 152609 号

出 版 人 刘国辉
策 划 人 王一珂 曾 辉
责任编辑 曹 来
责任印制 魏 婷
封面设计 今亮后声
出版发行 中国大百科全书出版社
社 址 北京阜成门北大街 17 号 **邮政编码** 100037
电 话 010-88390969
网 址 http://www.ecph.com.cn
印 刷 北京地大彩印有限公司
开 本 710 毫米 ×1000 毫米 1/16
印 张 27.25 **插页** 24
字 数 519 千字
印 次 2021 年 9 月第 1 版 2021 年 9 月第 1 次印刷
书 号 ISBN 978-7-5202-1027-0
定 价 88.00 元

目录

上篇

下篇

写在前面的话

这本书名为《但愿世界会更好——我的父亲梁漱溟》，表明这是儿子写父亲，还避用一个“传”字。这有两层意思：以这种身份写，写的着重点和方式有异于旁人，料想读者感兴趣的也在这里。我将朝这个方向努力；再者，传记有传记的体例，假如不拘泥于体例较便于反映父亲的为人，我这样做，料想读者是愿意接受的。

虽然整本书都是说明他是怎样一个人，我想在进入正文之前，先向读者扼要地、也是从最根本处对他的精神世界、他的胸怀，作一介绍。读者从这里对他进行了解，他的一生行事就容易理解了。

读者也许知道，他十七岁迄于二十九岁决心出家为僧。出家只解除个人烦恼，国家怎么办？为国家寻出路，寻到先前不曾注意的固有文化，憬然有悟于西方制度何以总不能安设于中国。至于有人倡言佛化救国，实属荒唐，必须反对而且就由自己来反对。这个醒悟写下来就是《东西文化及其哲学》，自此，把本愿放在一旁，开始了三十岁以后的入世生活。

他是兼以佛、儒两家的态度对待自己的生命。佛家虽不肯定人生，但是悲悯众生；儒家肯定人生，对人对己都负责任。佛“不舍众生而救世”，儒“不耻恶衣恶食，而耻匹夫匹妇不被其泽”。

因此，他尝说：“我这里没有旁的念头，只有一个念头：责任。”所说责任自然不是与职守有关的那种责任，是出于心愿、志向加之自身的。

人可以处处有心，但没有可能处处参与。做事必有入手处。所以，中国问题和人生问题便占据着他的全部心思。在精力分配上，有时重在前者，有时重于后者。而深入去看，两个问题原不可分割。这使他工作于社会政治领域及哲学领域。

为解决中国问题，早年他提过一个原则：“从进步达到平等，以建设完成革命。”唯帝国主义是敌人，中国人一方没有敌人，没有相与竞争者。

说到这里，我想补上两句话：佛家思想在他思想感情上，仿佛是“底色”（姑且借用这个词），即或不显，其实在深处。

他钟爱生命，认为人类有理性，有善恶可言，因此之故，唯人类有向上、向善改变自己的无限可能。这是儒家的态度。

他原是决心出世的人，可是当回顾一生，觉得想做的事或未做好，或未做完，便在日记里写着，愿意再次回到世间来。

我谨以上述几段话概述先父一生，倘能略略有补于读者认识他，有补于理解后面说的事，便算实现了我小小的心愿。

上篇

写父亲先写祖父

写父亲先写祖父，采用这种写法其实是受别人的点醒。许以祺先生曾经动念写一点什么记述我的父亲，那时大陆还没有人写过他的传记，美国籍的许先生写起来比较方便。住在台北的某先生听后说道："写他，你要先写他的父亲。"许先生把这个意思告诉我，我极肯定这个意见且深感国家的两部分虽有形地隔断了数十年，但文化上的联系并没有断。后来他忙着别的事未能如愿，而自己动笔的想法在心里渐渐确定，写父亲先写祖父的意思也便确定。

父亲写过一篇《思亲记》，回忆父子间的件件往事。(见《梁漱溟全集》[①]卷一。）他觉得这是自己一生中写得最好的一篇文章（晚年对家兄言之）。我体会，所谓最好，是写得十分有情、真挚和生动。读者将从后面的引文中看到若干片段。

的确不妨说，假如换另一个人做我父亲的父亲，那可能我父亲就会成长为另一个样子。那么，祖父给了他什么帮助呢？让他"主动的瞎撞"！（这是原话）所以在分析这种帮助时，他尝说："我父亲给我的帮助是消极的，不是积极的。"然而，这消极却难得的很。

让子女"瞎撞"在今天或不罕见，在主宰着老中国的礼教没有打倒以前却属罕见。祖父因一种见解而放弃老规矩赋予他的权力，是主动放弃、有意识放弃。多年后，父亲对他的学生们讲起来还说："除了先父之外，我没有见过旁人的父亲对他的儿子能这样的信任或放任。恐怕我对自己的儿子也将做不到。"（这里顺便说一句，他做到了。）

下面先概要介绍祖父怎样尽到社会责任，再转入介绍他怎样当父亲。

祖父名济，字巨川，中过举人。他的上两代是州、县级的地方官。有的出版

① 《梁漱溟全集》，山东人民出版社，二〇〇五年版。

物说我父亲生于官宦之家，这大体没有错，不过事实上祖父幼年至成年过的是极寒苦的生活，就生活条件而言有类贫民。二十多岁的时候，有官宦之家愿意把女儿许配给他，他发愁娶一个不能过苦日子的媳妇不好办，竟因之拖延了数年才成婚。家道虽落，读书还是有机会，这是因为家中妇女亦识字。曾祖父早故，此后生活费用的来源主要就是由曾祖母在家里“设馆”（通常说办私塾），她一身二任，祖父稍大些才去外边读书；而他的职业，起先也是教私塾，后来找到工作，去上班了。自清末至民初祖父大都是在民政部门负责一些慈善事业，如慈幼堂和罪犯教养所等，其中有几年在皇史宬（清皇家档案馆）工作。

这份履历平常，但祖父也不声不响做了许多人不会去做的事。且先说那引起震动的事件：他在一九一八年自己六十岁寿辰的前三天凌晨投水自尽。他个人没有什么活不下去的问题，就他而言是把中国传统士人对“天下”应尽的责任认真地做起来，目的是以此自尽警醒世人。不过他不是那么消极，而是经过熟虑早就定下了的。自从打定这主意，他就开始写《别竹辞花记》（遗书之六），临到最后，连朋友的生日也未忘记，将贺仪准备好留在桌子上。

报纸登出他的自尽消息和留给世人的遗言，总算在当时腐水般的社会激起一点涟漪，但仍不外乎感动者自感动，麻木者自麻木，还有人称他为“梁疯子”。

“先天下之忧而忧，后天下之乐而乐”是范仲淹的名句，祖父的一生只尝到前半句的味道。他意识到自己“久困牖下，见闻太隘”，“每访通人研究世界大势，随以所闻札记之”。

他很清楚自己没有机会效命沙场。纵然如此，还是喜欢读兵书。每当大风大雨别人躲进屋里，他偏偏顶风冒雨在外面跑。

使他忧之不已的是西方帝国主义一年年逼上来，而中国上上下下还在稀里糊涂混日子，再不就是盲动。到了十分关键的时刻忍不住仍要“上书言事”，这种中国历史上屡见不鲜的悲剧他不得不重演。

一次是甲午战争，其间他写信给担任军机的父执孙毓汶。朝廷里嚷着增兵的大臣们完全昧于实情，日本是“精锐方张之寇”，腐败的中国军队不经严加整顿调上前线，越多越坏事。听说大批军队已然东调，他不禁“顿足捶胸、谬矣谬矣”！

另一次是光绪下诏要实行变法，这是他一向赞成的，听到消息赶忙写出自己的建议：因“旧俗锢闭”，短时间内不宜“兴举”太多，“欲革弊政必先革弊风弊俗”。他写完了，变法也完了。

通常他能做的只是把种种忧虑和愤懑写进日记里。

祖父一八九三年（正是父亲出世那一年）六月初九日记载：“连年以来，天灾流行，气象惨沮，知天心即可知国运矣。真令人焦愁无计，而热闹场中庸碌之人全不介意，是诚可为痛哭也。”转过来又想到农民生活，“若看今年局面又与前有

梁漱溟父亲梁巨川晚年照

梁漱溟母亲张滢摄于一九〇八年

异，自春间即多雨，似南方黄梅天气，而入夏以来时复连绵。农人欣欣望岁，以春雨贵如油，得此当必丰收。忽五月十三大雨竟日，其势甚猛。麦已收而未干者十之六，熟而未割者尚居其四，原是极好收成，忽经此暴雨漂没，骤折一半”。再想到朝廷，“吾君吾相曾不预思善计，每次皆必待奏报到后，一纸空言颁币发粟，竟成循例套头，并无真实忧勤之意行乎其间。诏旨虽下，依旧嬉戏，不知敬惧”。

接下来又想到眼前景象，从初七到初九连续两天雨势狂大，上半年本已雨多，山涧积水不少，“经此滂沱勾起暴决势所必然。永定河一灌，西东南三面黎民遭大苦矣”。不仅京郊有灾，“近者广东大水，陕西大雹成灾”，和朋友谈起这一件件令人忧心的事，对方“泛泛酬答，盖由生长富贵不知艰虞”。友人如此，再看“亲藩王公亦自居局外，全不以天心民计在心，则国事亦复何望”？

半夜补记：“大雨彻旦，子丑时更猛。中夜起坐，心如箭攒。”旁注：“初九亥刻对雨悲愤。”

十一日记：“天竟有收不住之势。当国诸君何竟无一人为民请命者！历观史鉴，水患多盛于末年。真怪衮衮诸公乃有心宴乐，耽乐忘危，时事难问。”旁注：“是时演戏之风方盛，有以小孩弥月而演戏者。”

永定河五处开口，“西南东南人家存者寥寥”。皇帝终于下诏查灾了，但只关心到“京中旗人兵丁官廨房屋等处”，一般百姓不管。“吾不能为当国诸公恕矣！”

转过年来甲午之战，文武大员的表现又如何呢？

“自六月与日本接仗，始闻互有胜败，实则并无胜仗，只是一味望风溃退。官军虚冒粉饰，习气太坏……论兵势则败势已成，论国势则尚未至于覆亡，断无因此遂摇本根之理。而吾遍观士大夫奔走相告者，交头接耳惊疑变色，纷纷流言，鄙俚不经，全不知察情势，其迂酸浅陋胆小无识之态异常可笑，真正不可与言。”

九月初五日记：“日本兵尚在高丽境内，中国全境晏然，而京官挈眷迁徙出京早避者一二百家。旬日之间，各省京官聚其所亲商议行走，江、浙、广、楚、汴之人尤多。或将衣箱书籍等物先运回南，或仓皇逃走、弃官不要，轻举妄动种种不一……似此胆小无识，唯知全身家保妻子，国家要此负重名之大臣究有何毫末之益耶？”

他认为这是“平日专读滥书，识见迂腐”所致。旁注：“专读滥书是设科取士之病，所学全无用处。”后来遂有“决计不更教儿辈事帖括”的决定。

这种无可奈何只能写在日记里的状况，后来由他的生死之交彭翼仲打破了。彭先生的目标是办报纸、办新学术“开民智”，而祖父则是这项事业全力以赴的支持者。

救国急需“开民智”这个认识的产生与义和团事件有关，下文便先叙一九〇〇年的情况。

祖父从一开始就反对义和团的迷信活动。义和团从山东发展到河北，然后进入北京。清政府起初的政策是“剿”，义和团提出“扶清灭洋”口号后，便投了慈禧太后的心意，于是他们不受阻拦进入北京。“民间故有仇外仇教心理，又素迷信神仙，于是乡愚尽惑之，市井无赖又凭借张扬之”，官僚亲贵请义和团到府邸里练拳、设神坛，“奖其忠义”。于是义和团既有“神力”又得官府支持，“乃横行于市，纵火杀人莫敢谁何”。情况初恶化，他就向所熟识的巡城御史彭向青、陈玉苍建议加以制止，“数言皆不应”，预料“大祸必至，尤以民愚无教为深慨”。四月二十日，义和团放火焚烧大栅栏老德记西药房不许人救，用刀在地上画一条线，说施过法术的火烧到这里自己会停止。祖父听说后急忙再建议两巡城御史“速集五城练勇，传水会”救火。以当时的情形，“万一泄露必遭毒手无幸免”。官员兵役最终集合到前门，还是“信其神灵自焚自息之说，瞠目不救”，结果从大栅栏往北一直延烧将正阳门焚毁。七月十五日，他路过宣武门外菜市口，“见无辜被杀之男女老稚横尸百数十”，只因他们被指为“信洋教”。

义和团事件使他越发认为，“国人愚昧”是急需解决的问题。彭翼仲同样是这么想的，而且是决定了就干，身家性命全都赔上。

写父亲先写祖父，又写父执彭翼仲是不是扯得远了呢？完全不是。

彭先生当年的事业和他致力的社会活动，原都有我先父一分赞助力量在内，而到后来我之所以投身社会政治活动，自然亦是受他们两老的启发和感召。（《梁漱溟全集》卷七，第七十七页）

一九〇〇年，彭翼仲差一点丧命在外国兵的枪口下，只因豁出去与之抗争得以不死。事后，他常说这条命是白捡的，正该用来和帝国主义斗到底。在那时，维新就是为了救国，是同一件事。他感于中国人之愚昧，选择以“开民智”来救国，寄望于社会大众，和康、梁寄望于朝廷不同。

一九〇二年，彭翼仲先办《启蒙画报》以少年儿童为对象，《京话日报》以广大市民为对象。一九〇四年十一月办《中华报》，彭先生说，中国也需要“开官智”。前两种是用白话文（比《新青年》提倡白话文早十几年），给官员看的是用文言文。

在办《启蒙画报》同时，还办了蒙养学堂（小学）——一所不读四书五经的学校。报馆和学校在同一个院里（今前门外五道庙路西）。祖父“命次子焕鼎，女新铭、谨铭皆往受业焉”。所以子女四人只伯父一人读过四书五经。

彭翼仲祖籍苏州，上辈入京做官，传到他这一代，人口繁衍家境已不富裕，开办费是从堂兄那里借的，如此独立支撑这项事业可说是不顾后果。

那时，北京只有一份日本人办的《顺天时报》，北京人叫它洋报，连带着彭翼仲的报纸也叫洋报。当时人没有看报的习惯，认为是多花一份钱。那时印刷机和铅字全靠进口，投资多而报纸乏人问津，彭先生家产很快就赔得一干二净。一九〇四年年关，家中已再没有东西可以典当，而债主环逼，他写纸条给一吴姓朋友商借二百银圆，以一块怀表为抵押，但这块怀表其实也不在手里，所说抵押实为空口借贷。彭翼仲做了自杀的准备，派去的人带回钱来，他用裁纸刀在墙上刻了两行字：“子子孙孙，勿忘今昔……此二百金之关系与庚子年洋兵之枪弹同一生死关头，而性质不同矣，一恩一仇，皆终生不忘之纪念也。”

知彭先生窘状后，祖父屡次“为接应周转，前后千余金，大半出于典质。或不得已时，以所集张氏赙款权为抵用”。所说张氏赙款是指内亲张励吾为穷京官，且又夫妇早故，祖父受托抚孤，发函给张氏同僚故交为孤儿募集的生活费。

《京话日报》从销路极坏渐渐转为大家爱看，不仅如此，还有人订了报纸张贴在路旁供行人阅读，甚至出现一种后来没有的新事物——讲报处——读和讲报纸内容给不识字的人听。下面引一段有血有肉的社论，读者看了自会明白，正是爱国这一主题使情况发生了变化。

“……我实实在在对众位说，我们出这《京话日报》的本心，原为我四万万同胞糊糊涂涂的倒有一多半，不知今日是怎一个局面。外国人的势力一天增长一天，简直要把我们中国人当作牛马奴隶……等到那时候中国人都得听外国人的号令，如同现在埃及人、印度人一般，还有什么人味儿？但凡稍明时势的人不能不着急。心里着急，由不得嘴里要说。但单凭嘴说能有几个人听见呢？所以赔钱费工夫做这《京话日报》就是想要中国人都明白现在的时势，知道外国人的用心，然却不叫我同胞仇恨外人，学义和拳那举动……人人发愤立志，不要把国家的事业当作与自己无干。”

彭翼仲称得上敢于斗争也善于斗争，出报短短三个月他就独自处理了英、德两国公使提出的交涉。英国抗议报纸报道了他们在南非虐待华工的丑闻，次日《京话日报》刊出社论《本报幸逢知己》。彭翼仲说，自报纸出版以来一直赔钱，心里正盘算着不如停办了吧，现在英国使馆的抗议说明这张报纸有效用，帮他下了办下去的决心，故而英国公使不啻“知己”。

德国使馆抗议报纸报道了他们占领胶州湾之后又想将全山东省纳入势力范围的图谋。报纸声明，新闻采自上海西文报纸，如果上海西文报纸承认报道失实，本报自当更正。

两起事件清政府外交部都推给彭翼仲自己去对付，结果是彭先生赢了。

待到德国公使败阵，他又写《本报得罪了德国钦差》，把前后两次斗争称为“中国的国民和外国人争权的纪念”，说即便报纸给封了门也要感谢两位钦差的成全。

然而，使北京群众大大改变对“洋报”态度的，是一次贴近生活的斗争。彭翼仲在使馆区前看见两名德国兵殴打一个人力车夫，当即将时间、地点记下公诸报端，提出惩凶。德方说要指证凶手是谁，彭先生陪车夫去兵营将凶手认出，果然惩罚了那两名士兵。这件事使《京话日报》的销量从五千增到一万多份。

《京话日报》还发动了抵制美国货和国民捐款运动。后者是倡议国民捐款将庚子赔款四亿五千万两提前付清。照当时付款的速度付清将在六十年后，连利息计算中国人需付出九亿两。从报纸每天报道看，响应者竟包括妓户和涿县（今涿州市）的囚犯，而地域也远及外省以至南洋。

可叹的是，《京话日报》不因得罪洋人而封门，两度封门却是因为得罪了袁世凯。第一度被封因为它揭露袁暗中处死革命党人，彭翼仲且被充军新疆，民国二年才“赦回”。二度被封因为反对袁非法解散国会。再度复刊时，彭先生已显得精力不济，而且北京非复当年景况，已有一个报业市场。《京话日报》不谙商战，无可避免地成为失败者。

一九二一年彭翼仲病故，父亲曾努力设法维持这为开民智立下汗马功劳的《京话日报》，那时执教北大能够分出的精力有限，经济上更无办法。他去找梁启超、李大钊、张难先几位，他们尽了力。半年后，《京话日报》最终走入了历史。

四十年后，周恩来在政协新年团拜会上建议老政协委员们写史料。父亲写了三个人，彭先生是其中之一。政协先找遗属座谈，为避免主观和家人溢美又去找老舍，料想以他的年纪应对彭先生有印象，老舍大为赞成，介绍父亲去访问仍健在的几位戏曲界前辈萧长华、郝寿臣、徐兰沅等人。

但即使他们几位也年轻了一点，彭翼仲提倡戏曲改革时，他们大多没有机会亲见彭先生其人，唯有郝寿臣曾在著名旦角田际云家和彭先生一起吃饭，讨论把杭州惠兴女士毁家兴学且以身殉职的事迹编成新戏演唱。演唱收入捐给杭州女校，据说这就是演义务戏之始。萧长华听他师兄转述了彭翼仲讲的一番话，鼓励戏曲界同人唱戏要负起社会教育的责任，不因是艺人而自轻自贱。萧长华说，后来成立了一个“正乐育化会”，由谭鑫培任会长，禁演了三十多出黄色和迷信戏目。

祖父也编过几个新剧，例如《女子爱国》《暗室青天》等。一九四七年，我曾买到一张唱片，是荀慧生唱的《庚娘传》，上面写着梁济编剧，才知道祖父竟然还有这一特长。不过据父亲说，祖父只写唱词和道白，不懂京剧曲牌。

彭翼仲心目中的开民智用今天的眼光去看，其实是一种从民间做起的富强运动。第一七四号《京话日报》曾列出五项提倡大家去做的工作：一、多开工厂，人人自食其力；二、改良戏曲激发人心；三、多做对众演说；四、广传白话报，教人明白大局；五、多设蒙堂，从小教他爱国。

彭翼仲的五项设想见成效的是戏改，无怪乎老舍想到可以提供史料的是几位戏曲界前辈。

此外，《京话日报》还主张男女平等，反对缠足和早婚，提倡男女同校（蒙养学堂就实行男女同班上课），还反对中国行之数千年的刑讯。

每当父亲谈起儿时谁对自己影响最大时，总是把祖父和彭翼仲放在一起来回忆。在《我的自学小史》里就讲了这方面的事。从他们那里受到的人格感召使父亲自幼年就萌露对国家社会的责任感，非常看不起谋求衣食利禄的行为，称那种人“自了汉”——只关心自己，出了这个范围一概不管。

受这种感召，他在学习上就表现出一个特点：社会问题是他求学的动力，以及求学不在书斋里做被动式研读。

但是，这个话头到此暂且打住，留待另一章去说。下面还须回过头来再叙祖父的爱国表现，以及他为“国性不存”而忧伤并决意为之捐生。在这时，他产生了“死义以救末俗”的念头。

民国元年夏天，办完祖母丧事，父亲去民政部上班，听说要给全体官员加薪，因之慨叹新政府“淬砺不闻，暮气已见”，“以民国为号，而民困欲殆，顾不之恤”。八月份薪金果加，他立即陈请辞职，附上论反对加薪的意见四条，回家了。

他又“尝欲以所怀诉之国会”，国会也让他失望，政党间为争当议长乌烟瘴气

中年时期的梁漱溟父亲梁巨川

少年时期的梁漱溟与父亲梁巨川

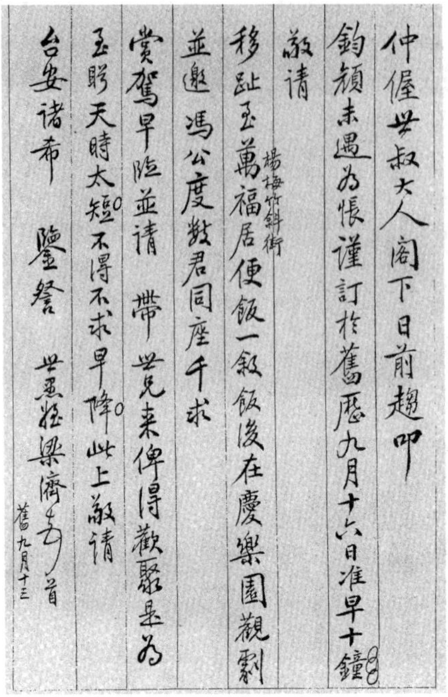
仲偓世叔大人閣下日前趨叩
鈞顔未遇為悵謹訂於舊歷九月十六日准早十鐘
敬請
移趾至萬福居（楊梅竹斜街）便飯一敘飯後在慶樂園觀劇
並邀馮公度數君同座千求
賞駕早臨並請　帶　世兄來俾得歡聚是為
至盼天時太短不得不求早降此上敬請
台安諸希　鑒詧　世愚姪梁濟頓首
舊九月十三

民国初年，梁巨川致广仲偓书信手迹

地闹了一个多月，传出许多政治交易的丑闻。

民国六年（一九一七年），清帝复辟促他下了必死的决心。安徽督军张勋不剪辫子，他的军队也不剪辫子，总统黎元洪和总理段祺瑞发生争执，居然调这支效忠清室的军队来给自己撑腰。军队到京，复辟的说法开始流传。祖父用七八天时间写长信劝阻这位素不相识的张勋“勿为复位之迂谋”，希望他发挥作用使清室“禅让之心大明，共和之美渐能实现”。后来又写两信，一封再提“行虚君共知，勿昧循旧制”，看阻止不住时，又退一步劝其不要恢复一姓制度、打出龙旗、封王封爵。他劝张不要干的事，张一件件都干了。复辟失败，又去信劝张“死节”，而张和那些参与复辟的遗老所提的投降条件只一条，就是活着。反观祖父，他却是怀抱自尽以警世的决心达五六年之久，只因认为对国家社会所负责任未了而一再推迟。

这里补叙一下祖父对民国的态度。辛亥革命前一年，祖父见官场越加昏暗腐败，“慨然欲挂冠去”，却又不忍径自离去，于是着手写一个奏章分别就君德、民德、官德三方面留下自己规劝性的意见。

辛亥年（民国元年）前两部分写完，官德部分还没有写，武昌起义（十月十日）成功，向之建言的对象已不存在。这年春上，父亲加入津京同盟会参与准备刺杀清廷要员的活动，祖父知道以后表示了如下态度：如果立宪可以救国，何必一定要用革命方式？如果革命已是不免的趋势，自然也愿见国家从此得一转机，但是作为“累世仕清”的人家，最好不参加推翻它。

清廷见大势已去，宣布逊位。祖父读到诏书中“以政权还诸国民，长受国民优礼”，说道：“诚得如此亦是好事。”

不过，他终于对采用西方政治制度感到怀疑，很快就转为失望。这一年初，袁世凯指使他的部队哗变，为自己不去南京就任总统制造口实，这也使祖父认为世事已坏到极处。为使“吾国历史旧彩不至断绝”，“吾故代公等赴死”。

祖父以世事到了这一步还过生日为耻，赶在生日前三天自尽，留下《敬告世人书》说明目的："国性不存，我生何用？国性存否，虽非我一人之责，然我既见到国性不存，国将不国，必自我一人先殉之，而后唤起国人共知国性为立国之必要。"

祖父所说国性，即通常所说民族精神。父亲非常强调民族精神，认为违背它做一切建国努力必然效果不彰。然而，这是祖父死后的事，父亲说："先父在日，我最不留心中国文化。"

祖父逝世三年后父亲才注意到民族精神这样东西，由此而回想起当初时常与祖父争执；其所以有那么多争执，与自己眼睛里没有民族精神有着直接的关系。一九二五年父亲借住清华园，专事整理祖父遗书，感到祖父笔墨间时时流露"抑郁孤怀，一世不得同心"的痛苦，于是而产生沉痛的负疚感。

父亲也难以忘记与祖父的最后一次对话。家里人准备为祖父过生日扫除房屋，祖父就说，他去彭翼仲家借住几天，生日那天自己会回来。临出门因为看到报纸上一条国际新闻，像是自言自语也像是在问："世界还会好吗？"父亲说："我相信世界是一天天往好里去的。"祖父接着说："能好就好呵。"多年后，父亲对他的学生们说，祖父给他的印象太深，使他"非为社会问题拼命不可"。

祖父和彭翼仲给了他不做"自了汉"的榜样。

父亲还从祖父那里得到特殊待遇—— 一百年前别的孩子得不到的——无论干什么、学什么都可以按照自己的意思去做，没有约束、充分自主。

这是他受祖父影响的另一方面。

一九三四年，为了使学生理解自己，父亲在剖析自己时谈到祖父，曾十分坦率地把祖父议论一番："先父为人天资并不高"，"先父之思想，原是浅薄，但他有思想。所谓有思想即是肯认真，以为这样对、那样则不对。他有主见（即是思想）是因为他肯认真"。

祖父天资不高，父亲也说他自己很笨，可是居然成就了一些思想，被看作是思想家。祖父是怎么把父亲教成后来那个样子的呢？他没有教。父亲说他从祖父那里得到的帮助最大，然而这帮助却是消极的、并非通常所说的"施教"；而是前面说过的，由着他"主动的瞎撞"。以读书为例，"我读书非到引起兴趣和注意，我不去读它的"，找到想读的书就关起房门来"乱猜"。

祖父怎么会在子女教育上走到时代前面去的呢？曾祖母礼法极严，祖父小时"恒终日侍立，不敢发一语，有不庄，呵叱扑责无少贷。由是持躬立品，植其基础，然天机才慧亦以是不无窒损"，"念之自惜，既壮有子，则一意宽放之"。于是子女四人成了开明教育方式的受惠者，不用怕挨打，不用担心说错话挨骂，甚至不用注意当时最起码的礼法，例如长辈坐上座，晚辈坐下座。在他们得到的这些自由中，最有意义的自由自然是言论思想自由。父亲回忆说，他的哥哥先在外面

亲友们在北京积水潭南岸梁巨川纪念碑前合影。左二为梁漱溟、左四为梁漱溟胞兄梁焕鼐、右一为梁漱溟族大叔梁鸿年、右二为梁漱溟族二叔梁引年、右七为梁漱溟长兄岳父彭翼仲

就读，后来又出国留学，两个妹妹不免女孩子气，发言胆子不大，实际上大受其惠的便是他了。

父亲回忆说，祖父尤其喜欢和孩子们坐在一起谈话，并且是“恣之言，一无禁”。就思想而言，在十八九岁以前他是以祖父的思想为自己的思想，不仅大的方面相同，在一些小的地方也相同。在清末那几年，父子都爱看梁启超主编的《新民丛报》和《国风报》，这也就是他们交谈的内容。父子二人意见总是一致。父亲还爱看《三名臣书牍》和《三星使书牍》，对名臣中的胡文忠（林翼）和名使节中的郭筠仙（嵩焘）更其佩服，常背诵他们的主要意见加以称赞，而这两个人正是祖父当年特别钦佩的人。祖父高兴地说：“这和我从前一模一样嘛！”

可是，进入民国以后两人观点转为相左了。“公厌薄党人，而溟故袒之。公痛嫉议员并疑其制度，而溟力护国会，语必至忤”，常是不欢而罢。如果真不再谈它也好，往往是过一会儿又凑到一起重拾起刚才的话题，于是又相争，“当午或为之废食，入夜或致晏寝”。祖父已经睡下，父亲还要站在床前继续说，“其间词气暴慢至于喧声达于户外者有之”。即使如此，仍是“恣之言，一无禁”。

祖父鼓励子女有自己的思想见解，同时还让他们对个人前途做主，只要子女的决定是经过认真考虑的，祖父必定点头认可。假如这个决定在祖父看来是错的，也不是当即加以阻止，而是“隐然诏示”，让子女慢慢思索自己转变，从不生硬地制止。

父亲从十五六岁起就爱看佛书，到了二十岁上更决定出家，这时每天都把佛经上的话挂在嘴上。其实，祖父是很不喜欢佛家的，但是“未尝一言止之”。十七八岁上，父亲决定不结婚，不结婚的决定影响的不只是他本人。伯父结婚十年只生了两个女儿，依照中国传统观念，传宗接代的责任就转到次子身上了。这时祖母连年卧病，自知不久人世，便把父亲叫去，“挽儿手而泣”，劝他不要固执，结婚是必要的。祖父坐在旁边沉默不语，第二天写纸条给父亲，说：“汝母昨日之教，以衰语私情，堕吾儿远志，失于柔纤萎靡，大非吾意。汝既不愿有室，且从后议。不娶殆非宜，迟早所不必拘耳。”

三年后，父亲决定过儒家生活并结婚，“率新妇拜公遗像而哭”。他认为，是自己当初固执己见，害得老人怀着极大的遗憾离去。

虽然如此，自另一方面说，这固执己见和不予干涉的过程又是非常有益的。父亲说，祖父当时没有勉强他结婚，让他自己转过来，对他来说是太重要的帮助了。

为什么太重要？这个话题暂且放下，读者等看到另一章《他的学问是怎么来的》，知道了他的思想一共经历了三个转变阶段之后，自然就明白为什么说太重要了。

祖父让他有机会“主动的瞎撞”，还包括求知的动机和方法。二十岁那年，他中学毕业，“学业半途无成，竟不更为升学之计。公未尝一言以督之”。在许多场合，他谈起自己旧学无根底，外语也不好，实在没有条件做学问。这样说，其中并没有后悔的意思。他觉得不升大学这个抉择很符合自己的个性和求知的目的。

父亲又曾说：“我推究先父对待我所以如此者，盖其心目中以为此子现在要这样，又要那样，事虽荒谬，而动机则为向上心的驱使，处处是要好，并非自甘沦入下流，所行所为心中经过揣量审决……现在虽不能‘对’，他总会有转到‘对’的一日……”

“现在虽不能‘对’，他总会有转到‘对’的一日”这句话，就是他后来归宗儒家以之看待人的根本态度，相信人性是向善的，相信人类的理性，又认为理性乃中国人之所长。

等我长到十四五岁，父亲把同一教育方式用之于我。下一章将写他是怎样一个父亲。读者将看到，我们兄弟二人几乎没时间（机会）受到父爱，可是我有幸福感。这幸福感不是别的，就是他以祖父对待他的方式对待我。

他采取这种方式不是单纯沿用祖父的方式，也不只是相信日后总会转到“对”上来，这同时又是他对人类生命的态度。他说人类生命应当顺畅。

一九二八年，中山大学哲学系请他去讲话，记录下来发表，用的标题是《如何成为今天的我》。讲话只稍稍提到祖父，而我读着时时感到那也是在讲祖父如何让他处处主动。没有这主动，他就是另一个人了。

父亲对哲学系的师生（包括也在场的校长邹鲁）说：大学里办一个哲学系，招一批学生来学哲学，“天下最糟，无过于是”！断言这样学“一定没有结果”。然后就为“已经上了当的学生们想个补救办法——照他的办法学——”他从未有过做学问的念头，且因“一心要救国，而以学问为不急之务”。

要救国这一点像祖父，不赞成死读书两人相同，虽说没有做学问的动机，却有解决问题的要求；所以在他看来，首先心里要有问题待决，而后看书听人讲话才能得益。

父亲又强调有主见之重要。最初一点主见便是以后大学问的萌芽，有了萌芽才能吸收营养，才能向上生枝发叶，向下入土生根。

父亲还对哲学系的同学说了这样一句话：“在我的问题背后多半有较强厚的情感相督迫。”这些都使我想到祖父的为人。

不过末后还须赘上一句话，父亲和祖父又有不同处。祖父非常耐烦去做一件件琐细的事情。在工作单位为公家撙节每一文钱，在病儿床前“多列玩具引与嬉笑”。这类事父亲是从来不做的。我们兄弟长到十几岁时，曾对我们说，他总是找于国家社会至关重要而且是唯有他做得的事去做。一个人对自己作这样高的期许合适吗？是的，写他的一生必然要触及这个问题。

他是怎样一个父亲

一个人的内心世界即是这个人的本来面目。完全、时时以本来面目出现的人恐怕是没有的。社会生活使人不那样做。这不一定是坏。说不坏吧，人们常常希望看到和了解别人的本来面目，少数人还会为自己不以本来面目对人而内疚。

我现在做的事，是尽可能让读者通过阅读看到父亲是怎样一个人。上一章是我做的第一次努力。父母在子女面前会显现自己绝大部分个性、品格、见识、习惯和嗜欲，等等。因此，我的第二次努力（本章）是描述他怎样做父亲。第十章将描述他和有深交的朋友们。一个人和关系深的朋友在一起会显现大部分本来面目（内心世界），不过与朋友相处只涉及一个人的部分生活，不及家庭生活涉及面宽。

不舍众生是一个大愿，大到无尽头。救国是头等大事。家，自然排在后面。在他心里，家事属次要，自我记事时起，就从生活经历中体会到他是这样的。这样做好不好——作判断，是后来的事。

中国人把“成家”用作结婚的同义语，结婚不只是男女结合，跟着来的有一大堆事，故此中国话里又有“家累”一词。许多人成家以后以全部或绝大部分精力挣钱养家。他有幸不必这样做。他说，这是他的妻子——我们的母亲十分节俭所致。我以为节俭尚在其次，首要是她一力承担且无怨言。

别人怎样看他将家务置于不顾呢？不曾受到非议。我以为这里面有旧意识的遗留——男人主外、女人主内。父亲脑子里就有，也因为在外面他真的是拼命干。

他们于一九二一年结婚，共同生活了十四个年头。母亲去世以后，他决定不续娶。不能设想由他带小孩过日子。我们兄弟二人是在别人兼顾下自己长大的。

当有家的时候，亦即母亲去世以前，我们的家曾经在北平、广州、邹平各住了较长时间，即通常所说的曾在那里“安家”。我们三人是安了，他没有安，常常外出到什么地方。还有另一种情形，是他大部时间在某地，偶尔回来看看，即分居两地。

这两种情形其实没有多少差别，总之是他经常不在家。幼儿最初的记忆是构不成“故事”的一个或几个“画面”。我最早记得的画面之一，是母亲领着我在一条极整洁安静的街上走，然后进入一所洋楼，那是医院。这是因为家中收到父亲从济南来信，父亲因为用脑过度导致头痛、严重失眠住进了医院。

“逃难”一词如今在中国人脑海里已经十分陌生。中国人已经有半个世纪不逃难了。可是上几代，包括我这一代却不然。每当外敌入侵，中国人就逃难。中国政府或则不敢抵抗，或则虽抵抗而抵抗不住，老百姓逃离被侵占或战事将要波及的地方，那就是逃难。进入二十世纪，这几乎全得自我们东邻的赐予。对一家人来说，这是头等大事，“当家的”一定会担起这件事。我幼年逃过两次难，父亲都不在场。

第一次是一九三二年。日本人头一年占领东三省，转过年来侵入热河承德一带，又南下威胁河北省，谁知道他们在哪里停住？北平市民纷纷逃难。这年我四岁，哥哥七岁，母亲带着我们先去张家口，又从那里转赴大同，住在一位表舅家。姥姥和舅父全家都没有走，现在想起来，其中好像有女婿的孩子要确保无事的意思。依时间推算，这时父亲的理想——乡村建设运动正在山东邹平县步入实施阶段。

第二次逃难是一九三七年，“七七事变”之后三个月。日军从河北进逼德州，山东将成为战场。这次，是堂姐培昭带着她的五个孩子加上我们两个，离邹平去青岛。这次有记载可查，他在南京开会。母亲去世后，他曾在悼亡文里写道：“在这中国问题极度严重的时候，她又早早离开我，给我以爽利的身子，容我以全副的精神，对付大局问题。”所以，他的不在场原在预料之中。

第二年上半年，华北、华东沿海沦入日本人手中，战争在华中进行。形势是中国将退守西南、西北，要经过长期搏斗而后取胜。

整个抗日战争期间他都做了什么事将在另一章叙述，这里只叙一件家事。父亲比以往要忙，更没有可能照顾我们。面对这种形势怎么办？我们逃难他不在场，是一时的事；让亡妻留下的两个孩子住在敌占区而且行将长期隔绝就不一样了，感情过不去。他做出抉择：由一位远房兄弟把我们从青岛经上海、香港、广州带到汉口，在这里与他重聚。不过，这重聚只是暂时的，不让家事拖累他所奔赴的大事，这个原则不变。势所必然，还是要把我们托付给别人。他在汉口住了半个来月，就去湖南衡阳。他的大妹——我们的姑母在那里。

母亲去世，是姑母首先受托照顾我们，一年以后姑母去苏州，接手照顾我们的是堂姐培昭。此时，姑母从苏州退到湖南，又要再次托给她。至于父亲自己，

一九二一年，新婚后的梁漱溟与黄靖贤在崇文门外缨子胡同老宅前留影

抗战的中心在哪里，他就在哪里；但也只是以中心为中心而已，奔走各处是一定的。

离汉口去湖南时，我没有表示不同意，经历使我知道事情定将如此。可是，到了湖南我又不肯留下，他将去重庆，那不是隔得很远吗？

听着父亲和姑母商量着怎样安置我们，我在另一间屋子哭。听到哭声他们过来问怎么回事？我说，我要去四川。

这使他心中不忍。幸而我们还有一位表姑，刚刚从山东退到四川南充，这又是一个可以托付的人。父亲把我们从湖南带回汉口，再带到重庆，在重庆只短短几天，又出发去到川北南充表姑那里。

也许是十天以后，他即将返回重庆。这次却是哥哥流泪了。他向来是不提要求的，所以他只是流泪。问起来他才说：今后照顾弟弟的责任恐怕是落在自己身上了。他预测得很对，表姑的孩子不满周岁，而我们毕竟又长了一岁，十三岁和十岁。从这时起（一九三八），哥哥充当了我实际上的监护人。

把我们送到南充，首先还不是因为这里有一位表姑。母亲去世，父亲说："朋友聚会处，就是我的家。"南充是继邹平之后的朋友聚会处。他既决定不再娶，本着"朋友有通财之义"的精神，声明"家中财物悉托朋友共管"。他已经没有自己的家了，"朋友聚会处"当然就是我们的家。

一九四〇年，"朋友聚会处"从南充迁到重庆附近来凤驿，一年后再迁北碚，我们总是随着迁移，在一种少见的方式下长大。

一九四四年，阎宗临先生（父亲早年的学生）对我回忆："中秋那天晚上，我生着病，一个人躺在宿舍里，冷清清的。先生来看我，拉着我的手说，他一旦认准一件事必须做，是妻子儿女都不顾的。"这在别人听着多半会觉得是一句豪言壮语，我听着是一件已经发生过的事。这年我十六岁，依赖他人照顾的日子已经过完，听着稍稍有点心酸，不是为当时，是为那已经过去的日子。

父亲不像一般父母那样愿意孩子过上好生活，钱多标准高，钱少标准低。依我体会，他心里有一个原则，我揣测其意归结为一句话：不虞冻馁便可。

他这样做并非有什么治家的主张，更不是遵守某种教言，完全不是外来的、硬性的；只来自内心不忍——不忍见别人的苦况。因此，我们的物质生活条件是向下比，不是向上比。

祖父早年家境寒苦，待到父亲出生，家境已属中等，故而他并非"苦水中泡大"，而是他的心在这方面特别容易为别人的苦而疼痛。他自己不肯，也不愿见自己周围的人——其他亲属、学生、身边工作人员生活优裕。

正因为他将"不忍"转为愿力又付之行动，才有了那些为他的愿力所感动、所吸引而来到他周围的人。我们既然自幼（包括母亲在世时）生活在"朋友聚会处”，也便“传染”上了这种生活态度，父子间有多方面的相互理解和默契。怎样对待物质生活只是其中一方面。

在我最早的记忆中，有一个简单画面组成的伤心故事。时间在迁居邹平之前，我大约三四岁。父亲从外省回到北平，或许是和许久不见的撒娇心理有关，我突然萌生一念，想买一架玩具飞机。从晚饭前恳求到晚饭后，恳求变成哭泣。母亲看不过去，替我说一句话，父亲这才同意带我去西单商场。只带我，不带哥哥。哥哥当然也想去，可是他从来不会像我这样闹。到了玩具店，一问价钱都嫌贵，最后是买了一件很便宜、却并非我想要的玩具回家。仿佛母亲说了一句他未免不通人情之类的话迫使他这样做。这话也许母亲没有说，是我在回忆时替她加上去的。

类似这样的事此后再没有发生。

下一个故事发生在一九三九年末。

早在普遍议论政府势将迁川时，父亲说：“你们向西，我向东。”迁入四川以后，政治景象不向好而是向坏发展，他宁愿到敌后游击区去尽自己的一番力（整个事件另记）。元月出发，十月归来，据所见得出的结论之一是“老百姓太好，老百姓太苦”，苦到不能设想，本已无法维生，仍为抗战尽力而一无怨言。向国共两党通报过游击区所见之后，他就回“家”。这是他的活动规律——在两次大忙的空隙回“家”。这次，他下了很大决心和儿子一起待较长时间。似乎是放寒假的次日他就离开南充，去重庆北温泉小住了半个多月。然后，他留重庆，我们分别去上学。

在这段时间里，他做了别人不能替他做的事：长时间讲我们那个年纪能够理解，需要知道的国事和家史。天天一清早去游泳，他不会，但很高兴看我们游。

温泉公园有十几处旅舍，只有一处餐厅。一日三餐必定去那里吃。顿顿素菜、素汤，时间稍长，堂信和我们面熟了，他越来越奇怪，做父亲的从来不给孩子吃肉，两个孩子也不说想吃肉。有一天，他终于想替我们提出要求，问道：“你们不想吃肉吗？”父亲听堂信这样问，抬头看我们。他的神情是：要不要吃肉，由我们自己说，而又期待我们表示不想吃。那潜台词是：“如果想吃，可以吃，不想吃才是好孩子。”

我们说不想吃，是真的不想吃，与父亲的期待相合。我的哥哥是极实在的人，他看我的稿子看到这里，要我补上，春节去北碚镇上吃过肉，以免叙述落于一偏。

难得的相聚将近结束，我们三人来到重庆，即将分在三处，哥哥回南充，我去陶行知先生办的育才学校（重庆以北合川县）。和父亲分别是常事，长到十二岁兄弟分在两地倒是首次。哥哥是搭一辆卡车走，卡车将要开动时，我哭起来。通常，离情别绪几乎一定会促使一位父亲为孩子买一点东西带走，可是他没有这样做。

自从玩具飞机买不成，我不再提“过高”的要求，其实父亲不仅不反复叨念一个道理，干脆是不说训诫性的话。

第一个故事发生时，还不能对我讲道理；第二个故事发生时，可以讲了，却完全不需要讲。他的意见经常不见于言语中。据说，祖父从不对小孩板着脸，他算不算板着脸呢？可以说近似。欢悦的表情罕见，喜怒哀乐多在眼神里，意见也在眼神里。这显得沉静，有一股坚韧劲，让你觉得他采取这个态度纵使不合你的意，却完全没有对你而来，这番意思是固有的，并且不是摇摆的。

回想起来，他是一切方面都不做硬性规定，从不指明我们应该怎样做，只有一个得当与否的暗示。

多数情况下，我们都能处置得当。一九四三年，有一封信，他指出哥哥有特意省钱的意思，这样不对。“我平时既以钱助人，则我亦可用人之钱”；“需用钱时则钱随时可有，并不难也”。

哥哥从幼小时起就不给大人添麻烦，我则反之。据说淘气，要求多而强烈。最小、最能闹自然最受优待。记不得是谁告诉我一件可笑的事：大人听唱片，一旦我说喜欢这一张，那就不许换，听一遍又一遍，等我睡着了，他们才能听别的。

我之“难办”，由来久矣。不过最难办的一段时间，恰是由父亲一人对付。一九四六年，我十八岁了。他在大忙一阵（重庆政治协商会议）之后来到“朋友聚会处”。有天晚上，他找我们两人谈话，没有说我使他感到无奈，而是说“不知道怎开这部机器才好”。他用手掌做一开一合的姿势，说：“刚才那番话都先说不好的一面再说可期待的一面，希望能领会其中不把人看死这层意思，但心中应有沉重感，否则不会有改进。”

一九四八年，父亲给哥哥一个任务：“研究研究恕之受伤或受病在何处，当如何药之。”

父亲让哥哥给弟弟治病，足见哥哥之可信赖。我们兄弟两人禀赋之迥异和手足情深，也于此可以见出。

这里势所不免要说一下我们兄弟的不同。其实，在大的方面还是相同的。同样国家观念极强和不忍见别人的苦痛，这点继承父亲。例如，他摘录一些反映民间疾苦的诗和民歌拿给我看，我又从中摘了一部分到自己本子上。至今记得其中一句：“烛泪落处人泪落，歌声高处怨声高。”其余记不全了。他考虑长大了干什么，所想就是做事服务社会。踏实、非常踏实。我呢，也举一个例子。我想中国将来一定要有最强大的海军，幻想出一支又一支舰队，画出一艘又一艘军舰编入舰队。

哥哥各门功课同样好，我是非常偏。那时，有个顺口溜，“学好数理化，走遍天下都不怕”。我是偏怕数理化。如果病只在偏，那还好，恐怕最重的病在意欲纷杂。这在幼年比较好办，进入少年期，青年期难办。那时的情形，可以用“东奔西突，躁动不宁”八个字来概括。

不必赘述我在一九四〇年至一九四七年一共改变了多少次主意、换了几个学校（其间还两度退学自修）。我的愿望南辕北辙，一时要投考空军幼年学校（全面抗战时期设于四川灌县），一时又说不耐正规学校施教方式，愿意在家自修，进了美术学校又想转学新闻。

若是别的家长早发火了。能感觉得出，父亲每次同意我改变主意都属勉强赞同或勉强不加制止。当时我只顾高兴又获批准，对他这样做的用意何在全不留意。等我留意了，却已太晚、太晚。那是在他逝世后的第四年，为写这本书通读《梁漱溟全集》时，我感慨万端地发现那道理："大约一个人都蕴蓄着一团力量在内里，要借着一种活动发挥出来，而后这个人才是舒发的，快乐的，也就是合理的。我以为凡人都应该就自己的聪明才力找一个相当的地方去活动。喜欢一种科学，就弄那种科学，喜欢一种艺术，就弄那种艺术。总而言之，找个地方把自家力气用在里头，让他发挥尽致……"

这说的不正是我吗？然而，与此同时，这又是一个普遍的道理，人人应该如此。

我还读到（实为重读）他当年给我的信："一个人必须有他的兴趣所在才行，不在此则在彼，兴趣就是生命，剥夺一个人的兴趣等于剥夺他的生命，鼓舞一个人的兴趣便是增强他的生命！"

他想鼓舞我的兴趣，增强我的生命，容许我试了一次又一次。这是他的父爱方式。

直到巨大的社会变革在中国大地上发生，我有地方"把自家力气用在里头了"。我的问题像是解决了又没有真正解决。我指的是此时强调党性、强调"螺丝钉精神"——一种与上述道理相反的道理。

说父亲是在效法祖父，至少是看得浅了。通读《梁漱溟全集》，我才懂得他对人类生命自有其看法、自有其期待。假如他对儒家哲学有所阐发，就在这里。他在三十岁以前就已形成了这种观点。

当我东奔西突时，哥哥对自己将来干什么已有明确意向——为社会大众服务。他写信问父亲做什么比较合适。父亲的回答是：只要有这番诚意就好，干什么都可以，而且"有无成就，亦可不管"。那时我够不上谈这个问题，但"有无成就，亦可不管"包括我在内，则是清楚的。

有些家长喜欢子女跟着自己的脚步走，督促子女在学校取得高分更是常见。

父亲从来不问我们考得怎样。不是分数高低不代表什么，他是在引导我们不把注意力放在分数上。他对中山大学学生说过，只有你想吃，吃着才有味，吃了才消化，成为"你自己的"。

有一次和同事闲谈，我谈到现在家长在学业上给孩子施加的压力太大。这位同事说："你的父亲是名人，用不着担心你们的出路。"一般人怎么能不关心吃饭问题，养家问题？我将话题转移，我本来可以说，父亲自来“不为身家之谋”。父亲期待于我们的正是心思之用超越身家。

哥哥又问：做学问与做事是否为两条路，自己宜于走哪条路。

他的答复分作两点：平常熊（十力）先生教育青年，总令其于学问事功二者择其一。择取之后，或再令细择某学某事，“这自然很有道理，亦是一种教法”。不过，他似乎更肯定自己走过的路：“一任自己生命所发之要求而行，全无学问或事功之见存。”他出世的要求强，看佛书多了，不知不觉转入哲学一路；当感受到中国问题的刺激，心中解决社会问题的要求强，不知不觉涉足政界，全不是有心去求得的。

再一点是：现在任何一件事没有不在学术研究之内的。例如，为解决人民生计而搞合作运动，合作就是一门学问。学或事“不必太固执一偏”。

父亲特意说明，这虽是他走过来的路，却不必学他。依他看，发愿是根本，他发的是佛家那种愿，他从不希望别人这样做（后面将会谈到）。我们只需发为人民大众服务的愿。不同而同。

依本章标题应该是讲梁漱溟怎样做父亲。可是在这里，我把范围放大，放大到他怎样对待亲属和友人，而不限于他自己的四口之家。这样做的目的仍不外乎让读者多了解他，并继续以祖父与他相比较，从他们两人的同与不同中凸显他是怎样一个人。

祖父急公好义，不只为自家衣食打算。无论做公家的事和家里的事都极耐烦，亲手做种种具体乃至琐细的事，而且祖父照顾的家远远不限于自己的六口之家。

祖父急公好义前面已有事例，这里再举一例。他曾负责在北京创设教养局，总局收容罪犯、分局收容贫民，两局每月经费只银圆五十。这个数字只及他离任后两局开支的四分之一。即使如此，每月仍有节余。后来用节余的钱兴建讲堂三间。钱来自节余，自然不必为此申请经费，而且上级还有所顾虑，不愿向部里报告有此兴建。在他，“惟念国家一钱当得一钱用”；可官场另有一套，“形诸公事将多窒碍”——这样的先例让后头的人不好办。

至于家里的事，祖父真是精细而耐烦至极。《思亲记》中有如下记述：“吾兄弟姐妹四人，盖一一长于公之手。溟生而瘠弱，又多罹灾病，公之育之也，独难矣！六岁蹶于石阶，洞其额骨，绝焉，既苏，养息之。公为多列玩具枕前，引为嬉笑……十岁生疖疡，在额，在臂，在股，在足，隆起如枣大者七数。不得坐，不得立，并不得卧，日夜啼。公为煮白米粥哺之半年。此景思之长在目。”

祖父在养育自家小孩的同时，还在家里养育着表姊妹陆嘉年、陆嘉坤两户人家的遗孤。前者的丈夫是进士，做了二十年的京官。一九〇二年故去时，穷得几乎无法入葬。祖父将他们接到家里同住，又向这位进士的朋友发信求助，“计得

一九三六年八月二十日，梁漱溟与梁培宽、梁培恕二儿摄于济南

三千一百余金”，作为遗孤的生活费、教育费，替他们经管十几年，直到他们长大成人。此即民初南北统一内阁司法总长张耀曾。一九〇六年，后者夫妇不幸一年之间相继逝世，所患为很厉害的传染病白喉，三个孩子都染病，其一已不治，祖父将幸存两个接到家里救治得以脱险，祖母却染病“喉肿饮绝，亦几危焉”。表妹夫家有微薄遗产，祖父又代为经管，直到自尽之后，“乃归诸郑氏子”。此即南开大学校长、历史学家郑毅生。

祖父自知没有机会出国，认为让儿子出国是要紧事，“即使竭尽大半家资亦不为过”。伯父留日，其余三人都入新式小学，课程中有英语，无四书。意向明确，措施具体。

父亲很早（一九二五年）便“觉吾一身系中国前途”，后来还说一生要为中国，为人类尽责，“总是把最大的问题摆在心上”。（这个问题后面还将谈到。）他当过校长和院长，“国家一钱当得一钱用”，为公樽节无疑赞成，但是亦如选择不顾家一样，他也选择了不管钱。

父亲深感外语不好缺少治学工具。只一次在信中说，或许培恕将来能学好外文，并无具体要求。他对我们的期待只是发愿为大众服务，生命力得到发舒，即是好的人生。（这个意思的另一种表达就是经常对青年人讲的“人生向上”。）用现在的说法，都是作“原则性指示”。我闹着要考空军幼年学校，他心里很顾虑，特意去招生地点看了一趟。这在他已是非常例外。

在这一节的开头，我说，我将把范围放大到记述父亲怎样对待亲友而不限于四口之家。不是我要放大，而是他“模糊”了家的界线。他说，“朋友聚会处，就是我的家”。有血缘关系的家早就自然放大了。在感情上，家包括同胞兄妹和他们的子女。

伯父曾留日，有这种学历，在当时可说无人不发达。二位姑母，大姑早孀，绝大部分时间带着孩子住娘家；二姑持佛戒不婚且又早故。这个放大了的家，从祖父在世时起至二十世纪三十年代初，住在崇文门外缨子胡同。房子为祖父晚年自建。不是正规的四合院，自西向东三个院子，中院房子大，伯父一家住；东院姑母一家住；西院我们住；另有一排南房，父亲的朋友们住。

二十世纪三十年代初，伯父家因工作迁居天津，我们迁居山东，姑母同去山东，这个院子就空了起来。全面抗战八年使三家一度隔绝，重聚时伯父和姑母已不在世。

表姐回忆她小时的印象说：“我那时的感觉就是，他（指她的二舅、我的父亲梁漱溟）是咱们家的孔圣人。”我不胜其惊讶地听她说，当时大家都跟着他吃素。（二姑吃素早已听说。）起初我想，或许她记忆有误，可是她记得很清楚是这样。我追问：“那么是谁提议的？”“说不上有人提议，反正大家都听他的。”那么是父亲要大家吃素吗？她说不清楚这个过程，不过补充了重要的一句话：“他不多管。他很少说话。”“就是我刚才说的那个意思，大伙把他当圣人。”

她说，因为营养不足，在小学里，数她个子最瘦小，校里检查身体，体重只有五十六磅！以至“五十六磅”一度成为她的绰号。老师上家里来劝姑母改善营养，作为第一步，四个孩子分着喝两瓶牛奶，后来又放宽到可以吃鸡蛋。伯父第一个破“戒”吃肉，大家才渐渐都恢复了吃肉，而父亲也放宽到可以吃鸡蛋，喝牛奶。

又记得培昭二姐说，那时父亲不许家里人打牌。这在我听着很自然。他从来要人“向上”，一切怠惰现象都不该有。我从来没有见过他以通常所谓“玩”的方式度时光，包括不与人闲聊。从一封给外甥的信中还能看到他阻止家人看戏。他不是为了省钱，是在外省乡下看见百姓生活太苦，看一次戏动辄几块钱十几块钱，“实属太过”，“此心恻恻焉，不生贪玩之心”。

他是怎么成为“精神家长”的呢？是他的愿力，是愿力体现于外的精神状态感染着家里人。

我体会“不虞冻馁便可”这个生活标准，不仅适用于我们两人，也适用于其他亲属乃至一切人。诚然，他管不着别人怎么生活，可是他期望一切人都做“有心人”。“有心”，“有心肝”，是他常爱说的话。有心肝的反面是麻木，就是对别人的困苦、疾苦以至种种可悲惨状况没有感应——与己无关。他期望家中人有心肝，这个期望得到了呼应。

我们到后方去了，多数亲属沦入日本人占领区中。父亲虽远在川中，内心却挂念着。一九四〇年，他在信中说，培昭二姐从母亲遗下的皮箱里发现三四张北平新华银行的存单，来信问他（这钱）怎么处理。他的想法是：北平生活之难超过战时的四川，"我想起你四舅妈同小晋等怕是很为难，还有张家七太姨孤苦伶仃一个人，亦很为难"。

（苦境中的人要接济，换言之，不在冻馁中而多余地给予钱财和物品是为不当。）

祖父心中有大事也有小事，耐心做小事。父亲把精力用在大事上的意念明确，自信这样做没有什么不对。他们各自这样度过了一生。

在家里，没有人抱怨父亲不做小事，而社会上屡次反映他"狂"。怎样理解这个问题呢？他是怎样运用自己生命力的呢？我以为，他对这问题是这么看待的。

一九四三年初冬一个黄昏，我提着两件小行李，穿过一座唯有荒草和坟头的山冈，来到桂林穿山脚下，找到无锡国学专科学校。父亲借住在这里已近年。我从重庆来和他同住，并且不打算上学了。

无锡国专战时由江苏迁校至此，一切因陋就简，教室是木板屋，里面抹上混合了稻草的泥巴以免漏风。他住的一间房，是从大教室隔出来的，一床、一桌、一椅、两凳。

我进屋时灯已开着，虽预知几日之内我将到达，待见到我的身量他仍吃一惊，所以那天日记里便写有"数年不见忽已成丁"的字样。

学校出于盛情，次日在教员宿舍阎宗临先生家隔壁又借一小间房给我住，并且我们父子二人就在阎家吃饭。自抗战以来，父亲一直过这样的日子。在某处借住，便在某人家吃饭。我住的那小间摆一张方桌，阎先生一家六口加我们，整是一桌。两处相距竟有半里地，一日三餐，他要往返六次。

晚饭后才真是重聚的时刻，我去看报纸和看他当天收到的信。（数十年间都是如此，这是他给予我们兄弟的自由之一——知道他在做什么并且可以发表意见。）

冬夜，父子相对隔桌谈话，是那段时间的生活特色。至今记得有三次，我的谈话内容使他深受触动，当时不知其所以然。

一次是转述从同学那里听到的关于抓壮丁的种种惨状。（战时征兵本属正常，兵役工作弊端太多，导致被征农民力图逃跑，演出许多悲剧。）为防止逃跑，他们用绳子把几名壮丁拴成一串，只在出操时松开，夜里无论发生什么事都不松开绳子，大小便拉在裤子里并不罕见。有两名壮丁得传染病快死了，军官告诉他们，有一点钱可以用在他们身上，是愿意买纸钱烧还是愿意买一碗凉粉吃？他们选择吃最后一碗凉粉。一名壮丁三次逃跑都被抓回来，第四次抓住，军官把他绑紧，用钢笔尖把他的眼睛扎瞎。另一件事是我亲眼见到的。我们的教室在一座旧碉堡的第一层，课间常去顶上玩儿。同学指给我看："那个人快死了。"据说是逃跑的壮丁，逃跑成功了，却因病重已经回不到家门，但见他直躺在路边，用破草帽盖住脸，胸口因为用力喘气而起伏。下一堂课我再去看时，他已停止了呼吸。

父亲听到一半，闭上眼睛竭力控制住自己。后来知道，一九三八年他进入四川便认为亟待改进兵役，愿在这方面尽力，可是国民党不让他做。

另一次，我说起人的创造力和年龄有关系（从杂志上看来的）。有人把中外古今名将立奇功时的年纪作了统计、比较，发现他们立奇功时多在三十至三十五岁。还有，德国战斗机驾驶员的年龄选定在十八至二十五岁，因为他们发现这个年龄阶段的青年最不顾惜生命。（当时第二次世界大战正惨烈进行。）他边听边点头，然后讲起他多年前在上海拜访岑春萱，岑问他年龄几何，他答三十五。岑很感慨地说道："正在妙龄。"

直到多年后我才明白，这是因为他一九二六年就着手写《人心与人生》，虽因事忙中途搁笔，但凡听到与人类生命相关的事，都会特别留心。

最打动他的是一句话："依凡而行者，非夫也。"初中二年级国文课本里，我最爱读《书鲁亮斋事》和《张巡传》，几乎可以背诵。

鲁亮斋，康熙、雍正年间人。河南中牟县县令李某以挪用公款罪被革职，巡抚田文镜派鲁亮斋去接任。鲁微服赴任，进入中牟境，听见老百姓称赞李是贤令，但愿他能够不走。可是有人说，这不可能，那个来接任的人怎肯放着官不做？鲁见到李，觉得他确不像贪官，问他为什么挪用公款？李说自己是云南人，离家十年，到中牟后借公款把母亲接来奉养。人到了，官也丢了。鲁思考的结论是："依凡而行者，非夫也。"鲁亮斋不摘印返回开封，请田文镜让李留住。故事梗概如此，原文极生动而有气势。当我背诵到"依凡而行者，非夫也"，他的眼泪就流了下来。

我们父子以诗词为题谈话，生平仅有一次。然而，他就利用这机会轻轻点醒我吟咏关乎人的志向、意趣。止于暗示，并不从正面说话。

上中学那几年，我心情最郁闷，其实是无缘无故，但不能摆脱。正是在那时我接触了唐诗，后来又爱上宋词。自己用废纸钉成小本，随时抄录。作为心爱之物，自然带到桂林。所抄以遁世、旷达的居多，描写自然景致的次之。这当然比喜欢俗艳要好，不过缺乏昂扬、奋进之气却很明显。

父亲拿起这些小本看了几次，一言未发。过了大约一年，我从他的线装书里找出一本《词品甲》，是欧阳竟无大师选的一本词，里面夹着亲笔题签，像是他多年前送给父亲的。当时大师已经辞世。

他拿过那本词选，先试了试我的阅读和理解力怎样，问：桂槐、飞镜、玉兔何所指？见我回答无误，又问，《词品甲》，“品”字在这里作何解？我答，作品味、品评解。然后，他让我看欧阳大师所作序言。大师选这本词的主旨，正是想让人注意，自古词人多柔纤之作，但词非止长于此，词也可作“狮子吼”。我领会了这层意思，此后对诗词的爱好，趋向豪放一路。

一九四四年秋，日本人作困兽斗，攻陷桂、柳。父亲避免去重庆，坐木船沿漓江南下，再转桂东八步，在船上住了将近十天。这种情况下，我们父子除了闲聊实在想不出还能做什么。他仍不做纯粹的闲聊，而是讲民国初年的政治掌故给我听，既有趣又增加了我对中国政治的知识。

可是有一次例外，他讲起《论语》来了。一般中学生没有听过《论语》，我则不然，来桂林前我就读的勉仁中学正是“朋友聚会处”，有门课（不列入成绩）是其他学校所没有的，即每周两堂课选讲《论语》。两年多之间，我已经记熟了数十条孔子的话，也就是受了一点儒家思想熏陶。如“依于仁、据以德、游于艺”等。我的印象是孔子脾气非常好，孔子主张怎样一种人生，则完全没有想过。

现在已记不起谈话怎么转到孔子。父亲深情、缓慢地背诵两段论语，一是子贡（赐）请示孔子可不可以在行告朔仪式时，省去杀一只羊。孔子的答复是：“赐也，汝爱其羊，我爱其礼。”承认子贡节省一只羊的考虑有道理，可是就孔子而言，他认为应该郑重其事地完成仪式（礼）。即告朔仪式本有定规（常规），但孔子不因有定规在先而坚持一成不变。这件事可以有不同意见，可以讨论。不因先有定规便认定另一种意见即是谬误。

然后，又背诵宰我问孔子，父母死了守丧三年是否太长？孔子不以可否作答，问宰我父母死了不到三年就穿好的、吃好的，“于汝安乎”？宰我回答他心里没有不安，于是孔子说“汝安则为之”！又是可按自己的心意做，全看自觉，不搞硬性规定。

我知道早先有“打倒孔家店”运动，读过《狂人日记》，鲁迅刻画了一个阴森森的社会以证明礼教吃人。读的时候我上小学五年级，确觉可怕。这样，我心里就有了两个孔子。

父亲看我从字句上懂了，意思也能理会，就不再说话。（他想讲的到此为止。）如果我心里有疑问，可以提出，也可以把疑问留着自己去找答案。当时我没有问：“孔子很开通，很和气，可是礼教恰恰表现为死板，没有商量，压制人的思想甚至强奸人的真实情感，这个矛盾怎么解释？”（到桂林后，我向他说过，不喜欢礼节酬答，因为那是虚伪。）

我现在懂得了，当时他的用意正是把这个问题“交给”我，既不给一个现成的解释，也不当场等我拿出答案。

梁漱溟与续弦陈树棻摄于重庆北碚

中国的社会变迁迅猛无比。我在过去半个世纪汹涌澎湃的社会思潮中载沉载浮，只是最近两年才有了较为恳切的意念，想要理解他的思想，去读那多年前留下的答案。

我一九四三年冬到桂林，赶上父亲第二次结婚。如果我事先知道，可能不怎么想去桂林。这一年他整五十岁，算是步入老年了。关心他的人遂以生活继续动荡不定实不相宜为由，劝他续弦。

我也看到这个事实，只是感情上不愿意接受另一个母亲。有一天，我找了一首孀妇写的诗递给他看：“故人恩义重，不忍复双飞。”他看了点点头，意见就算交换过了。父子以这种方式交换意见自属少见，我们之间是太不习惯于表露感情了，彼此心中亲切感有之，热情则不足，或者说给什么隔着。谈国家事尽情表露，自己事则羞于出口。

父亲说，中国有古训：“父子不责善。”意思是父子之间不责备、不抱怨对方没有尽到责任（父慈子孝）。正确的态度是反求诸己。这句话他完全做到了，哥哥和我也做到了，在某件事情上遗憾之感是有的，但就止于此。

礼教非常强调“孝”，他从不强调，他强调的是孔子对去告朔之饩羊和问可否不守丧三年所持的态度。此中道理我少年时当然不懂，中年仍不懂。直到种种人生经历积累得多了，才悟出他强调什么，不强调什么所具有的内涵。

自全国解放迄于他逝世的近四十年间，他是怎样一个父亲，这不仅因为中华人民共和国成立时（一九四九年）哥哥和我都已成年，父子关系不同于未成年时；更因为政治环境绝然不同，这不同改变了中国的各个家庭，在我们那个原已不典型的家里，各个人所“扮演的角色”自然异于中华人民共和国成立前。这个不同，是那个政治环境的产物，又是原先父子关系的继续。不过，显然直叙下来不如分开叙述。

他的学问是怎么来的

父亲多次否认自己有学问，并且说，因为没有念过旧书，外语不好，连做学问的工具都缺，哪里还谈得上做学问呢？他还说，自己心里不曾想过做学问。这都是实情。可是，他对中山大学的学生说："什么是学问？有主见就是有学问！"他可是非常有主见的。假如用这句话去反问他，那该怎么说呢？

做学问的工具缺乏，没有想过要做学问，可是他又有一些学问。这学问是怎么来的？在这一章里，我想说明他怎样从（年幼）没有思想到接受外面的思想、到参考他人、终至于有主见。本章所含括的时间是他十岁到二十几岁的这个年龄阶段。

一九三四年，乡村建设研究院办一个讲习会，为引起学生对学习内容的兴味和增进师生互相理解，他在开学之初向学生讲述了自己的思想成长过程。他一上来先说："人从诞生到世间那一刻起就身在问题中了，而我们又是生在危亡状态的中国。对这两个躲不开的问题，我们必得有一个答案。"这就意味着，假如他还是有些学问的，那么，他的学问就是为这两个问题找答案找来的。尽在于此，更无其他。他一生的心思都用在这上头。

他还说，自己总是对某个问题先有了一些意见然后再找书看，看书时心里已不是空空洞洞的。我认为，这个特点比前面说的特点更具个人特色。

他天资高吗？不。他说："我越小时越笨，此点诸君或不肯置信。"

据他回忆，六岁的时候，有天早晨祖母在另一间屋子责问他为什么不起床，他很气愤地说："妹妹不帮我穿裤子。"（这种裤子不系腰带，用两条布带从背后绕到前面再打结。）即便进了学校，他手脚动作还是比别人笨，同学们打球、踢球，他不能加入，要等别人玩儿够了走开，他才去玩儿。又因为神情欠活泼，同学们管他叫"小老哥"。

他智能的开发大概都是靠自己主动求知，同时外面的机缘也在促成他。

祖父原本赞成西学，六岁那年又恰好赶上光绪变法维新、废科举，仕途所不可免的死读书已无必要。

他从六岁到十九岁共读了十四年书，无意再升学（想当和尚）。其间经过两度家塾（亲戚家孩子共请一位老师）和四个小学。中学为五年。据父亲回忆，那时教学程度还没有一定标准，某些课程在今天是中学教的，那时小学已经教了，中学课程往往与今天大学相近。在小学，他的成绩属中下，在中学属前列。这种进展来之于自学。自学又可分为两种：一种是阅读报章杂志，一种是自学学校功课。后一种是同学间相互推动着自学，前一种完全出于个人兴趣。两相比较，前者对他的影响大于后者。

在家塾里用来开蒙（识字）的是《三字经》和《地球韵言》（以四个字一句的韵文讲世界地理）。这刚好为日后看报纸关心时事准备了条件。据他回忆，十岁时开始思考问题，正当他需要有更多读物的时候，彭翼仲创办的《启蒙画报》和《京话日报》问世。这类读物，在老中国原是没有的，所以，他很幸运。他不是一般的爱看，是“几乎成瘾”。

《启蒙画报》内容主要是科学知识，其次是历史掌故、名人逸事，再就是伊索寓言和童话，等等。那时还没有照相制版，更无彩色印刷，只用木板雕刻。他说：“我从那里不但得了许多常识，并且启发我脑中很多道理，一直影响到后来。”

《京话日报》给他的影响是爱国思想和疾恶社会弊病。例如美国迫害华工，《京话日报》提倡抵制美货运动。他回忆：“我还记得我们小学生亦在通衢闹市散发传单，调查美货。此事在当时颇为新颖，人心殊见振奋，运动亦扩延数月之久。”

父亲得到一批开眼界的读物——《新民丛报》和《新小说》两种期刊的合订本，同为梁启超在日本所主编。这种维新的刊物不许入境，能得到实属幸运。厚厚两大本，总共有五六百万言。这些读物使他再次上瘾，白天拿着看，晚上枕在头下面。后来又能按期收阅立宪派在日本出版的《国风报》和革命派在上海出版的《民主报》。在当时，一个中学生拥有这样好的条件实在罕见。

梁启超在自己报纸上刊出“新民说”，署名即是“中国之新民”，其中一面提示了新人生观，又指出中国社会应该如何改造，“恰恰关系到人生问题中国问题，切合我的需要”。

父亲称这一时期的阅读是“比我读五年中学更丰富而切实的教育”。那时候的中学生，是把注意力放在英语和数学上。他和三位同班同学廖福申、王毓芳、姚万里成了好朋友；以他最年少，廖最年长。出于廖的提议，他们互助自学。父亲回忆说：“记得经过一阵很起劲的谈话以后，四个人同出到酒楼上吃螃蟹，大喝其酒。廖大哥提议彼此相称不用‘大哥’‘二哥’那些俗气，而主张以每个人的短处标出一字来，作为相呼之名，以资警惕。大家都赞成此议，就请他为我们一个个命名。他给王的名字是‘懦’，给姚的名字是‘暴’，而我就是‘傲’了。真的，这三个字都很恰当……他自名为‘惰’。这却太谦了。”

英语先生教到全书一半，廖已学完全书，父亲读到三分之二；英语语法，先生没有教完第二册，他们已在研究第三册。代数、几何、三角各课，一经先生开头，廖即自学下去；他在廖帮助下，也总走在先生前面。

读者不难发现，像上面所说那样用力于课业，在他并非很长时间，对他的一生亦不重要。重要的是人生观的一转再转（他不是一直持一种人生观），和政治观点的改变（他不是一上来就认准一种政治制度）；再者，思辨能力的锻炼对他而言同等重要。

他再次运气好，得着两位同学的帮助。

郭晓峰，低于父亲一班而年长两岁，促成他人生观的第一次转变。他们同学三年没有说过话，因为郭君“气敛神肃，眉宇间若有沉忧”，而父亲则“神情孤峭”且自以为是。本来是容易谈不拢的，不料偶然在校内假山上相遇，一经交谈，郭君竟成了他的“郭师”。

父亲回忆说，他小时心中空空洞洞，祖父的思想便是他的思想。（说不定还要极端一些。）例如国文讲义向来不看，唐宋八大家的文章最不喜欢，又认为哲学是故弄玄虚，“完全是骗人误人的东西”。心中所想只是做实事，以救国救世自期。同学中也有和他相辩驳的，“其力量却不足以动摇我的自信”。郭君则不然了，“天资绝高，思想超脱”，十八九岁年纪“学问几如老宿”，已经读过老、庄、易经和佛典，“皆有心得”。郭君又很善诱导，“有时嗤笑我，使我惘然如失，有时顺应我要做大事业的心理而诱进我，使我心悦诚服”。休息时，他常去请教，更且把郭君讲的话记下来装订成册，题曰“郭师语录”。大概两人神情太严肃，同学们戏呼“梁贤人、郭圣人”。

自与郭晓峰接近，狭隘的功利思想为之打破，“对哲学始知尊重”。

当年冬天，他应邀访郭君于河北省乐亭县乡间。旅店主人见他是北京来的学生，问他来乐亭做什么，他回答找同学郭晓峰。店主人一听高兴起来说：“郭晓峰，人不大，四海知名啊！”

（在乐亭住旅店的情形不妨附记于此。吃晚饭时店主人一一请旅客入席，自己坐在主人位子上，说一些慰问旅途劳顿的话，为客人搛菜、劝酒。宿费和饭费没有定规，次日早晨旅客随意付费，主人又表示不敢当。我听后说道，开旅店是为赚钱，这样做不是虚伪吗？父亲点头承认我的意见，不过又说：“从这里可以见出中国老社会之重情谊而耻于言利。”）

因著《东西文化及其哲学》，他被划到“保守”一边。于是人们便想象他读了一肚子古书。这一则表明我们很容易做主观臆测，二则表明我们往往将人的思想设想为直线发展。其实，对他来说，尤其不然。

他之注重传统文化正像先前厌恶哲学后来研究哲学一样，先是以很大兴趣去弄清楚西方政治制度，待看到中国人屡次照搬西方制度总是不成功，又为这搬不进来再回头去研究西方制度。这前一度研究西方制度是在中学里进行的。他当时最爱看《立宪派与革命派之论战》这本文集。清廷统治下，论战只能在海外进行，他得到的一本是从日本转寄来的，“几于无时或离”，“反复读之甚熟”。有趣的是，他和一位甄亮甫同学进行了一场校内论战。甄君广东人，从香港、上海转学到北京，是革命派，后来还任过孙中山的秘书。（一九一〇年，父亲受甄君影响参加津京同盟会。）论战以书信体文字你来我往，还给同学传阅。他那时认为英国式政治最为理想，美国式、法国式不够完善。他承认自己的意思是从立宪派得来的，“然一点一滴皆经过我的往复思考，并非一种学舌”。二十年后他写的《我们政治上第一个不通的路——欧洲近代民主政治之路》，一一列举西方政治制度合理与巧妙的那部分，用的就是当初与甄亮甫论战的文字。

他对中山大学学生先是自问自答“有主见就是有学问”，随后又自问自答：“学问是什么，学问就是学着认识问题……要知必先看见问题，其次乃是求解答。问题且无，解决问题更何能说到？”

这又是在说他自己——“先看见问题”。

多年后，父亲回顾自己有思想的第一阶段：祖父虽是读儒书，不曾读过墨子，可是就其看问题的眼光和主张而言，实在近于墨家，和西方的实用主义思想相近。父亲刚有思想时，是以祖父的思想为自己的思想。“公喜曰：‘是何其肖我少年时所为也？’为书以嘉之，锡字曰：‘肖吾。’”但他不限于高兴儿子像自己，还允许其“肆为议论”——对问题有认识而且说出来。正是这后一条件使父亲稍后得以“独立”出去，完全以自己的思想为思想。

事情巧就巧在，郭晓峰推动他打开眼界时，人生的苦闷正在他心中升起。人活着为饮食男女及一切欲望所纠缠，社会上又充满褊私、嫉忌、仇怨、计较，以及生离死别种种现象。人生有意义吗？人生有兴味吗？而那思索的结论是：人生是苦的，和佛家的思想相合。于是，他买佛书来看。不知道佛家有不同宗派，碰见什么买什么，看不看得懂都看，尤其“唯识”和“因明”各典籍最难懂，“暗中摸索，费力甚苦”。

他被看作佛学家受聘去北京大学讲印度哲学，都是因为一九一六年发表《究元决疑论》。这篇文章久在酝酿中一直没有动笔，直到所相识并留有好印象的名记者黄远生在美国遇刺身死，他平素对人生的悲悯遂不可抑制，“亟草此篇，愿为世间拨诸疑惑苦恼”。这篇文章是怎样来的呢？“自二十岁后思想折入佛家一路，专心佛典者四五年，同时复常从友人张申府（崧年）假得几种小本西文哲学书读之，至此篇发表，可以算是四五年来思想上的一个小结果。”

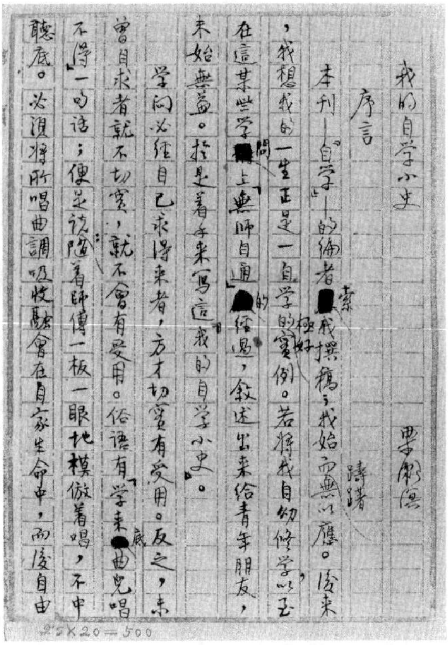
我的自学小史

梁漱溟

序言

本刊“自学”的编者索我撰稿，我始而踌躇无以应。后来，我想我的一生正是一自学的极好实例。若将我自幼修学以至在这某些学问上无师自通的经过，叙述出来给青年朋友，未始无益。于是着手来写这我的自学小史。

学问必经自己求得来者，方才切实有受用。反之，未曾自求者就不切实，就不会有受用。俗语有“学来底曲儿唱不得”一句话；便是说随着师傅一板一眼地模仿着唱，不中听底。必须将所唱曲调吸收融会在自家生命中，而后自由

25×20=500

一九四二年，梁漱溟《我的自学小史》手稿

在北京大学执教的第二年（一九一八年），他发起组织了一个团体研究东方学——儒学和佛学。此时他已注意到儒家是东方文化的一个重要组成部分，而不是如《究元决疑论》中所说，“东土学术，凡百晦塞，卓绝光明，唯在佛法”。为儒家所吸引，同是因人生问题，“对于苦乐的研究，是使我深入中国儒家及印度佛家的钥匙”。其中自然有一个过程，孔子不主出世，故此，“初入于出世思想时，盖甚薄视孔子”。但既然人类社会必然会存在下去，那什么思想对人类社会是最好的呢？结论是：住世思想中，以儒家最为圆满。两年后放弃出家之志，则是为国家寻出路。寻到一个（以前不注意的）民族固有文化。

父亲把自己思想转变划分作三个阶段，并尝说：“仿佛世界文化三大流派，皆在我脑海中巡回了一次。”所谓“三大流派”，是指他在《东西文化及其哲学》揭橥的一种文化观——西方文化、中国文化和印度文化分别体现着人类三种人生态度。自此而后，他从事学术研究、社会工作、政治活动，无不基于这一文化观，再未改变。

在他这既是自学，同时也是在思想转变的过程中，用他自己的说法，一度“激进于社会主义”。时间是在二十岁至二十一岁。偶然从旧书堆里捡出一本《社会主义之神髓》，是日本人幸德秋水所著、张溥泉译为中文。那里面所说资本家、劳动者，等等，当时没有引起他的注意，看过先是放在一边，可是个人本位经济之为害，触动了他的心。和以往一样，从这里起头越想越多，越想越觉得这实在是社会上种种罪恶、种种痛苦的根源。他得出的结论是，不把资本主义制度革除，“说什么话不是白说”？“你要救世救人，就当从这里下手。”第二年，他写了一本一万多字的小册子《社会主义粹言》，自己油印了送人。

在那段时间里，父亲几乎时时有所感伤，处处有所感触。有一次，他在街上看见一个拉人力车的，是一个白头发的老头，勉强往前拉，跑也跑不动，而坐车

的人还催他快走，他一忙就跌倒了，白的胡子上面摔出血来。父亲写道："而我的眼里，也掉出泪来了！然而这在现在经济制度下，这是当然的！没谁顾着谁的！在竞食上的失败者，结果自该如此。"看见警察抓住了小偷，"几乎要跑上前去，把他从警察手里夺过来"。

因精神状态很不稳定，他曾几乎自杀。厌离心情使他决定走出世的路。

从时间上看，他激进于社会主义是长达十余年思想——人生观转变中间的一个过节，但是社会主义学说使他从经济制度上观察社会问题和国家前途。（他说，包括他自己在内自清末至民初，中国人考虑国家前途总是考虑政治制度。）从此，对个人本位经济制度决然予以否定，认社会本位经济为合理。

后来他是怎样看待社会主义的呢？特别是中华人民共和国成立后？后面我将不止一次谈到他与社会主义思想及其实践的关系，但此刻只能打住，且先说一句：他认为社会主义是人类生活应循的道路，不过他心目中的社会主义不限定于马克思主义的社会主义。这句话的意思是，除此之外，父亲还有他自己的社会主义观或云对社会主义的展望与期待。谈到早期的空想社会主义，他充分肯定圣西门等人的出之于善意，和《共产党宣言》的口气不一样。

父亲说，如果祖父不容他按照自己的意志生活，勉强他升学，勉强他结婚，"则今日的我，必非如此"。未成年而一切自主，可能是他最乐于回忆的一段生活，并且每回忆起来便感激祖父。

他把同样的自由给了我，我也同样怀念自己少年时那段躁动不宁的日子。如果躁动而被迫如何如何，它就不会引起怀念。我感激他，亦如他感激祖父。

父亲的学问是怎么来的？不妨说，那正是来自他有而我没有的经历中。

他屡次说如何碰钉子。碰钉子是因为认真和笨。笨使他的思想过程不能跳过他人省略一步，每一步都要"踏实不空"，向前走碰了钉子才反思、转移、变化。其结果，是他经历的思想转变比别人多。

如果有一个预期的目标，达到了便会停下。可是他没有，有的只是解决一个疑问再解决一个（新）疑问。其结果他说："我虽不讲学问，却是眼睛看到的，耳朵听到的，都被我收进来，加过一番心思，成了自己的思想。自己愈认真，从外面收进来的东西越多，思想就一步步地变。愈收集越多，愈来越变，就成为今天这样子。我自始不知道什么叫哲学，而要去讲它，是待我这样做过后，旁人告诉我，你讲的是哲学然后我才晓得。"

父亲对学生说，起先并不知道什么是中国文化，讲起来总是称赞西方如何、印度如何，是几年后为了给中国找一条路，才发现了中国文化这东西，而且是像一堵墙一样挡住了他设想中国可以走的路——必得承认它的存在。

除了认真踏实，在他心目中，自学不单是自己学的意思，更重在主动性这层意思。学问只有自己求得来的才切实受用，才用得自如。他有这么一句话：“在学问里面你要进得去出得来。”如果一个人被书本知识所压倒，“则所消化太少，自得太少”，这样得来的知识是只是看着多而已。佛家禅宗的书里，为让人悟道，讲了许多禅宗和尚的故事。其中一则故事讲到，一位大师向僧众说，你们虽有一车兵器不能用，老僧手里虽只寸铁，便能杀人。父亲解释说：“这寸铁是他自己的，所以有用。”

世界上终究是循序渐进受学校教育的人多。好像是考虑到这一点，父亲在《我的自学小史》前面加了一个序言：“俗语有‘学来的曲儿唱不得’一句话，便是说：随着师傅一板一眼地模仿着唱，不中用的。必须将所唱曲调吸收融合在自家生命中，而后自由自在地唱出来，才中听。学问和艺术一理，知识技能未到融于自家生命而打成一片地步，知非真知，能非真能……自学这话，并非为少数未得师承的人而说，一切有师傅教导的人，亦都非自学不可。”“任何一个人的学问成就，都是出于自学，学校不过给学生开一个端，使他更容易自学而已。”

我这个人能力和兴趣是一致的，凡没有兴趣的就做不好，记不住。我还暗自佩服一些人（例如我的哥哥）能够不受兴趣的摆布，门门功课学得好。（我是真的觉得兴趣在摆布我。）兴趣偏成了我的苦。作为一名中学生，这种苦是不能诉的。一九四三年，父亲在信里开导我要明白自己兴趣究竟在哪里，“一个人必须有他的兴趣所在才行，不在此则在彼”。又说，人无论学什么，都是靠着兴趣。看到这些话，觉得他很理解我，可是我却不理解他。不理解什么呢？当时他给我的印象是无论何时脸上表情总是严肃的，一日之内只做正经事，不见他做任何消遣。我读着那封信，心里曾经疑惑：他的兴趣是什么？我怎么看不出？于是我想，这话是对我（这个年纪或这种人）说的，他不包括在内。不独那时，直到我已中年还认为别人的生活靠兴趣，他是例外；又过些年我才了然，他思考的那些问题，在别人为枯燥，在他则否。

六十岁以后我更敢于说，志愿也是兴趣；或说，它们的背后是兴趣。

他自称当年“大走自学之路”，学问是这么着找来的。

父亲还说过，他之求知，以解答了自己的问题为满足，不更多求。因之，与自己关心的问题相关的学问有一些，在此之外就不去求。这是他自认不是学问家的又一缘故。

从“行”的方面看他的性格

上一章介绍了父亲在搜集知识和消化知识上的特点。从时间上说，都是一九〇六年至一九二四年青年时期的事，属于“知”的方面。同一时期还有几件事也非常需要讲，是属于“行”的方面，他此时的经历，分明是后来某方面行动的源头。此即本章的内容。

有一个流传颇广的说法，说父亲曾投考北京大学，没考上，当即下决心“我将来要去那里教书”！后来果真做到了。这是一个激励青年立志的虚构故事。他否认了几次，流传依旧。因为大家容易相信是这样，不容易相信他从来没想过上大学，更不用说没想过当教授了。

他性格上的一大特点就是思想与行动绝对的一致。他说过，自己只能过这种生活，思想与行动分离的生活他过不了。

这和在不在北大教书有关系吗？有。他相信唯佛法“卓绝光明”时，心里想着稍等等就去当和尚（此即在北大教印度哲学时的思想），等到认为必须将在流传中失去原样的儒家生活找回来中国才有救时，他就在大学里待不下去，定要辞职照自己认为对的方式去办教育。

不妨这样说：当思想转到某一方面、某一程度时，他的行动随即“到位”。

别的事情上也这样吗？都是这样。他倡导乡村建设运动的思想源头，推动团结抗日、组织中国民主同盟的思想源头，以及始终视社会主义为人类必由之路的思想源头，等等。

它们各是一件事，体现着同一生活态度。

一九一一年（辛亥年），临近中学毕业，他由甄元熙（亮甫）介绍加入同盟会津京支部。这表明父亲从立宪派变成了革命派。

清王朝自不能超越历史规律，喜欢无限的皇权，不愿立宪受限制，结果是彻底丧权。父亲早先受祖父的影响仰慕梁启超，只热心政治改造，不主张排满，认为像法国、美国那样武装革命不如英国式虚君共和好。既然清王朝许下诺言只是想拖过一时，到了一九一一年，父亲也忍不住要动武了，认为见效最快、破坏性最小的办法莫过于刺杀握有实权的顽固派首脑，就像俄国虚无主义者喜欢干的那样。武昌起义鼓舞了身在北京的这几个青年，他们急欲有所行动，租用东单二条胡同一间铺面，以卖灯罩为掩护，在后面制造手榴弹。

一九一二年，清皇室宣布逊位，手榴弹不必用了，父亲和甄元熙、孙浚明（炳文）等出版了一份《民国报》。因为经费充足，规模不小，每天出三大张。他担任记者也做编辑。（以“漱溟”二字行世，始于此时。）社址起先在天津，后来迁到北京。记者职务使他有机会目睹了一些重要政治事件，例如孙中山和黄兴到北京，主持将同盟会改组为国民党的那次全国代表大会。那是一次闹哄哄的大会，差一点动拳头的大会，靠着孙先生的威望勉强按计划通过了新章程，实现了改组。他也采访了袁世凯就任总统的仪式，从近处看见这蓄意当皇帝的总统不理发不刮胡子，穿一件半新不旧的军装出席就职大典。他还参加了黎元洪副总统举行的全套西式鸡尾酒会。如果不是听他亲口说，实在难以想象，早在那时中国官僚们已经把鸡尾酒会学到手了。

至于那时的国会，父亲几乎无日不出入其间。从议员们的行径看，与其说他们参加了政党，不如说参与了朋党。

少年时日日盼望其实现于中国的议会制，如今已是眼前的事实，让他心灰意冷的事实。

从时间上说，父亲的记者生涯只不过一年（一九一二至一九一三年），留下的影响却不小。据他回忆，这段时间里读书少而活动多，和社会接触频繁。政治人物见得多了，他渐渐懂得事实和理想之间有距离，以前的憧憬转淡，更有一些在家里、在学校里看不见的鄙俗心理、残暴、狠毒狡诈行为，此时都看到了。这种阅历在人们进入社会以后都不免会看到，会遇上。

在中学里和同学笔战讨论议会制积累的知识，此时不期而发生作用。父亲不久看出，西方议会制最妙也是最要紧的互相制衡这层意思，在中国实无由实行。又过了几年，他更觉出自己这个见地仍不到家。对这个先赞成旋又否定的过程，他说自己是“进去又出来的”。他对我讲过，宋教仁主持修改同盟会章程，可说是一板一眼照着西方宪政政党的章程去改的。同盟会原本是武装革命团体，至此决然改成宪政政党，竟然决定不吸收女党员，因为那时西方国家妇女还没有参政权，而同盟会是早已有许多女同志的。父亲说，决不能认为当时中国人实行议会民主的决心不大，但总是行不通。这使他去寻找梗阻的原因何在。

这个问题到了写《东西文化及其哲学》时便作为问题提了出来，用最浅显的话说是老百姓没有议会民主这个习惯；深一层说，在中国有权的无限的有权，无权的无限的无权。在西方，有权与无权都有一个限度；然后又从这里找到民主产生自人的个性伸展和社会性发达；最后发现，社会有组织性才可保证个性不失，同时社会性发达。中国所急需的科学技术，也只能求之于这种改造后的社会。乡村建设运动的思想见解之播种实在此时，经十余年而后萌发。我谨请读者留意这句话，这与他后来的政治思想、社会活动关系至大。他的思想见解不轻易拐弯，一旦拐弯必定是在原先与现在的思想之间有依据。

一九一七年秋天，他如约去北大教书，将刚写的《吾曹不出如苍生何》自费印刷带到了教员休息室任人取阅。不知什么缘故他不在报刊发表，只在小范围传布，但引起了注意。辜鸿铭老先生边看边自言自语“有心人哉”，而不知那年轻人恰在旁边。胡适看了在日记里写道：“梁先生这个人将来定会要革命的。”父亲也引起了老朋友李大钊的“同情和注意”。

他写这篇文章的起因是这年的上半年去了一趟长沙，归途所见内战惨象，引发他提出“息兵”的呼吁。而其立场、主张，无一不与二十世纪四十年代为团结抗日、统一建国所做的事、所提的主张相吻合。

《吾曹不出如苍生何》一文写道：“宣统二三年时，便已天下骚然……辛亥以来兵革迭兴……六七年来未尝少休。吾居京师，京师下级社会之苦况盖不堪言……吾寓长沙，闻有人探战讯者附石油公司小船以行。傍昏时于某地泊岸，闻山头一小儿哭号云：‘白天抢掠我们，晚上又来强奸我们，天呀！天呀，我们不能活了！’呼声惨厉，一船怆恻。”而他更不禁想到，就在同时共有六个省份打内战，“其间罪恶宁可偻指”？

他忍不住要说：“生民之祸亟矣！吾曹其安之乎？吾曹不出如苍生何！”

一九四六年底，内战从边谈边打转为全面开战。他辞民盟秘书长职去四川北碚著书。恰在这时我读到这篇文章，写信问他：当前“天呀！天呀，我们不能活了”的呼号声不是更高、更凄厉了吗？你为什么退出政治活动？他回信说，现在的形势不同当年。对这不同当年，我当时不明白。事情就这么过了。我再读此文已是一九九三年，我的年纪已比他一九四六年时的年纪还高了。再读的感想，一是他的立场主张前后一贯，二是他把政治这东西看得太简单，把人这东西看得太好了。

所说的“吾曹”——“我们”指的哪些人？“凡自念曰吾好人者皆吾曹也。”凡读了他的文章、深具同感的便都是吾曹。

他呼吁好人要起作用，好人只要肯一齐出头，国事并非无望，而是完全有望。他建议组织“息兵会”——它的作用是不允许军队属于地方势力或个人，当然也就制止了内战。果然做到了“息兵”，国家事就有了一个回到正轨的开始。息兵会

约一九一七年，梁巨川全家福。前排左起，梁培昭、梁新铭（抱邹思椿）、梁培森、梁漱溟父亲梁巨川居中（抱邹德馨）、梁培志；梁巨川前二人左为邹思栋（晓青）、右为邹德惠；后排左起，梁焕鼐侧室何秀华、梁焕鼐妻彭清绮、梁谨铭、梁焕鼐、梁漱溟

的作用还不限于制止内战，好人一齐出头，社会风气的大势也会由恶向善。

我父亲很特别，别人只是说着好听其实不必当真的事，他做得很认真。所以，这篇可以讥为政治上不成熟的文章，还真的包含了他毕生身体力行的观点。

例如，息兵会的第三项任务是“传播非战主义”，“永不许战争见于国内”。在别人，类似的口号如“枪口对外”不免是政策性的，在他则是不变的宗旨。

所以，读者不难想象，抗日战争期间国共两军一面和入侵的日本作战，一面时时互相开火，这在他是何等的不能坐视。于是，他倡议组织统一建国同志会和中国民主同盟。他心中想的就是把“吾曹”联合起来，大家一齐出头制止内战。人们眼看他这位学者越来越卷入政治，但其实，他投身政治活动在《吾曹不出如苍生何》一文中已见端倪。

我索性讲两个二十世纪二三十年代的故事，读者看了，对他所谓“无条件反对内战”就有具体印象了。

北伐初告完成，国民党内即出现拥胡（汉民）倒蒋（介石）的运动。胡汉民从欧洲回国，人还没有行抵国门，先发电报大谈五权宪法，言外之意蒋介石不是孙中山的信徒。其风潮之大竟使手握兵权的蒋介石一度下野回奉化老家。父亲的朋友李济深、陈铭枢此时分掌广东兵权、政权，已去南京开国民党的中央全会，蒋下台否将在会上见分晓。他这时在广州，想起胡汉民与李济深有师生之谊，陈铭枢又十分崇拜胡，担心他们参与拥胡不利政局稳定，于是竟坐上船“赶赴京沪阻其事”。

蒋介石没有倒台，而且很快分别将李、陈排挤掉。这事又埋下另一件事的根子。

一九三二年，李、陈在福建宣布成立人民政府反蒋，理由是蒋只反共不抗日。事情方在计划中，李、陈通过黄艮庸让父亲知道将有此举。父亲表示反对，他说：“谓非去某氏（指蒋）不能抗敌救国，理或可信，但必须在武力以外觅取途径。”他要黄转告，自己不久将为这事去香港与李、陈面谈。后来因为别的事牵扯，他没有去成香港。“既而闽事发作，欲进言已无从矣。”听说黄在福建参与起事，父亲“怒其背愚宗旨，飞函严令北返，否则此后勿相见”。黄是他最亲近的学生又是侄女婿，所以有此“严令”。

李、陈在福建成立人民政府反蒋时，父亲和蒋介石不曾相识，互相知道姓名而已。但就在这一年（一九三二年），父亲因事去南京，南京市长石瑛坚邀他与蒋见面，见面后他对蒋印象很坏。印象虽坏，待一九三七年全面抗战开始以后，他还称蒋为“领袖”——国家在战时必须统一领导。

《吾曹不出如苍生何》一文中还有一个观点，也是父亲身体力行的。那就是：处在纠纷中的政治力量“欲使之解决此问题皆属不可能之事”，他们每有一举动就是又一纠纷。解决问题者必须由第三者担任，第三者必须保持局外人身份，“常处旋涡之外，切不可利用局中之某一力量”。在本书的后半部，读者将看到他正是这样做的。

人性善这个观点自然也在文中出现。这在他是不可变的。

现在转向另一个问题。

每个人生到世上来都是被动的。这个生命，这个“我”，有什么意义吗？我们的生命应该给它一个怎样的安置？回答这个问题，他在二十来岁上显得急迫起来。

一九一三年，国民党派汤漪接管《民国报》，他和几位朋友于是一起离开。这和辛亥年参加革命活动加在一起不足两年。此后四年他在家读书。

这是他第二次在家读佛书。（第一次开始于十四五岁。）这次读佛书的结果就是决心当和尚。一九一三年七月，父亲在给他的舅父张蓉溪的信里说，决心当和尚的事“今已请得于父兄矣”。信里还带出一个重要信息：据他理解，佛法不是舍众生而去（“千年来之讲佛者，主出世者不主救世，主救世者不主出世”），但在他看来，“此二者，不但相容，而且只是一事不是两事”。他还认为，未来属于社会主义。然而，可惜的是，现在讲社会主义的人动机可敬，但却误认为只要做到了物资丰富和社会公平，人生就不苦了。其实完全错了。他说："甥虽不肖，曾发大愿，一曰研考哲理，以阐佛学；二曰倡导社会主义，以促佛教之成功。"接着注明"吾所谓社会主义颇与时人所论有异，今不详"。（他以后也没有专门说明过，我们只能从此后其相关的言行中去理会。）

他在信中还说，从前的和尚是靠托钵募化维生，现在渐渐行不通了，"是以迩来亟致力于中西医"，他将当和尚而又以行医维持生计。至于行不行得通，他说，为奔赴理想是不能先考虑行不行得通的，"读书人皆求理想之实现者也"。

上海有正书局在琉璃厂有一家分店，既卖佛书也卖医书，"其西医各书由日文翻译过来……数十种之多，我尽购取闭户研究"。

多年后，他对学生说："对于我用理想做学问之有帮助者，厥为读医书。我读医书与读佛书同样无师承。医书启发我者仍为生命……中国儒家、西洋生命派哲学和医学三者，是我思想所从来之根柢。"谨请读者留意这句话。

父亲这一年还曾有西安之行。伯父留日归来，受聘于西北大学，西安首创女子中学，聘父亲的二妹去教书，她当时才十七岁。那时火车只通到洛阳，往西只能坐骡车，单身少女不便夜间住乡村野店，是由父亲送她去的。据他对我说，他是在去西安的路上开始吃素的，在这之前虽然很想依佛戒吃素，但当着老父做这样的宣布终觉不好。

在西安时他曾游卧龙寺，和尚告诉他，康有为来寺里向他们借阅珍本藏经，竟是有借无还。康的名声大，和尚感到无奈。回到北京，父亲去拜访著名律师也是著名新闻记者黄远生，请教可以采取什么法律程序帮卧龙寺追回原物。黄远生衣着、居处考究，面对来访的布衣年轻人接谈得甚为恳切，两人虽是初次见面彼此却产生了信任感。

一九一六年冬，黄远生因拒绝袁世凯鼓吹帝制的收买被迫流亡美国，离开上海前夕他曾有信表示，今后要努力探求人生真义。谁料抵旧金山仅数日，他便遇刺身亡。

黄远生死于无辜的消息传来，父亲悲痛之余写出《究元决疑论》。他在文后"著者跋"说，自己本来想写一篇文章迟迟没写出，黄的死讯使他"亟草此章，愿为世间拨诸疑惑苦恼"。可惜，愿求人生真义的黄远生却看不到了。"远生尝自沪遗书，信我为诚笃君子，可为得之。盖吾为人无他，但只一诚心而已。"这一片诚心不曾献于远生，太遗憾了。

《究元决疑论》的来历便是如此。

他所得结论，一是关于出世抑或住世，二是关于人类生活的未来。对前一问题，他说了一句此时看来像是平平的一句话，实则不然。他说，出世间固然极好，

一九一八年，梁漱溟（前排左一）与族兄梁焕奎（前排左二）、胞兄梁焕鼐（前排左三）、梁焕奎女婿曹寿炎（后排右一）等合影

但只要已领悟了佛家思想，“虽住世亦得安稳而住”。父亲说这话时是为他人而说，却不料竟也是为自己而说。

另一段话也非常有意思：依父亲看来，佛家思想必将大兴，不过那是很久很久以后的事，“盖人群之进，由图腾而宗法，而军国，而以社会主义圆满为其终局”。到那时候，人类“聪明已造其极”，正是这种进境才真正使人类感受到生活的苦恼并从佛法中得到问题的解决。

以上两点，都是终生的结论，而且是行动的根据。惟此时还有待想得更深，讲得更完备。

是《究元决疑论》使他来到北京大学，正赶上此时中国的思想界、此时的北京大学空前活跃。当时的盛况另章将约略叙及。现在且说这种生活对他的人生态度的影响。

让我们引用他和 Guy S. Alitto 先生的一段对话。（Alitto 著有父亲的传记《最后的儒者》，中文名字为艾恺。）

艾恺问父亲是否在“五四”时期放弃佛学转入了儒学，他得到的回答是：说放弃也没有放弃，不过是原想出家当和尚，把这个出家当和尚放弃了。

艾恺说：这个我弄错了，你是真正要做和尚，而不是要做居士。

父亲回答：嗯，不是要做居士，是真正要出家为僧。这个志愿到了二十九岁才放弃……不过没有很早出家就被蔡先生拉去，在北京大学要我讲哲学。走上这一步，就起了变化。这一步是怎样子呢？就是不到庙里当和尚而跑到知识界，跟知识分子在一起。同知识分子在一起，难免就有知识分子对知识分子的彼此较量……

知识分子彼此较量，自然都认为自己对。他写《究元决疑论》时独尊佛法，说亚洲的文化唯有佛法“卓绝光明”，其余不行。仅有少许人对此持不同意见，没有一个人和他较量。根本原因在于这是一种出世思想，关注者少。孔子思想则不然，是完完全全涉及此世间，而且是把上千年的中国历史和当代时势都牵了进来，如此较量怎会不发生，不激烈？

父亲说自己的思想由佛家转为儒家，是在祖父辞世后一二年。祖父辞世为一九一八年。这里所说显然是指正式的、确定性的转变。他发现孔子的思想也很好（或如他所说“侧向孔子”），实则在一九一八年已经相当明显。

一九一八年十一月，他发起组织孔子研究会。作为发起人，他的开场白一上来就把搞清楚什么是孔子思想，使学术“从混沌入清明”的必要性提了出来。

他说：“孔子之道与佛之道，明非一物。昨晤胡君适之颇讶漱溟何以既笃于佛之教化，乃又弘扬孔子？此事诚不可不说明。”

依父亲的理解，出世的佛家思想“能破坏孔子之教化”，孔家自然是不赞成佛家的了；反过来“佛家之视孔化则不然”。佛法看一切教化都是好的，不过什么样的社会便须有与之相适合的教化，不可不相当罢了。“故佛法对于一切种种教化均所不拒。”他说自己前些年“初入于出世思想时”，对佛家理解不深，曾“甚薄视孔子”，等到注意了解孔子是怎样的一种住世思想，才发现那是住世思想的“最圆满者”。二者诚然不同，但都好。

佛家于一切种种教化均所不拒，那么，孔子和欧化相冲突吗？父亲认为，“孔子与欧化实相冲突”。但是，社会上对这个问题普遍持马马虎虎的态度，倾向于保守的人不明白两者相冲突，倾向于欧化的人不知道两者相违反。在父亲看来，完全有必要把问题“从混沌入清明”。

他是这样说的：“幸得三五看得欧化亲切之人（当系指《新青年》派著者）不肯模糊，是件好事。”一句话使我憬然有悟，原来《东西文化及其哲学》之所以作，动机不过是搞清楚，也就是说，中国人当此之际不应糊涂着过。后面是一个括号，里面写着：“关于东西文化问题今不及说，容抽暇写出。”由此看来，《东西文化及其哲学》此时，也就是一九一八年，不是已经呼之欲出了吗？

佛、儒是否真的互相全不为碍，父亲心中还有些许疑惑。他曾去信向自己最信为正确的佛学研究机构南京支那内学院请教，得吕秋逸先生答复如下：以为佛家“忽视现实世间生活者，非也”。“佛法并不否认人生价值，并没有脱离世间生活的说法。”父亲认为这一答复“其旨盖在矫正世俗之见”，而这，无疑正是他最愿意走的路。

“北京大学培养了我”

“北京大学培养了我。”这是他的原话。如果一个北大毕业生这样说，那就不需要另做任何说明，当然是的。他，一个讲师，不是学生，这样说是什么意思呢？培养——得到充实和提高之谓。后面将用一个个的事例说明他得到培养的事实和性质。但是，首先这要有一个时间上的界定，这是绝对必要的。他在北大执教的那七年，正好和新文化运动是同一时期，一个弃旧图新运动的时期，一次真正的秀才造反。再就是北京大学因为有蔡元培这样一个校长而大放异彩，既不同于之前也不同于以后。

我因而觉得不能把“培养”理解得窄了。从广义谈培养，就是看一个人所处的环境。当时的大环境（国家的处境）极其险恶，而小环境（北京大学）却是从未有过的好。

先说大环境险恶。两次世界大战都使我们这个地球发生重大变化。但是中国不在因第一次世界大战发生重大变化的国家之列，并且处境丝毫没有改善。自从我们的近邻日本学西方学出了成绩，就盯住我们这也想学西方可是总也学不成的国家。中国很像是要从众多国家的俎上肉变成它一国的俎上肉。

“五四运动”之所以发生，是因为列强——这是那时中国人对帝国主义国家的称呼——竟然接受我们这位近邻的如下论点：它是战胜国，战败国德国的在华利益应该由它取得。可是中国同样对德宣战的呀！一个战胜国家怎么能从另一个战胜国身上获取战利品呢？即使按照强盗逻辑，这也过分了吧？北京的大学生气急了，打伤外交部部长，烧了他家的房子。这当然不能使事情发生根本改变。以当时的情形，中国有可能亡国。

至于国内的乱象，已在第一章里扼要提到。

经历了第二次世界大战，中国人才可以有信心地说：我们中国不会亡。可是，在这之前是真的没有把握。“起来，不愿做奴隶的人们”，“中华民族到了最危险的时候”！毛泽东说，为了居安思危，我们应该用《义勇军进行曲》这支歌来做国歌。

请读者尽力把自己的思想情感向那个时期的中国人靠拢。巴黎和会竟然同意日本取得胶州湾！究其原因，西方文化真是顶事啊！

只有做了我请你们做的这件事，读者才能体会大环境的险恶和新文化运动——为了中国存在下去所做的众多努力之一，是怎样一种关系。它无比重要，紧紧抓住了当时中国人的心。

只有做了我请你们做的这件事，才能体会我的父亲是以何等急切的心情投入一场论战。他看中国的处境是“刀临头顶，火灼肌肤，呼吸之间就要丧命”！是的，一场论战，中国的出路何在？

不过，介绍这场论战之前还要用事例来解释一下什么叫小环境从未有过的好。

一九四〇年，蔡元培先生逝世，父亲在当年和两周年时写有纪念文章，其中主要的话就在于说明蔡先生和一种新风气的关系。

他说，蔡元培出任校长正是“新旧势力相搏之际”，使新意识在中国社会一面深刻化，一面普遍化克服旧势力于无形，“实在除蔡先生能肩负此任务外，更无他人能具这气力了”。

所谓“这气力”，大体是指人们评论蔡元培时必然提到的办大学采取兼容并包方针。不过，他特别提出：“有意兼容并包，不一定兼容并包得了。唯出于真爱好而人家乃乐于为他所容，而后尽复杂却维系得住，这方是真器局，真度量。”（他说蔡元培天性上具有多方面的爱好，极广博的兴趣。）

父亲更有如下一段话：“从世界大交通东西密接以来，国人注意西洋文化多在有形的实用方面，而忽于其无形的超实用的地方。虽然关涉政治制度社会礼俗的，像是‘自由’‘平等’‘民主’一类观念，后来亦经输入，但仍不够深刻，仍没有探到文化的根本处。唯独蔡先生富于哲学兴趣，恰是游心乎无形的超实用的所在。讲到他的器局，他的识见，为人所不及，便从这里可见。因其器局大，识见远，所以对主张不同，才品不同的种种人，都能兼容并包，右授左引，盛极一时。后来，其一种风气的开出，大潮流的酿成，亦正孕育在此了。”

至于父亲自己，他认为：“我既不属新派（且外间有目我为陈、胡的反对派者），又无旧学，又非有科学专长的啊……他（按指蔡）或者感觉我富于研究兴趣，算个好学深思的人，放在大学里总是好的。”

以上的话比较空泛。我从《梁漱溟全集》第四卷中找几个事例，大家看了既可以理解我父亲是怎样一个人，又能对北大学风有生动的印象。

当时，有一种《北京大学日刊》，据说现在在各大图书馆有影印本。它的编辑

北大任教时期的梁漱溟

方针好像是以成为北大生活的缩影为目的。没有什么加工，短到几十个字的启事、长到万余言的讲演记录都登。生活有生气，它也有生气。兼容并包固然在那上面有反映，可是远不止此。今天，许多读者看过那日刊都会不免叹息自己没有机会上这种大学。

那时候学生、教师发起的种种组织非常多，或注意知识方面，或注意社会问题而有志于社会运动，或因某种爱好而成立团体，例如有一个欧洲古典音乐爱好者组成的小乐队。他参加了以个人品德行谊为注意所在的知行会，参加者有学生、有教授，德国传教士卫礼贤也在其中。

一九一八年十月，他在《北京大学日刊》登出启事，名为《征求东方学者》，倡议组织一个研究孔学的学会。

这个时间正是父亲入校执教一年之后。在此之前，他把注意力放在改编唯识学讲义，以及蔡先生邀他来讲的那门课——印度哲学上。倡议组织研究孔学学会可算是他转移注意之点的标志，也表明愿意转就可以转。后来，他自行改动了讲课的内容，不讲释迦讲孔子。此时，他发起了一个以研究东方学为目的的学会。“东方学特指佛陀与孔子之学。”这其实是实践接受聘请时所做的声明。当时，他对蔡元培说：来到北大不做别的事，只想替释迦和孔子“说个明白”。

在这三百多字的启事里，他说，西方思想中有少许近似佛家的东西，类于孔子思想的则没有。且佛学已在中国而不在它的本土，世界上要了解东方学的人只能来中国，来北京大学：“吾校对于世界思想界之要求负有供给东方学之责任。”

接下去的话就更有意思了，考虑到蔡校长和主要的教授们“皆深味乎欧化而无味于东方之化”，不曾有人倡议注意东方学；面对这种情形，他自己虽切志出世，无意研究学问，“今愿留一二年为研究东方学发其端”，倡议组织学会并每月从月薪中捐出二十元供会务之用。

这里还须补叙一下蔡元培先生的态度。父亲问他，你对孔子采取什么态度？蔡答："我们也不反对孔子。"不反对，便是兼容。父亲后来写道："然其（蔡）内心倾向坚持在新的一面。"这从他全力支持陈独秀可以见之。陈独秀在校内外遭到反对，又因"细行不检，更予人口实"。可是蔡元培将责任一力承担下来，让陈放手工作，胡适来北大执教就是陈独秀请来的（虽然后来他们很不相同）。总之，由于蔡先生的器量，陈独秀卒能发挥其作用。

父亲的启事登出去，有响应者，但不甚踊跃，而且响应者中"大都愿闻佛法"，这和他此时的想法不相符。于是，他又登出第二则启事："溟举东方化与欧化为对，其意侧向孔子。"但是没有关系，他表示：每星期二、五早晨将在哲学系教员室等候，"如愿过谈，当竭所知奉告"。

在这二百八十余字的启事里，他还无意中道出了后来对东西文化的一个根本态度："有以溟为反对欧化者，欧化实世界化，东方所不能外"，"然东方化亦有其足为世界化，而欧土将弗能外者"。本书后半，将叙及他怎样为这遥远的未来预作准备。

几天之后，这个研究会举行第一次集会，父亲作了讲话。《日刊》分两次刊出。这篇讲话包括几个内容，不过此处只介绍其一。他说，自己本来想把对孔子学说的认识讲一讲，这是最常用的方式，但其实不好。他想了一个研究办法，建议大家试试看：将问题列出单子，大家分担，分头去搜集孔家关于某项问题的材料，集中到一处以便"究详"孔子对此作何主张，把得出的结果写下来，并且附上自己的意见，作为一起讨论之用。讨论时他将谈自己的意见，用大家研究的结果"验漱溟所见之是非"，如果他说的没有错，那大家因为先用过一番心思，比之于听讲，"可领纳到深处，彼此有益"。

接下来，他又具体讲解了搜集、分析材料的办法，从正反两面下手去分析孔子主张什么，孔子反对的是什么，把不是孔子主张的一一排除，"便看见一亲切的孔化现于眼前矣"。他又补上一句话：但我们所注重的"尤在反面之研究"。研究什么题目，由个人自任并且准备作研究报告。

过了两个月，《日刊》以《自动研究》为题登出了他的一项建议，这建议是有感而发，但足以见出他倾向于什么。原文不长，照录如下：

> 昨范静生先生过谈，获闻其游美种种所得，其一则自动研究乃行之于小学生。范君述其所见，如讲授衣服一节，其教员但示如何看种种小参考书，及其他研究材料、研究方法，其结果竟能由小学生自作种种研究报告。此诚令人闻之不能不自奋者也。

吾今自誓，吾自今后再不妨碍他人才思。如何是妨害他人才思？他人方宜自用其才思处，而我代为之是也。哲学之生命全在思辨上。思辨而启便生，思辨而废置便死。哲学门学生诸君向哲学中讨生活。我既辱与诸君相讲习，自今以后不敢置诸君于死地，唯愿勉助诸君开辟生路。今拟以废止讲演在哲学教授会议提出，先写其感想如此。

父亲建议哲学系的教授不讲课，全由学生自己去“思辨”。

我们还可以从下面一个事例见出当时的学风并加深由上面那个事例所获得的印象。

哲学系学生朱谦之发表了一个反对考试的宣言：他将不参加考试、不要学籍。

不在乎学籍这个态度和我父亲很相近，可我父亲倒是认为考试仍有必要。于是，《日刊》便登出他的意见：“顷见朱谦之君反抗考试的宣言，我不甚谓然。”朱君把考试和背诵几乎看成一回事，实则不然。死背书不必要，背书有时仍属必要；至于考试，不是全无必要。最好是让学生对功课产生兴趣，用考试‘督迫他用功’是错的。考试不应是考学生的死知识，是试一试他有无心得。“因为有的人，他的心得见解，不去考问时，模模糊糊，若有若无，因受考问，才把见解清理出来。”“所以我的意思考试有必要，不过不要评定分数罢了。”

至于背诵，“我是第一个不会背诵的人”。从小到大没有背过书，至今佛经、孔经都举不出成句的来，每到用时再去翻书，很费事，“顿觉背诵亦不可少”。

代校长蒋梦麟的答复也登出来，且称“谦之先生”。不考试可以，但是因为没有分数，也便不能发文凭。

朱谦之成了父亲最好的朋友。

一年半以后（一九二一年九月），《东西文化及其哲学》第一版出书，扉页上印有一帧照片，四个人站在荷池旁。

这是我同我三个顶好的朋友叶麟、朱谦之、黄庆（艮庸）的照相，他们都是北大的学生，却四人年皆在二十几岁，差不许多。我们相与并无所谓先生和学生，只是朋友，而且是小孩子般的朋友。四人性格思想见解并不相同，几乎一人一个样子，所以议论每多不合，但是总觉得相对是第一乐事……

所附题记还说：他辞去了北大教职，准备去山东滨县住一段时间，朱谦之将去杭州，叶麟提议照相。他们三个是最先听他说放弃佛家生活的人。这照片是改变生活态度的纪念，这书是改变态度的宣言，所以印在书前。

朱谦之不要学籍，黄庆也是不要学籍的。他们毕竟是在校生。而北京大学这

北京大学时期，梁漱溟与关系最亲密的三位学生合影。右起，黄艮庸、梁漱溟、叶麟、朱谦之

一九一七年，梁漱溟与司法部同事合影。右起，梁漱溟、沈钧儒、何基鸿、柴春霖

时还向一切人敞开大门，任何人想求知、想解决思想疑团，径直走进教室听课好了，什么手续都不必办。

父亲有如下一段回忆：

哲学系在当时始终为最重要的一个学系，除了照章注册选修哲学课者外，其他科系的学生、其他学校的学生（例如琉璃厂高师的学生、太仆寺街法专的学生，等等），乃至有些并非学生，而是壮年中年的社会上好学人士，亦来入座听课。往往注册部给安排的教室临时不够用，听课的人可以多出一倍。

“我讲儒家思想一课，来听讲的通常总在二百人左右，初排在红楼第一院某教室，却必改在二院大讲堂才行。学年届满，课程结束，举行考试的试卷有九十多本，此即注册的正式学生之数。”胡适讲课去听的人还要多。

在自由听课的人中，有他的朋友张难先、伍庸伯。张难先那时快五十岁了。还有已担任着农商部主事的江向渔（恒源），一面任职，一面听课，竟然取得了正式毕业的资格。

“然而莫以为来听的人，都是钦佩这位主讲的。”例如彭基相、余光伟就是来“听他荒谬到什么程度”。

当时，北京大学的情况在今天看来仍很有新鲜感。这种风气辐射到外面去，影响及于全国。在中国近代史中，我们有过几次爱动脑筋的时期，新文化运动是其中之一，或许是影响最深远的一次。《新青年》杂志率先向老中国文化发难，整个学术界、出版界随之跟进。

新风气也可以称之为讨论之风。什么问题都可能引起讨论的兴趣，什么问题都无妨拿来讨论。中国的出路何在？中国文化还能要吗？连带着便是中国人的生活应该怎么过。

父亲从十几岁起就关心两个问题——中国问题和人生问题，现在，这正成为社会普遍关心的问题。当然，他以极大的热忱投入到讨论中去。

“组织一批文章”讨论某个问题这种现在很盛行的做法，那时似乎还未出现，“论坛”却不因之沉寂。在那个小环境里，陈腐气比数十年后反倒少。向往之余，选择几例，借此从一个侧面使读者看到那时我父亲的精神面貌。

陈独秀（仲甫）和陶孟和在《新青年》写文章讨论祖父自杀的问题：梁巨川该不该自杀？自杀纯属个人行为或不能这样看？

父亲写《答陈仲甫先生书》，而这又引起胡适写出他的感想，一同登在《新青年》上。（陶当时去了欧洲，故而父亲只答陈。）

父亲不认为祖父自杀只是个人的事，很愿意将其拿来讨论，以免别人“流于错误不自觉”。他也不以公开议论自己的父亲为不孝，说“大约他天才智慧只算平常的”；不过，另一面实在有过人的精神，称得上是他那个时代的维新家。“等到年纪大了，摄取知识的能力减退，形成新思想的能力减退”，以至所有的思想都是以前的遗留，于是就落后为旧人物了。

这使他连带着想起一个问题：“何以这么大的中国却只有一个《新青年》杂志？”这足以说明中国人的头脑仍然固闭，“诸君所反复说之不已的，不过是很简单的一点思想，何以一般人就大惊小怪起来”？所以父亲的感想便是：“这国民精神的培养恐怕是第一件大事了。”

胡适的感想是：父亲的答书使他知道了“巨川先生精神生活的变迁”，使他警觉到防止思想老化，要准备“做一个白头的新人”，提醒“今日的新青年，请看看二十年前的革命家”。

北京女子师范大学学生李超为反对包办婚姻贫病而死，关心妇女解放的人士为她举行追悼会，到会者男士多、女士少，且限于本校的女生。蔡元培、蒋梦麟、李大钊、陈独秀、胡适都发言，追悼会已不是仪式，成了讨论会。

蒋梦麟批评北京的妇女界只顾穿戴华贵，坐着汽车逛街；其他人也有感于妇女反而不热心妇女解放，讨论起怎样想办法使妇女关心自身解放的问题。父亲末后站起来，讲的第一句话便是：“我现在有几句话不得不说。”前面几位先生说的，他全都不爱听。

“感情这样东西是最重要的，大家不要忽略过去。”要求自由不是计算着自由有多大好处而要求的，是觉着不自由不可忍耐。北京的妇女界不来追悼李超女士是因为她们麻木，麻木是感情的反面。你指给她解决问题的道路，她不理会，应该唤醒感情，不是教她计算。“提倡欲望，虽然也能使人往前动作，但我不赞成。”

请读者注意“提倡欲望”四个字。他认为儒家的生活态度是顺乎自然感情地做去，这种态度后来湮失了；我们不应从提倡欲望（西方人这样做）获得动力。这在后面还会提到。

北京高等师范约他去讲演，他的讲题是《合理的人生态度》。他说，由他讲这个题目真惭愧，他正犯失眠症，昨天夜里失眠就很厉害，足见自己像是知道什么人生态度合理却实行得不好。

我引述这篇讲话，不是为了让读者知道父亲对人生的主张。

追悼李超女士，别人讲的话他都不爱听，这次讲话又批判别人。

他认为社会上贪婪之风太盛，可以断言，贪风不改，国家民族没有前途。《新青年》一派人写出一批文章来指导社会，于社会并没有多少益处。陈独秀作的《人生真义》、李大钊作的《今》、胡适作的《不朽》，宣示给别人的人生态度，虽不能说同是贪婪，其实是一条路子，“一言以蔽之，总是向外找”。“眼看一般人死命地东寻西找，真是可怜。”人生的意义和乐趣就在自己身上，好像宝贝本来自己家里有，却走遍天涯去找。“他们再也不得回家！因为他们已经走入了歧路。陈先

一九一八年，北京大学教师与毕业生合影。前排教师左起，康宝忠、崔适、陈映璜、马叙伦、蔡元培、陈独秀、梁漱溟、陈汉章；中排左四为冯友兰，左七为胡鸣盛；后排左二为黄文弼，左五为孙本文

生、胡先生、李先生都还在歧路上……”他是在重申儒家态度。

读者大多早已知道他和陈独秀、胡适的思想不是一路，恐怕很少有读者知道他和李大钊是好得不得了的朋友。

父亲回忆：“我每次赴北京大学讲课，在上课之前和下课之后，必定去他（李大钊）图书馆主任办公室盘桓十分钟至二十分钟。因为太熟了，他忙他的事，我进门或离去均彼此不打招呼。他主编的《每周评论》我顺手取阅。他有时主动地要我看什么书刊，便顺手递给我，亦不加说明。我坐下翻阅后往往亦无表示。遇有重要书刊我就声明带回家去看，下次来交还。总之，彼此十分亲密随便，没有什么客气。”

多年前，父亲曾对我说，李大钊“内心很激烈”。我以前揣测，他们是一个很激烈，一个不很激烈，原来不是的。

我由此有感于风气不同，当时之“不照顾关系”。

沈钧儒写了一本《新家庭论》，从上海寄来稿本，邀父亲及蔡元培、林宰平三人读后作序。蔡先生序中写道：他“确信”未来家庭将不存在，子女将公育。林先生的序十分含蓄，暗示沈先生不必找意见相同的人作序。（这和时下专找意见相同的人作序不一样。）

父亲的序干脆离题，说以后另写文章谈家庭问题。他拿蔡先生所说的“确信”如何如何讲了一番意见：“我们与其说蔡先生确乎见得将来局面是如此，毋宁说蔡先生自家的主张是如此”，而蔡先生作此主张又是因“本人的好尚是如此”。人们其实是依自己的主观（好尚）去收集、去解释客观的。父亲认为这并没有什么不好，这很自然。凡真好尚都是好的，把自己的真好尚加以发挥表现，尤其欢迎。怕的倒是好尚不真和不得发挥。

在肯定好尚和“我确信”之后，声明唯有一件事他反对，那就是反对在争取不到他人同情时，用手段使自己的主张得以实现。几乎人人知道不该用手段，可仍有人凭借权势去推行主张而不自以为非。父亲把权势作宽泛的解释，如父兄之于子弟，师长之于学生。最常见的是政治和宗教上的权势。之所以这样做，是因为太看重达到目的。“凭借权势用手段是一条死路，世无所谓至不好的局面，如其有之，唯于此路实致之。”

他进而说不能只肯定自己，看别人都是偏或恶。发挥各自的偏，“自能得着妥善的解决”。

少年中国学会（当时很活跃的团体）邀请一些人讲宗教问题。父亲在受邀之列。少年中国学会入会条例规定，有宗教信仰者不得入会。父亲路上遇到李大钊、张申府，便问他们这主张是出于什么意思。他们说，这个不信教运动是从巴黎发动的，原意他们也不清楚。他们询问父亲对宗教的看法。父亲说，解决这个问题离我们还遥远得很，现在无论用什么态度去对待都无妨。

那天原定由李石曾和他两人讲，李是前辈。父亲先到，就由他先讲。连父亲自己也没有想到兴之所至地整整讲了一天，李石曾也就听了一天。

讲演中提到田汉和曾慕韩（即曾琦，青年党创始人之一）关于宗教问题的来信（不知是给他个人抑或给学会的），寻思来信的意思，隐约指宗教有存在的必要。因为宗教使人情感丰富热烈、生活勇往奋发。田汉还提到“悲悯”“牺牲”和感情“白热”。父亲觉得照他们所说，宗教还不是真正的必要，因为这种感情并非唯宗教能给我们，社会有病才有这种人，而我们不能认定社会制度将永远不良。

我不由得有一点感触：为什么这么多我们熟悉的人物在那个年代都参与了讨论？

那时“小环境从未有过的好”是的确好，对我父亲尤其如此。祖父给予父亲一个少见的成长环境，然后父亲又来到北大这个环境中，实在既幸运且再合适不过。

一本逼出来的书

——《东西文化及其哲学》

父亲对学生们说："诸君或不相信，《东西文化及其哲学》这书是逼出来的。"

我看到这句话的第一个反应是：这是指眼见国家命运危殆，像是受到逼迫。这个设想无疑可以成立；不过，他所说的"逼"指的还不是这个。

关心国家不止父亲一个人，思索国家怎么办的不止他一人，为此著书著文讨论中国病在何处的，也不止他一人。众所周知，《新青年》一派人正是针对这个问题提出主张从而推动了中国历史的发展。

是不是因为《新青年》派的意见和他不一样，论战起来，这种争执的形势构成一种"逼"呢？这个设想看来又可以成立，但不确切。

当他写这本书的时候，在接受西方化这个问题上，和《新青年》派还是一致的（即十年后不同）。当时他是这样说的，对西方化"要全盘接受"。接受的原因是，科学和民主这两种精神"完全是对的，只能为无条件的承认"。

那么，是旧派"逼"他了？更没有。他极不满意旧派只有看不惯的心理，"旧派并没有倡导旧化，我自无从表示赞成，而他们的反对新化，我只能表示不赞成"。

新派倡导西方化却不曾将什么是西方文化说清楚。于是他就去"替"他们寻求答案。书的前半部究问又自答，何者是西方文化的根本精神；这之后，转向说明何者为东方文化，作过比较，以"我的态度"收尾。

其实，是一种形势"逼"他。中国怎么往前走虽有人提出主张，却没有把问题追究到底，只有到底才能把"中国何以致误"的缘故找出来。

读者慢慢看下去就会知道，这实在是他个性使然，他不仅"逼"自己，也"逼"别人，不介意使人尴尬，当年竟没有招人忌恨。两例均见于《东西文化及其哲学》文内。

一九二〇年，蔡元培还有几位教授要去欧美，北大教职员开会欢送，致辞中有好几位都说希望他们将中国的文化带到欧美而将欧美文化带回。父亲记道：“于是我就问大家，你们方才对蔡先生同别几位先生的希望是大家所同的，但是我很想知道大家所谓将中国文化带到西方去是带什么东西呢？西方文化我姑且不问，而所谓中国文化究竟何所指呢？”没有人回答。散会后“陶孟和同胡适之先生笑着对我说：你所提出的问题很好，但是天气很热，大家不好用思想”。

这两位同事赞成他的质疑，赞成他不爱听门面话的态度。

原来，父亲已研究起东西文化问题来了。“吾友李守常很恳切地忠告我，讨论东西文化问题应当留意它客观的原因……胡适之君也同样地告诫于我。”“他们的好意我极心领。”

他们本来是同事，其中更有极熟的朋友。事实是，《东西文化及其哲学》出版之后才有论战，父亲与胡适的论战最受注意。可见，他开始思考这问题时并没有来自他人的逼。

然而，事情又确实与“新青年”派有关。他们探寻中国处境危殆的缘故时，最后找到原来的问题在文化。

《新青年》派认为，问题的根本已经找到，不复置疑，于是行动起来，宣传起来。父亲的态度不一样，他认为找是找到了，但有许多问题还须再追问下去，直到能给予最后的、推之不倒的答案，否则不能算完。

父亲在书里说“是问题逼出来的”，其实是他自己的脾气逼出来的，这从下面的叙述中可以见出。

我在前面举过一些例子说明当时讨论问题的风气极盛。可是在他看来似乎仍嫌不够，在不同场合，他一再敦劝别人心里要有问题，要抓住问题不放手，不彻底弄清楚不算完。

父亲劝别人这样做，因为这就是他的脾气。

这本书是问题逼出来的，是抓住问题不放手的结果。

我将向读者介绍他“思辨”东西方文化“交战”问题的经过。“思辨”一词现在不常用，但我觉得它特别适用于刻画动脑筋去探寻某个问题的究竟的那种精神状态，同时也即是那个过程。“交战”则是他的原话。

对他这本书里的观点和结论，历来都有人评论。近几年，出版了好几本他的传记，无一例外都论及这些观点和结论。我想做大家所没有做的事，大家不曾特意去讲他此一时期的情感，没有去讲他一步步（或云一层层）将问题思辨下去提出论点、得出结论的经过。他所用的方法大体就是在孔子哲学第一次研究会上推荐给与会者的那种研究方法。我做的或者可看作是一种补遗，也是上一章所做努力的继续——让读者看到他这个人。

有两点感受或许无妨先讲给读者。

“情贵淡，气贵和。”是父亲老来用以自勉和勉之于人的箴言。但我推想，凡在他中年以后才认识他的人不至得到与此相反的印象；待他年老才认识他的人，会以为他从来就是这样的。

自我记事以来，不见父亲疾言厉色。可是他写《东西文化及其哲学》，尤其是写导言所使用的语言着实使我惊讶。有一腔愤懑的人才会那样说话：“到今日西方学术思想输入的几何？固有的东方学术思想发挥者何人？……除横冲直撞的新思想家就是不知死活的旧头脑……”他指名道姓地诘问李大钊和胡适，你们说的那些宽慰人心的话根据何在？

导言后面附有一段话：“这篇文字气味恶劣的很，简直要不得。”当时他自己不觉得，后来看见李大钊给四川一家报纸写的文章，提起新文学作品充满嫉忌、轻薄、骄慢之气，这才联想到自己。他想把导言从印刷厂里抽回，却已来不及。

其实他作了检讨，改变也不会很大，读者试看《东西文化及其哲学》的文字（导言是头一年写的），愤然之情仍时有流露。

我因而有一种感受：二十几岁的时候毕竟不同，当时的气氛也有所促成。

我意外地发现《唯识述义》这本书的序言里，他上来第一句话是：“这本书是我极不愿、极不愿出版的。”然而还是出了，因为修这门课的学生等着看。

为什么极不愿意出？原来，他“久想作《孔子哲学》和《唯识述义》两书而以《东西文化及其哲学》作个引子”。一本讲孔家的书和一本讲佛家的书需先由另一本书给它们作引子或说先“打通一条路”！这种情形岂不是非常罕见吗？

他说，需要开路的原因有二：讲“旧古董”之前必须先让人知道用意何在，免得新派认为这是在迷惑人，也免得旧派误认为有人给他们帮了腔。不言明用意，“那话岂可随便就说么”？

还是愤然。这愤然是冲着谁的呢？是冲着新派的。新派因其将问题提出，却不能拿出问不倒、推不倒的答案而受到我父亲的诘难；旧派因其无所作为而不受诘难。这番情景将介绍给读者。

因此，我的另一感受是：他从那时便走上了一条崎岖的路——和新派辩论。在这里有一句潜台词，诘难旧派不会遭到反诘难。

如果他想的问题是我们不想的问题，例如人活着有什么意思？想这个问题使他走上佛家的路，而我们不往这上面去想，不朝这方向走，大家不接受、不注意他的答案毫不奇怪。而在西方文化冲击下中国该怎么办，不是一个非常实际并且已在热烈讨论中的问题吗？那么，在这上头他想的有什么特别？

没有特别。他这样回顾西方文化对东方文化的冲击：

“这为东方文化浸润最深的国民（按指中国人），不同凡众，要他领纳西方化是大不易。逼得急了，只肯截取一二，总不肯整个地承受。”这见之于同治、光绪年间设船厂、练海军等。甲午战败“始又种下观念变更的动机”，把眼光移到学术、教育、实业与政治制度上去。看出问题在政治制度，“较前可算得一大进步”。在光绪二十年到民国初年都是这个思想。人们不曾留意这种制度是什么精神的产物，与东方化“是何等凿柄不入”。民国成立至今，闹了八年才晓得，既不是坚甲利兵的问题，也不是政治制度问题，实实在在是因为两种文化根本不同。这时，“方始有人注意到改革思想”，“把西方化从根本上引入”。中国人用了六十年才找到根本上来。

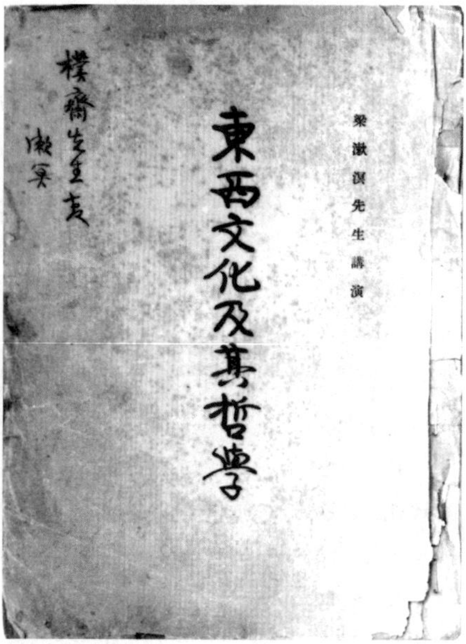

《东西文化及其哲学》初版书影（梁漱溟赠范朴斋本）

父亲对中国学习西方这段历史的叙述有什么不同于他人的吗？没有。所谓“方始有人”，就是指《新青年》派，分明是肯定他们所做的事。

再往下，他的看法就未必被广泛接受了。他认为，《新青年》派提出问题只是受到全世界在学西方这种大势的鼓动，他们自己还没有彻底弄懂就讲了起来。他们更有一项过失，那就是敷衍搪塞、说门面话。《新青年》派确实赶不上他认真。

《东西文化及其哲学》的导言和第一章绪论，差不多只有一个内容，就是批评没有根据就说话，说门面话。

绪论共有三小节，批评了三种观点。小标题如下：一、“以为这问题还远的不对”；二、“随便持调和论调的不对”；三、“以为无从研究的不对”。

从批评“吾友李守常”开始，接下来是陈独秀和胡适之。李大钊在所作《东西文明之根本异点》里，把东方文化归结为“静的精神”，西方文化归结为“动的精神”。比喻东方文明不适合于西方文明好像是“以半死不活之人驾飞行艇，使发昏带醉之人御摩托车”。以这样的精神治理国家社会“是世间最可怖之事”。

“李先生的话说得很痛快，他很觉得东西文化根本之不同”，必须把静的精神根本扫荡。只因美国的杜威、英国的罗素来中国先后者说了一些肯定东方文化否定西方文化，以及两者各有优点之类的话，影响到社会上说这类话的人多起来。李大钊更引用日本人北聆吉的《论东西文化之融合》讲融合之必要，文章结尾处竟然说："东西两文明互有长短，不宜妄为轩轾"，从先前的有定论转为论而不断，猜度着将来两大文明将会调和。

父亲的诘问是："我总寻不出他们以什么见地把东方文化抬到与西方文化互相影响彼此融合的地位与那融合之道在哪里。"

怎样调和融通也没有说，把问题轻轻推给未来了。可是，李文的立论明明是这个问题在中国已是不解决不行了。这种态度是父亲所不能苟同的，即便两种文化得以调和融通，那也是将来才做得到的事，而问题之于中国却不在将来而是眼前就很急迫，"决非马胡含混可以过去的"。

第二小节里，他继续诘问陈、李、胡三位，怎能说不出所以然来便讲两种文化将来会融通。

以前，主张采用西方文化的人头脑是中西合璧的，对固有文化"没有下彻底的攻击"，现在陈独秀先生他们这样做了。这样做对。陈独秀在《吾人最后之觉悟》里说，如果孔子之道适于"组织吾之国家、支配吾之社会"，那么所有变法维新、流血革命以及办新式教育，等等，都是多此一举了。孔教与这些目标是"不可相容"的，于此"不可不有彻底之觉悟"。

至于印度，李大钊说，印度厌世的人生观不合于宇宙进化精神，将其一笔勾销。

一般人有一种模糊的印象，东方文化别的不行，唯哲学和精神领域有些长处。"新派的人亦有此种意思。"父亲要反问一句：不是花费六十年工夫终于找到问题在文化么？胡适之先生在《中国哲学史大纲》里说："两大支的哲学互相接触互相影响，五十年后一百年后或竟能发生一种世界的哲学也未可知。"

他认为，胡先生的话"实在太客套了"，这样说"只能算是迷离含混的希望，而非明白确切的诊断"。

料想今天读者看到这里也有同感。

朋友们说问题太大、范围太宽无从研究，被父亲斥为"疲缓、劣钝"，如果当真觉得问题迫切，当真要求解决，自会寻出一条路来。然后，他就说起自己研究这个问题的经过。

父亲认为，他们与其说讲研究经过不如说讲了自己的个性。父亲说他自己对这个问题"特别有要求"，因为自己个性对生活和行事"非常不肯随便"，凡没有确认为对的，就不去做，如果去做，那就一定认为是对的。（请读者注意，他没有把这当哲学看。他一直在向人解释原无意于学问、无意于哲学，搜求知识是为了解决自己的问题，不过一旦有所悟愿意讲给别人听。）他以前认为佛家生活对，立刻要过佛家生活，"而今所见不同，生活亦改"，他的思想和生活是一个整体。

他拿一个一个问题逼问朋友、同事，是不满他们的不认真，自己的见解还没有达到自信不摇、讲出来足以服人的地步便轻易宣布于社会。（他说，这个问题社会自然是看“知识阶级”怎么说。那时习用“知识阶级”这个词。）新派虽指出一个改革的方向，用来“应付这险恶形势的仍旧是空空洞洞的一句泛常的话”。

父亲在中学时就喜欢用这种方式讲出自己的意见——先将问题提出，往往还替另一方铺叙理由，然后转过来辩明前述理由的非是。有时是虚拟一个质疑的对象。此时则是真的有质疑对象。他集中质疑两种文化将来会调和融通的说法，这样说听起来诚然合大家的心意，但不应说没有根据的话。他将提出自己的研究结论，而且是继续以接连提问的方式把意见摆出来。

下面继续侧重介绍他是怎样追究的。

原来，一九一八年发起东方学会的时候，父亲已经把西方文化作过一番观察，有了一个看法。因为拿不准自己的看法对不对，一天晚上，他特意约张申府去茶楼谈谈。张申府是他顺天中学的同学，西文书看得很多，他向张请教西方哲学问题已有多年。

父亲对张申府说：在他看来，西方文化有两个特色，西方文化的长处都包括于此了。那就是“科学的方法”和“人的个性伸展”。前一个是西方学术特具的精神，后一个是西方社会特具的精神。

“张君听着似乎不甚注意”，而父亲仍很自信并且觉得这是自己独有的见解了。

父亲已经找到答案了吗？还没有。他已经接近于找到答案了。

父亲给答案立了很高的标准。凡是要说一串话、举一些现象来说明什么是西方化都不算答案。标准是“把许多说不尽的东西归缩（现在叫归纳）到一两句话，可以表达它出来，使那许多东西成了一个很有意思的东西，跃然于我们的心目中”。他知道这很难，可是“不如此答对即不能算数”。

他讲给张申府听的，已经归纳到“科学的方法”和“人的个性伸展”两点了，只算初步。因为他还要求用一句话便看到“活的东西”，而且把研究对象的特质来一个“兜根翻出”，才算到家的答案。

有一位王壬秋先生在《中国学报》的序里说，西方化嘛，“工商之为耳”。意思是说，西方化不是什么高深的玩意儿。这种说法对不对且不论，但是做到了用一句很活的话去归纳。更早的时候，曾国藩他们把西方化归纳为“坚甲利兵”。以上看法都多少有一点对，无论粗浅到什么程度，都是一个对西方化认识的“影子”，所以我们不忙笑他们不对。有谁提供对的答案了吗？父亲说一个也没看见。

对已有的答案，他将“一一加以批评”，“因为我们指明别人的不对，才能看见自己的答案之所以对”。

有人，例如杜威，把两种文化的不同归纳为西方人是征服自然的，东方人是与自然融洽的。这方面的事实显而易见，只是太简单了，这样归纳西方化“有

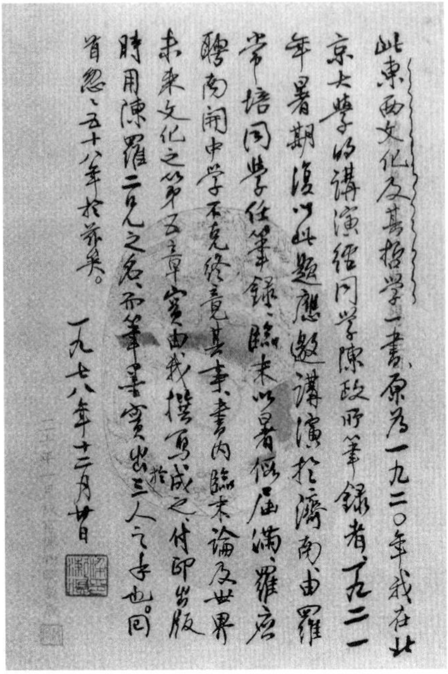

此東西文化及其哲学一書，原為一九二〇年我在北京大学的講演經同学陳政所筆録者；一九二一年暑期復以此題應邀講演於濟南，由羅常培同学任筆録；臨末以暑假届满，羅應聘南開中学，不克終竟其事，書内臨末論及世界未来文化之第五章實由我撰寫成之，付印出版時用陳羅二君之名，而筆墨實出於三人之手也。回首忽忽五十八年於茲矣。

一九七八年十二月廿日

一九七八年十二月，梁漱溟为旧著《东西文化及其哲学》一书所作的题记

很大的忽略”。自由、平等、民主是西方社会的特异色彩，也能包括在征服自然里面吗？如果单看见他们物质上的灿烂而不看见社会生活方面，这和只看见“坚甲利兵”有什么高下之分呢？

再说，征服自然是一切文化的通性，有一丁点文化就有一丁点对自然的征服，区别仅在程度。这不足以表出西方文化的特异。

李大钊借给父亲一本《东洋文明论》（美国人 George Wiliam Knox 作），说欧美之进步是由于科学和自由。原来，自己观察到的先有别人说过了。后来，陈独秀文章里说，能为中国治愈贫弱落后病的唯有赛先生（Science）和德先生（Democrdacy），那么大家所见相差无几了。这样的答案行了吗？父亲认为，比说“征服自然”精彩得多，但是“仍有两个很重要的不称心的地方”。

第一个不称心：虽举出“赛先生”，但表出的是学术上的科学态度，未曾表出征服自然的精神。

第二个不称心：举赛先生和德先生两种精神代表西方文化是对的，这两种精神“有彼此相属的关系没有呢”？“把它算作一种精神行不行呢”？好像没有相属的关系，非举出两种不可，则又像是“没有考究到家的样子”。它们不相属，有没有同一的源泉呢？寻到共同的源泉才是“更深澈更明醒的答案”。做到这个才令人满意。为寻出共同源泉，李大钊说西方文化是“动的文明”，这个说法“可谓一语破的”。然而大约李大钊自己也觉得这么说“太浑括了”，于是又举出许多西方文化的特点来补充说明，诸如：“一为自然的、一为人为的……一为创造的、一为保守的……”（共十二点，从略）除此之外还将宗教政治、饮食起居都数到了。父亲批评这样的表达“是一种平列的开示”，“有显豁的指点，没有深刻的探讨”。由此看来，他认为李大钊的答案不足以担当找出共同源泉之任。

此外，他又一次提出“活”字来作为满意答案的标准。他认为，一个民族的文化必是“有趋往的活东西”，李大钊君动、静的说法没有显示出趋向。

书里终于出现了一个小标题："我求答案的方法"。他说："不批评看不出长短，多批评也浪费笔墨。"

实际上，这段话更值得注意的是，父亲用什么眼光去审量生活。他用的是佛徒眼光，悟出孔家生活态度之异于佛家，是看见《论语》里"乐"字出现了上百次而不见"苦"字出现一次。悟得自然，不是出于苦思。悟得自然是什么意思？是指他自己先后以西方和印度的生活态度生活过了。他上学时热心事功，着迷于西方政治；然后又万牛莫挽，定要当和尚。入世又出世，有这种经历，于儒家异于两者处已无须探求，不碰上则已，一碰上便知那是怎么回事。并不虚玄，简直是有滋味的东西。

对父亲的东西文化观评论很多，他终生不移不摇。在别人看，他是固执，在他心里呢，一句话："什么滋味我知道。"

"你看文化是什么东西呢？不过是那一民族生活的样法罢了。生活又是什么呢？生活就是没有尽的意欲。"人的意欲是这样一种东西——不断地满足与不满足。（他在二十世纪七十年代所作《儒佛异同论》中说：佛家"彻见众生皆以惑妄而有其生命也。试看生命活动岂有他哉？不断贪取于外以自益而已"。）这是一个民族，那也是个民族，为什么他们过着不同的生活"成了两异的彩色"？这是因为，生活最初所本的意欲分为两异的方向，发挥出来便成了两样。依这个眼光，当你想寻找文化不同的趋向时，只需将"已知的特异彩色推出他那原出发点，不难一目了然"。

他再三强调找出一种文化的"精神"和"彩色"。这样做是为了知道"它那异于别家的地方"，知道了与别家异在何处，才是真知道了某一民族的文化。

说清上面的问题，便为提出下一个问题开了路。

他说，现在大家都已认识到西方文化的长处是科学和民主，可是为什么两年间总在这两点上说了又说、讲了又讲，"却总不进一步去发问"？问什么？这两样东西"是怎么被它（西方）得到的呢"？"我们何以竟不是这个样子？这样东西为什么中国不能产生出来？"

提这个问题不仅从研究上说是必要的寻根问底，还因为中国要学它，"虽不一定照它原路走一遍，但却定要持它那路向走才行"。方向不同不能走到同一目标，这个道理再明白不过。

父亲看文化是活的，必有其趋往。现在，他说不同民族文化各有路向——朝着某个方向发展。西方、中国和印度这世界三大文化因所持态度不同而使他们的文化呈现各异的彩色。所以，不要以为它们是走在同一条路上而只有快慢的差别。

本着上述看法，他说："大家有一个根本的错误，就是认为人类文化总应该差不多"，"总是可以拿着比的"，"其实大误"。它们是"三方各走一路，殆不相涉"。

父亲的上述论点非常重要，关系到在他看中国的道路问题。东西文化之争所以起，是因为中国长期面临怎样学（移植）西方文化的问题。

思辨的结果，他形成了自己的整个文化观。

他对中山大学哲学系学生讲过一番极坦率的话，其中有这么一句："什么是哲学的道理？就是偏见！有所见便想把这所见贯通于一切，而使成为普遍的道理。"

好像人们在生活中也有此感受，因而俗话有"一通百通"的说法。含意似乎相去不远。

父亲觉察到这一规律并大加肯定，这是性格使然。作这讲演的时间是一九二八年。读者看到后面便会知道，此时讲这番话非出于偶然。父亲已度过了再思辨的阶段，要"把所见贯通于一切"。他要实践自己的所见了。

一九二八年春节，梁漱溟与友人摄于北京小酱坊胡同张耀曾先生宅院。前排左起，王亚权、张宁珠、张馨珠、张惠珠、张丽珠、张元达、郑雯、柴志澄；中排左起，王劲闻、郑少丹、张耀曾、梁漱溟、×××、郑天挺先生、柴东生；后排左起，王劲闻夫人、张佩芬、赵纹、张佩蘅、黄靖贤、×××、×××、周稚眉、×××

试说“大端已立”

我父亲是执着于自己思想见解且力行之的人，这使我不该亦无从避开艰难的思想问题。这一章只是开始，后面还有。

就拿“大端已立”来说，它的第一个含意是，哪些观点自此时便已确立，后此少有改动；它的第二个（不可分的）含意是，后此的社会活动和著述都是由哪些观点而来。

显然不宜开列一张清单，说以下观点属于已立之大端。这是因为，我不仅把《东西文化及其哲学》中已是结论性的观点作为大端已立向读者介绍，还把一些此时没有用结论性语言表述、但若干年后成熟为大端的观点也写进来。做这种时间上的延伸，便于读者了解他后来思想和行动的来龙去脉。

还须作一个声明：《一本逼出来的书》介绍他经过思辨得出结论的过程，依其先后讲到的一些观点，它们（必然）是大端已立的观点，于是本章又提到了，但这不是无谓的重复。

我先讲一个极小极小的故事。

父亲在北京大学第一次讲《东西文化及其哲学》是一九二〇年，时年二十八岁。黄艮庸那年二十岁，是听众之一，多年后他向我说起留在记忆中的一个片段（其实称不上片段，那只是发生在一刹那之间的事）：“先生讲完最后一个字，一个箭步从台上跳下来，头也不回走出礼堂。”一个箭步！这和他一向给人的印象多不同啊！然而我深信他当时真的这么跳了。

这一个箭步表达心事已告了却，表达难题已然攻克，但不表达预见。父亲此时还没有想过这些观点——这本书与自己今后的生活是一种什么关系，还没有预见到这些观点将把自己带入一个什么样的社会角色中去。它们带给他的决不轻松。而我想用那“一个箭步”带给读者一个信息：他从此忙于履践这些观点，从此忙于深化、阐述这些观点。无妨说，这些已立大端便是他的生活。

且说他所得出的结论有没有“可以归缩到一两句话”足以表出他的根本见解的大端之大端呢？有。那就是给文化下的定义——各民族的生活态度决定着各自文化的形成。文化是有趋往的（或说走向），因为它的背后是意欲（will）想要达成、获致什么。生活是没有尽头的意欲，生活是不断地满足与不满足。人类追求满足所作的努力，即是提高文化的努力。意欲有不同方向，你只需顺着这个方向上溯，就能找到文化各异的起源。我们面对的不同文化是各民族用力之处不同而获得的（各异的）成就。

父亲认为，西方、中国、印度三种文化分别体现人类的三个意欲走向。之所以有三种走向，又非偶然。人类生活原本有三种要求：一、对物质的要求，这方面的要求经过努力终究是有法子可想的。二、能不能满足不取决于自己而取决于他方，亦即自己和他人的关系。人在这个问题上遇到“他心”，不由我做主，治服他的身体也没有用。三、绝对不能满足的要求，例如要求长生不老，希望花不要凋谢。

从整体上看，西方、中国、印度文化正是出自上述三种要求——人生态度。“一则肯定现实生活而向前逐求，西洋人是也；二则肯定现世生活而融融自得，且以向前逐求为戒的，中国人是也；三则否认现世生活而要求脱去此世界取消此问题，印度人是也。”

（依我看，以上所说中国、印度的生活态度以今日情势衡量，应属二十世纪以前西方化还没有全球化之前的状况，虽然中印两民族文化原有态度也未曾尽失。）

辩论东西文化问题是因为中国亡国的危险迫在眉睫，论证出人类有三期文化，本不是目的。他的这个结论回答的是中国文化有无价值，应存应废，但如果不从哲学味道的答案返回来，回答现在中国怎么办，非但别人不满意，也不合他自己的性格。

读者在前面已看到得出结论所经历的那个过程。为找出这最终的结论，曾先在“沿途”找到一些事实，并据以得到一些与别人讨论的论点——观点。如果不把这些观点包括在“大端已立”之内，那就无法解释他此后几十年做的事情。无妨说，这些“沿途”找到东西较为贴近现实，也与他一生的关系更为直接。这些观点是从历史上去找东西方何以不同，而尤其重在关乎中国的，因为他是中国人，他生活在中国，他为中国着急。

他认为中国的问题（毛病）不单纯是速度问题。

尽人皆知，中国是文明古国，上溯几百年，本来西方文化落后于中国文化，是西方文化从中国吸取营养，中国显得落后是近一二百年的事。是什么使西方落后变先进的呢？这问题史家早有共识，是宗教改革、文艺复兴结束了漫长且蛮不讲理的中世纪宗教控制一切，那个被叫作黑暗时代的局面。关于这一点，他和大家的看法一致，不同在于，他以西方人一度失去第一人生态度然后重新用第一人生态度生活来解释后来西方文化发生的复兴。西方文化的上源是希腊文化，希腊人用第一人生态度创造出高水平文化，而后教权太盛，遂有黑暗时代，后来情况之所以变，全在“把一副向天的面孔又转回到人类世界”。

然而，这重回第一人生态度却很不同于一直在第一态度上走。“这实在与从前大不同了”，头一次走这条路是无意的，也于“无意中失之”。经过一番批判找回来，这下子再不肯放手了。西方人认识并肯定了“我”。这是一个清醒而又理智的活动。有了“我”，就要向前去从自然界那里取得种种享用。然而，这就又来到一个可注意之点，把对物（自然界）采取的利用、征服的态度用之于对面的人、旁边的人——我们所熟知的资本主义、帝国主义扩张就是从这里来的。

关于西方暂且说到这里。

解除宗教禁锢使西方人重回（希腊人的）第一人生态度。试问，中国人走入第二人生态度与宗教的有无可有关系？有的。中国人因孔子的教化而不需要宗教了。

对于这个说法读者大约会觉得也许多少有点道理，因为无论我们喜不喜欢孔子，反正孔子在中国历史上起了大作用。何况，居中国人绝大多数的汉民族之淡于宗教是颇为显而易见的，但尚须进一步认定。

宗教是什么？父亲说，宗教有两个必不可少的条件，一是“必以对于人的情志方面之安慰勖勉为他的事务”；二是“必以对于人的知识之超外背反处立他的根据”。

宗教总要超绝于现有世界之外，总有出世倾向——舍此世界而就彼世界。宗教也一定要涉及神秘，因为必得用非理性的心理，“才得拯救他出于苦恼”。

凡对人类不起安慰作用和不走超绝知识这条路的都不算宗教。

单就上面这句话而言，大家几乎一定会同意。梁漱溟先生说，孔子的教化不是宗教。你同意吗？这个观点此时（一九二〇年）还不属大端已立，他沿着这个思路追下去最后说道：“以我所见，宗教问题实为中西文化的分水岭。”（一九四九年）

他认为“孔家是否宗教之所以聚讼未决，正以他不甚合我们所说的”①。请读者不要忽略了“不甚合”三个字，孔子起着近似于宗教的作用，但是他不在超绝于知识的地方立其根据（孔子拒绝回答关于鬼神的问题），他更毫无教你出世的意思，倒是教人顺乎自然地过生活。所以父亲干脆说：“我心目中代表儒家的道理是‘生’。”对一切出之自然的情欲都不排斥，只要“顺理得中，生机活泼”，便是好的。

他又称赞孔子不给人“一条客观呆定的道理而秉之”。这又与宗教不同，更与

① 直至今日，聚讼依旧未决。

"吃人的礼教"大不相同。

照这么说，孔子是可亲的，然而孔子在中国人眼里一向显得威严有余。孔子拥有各代皇帝加在身上的一大串称号，最容易记的是"至圣先师"。县城无论大小必有一座文庙，离庙不远就立着一通石碑，刻着"文武官员至此下马"。（这种碑在北京国子监墙外还留存。）大殿里有祭坛、有香炉，孔子塑像居中，两旁几位大弟子侍立。孔子又像是神了。

对这种分离现象父亲有什么解释吗？他认为，除了统治者加在孔子身上的东西，还有更重要的呢，"中国人所适用之文化，就历史上看来，数千年间，盖鲜能采用孔子意思者"。其至离孔子年代不远的荀子看到的都是另一个孔子，孔子明明认为人性善，荀子却主性恶。至于汉代所谓通经之士所得"悉糟粕而已"，是走了样的孔子思想和"呆板训条以成之文化，维系数千年以迄于今"。

孔子和"吃人的礼教"是什么关系？孝悌是孔子唯一的提倡，使人互相关心，尽到人伦关系中自己一方的责任，不是一方压一方。凡偏欹一方、僵硬、滞碍生机的，根本不合孔子的精神。

且问，一位哲学家讲的道理何至成为捆人的绳子？父亲的解释是：古代传下来的礼法本来就偏于在上的一方，礼法往下传和孔子思想搅混在一起了，"儒家地位即常借此种礼法以维持，而此种礼法亦借儒家而维系长久不倒"。中国人权不彰，"始作俑者谁？则孔子思想脱不了干系"，但终不应视礼教与孔子为一事。

在别人眼里孔子是一个人，在他眼里有两个孔子，一个是本来的，一个是被误解、曲解和被利用的孔子。这个观点在他是一个非常重要的"大端已立"，不过此时还没有多加发挥。

孔子和礼教拉上了关系给中国造成损害，甚至孔子自己的思想也有贻害中国的地方。那就是孔子的调和精神，不调和会逼出调换一个态度的必要性，"那么就进步了"。"可是孔子偏偏教给我们中庸之道。"须知，"从这种精神出来的东西是最能长久不倒的，却由此就耽误了中国人"。

受宗教禁锢之害，西方一旦获得解放而得益——产生了科学和民主。

《新青年》主张把赛先生（Science）和德先生（Democracy）请到中国来，父亲也同样赞成；所不同者，他又把历史上西方和中国人生态度不同于这个问题联系起来追问。想知道西方为何能产生科学，且先问为什么中国文化常常"露出消极的面目"？中国人是不是常表现出安分、知足、摄生？是不是"无征服自然的态度而与自然融洽游乐的"？既然中国人"不为制驭自然之想，当然无论如何产生不出科学来"。

反观西方，对自然要取征服利用的态度，而且把它定义为一种科学，成为客观公认的确实知识。走上科学的路之后，他们不仅对自然表现出科学态度，还扩展到种种人事，使之一一成为一门科学。

青年梁漱溟

他称民主“是西方社会上特别的精神”。

德先生为什么没有生在中国？因为中国社会历来是“严尊卑”，拿主意的和听话的截然分开。中国“是一个人拿主意，并且要拿无限制的主意，大家伙都听他的话，并要绝对地听话”。

西方“尚平等”，他们不分治人者和治于人者，“拿主意的即是听话的，听话的即是拿主意的”。

他说，尊卑是名分，其内容是权利不平等。所以，说平等就是指权利平等。沿着中国的路走下去，就达到了“势必致一个个人的私生活，也由他做主而不是由个个人做主了”。

在中国，权利表现为无限有权和无限无权。父亲说，中国人全然不知道这个“限”字，在西方“所谓‘权利’、所谓‘自由’原是要严‘限’的，他们是公众的事大家都有参与做主的权，以及个人的事大家都无过问的权”。

他把西方这种精神称作“人的个性伸展”，西方与中国显得一则如此一则如彼，“其根本是在人的个性伸展没有伸展”。

但是，如果只有各个人的个性伸展，社会将不成其为社会，必得同时还有人的社会性发达。并且两者同具时，“实在是新滋长了一种能力”。西方社会与中国社会不同所在，“个性伸展社会性发达”几个字足以尽之。

请读者注意，他将西方民主精神总结为人的个性伸展。我们观察一件东西，对其中什么感兴趣、如何看待其价值、怎样去描绘它，都反映了这个人的眼光，反映了这个人的爱好。所以，我想说，父亲偏爱个性伸展，他是在个性伸展中长大的。后来，他更设想要将这几个字在中国人身上培养起来。（乡村建设运动就是这样的运动）。

接着，他把我们带到再深一层的问题面前：“这样东西为什么中国不能产生出来，而只是想把这两样东西引进便了？”

这个问题至关重要。他们的社会怎么会走到那里去的？我们为什么没有走到那里去？“你要学他虽然不一定一模一样地照着走一遍，但却定要持那路向走才行。”这也可以说是生活常识。我说“生活常识”，是姑且当它为地理方位说的。文化发展的路向——欲望所向——人生态度使文化具有不同成就、不同面目。

那结论便是：以为不同文化“是可以拿着比的，其实大误”！其实是“三方各走一路，殆不相涉”；父亲表示，中西文化之异既然不在速度之快慢，则“我敢说，如果欧亚的交通不打开，中国的精神还照千年来的样子不变”，在中国断不会发生工业革命（Industrial Revolution）那样的事。

如果你同意文化各有其根本精神，不可以拿着相比，那么你且看看父亲的由此而来的一个“大端已立”，是不是你愿意同意的：一种态度没有不偏的，总是朝着一个方向走就是偏，文化都有其好和不好的地方。文化无所谓好坏，合用的文化即是好。一种态度当初都好，“沿着走下来才见出弊害”。

读者必然想问，当今世界不是已经显出东方文化不行了吗？为什么还说合用的文化就是好的？怎样解释合用？他的回答是：文化虽无好坏之分，“自其态度论，则有个合宜不合宜”。这里是指切合时需。“希腊人的态度要对些，因为人类处在第一项问题之下（人对物），中国人和印度人的态度就嫌拿出来得太早了些。”

如果同意他的第二个看法——中国照自己的路向走，不会发生工业革命；那么，照理便会同意他的如下推论——中国革命不是自身矛盾引发的。你同意吗？十之八九你要迟疑了。这个观点是十年后成为又一“大端已立”，我是提前告诉读者注意这起初看似平常的问题。

他说中国人的态度拿出来得太早是什么意思？

人类的头一步是求生，所有物质之需都从自然界取得，这个态度（西方人的态度）为人类所切需。不过，它将随生存问题得到解决而“俱逝”。于是，人们心中的问题转向别处——“转入人对人的问题之时代”，第一人生态度“不复适用”。他料想，西方人“不会轻易接受”中国人和印度人的人生，但趋势是三种人生态度将次第世界化。

中国人“不待”把人对物的路走完，便“中途拐到第二路”（也可说是提前），由是而“成为人类文化的早熟品”。

早熟好还是不好？此时（一九二〇年），父亲的看法是：既然这种文化的形成来自他们的生活态度，对他们自己来说便是合适的，但客观上却有一个合适与否的问题。只因中古时期那种互相隔绝的状态为西方所打破，彼此碰了面，相比之下，那不合时需的态度（文化）才显出它的不行。

中国人不走征服自然的路，“冷待”科学技术，结果“至今还每要见厄于自然”。还没有发现一个“我”，个性还没伸展，就讲起屈己让人来了，结果是至今未从“种种权威下解放出来”，“从这种态度就根本停顿了进步”。事实显而易见：说中国有什么好的东西就去举那个千年前的东西，说西方有什么好的东西就去举那新产生的。

谁人不知中国有过四大发明！岂止四大发明，英国的李约瑟专门写过一部书讲中国老早就有种种科学成就，但这方面的不行终是事实。这怎么解释？

西方人因其态度合乎需要，可以循序渐进，走完第一路转入第二路……即使中国和印度的文化不传到他们那里去，他们也能自己开辟出来。旧日中国的人生被拖入态度无由生变、别样文化无由发生的状态。父亲称之为中国文化陷入“盘旋不进”。

中国处于停顿状态，是大家都看到的。原因呢？他此时只讲到这一步，十年后有比这较详细的说法。

这个观点是“大端已立”之中的大端。找到了致误的缘故，下一步自然是“快快打主意”往前走。他说，科学和民主两种精神完全对，“只能为无条件的承认，即我所谓对西方化要全盘接受”。

对我父亲有过一点耳闻的读者看到这里可能感到意外。他不是保守派那一边的吗？他曾经这么说吗？不错。这是他一九二〇年时的认识。习惯上把《新青年》派看作革新，旧派固然是旧派，他是异于两派自立一说。但是，肯定东方化都算保守，谁料更“保守”的还在后头！十年后，他声明取消全盘接受西化的说法，中国文化“早熟”看法不变，“盘旋不进”也不变，但父亲发现，自己以前没有注意到中国的民族精神高过西方，这使得全盘地接受西方化对我们不会有益。这将在另一章讲到。

父亲在《东西文化及其哲学》里表达出的社会主义观应属“大端已立”。以前向往社会主义是悲悯众生的感情所使然，是愤于私有制引发的种种罪恶所使然。此时已和他对人类的过去与未来的认识合为一体，其不可分，有如一座房子不能抽出、毁去其中一部分。具体点说，与人类文化三期说相关。但其实，在一九一四年此一观点已萌露。

《梁漱溟全集》卷四中《与张蓉溪舅氏书》里有这样的话：“甥虽不肖，曾发大愿，一曰研考哲理，以是阐佛学，二曰倡导社会主义。”在别人看来，佛教和社会主义非但不相关，而且会使宗教成为不必要。而他说，“观此二者，不但相容，而且只是一事不是两事”。进而更说，只有懂出世的人才懂救世。为什么呢？从物质上满足人，不能救人，那时有那时的苦，但是社会主义的确使人类接近于从根本上得救。

信里他说，自己的社会主义观“与时人所论有异，今不详”。不过，事后可寻出所异在：时人的社会主义观物质极大丰富本身便是目的，在他，社会主义只是一个过渡。为什么是过渡？《东西文化及其哲学》中便有了答案：社会主义意味着人对物的文化（第一期）行将过去；接下来是第二期，“第二期才真正是人的生活”，社会主义因而是挽救众生的路。故而书中说，他并不认为人类生活有什么好，值得有兴趣过它，“人类总是往前奔的，你扯他也扯不回来”，只能由着他走完三期文化，否则“他不死心的”。“我们非把人类送过这第二路生活，才能使他从佛教而得救。”

以上这些话不仅让我们知道了梁漱溟先生的社会主义观，而且事实上预示着他将不当和尚而走留在世间的路。至于宣布作为信佛者，他要出头来反对此时在中国传播佛教，则是另一件让人感到意外的事。

正如他眼里的孔子不是别人眼里的孔子，他有自己的社会主义。二十世纪六十年代初，经过攻读马列经典著作，他说：“我承认马列主义，可惜马列主义不承认我。”

文化三期说是以发展的眼光看事物。承认人类必有第一期文化，也就是认为资本主义这个阶段的不可免。这是前面那句话的一上半。又因对东方文化以及宇宙万物中的人，人是怎么回事下过一些工夫，他又体验了现实的社会主义生活，而说了那下半句。

我将不止一次地介绍他的社会主义观。唯有了解他那有所不同的社会主义观才能理解他对共产党、对中华人民共和国成立后共产党所持的态度，但请不要认为我有为他纠正政治形象的意思。他从不觉得有此需要。

我举出的“大端已立”其实有偏向，偏于直接或间接关系着中国前途问题的观点，但下面将有一个例外，那就是人性善。

我设想，相信人性善的人没有谁是直到看了别人写的书才能被说服认为人性善，必是他先已有这种感情（我不说认识）再受到外来影响，于是确信人性善。

就父亲而言，说人性善是他的大端已立仍嫌不够，还须说那是他对人类的根本信念。

《东西文化及其哲学》里有一个小标题——《孔家性善的理》，比其他段落短得多。它的头一句话：“我们再来看孔家性善的道理，孔子虽然没有明白说出性善……”

孔子不给“仁”字下定义，涉及“仁”的话非常多，“人性善”三个字干脆是没有。倒是孔子以后的人明确持性善说。我父亲主性善说的话散见于其著述。如：

孔子说人皆有不忍之心……

孔子不说这个是善、那个是恶，不说这个为是、那个为非……

好利之心，耳目之欲，并不足为成立性恶论之根据。因为这是我们本来的生活，无所谓善，无所谓恶。

求对、求善的本能、直觉，是人人都有的。

世俗徒见人之易流于不仁，不仁之事日接于耳目，辄不敢信人性善之说，正坐不自识其本心故耳。

前人曾把不是孔子的意思加在孔子身上，父亲是否也这样做了？但愿没有，但愿没有。

我记得他说过，对未来一味悲观就是不相信人类。依我所见，“人性善”是他看人类的基础性观点。若在这里动摇了，那就整个地动摇了。

写到这里，记起我们父子间的一次对话。

我骑车到他的住处去看他，一路上心中有所感慨。进门便没头没脑地说：“我对人类感到失望，我已经差不多要相信还是人性恶了。”

他笑，摇头。笑我的谬误。于是我问：“难道能说人性善吗？”他说：“人性不够善，人性是向善的。”

我又说：“但是，并不是每一个人都有向善的一面。”这次他点头，眼睛闪着泪光说：“你觉得他恶，是因为你善呀。”

我悚然。我不是恶人，我善吗？为表明我理解他何以给予这样的期许，我说道：“当然，恶者不觉其恶。”

说这话是在“文革”结束的次年，恶人当道之后。当时，我所感慨的是物种灭绝、生态失衡。唯人这么自大，而且有能力干出这种事。一时的恶人当道，不足以言人性恶。

“粗浅了也就是错误”

我以大量篇幅介绍《东西文化及其哲学》，因为对父亲来说这本书重要。而有关这本书的最后一章，其标题是“粗浅了也就是错误”。这是他对《东西文化及其哲学》所做的最后评价。

一九八〇年，艾恺先生于访谈中问道：您的著作中有没有现在觉得已经过时了的东西？父亲的回答：“像那个《东西文化及其哲学》其中就有过时的。”我对这句话的第一个反应是吃惊。过时？他自认哪些观点过时了？后来才懂得，这里所说“过时”不仅与时尚无关，而且与时代在前进这种观念也无关。这仅仅是说，相对于经深化了的认识，先前的过时了。具体所指是对孔子、孟子的解释，以前粗浅。粗浅了也就是错误。

他说，《人心与人生》“是最完全的”，《中国文化要义》“妥当”。是以今视昔，这样说。

《东西文化及其哲学》中这一章的标题本来是“自悔且必公开”，即讲他如何对待学术上的错误。后来才改用现在的标题。起初，要不要写这一章父亲都迟疑再三，要说的话不多。然而他又想，从这里可以看到自己为人的一个方面，还是写吧。

父亲多次说“学术乃天下公器”。产生于自己大脑的，却不可以私有物待之。这和他的另一表现实为一事，即前面说过的，每所悟便喜欢对别人讲。“悟”是思索有得，同时便扬弃早先的。

以前我以为，要他扬弃早先的，特别难。这个印象来自平日谈话。他不作闲谈。倘作“闲谈”，内容仍不外社会问题、政治问题，偶尔谈及掌故，也是在前述范围之内。日久，他的主要观点便通过这类谈话感性地、东一点西一点地知道了。同时，也便感觉到要他改变观点很不易。后来，从批判他的文章里发现，在批判者眼睛里，他这个人固执得很，不可理喻，应罪上加罪。那时的批判时见移花接木、强词夺理，文章在手，只跳行看看罢了。唯独说父亲自信强，我倒相当信。

说到这里，不免扯到另一件事。为写这本书，我做的第一件事是读他的书，

"补课"。他生前从不以任何方式表示希望我们兄弟二人读他的著作，去了解他，认同他。在形成思想认识方面，我们彻底自主。所以，迟至二十世纪九十年代我才拿起《究元决疑论》和《东西文化及其哲学》来读，吃惊地看到书后附有那么多、多至五六次自悔的声明。而那语气呢，又分明不是心虚，还是自信得很。他明确说，一向不能从别人的批评得益。（原话是"我很少——自然不是绝没有"。）他说自己"无论读哪一项学问的书，总是关起房门来摸索"，倘有所悔悟，是自己觉察的。

我久已熟知他思想上的自主，至于多次自悔，一则以前不知道，二则不禁感慨于他能积极把自悔公开。世间举目多是不自悔的人，自悔的人少，自悔且肯公开的更少。研究是关起房门来干的，却不关起门来自悔；既然讲给别人知道了，发觉有错，必须公开。仿佛不公开自悔，别人就会如何如何似的。

《梁漱溟全集》卷一里的《东西文化及其哲学》是按一九二九年第八版排印的。首页是第三版自序，接着是第八版自序，然后是附录《人心与人生》的自序。第一版自序反而放在书后。这样子编排有什么用意吗？我的解释是：这是为了让读者翻开书就看见那自悔。

第三版上的自悔是关于治学态度。书中第四章批评了宋学明学。事后他觉得那番话是全错了抑或不全错，说不准，但态度肯定错了。

还有一件事使他挂心和歉疚。我觉得有趣，其所以有趣是这事非常个性化。在第四章末尾有这么一段话："西洋生活是直觉运用理智，中国生活是理智运用直觉，印度生活是理智运用现量。"我看时便觉别扭，意思也搞不懂。果然，下文是"这话乍看似不通"，可是心里有一个意思非说不可，"不得不说这种笨拙不通的话"。希望读者理解意思，不要追究文句上的通与不通。可是，大家不留意他的声明，许多人倒纷纷把"直觉""理智"滥用、误用起来，好像惹出一桩祸事。他希望收场，"所有这一段话我今愿意一概取消，请大家不要引用他或讨论他"。

以上的话写于一九二二年。一九八〇年，一位好学的青年（温州黄河清）把自己手抄的《东西文化及其哲学》拿给他看（当时市上久已买不到），父亲为此写道："回首往事忽忽不觉六十年于兹矣……自愧当年识见浅稚，于儒家孔门之学妄尔摭拾'本能''直觉'，等等近代西方所用名词以为阐说，实属根本的严重错误，

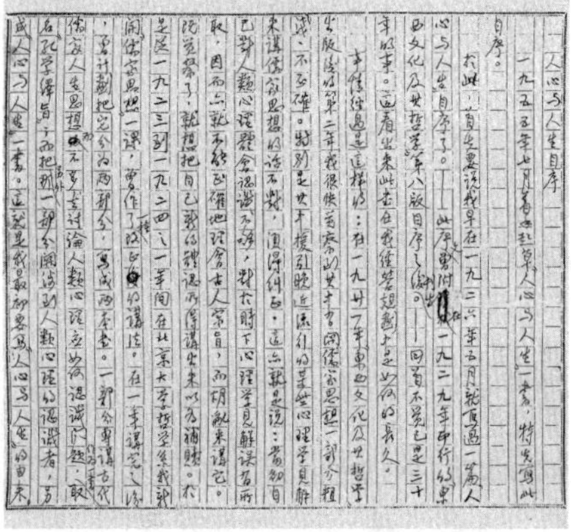

一九五五年，梁漱溟《人心与人生〈自序〉》手稿

不可不于此注明。”

该注明见于一九八七年商务印书馆根据小字本的影印版和我案头的《梁漱溟全集》卷一第五百四十七页。

二十世纪九十年代，有两位先生著文指出，当年梁漱溟错用了直觉和理智。由此看来，他早年的自悔、晚年的说明，竟都没有获得预期的效应。

从第八版自序里我们看到，为免继续误人，父亲于一九二六年写信给商务印书馆，请他们停版不印。此时，他觉得不是某处有错，是“根本有一种不对”。那是什么呢？那是用现在的心理学语言去解释孔子的话。当初不知道，现在知道了，像孔子这样的伦理学思想家必有他据为基础的心理学，不能随便拿含意不同的词语阐明儒家的人类心理观。

除停印，父亲还想了一个补救的办法，另写一本《人心与人生》以纠正前失。然后，两本书同时出版，大家参照着看，就不致误人了。

于是，就有了那篇作为附录印在《东西文化及其哲学》第八版前面、作于一九二六年的《人心与人生》的自序。显然，他此时料想，不久即可成书。事实是，就从这一年起，“心思之用别有所在”——致力于乡村建设运动。这本书的写作，一放便数十年。这是另一个故事了。

读者不免要问，不是停印了吗？怎么一九二九年又印起第八版来了呢？这是为了配合乡村建设运动。这一年，父亲预计将写成《中国民族之前途》——一本阐明乡村建设运动的书。这本书“观察中国民族前途以中国人与西洋人之不同为主眼”，所论中西之不同，全是本乎《东西文化及其哲学》的说法，故此打消停版的原意，将两书同时出版，两本书配合着，以期社会人士理解他的努力。

而种种波折，终使计划落空，这将在后面谈到。

读者可能会提出疑问：梁漱溟先生什么时候研究心理学来着？他没有研究过。他是“初不曾不有意要讲心理学，而到现在没法子避心理学而不谈”。事情到了这一步，“心难自昧、理不容屈，逼处此际，固不甘从默谢短也”。

人们大概会从两个方面赞许他：不甘从默谢短和一旦自悔必公开。那么我再说一说他的另一种态度，不知读者作何反应。

在八版自序末段，他说，有时觉得自己所见深刻，“自赞自许”，且说过这样的话：“百世以俟，不易吾言。”《东西文化及其哲学》中的核论与推测，“有其不可毁灭之点，纵有许多错误、偏颇、缺失，而大端已立，后之人可资作进一步的研究。即上面之所谓根本不对的，其实亦自经过甘苦，不同浮泛，留以示人，正非无谓”。

本章仅就《东西文化及其哲学》一书，介绍他治学的各种态度、表现。我不认为我能从几种态度中找到一个所谓他的“主流”或曰性格、品格的主要方面。我在这一章里想说的是，他不容许粗浅、浮泛。

这本书立即改变了他的生活

“这本书立即改变了他的生活”，是一个简便的说法。改变有两方面：他自己的生活态度和社会对待他的态度。

我总是想以较为形象化的方式为读者描绘这本书给他生活带来的影响。一扇门打开了，他从这扇门走出去，进入另一个环境。不是进入另一间屋子，一间屋子太窄，不足以形容当时提供给他的相当宽阔的环境。人们待他很好，欢迎他留在世间。他与社会的接触从此多了起来。

《东西文化及其哲学》就是这样一本书，虽名曰哲学，其实讨论的全非书斋里的事，倒是一切关心国家社会的人都亟欲知道的事。自此，学术界遇有需要找人发表意见的事，不免想到让他讲话，乃至军阀、政客附庸风雅为学者捧场，也请他去讲演。社会为他提供了讲坛。

当时的社会和现在不一样。老旧，但有一种消极的自由。军阀们自去争地盘，政客们自去当官，知识分子自去翻书本写文章。意识形态领域有国家机构负责导向、制定发展规划等等做法，非中国所固有，是后来才从外国引进的。

假如他不改变原来的意思，只为研究东方学“发其端”——做发起人，把出家的事推迟一两年，此后即便成了有名的和尚，虽不免涉足一点社会事务，终究有限。可是，在这本书的结尾处，他宣布留在世间，大兴宋明讲学之风以改变社会为志事；第二年又结婚成家，他就是一个普通人了，但却又不尽然。我想让读者注意的，正在这不尽然处。

他是整个生活意向和意趣做了转换。个性不会变，佛家的人生观也没有动，他是把佛家人生观装在心里，只有他自己知道它仍在那里。一个穿着袈裟的人，大家拿他当和尚待，即便其人不守佛戒也是和尚。可是他呢，穿了便装、结了婚，谁还拿他当和尚待呢？不用说别人，连我也是很晚才知道，虽终生未尝做佛事，每当进入庙宇，他的心境最为宁贴，这才是他真正想待的地方。

所以，在此后的社会生活中，他时时被别人当普通人待。其实，他的心境大异于常人。此中况味，唯有他自己知道。

我谨请读者记住这一点，这对理解他的为人至关重要，对理解他从事社会活动、政治活动所持的态度和动机同样重要。

我现在就来说明这个问题——他以怎样一种态度、一种心境度过其一生。

如读者已经知道的那样，他心目中的孔子和一般人心目中的孔子不同，他心目中的佛教也不是一般人心目中的佛教。

梁启超曾经和他讨论一个想法：有没有可能把佛教“改造成平民化，让大家都可以受用”？他说，这是做不到的事，如果这么做了，那也已经是另一种东西，不再是佛教。他甚至以“贵族气味的佛教”这种说法去表述佛教是人类生活美满之后才需要它的这层意思。

佛祖释迦牟尼是太子，生活上一切不缺，可是受不了人类逃不出生老病死这绝不可免的可悲的事实。这是释迦的出世动机，也是我父亲想出家的动机。当然他远远不像释迦牟尼那样物质上丰足，但是使他产生出家之念的那个念头，同是悲悯众生而非个人问题。他认为，社会主义的实现将使世人接近佛教，由佛教而得救，就是这个意思。这个意思和人们口头上常说的经受种种生活挫折看破红尘不是一回事，和把一个不懂事的孩子送进庙里当和尚以做佛事谋生，更不是一回事。（这是从前穷孩子的一条出路，年轻读者可能没有听说过。）

人们常把佛教理解为不问世事，这个理解不全面。佛教有小乘、大乘之分，小乘只讲个人解脱，大乘是佛教传入中国之后，佛教中国化的结果。大乘的态度就是无我而救世。依他的性格和成长经历，自然是走大乘的路。

他说，的确，儒家和佛家恰相反，一个专谈现世生活，一个专谈现世生活以外的事。它们不同，但是不相冲突。一则，在佛家看来，一切教化都是好的，不过什么样的社会需有与之相应的教化罢了。因而佛家于一切教化均所不拒。二则，儒家思想是第二期文化中最恰当、最高明的，佛家思想是第三期文化中最好的。（这是一九一八年以后他的认识，写《究元决疑论》时他认为唯佛法卓绝光明。）换句话说，在当前，佛家只于少数人才合适，在遥远的未来才为多数人所需要。

父亲对孔子哲学研究会的参加者说，因为你们没有尝过出世思想的味道，你们对儒家住世思想之高妙，也便不甚能领略了。如今留在世间，他的心愿便是让人类（首先是中国人）过上儒家倡导的那种生活。

宣布自己也过儒家生活，是不是思想改变了呢？不是的。他说，自己的思想前后并无变化，只是改变生活。做这个决定的过程是这样的：先是主张大家过儒家生活，反对大家过佛家生活。他说，这是“我研究东西文化问题替中国人设想应有的结论”。那时，他自己还不愿舍掉唯一想过的佛家生活而“屈从”大家。他说，“现在我决然舍掉从来的心愿了。”为什么呢？“我不容我看着周围种种情形而不顾”。走出家门在街上看见的、从朋友那里听说的，总之各处的情形使他“不能不愤然反对佛家生活的流行”，尤其是上海刘仁航等讲佛学的人，声言佛化可以使中国人心不乱，使他极度愤慨——中国人此时绝不该过佛家生活。这个意思在自序说得很含蓄，在《唯识述义》序言中则十分激烈。他质问，提倡佛教的人想没想过将中国“印度化”的危险？印度就是因为这个沦为殖民地的！

不只是中国，还有西方。西方人因只知逐求物质而精神疲敝，他们不曾听说过孔子的道理，何况有一些中国人还要“蹈袭”那已显露出弊端的西方生活。当前的社会现实是，西学有人提倡，佛学有人提倡，“只有谈到孔子羞涩不能出口”。这些就是“迫得”他舍掉“佛家生活的缘故”。

至于他个人原因，就是“好揽世间事务”，生活被扯到两边去，“既甚不合世间生活正轨，又甚不合出世生活正轨”。这种状况不能维持长久，非专走一路不可。在孔子哲学研究会上，他说到这里为止。此后两年，他和别人的辩论增多，这也影响到要不要留在世间的问题。这层关系却是二十世纪九十年代后才谈起，那是一九八〇年夏秋之间对艾恺说的：

走上这一步（指到北京大学执教）就起了变化。这一步是怎么样子呢？就是不是到庙里当和尚，而跑到知识界，跟知识分子在一起。同知识分子在一起，难免就有知识分子对知识分子的彼此较量。好胜之心是从身体来的。如果是像当初所想，很早出家到庙里去，也可以很相安、很平稳，走一种很冷静的路子吧。可是一到大学，同许多知识分子在一起，彼此容易有辩论，就引起好胜之心。好胜之心是身体的，是身体的就容易有那个两性的问题，这个时候也就想结婚了。

上面的话包含两个问题：知识分子彼此较量和想结婚——住世生活的欲求。但是如果就这么看他，还是没有把握得准。他说自己是“搁置”佛家生活，我想说他是“暂住”世间。这样做只是使不合正轨的生活可以过得去，其实还和我们常人不一样。这个不一样就是用“无对”的态度去对事和对人。

他与胡适那场有名的辩论当时和后来都受到注意，当然是注意辩论本身。但我请读者把注意之点暂时移开，留心一下他声明以“无对”的态度回答论敌，“我是没有敌人的”。必须承认，他这次表现出的“无对”不彻底——因为要胜过对方。但是，心中有“无对”态度与心中没有“无对”态度终归有别。后来，他全力以赴推动国共团结一致对敌。在他心里，唯日本是敌人，在中国人一方，“我是没有敌人的”——无论何党何派都在自己一方。然而不可免的，这句话当时和后来都被忽略或不被相信。

孤零零一句话，读者难以得到印象，还须有一个“场景”才看得清，才体会得出。

《努力周报》杂志停刊，胡适写道，这杂志朝着思想革新的方面做去，前后许多政论，都不如批评梁漱溟、张君劢的文章有价值。陈独秀又在《前锋》杂志上说梁、张“被适之教训一顿，开口不得，是思想的一线曙光”。

以下请允许我摘一些原文，不免稍长。

父亲不觉得自己阻碍着思想革新运动。“这岂是我愿意的，这令我很难过。我不觉得我反对他们的运动，我不觉得我是他们的敌人。我是没敌人的。”他说，他看不见思想界有哪一派是和他相冲突的、相阻碍的。“他们觉得我是敌人，我却没有这种意思。”中国处在当时那种状况，“肯干的人都是好朋友，我们都是一伙子”！此刻，天下无非是两大类人：积极努力和苟偷捡便宜的。后一种人“弥漫满中国”，这使他觉得胡、陈都是难得遇着的好朋友，“我总觉得你们所做的都对，都是好极的。你们在前努力，我来吆喝助声鼓励你们”。胡、陈想领大家走的路，“难道不是我愿领大家走的么”？

当然，反过来说，他们又根本不同，精神和目的不同，尽可由大家各自发挥。当各自倾全力去发挥的时候，是不可能照顾得很周全的，然而它的价值也正在此。你一定要他照顾得周到，“结果一无所就，不会再成有价值的东西”，倒是各自去发挥，“在最后的成功上还是相成的”。在他，不是打倒胡、陈才得成功，反之也是一样，所以，虽然不同，“不相为碍”。不妨添上一句，虽不同不相为碍，一直是他看待分歧的态度。

下面还讲了一层意思：“天下原都是好人。”“天下人自己都会找到对的路”，错不错他们自己会觉察，“错误哪会长久”？张中行教授文风隽永，尝论及我的父亲，说他好像戴了一副 Good 牌的眼镜，看谁都是好人。真是说对了。不过，现在且只说何以他是没有敌人的。

这个意思是出于大公无私吧！我起先拿这当我们常说的没有私心看，只近两年读父亲的《梁漱溟全集》乃识得佛家讲“无我”，故而有佛家的“无对”。儒家认为唯人类谈得上超“有对”，有是非心，其他生物没有。孔子喜欢讲“仁”，仁的态度即是“无对”的态度。

佛家最主要的意思是，宇宙是一个整体，看成有分别即是错误。总觉得有一个“我”，是错觉，是错误。所以就要破我执——不要自己、不觉得有自己。“我执”有两个层次，深层次的是“俱生我执”，浅层次的是“分别我执”。

儒家和佛家根本不同，可是有相通的地方。儒家“廓然大公、物来顺应”，这个意思和破浅层次的“分别我执”就相通了。他留在世间所采取的人生态度就是破我执和廓然大公。

关于“无对”，父亲说，如其中国人对人类文化有贡献，那就是认识了“无对”。进而又说：“言中国精神必举‘无对’乃得。”

可是相反的，一切生物存在于“有对”状态，即使低等生物也一定要设法不被吃而吃自己以外的东西。至于人类社会生活，也不过是上述状态的高级化，即：“辗转不出乎利用与反抗。”

西方人生正是将“有对”的态度尽力发挥而取得种种进步。中国固有人生够不上“无对”，却是肯定“无对”，向着“无对”去修养。自西方文化输入中国，中国的人生态度几乎全然转为“有对”。

选择走兼具佛、儒两家人生态度的路，自然是取“无对”态度，纵不能至，心向往之。

我在前面引述的那些话，就本于此种人生态度。父亲说，他不觉得谁是敌人，不觉得打倒某人才是自己的成功，明言“我是没有敌人的”，正是力求做到“无对”。晚年，他回顾过往，曾叹息在“无对”上做得不够。就拿与胡适辩论来说，胡适语涉讥诮，他的话也火气不小。

谈到转换人生态度，其最著于形的，莫过于结婚成家。从《他是怎样一个父亲》一章，读者已经知道，在梁漱溟先生的整个生活中，家庭处于从属地位。那么，结婚成家的经过，自是本章内容的题中应有之义了。

父亲知道，自己不会像别人那样通过“交女朋友”而结婚，要靠亲友帮忙。亲戚虽关心自己，但说到理解自己，则恐不及朋友之深。这是他心中所想，但天下自有奇巧的事，前来做媒的正是在他“心中有着无比重量”的朋友伍庸伯。

一九二一年夏天，他在济南把《东西文化及其哲学》又讲了一遍。秋天，他正忙着将讲演记录整理定稿，伍先生来访。伍家住西直门内，我家住崇文门外，西北到东南，大对角。

伍先生问：“你找对象都有什么条件？”他回答：“我几乎没有什么条件，在年龄上、容貌上、学识上，我全不计较，但愿是一个宽和仁厚的人。不过，单是宽仁而缺乏超俗的意趣，似乎亦难和我为偶，有超俗的意趣而魄力不足与相当，这种人是不免要自己受苦的。所以宽仁超俗而有魄力的人，是我所求。这样的人自然不多，只要天资和上面说的相近，即便不识字也没有关系。年龄、家世都不计较。”

伍庸伯笑着说：“你刚才说几乎没有条件，你这样的条件又太高了。不过如果你真能做到自己说的话，那么我打算介绍的这个人倒是和你的目标差不多。”

当听说她家是旗人，父亲又不愿意了。按照清朝的制度，男子生下来就算一兵丁，可以按时领一份饷银，长期不劳而食导致旗人大多习气不好。伍庸伯说，

梁漱溟夫人黄靖贤

民国以来渐渐不发饷银，他们家相当贫苦，她家没有旗习。父亲提出必须见面，当时还很不时兴这样做，经过伍先生一番努力，他们见面了。不过，父亲还是回绝。

伍庸伯本有全家回广东的计划，是特为做媒推迟行期，现在既然不成便收拾行装按计划南下。恰在伍先生启程的当天凌晨，我们的姑母——父亲的大妹，匆匆赶到伍家说，这门亲事接受了。

据父亲告诉我，转机之出现，实出于半夜做梦，梦见母亲已着妇人装束坐在他对面茶几旁，醒来落了几滴泪，仿佛这是不应违拗的事。

伍庸伯闻讯非常为难，行李已经装车待发。去为他送行的张难先说："好啦，你走你的，媒人我来接着做。"

我们的母亲姓黄，属汉军旗，也就是父系为汉人而隶旗籍，母系为满族。她的名字本来是很少见的两个字——婧姥，据说是她早故的大哥给取的。订婚时父亲提议改用靖贤两字。父亲结婚那年二十九岁，她二十八岁。以当时的习俗已是晚得不能再晚了。这在父亲是自愿，母亲之晚婚却有些奇巧。父亲在《悼亡室黄靖贤夫人》一文中讲道：她对于婚姻问题"虽自己年龄加长，却从未萦心在念，唯临到二十八岁那一年，忽尔映现脑际，而即于是年（一九二一年）与我结婚"。

父亲还追述道："据闻其少年之时，身体健壮，气概一如男儿，绝无女儿羞怯态……又尝闻靖贤自言，平素夜晚就睡，或侧身向左而卧，或侧身向右而卧，其姿势直到次晨睡醒一无改动，从未有辗转反侧之事。是殆其胸襟坦荡，无系着，无扰动之证乎。"

父亲对伍庸伯说，不要求美貌和高文化。这其实是他要求自己朝这个方向做，等当真有个相貌平常，文化水平有限的妻子，又感到是个缺憾。大约十年后才转过来，他回忆："我们的感情好转而稳定下来，就在我认识得她的长处，而首肯她的人格价值时候。"

可是，感情最好的时候，也就接近于离别了。母亲于一九三五年八月就去世了。

前面说到，自从知名度提高，外面或则邀他去讲演、或则请他去任教。讲演没有留下记录的居多，唯一九二二年在太原十次讲稿都有记录并辑印成册。（见《梁漱溟全集》卷四。）至于请去教课，他都推辞了。可以说，父亲根本上不赞成从西方引进学校制度，而另有自己的兼具育人与社会改革两种功能的教育设想（不妨说是理想）。这设想处处反映他怎样看生命、怎样看生活、怎样看社会。二十世纪二十年代，他两次获得机会将理想付之实验。这将在《首度奔赴理想》一章中谈到。

《东西文化及其哲学》书后附有著者告白两则，其二说，他自己认定“应当再创宋明讲学之风，我想就从我来试作”。他欢迎有人前来共学，不拘程度年岁，不分科目，不定年限。这个声明得到响应，于是他有了一班略小他几岁的朋友（亦师亦友），此一朋友团体的形成，有着终生的意义。

他有哪些朋友

威廉·皮佑是我在芝加哥结识的少数朋友之一。在美国，自甘清苦的人很少见，威廉是其一。读过《最后的儒者》一书之后，他向我提了几个问题，第一个问题便是：梁漱溟先生是不是很孤独？这是威廉从书里得到的印象。我回答："他不孤独。"

是《最后的儒者》给了威廉这种印象。那么，是书的作者艾恺先生的错吗？不能这么说。而且至今已问世的几本先父传记，同样没有提到父亲生活中这至关重要的一个方面。像我父亲这样的人，在中国进入二十世纪之后日渐其少，设想他生活得孤独相当自然。不过，实际情形是，父亲一生都有朋友，尤以青壮年时期为然。

父亲说过这样一段话：

> 说到我交友，可以分为两个阶段。头一个段落为我二三十岁时所交的朋友，差不多没有一个不比我年纪大的，如张难先、林宰平、伍庸伯、熊十力诸先生，都比我大十岁或二十岁，他们对我可算是忘年交，我看他们都是师友之间的。不同年龄的人其趣味不同，而竟能成为很好的朋友，这都是不容易的。后一段落里的朋友，多半都比我小几岁，他们以我为中心，而形成一个朋友团体，一直到现在还一起共学、共事。①

所谓头一段落是《究元决疑论》发表之后，因谈佛学相契而成为朋友；后一段落是《东西文化及其哲学》发表前夕和其后几年，北大同学和外省青年响应他

---

① 讲此话时约在一九三三年，"共事"指父亲自一九二四年辞去北大教职开始自己的教育、社会改造实验。

的倡议而聚合到一起。两批朋友相识的时间，相距三四至八九年不等。

父亲看林、伍、熊几位是师亦是友，而这几位先生却不自认为师，只认为友。后一批朋友人数多，关系也是“师友之间”的，不过这些或同岁或略小几岁的朋友，明确认他为师，所谓师友之间，意指不取刻板的师生关系。

读者还可能会问：除交往时间和年龄差异外，两批朋友还有什么不同吗？

很不同。第一批朋友与他始终是个人之间的关系，用他们的习惯语，是“谈学”的朋友，未尝参与他的社会、政治活动。第二批朋友则是形成一个以他为中心的朋友团体，人数随工作之开展渐次增加。他做什么工作，这些朋友大都参与其间，但并非一律参加，如张云川，他们是终生的朋友，却未尝共事。

这段话是他正在山东邹平从事乡村建设时，对受训人员说的。当他说这话时，第二批朋友中的大部分都与他在一起工作；但是，此时又有一些因认为乡村建设是可以救国的运动而投身其中的人，也成了他的朋友，同时自认是他的学生。所以，在这一章里，除了依照他的前一（有两批朋友）说法，还要加上第三批朋友。我这样做的根据是，一九七六年，八十三岁的父亲写下《略记当年师友会合之缘》，其中包括因乡建运动而成为朋友的人。这篇文章里还提到一两位父亲晚年交往甚密的友人，我将在叙述他晚年生活时讲到他们。

这三批朋友，实际上正反映了他成年后生活的三个阶段：专注于佛学、转向儒学和投身社会运动。

不过，父亲的朋友自然地有个共同点，即追求人生有高的志趣、好的取向。我父亲非常喜欢讲“人生向上”，朋友间必以此相期勉。

如果把这理解为知识分子间孤高的情操，那就错了。“人生向上”这个目标并不限于朋友间，它是人生应有的态度和生活方式，它实际上是我父亲对全人类的期待。所以，他的农民运动中即包括“人生向上”。我们可以说，是朋友间更注意朝这个方向努力。

此处不妨引用一两句他自己的话：“朋友相交，大概在趣味上相合，才能成为真正朋友。”“必有志趣相投才有结合的可能。志趣相投，即志同道合，即有志于人生向上的人。”

人生在世必有多方面的活动，各方面的活动都会与人产生友谊。他在社会活动中难道没有和谁产生友谊吗？在政治活动中不曾和谁成为朋友吗？当然有。这种朋友他是有的。不过本章所述不包括这类朋友在内。

他有棋友或任何文娱方面的朋友吗？没有。他从不“玩”。避开嘈杂，亲近大自然是他的爱好。他通常是一个人去公园、动物园或郊区，间或约人同游。

读者可能注意到上文中“朋友团体”这个提法了。他们有一个团体吗？似有而实无。父亲在叙述中说起“朋友团体”，可见他心里有个团体。是的，这个团体存在于心中。他们从未想过要形成团体，使之著于有形。这又是为什么呢？现在回答这个问题其实是早了点，读者对他知道得还不够多。但无妨先说一句，他与人相处不喜欢分彼此，心里不要有你我他。有团体就意味着某人不在这里边，某人是我们这边儿的。这个他不喜欢。

以上的话算是概述。

一九八五年，九十二岁的他为第一批朋友中最先缔交的人写下《纪念林宰平先生》。这时，他本已停止著文、停止作日记。这篇文章只是勉强又勉强写了数百字，尽心而已。

现在，我的记叙就从林宰平先生开始。

父亲曾说，他的一些朋友是因林宰平先生的关系而得以相识的。故而第一批朋友中，林宰平先生是关键人物。

“闽侯林宰平先生讳志钧，是我衷心尊敬服膺的一位长者。当我奉教于先生之始，年二十四岁，而今为此文既九十又二矣。追怀往事多半记忆不清……”是的，此时而著文怀念林先生实在太晚；因精力已衰，他只勉强平列式地写下十条有关的记忆。

“先生年长于我十四岁，学识渊博，顾乃留意及于小子……”父亲回忆，他本“亦仰望于林公，然与公之交往都是由公之主动”。林宰平留意于佛学，在《东方杂志》上读到《究元决疑论》，便请与父亲同在司法部任职的余绍宋居间介绍，这是他们缔交之始。

“公在世时，我写信亦未自称后学，亦是一歉。”

不耻下问是林先生的品格，也是他们这一类型的人所同具的品格。相形之下，我父亲倒有所不足。父亲回忆，出于同样的品格，民国九年秋，由林先生引导，梁启超、蒋百里两先生“偕同枉顾我家，访问佛学于我。此即小子得以亲聆任公教言之始”。

差不多可以说，倘没有谦德，不讲求儒佛学问，他们就不会成为朋友。这里可举两例：

广东人肖隐公，早年是林宰平先生所任教的京师法政学堂的学生。肖有学养，民国初年在宣武门外嘉应州会馆讲学。林先生不介意自己原是老师前去听课。谦德又使他在萧家结识了伍庸伯。一次，林先生不客气地驳了本不相识的伍先生一句话。没有世俗气使他们成为谈学的朋友。

至于父亲与伍庸伯先生相识，那又是出于后者的谦德。伍先生想问佛学于父亲，请林先生致意，约在林家见面。第一次谈话并不相契，但觉其人品德不凡万不肯放过，经几次谈话终于成为至交。

唯有熊十力与林宰平相识是出于父亲的介绍。“熊固有其豁朗之一面，相交甚欢，公辄呼云‘老熊’。”

“伍、熊两君虽年长于我六七岁不等，然比于先生（林）仍少六七岁。此证先生在人品学识上取友结交之虚怀。”

纪念文中，父亲举出林宰平的又一品德——“立身高洁”。面对其人，父亲“唯觉其态度和蔼可亲，曾不觉其衷怀之严肃”，“此人干净极了”。

亦如不耻下问是他们同具的品德，立身高洁也是。

林宰平和梁启超交情之深，可从梁临终将编纂遗著定夺何者发表、何者不发表一事托付林宰平见之。林一度加入梁启超组织的进步党，旋即退出，即便“公之朋友侪辈无一不在此右倾党派者，唯公独否”。（进步党因受袁世凯笼络，形成与袁一同对抗国民党之局。父亲在《纪念梁任公先生》文中论及梁政治上的三度失误。）

林宰平终生不入仕途。

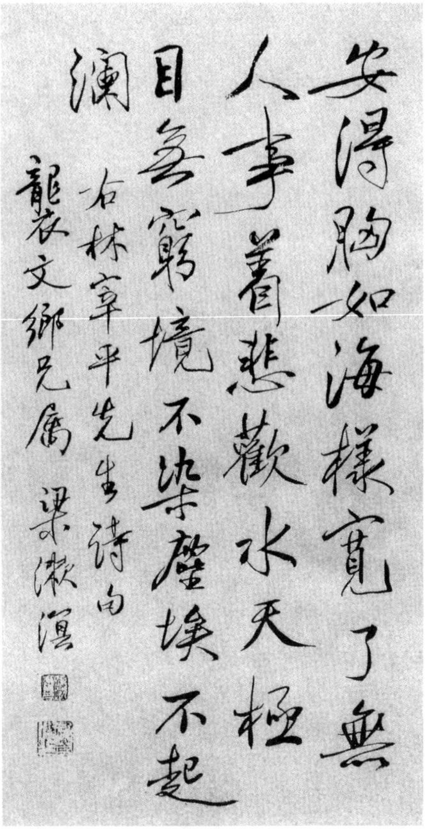

梁漱溟为朱袭文书林宰平诗句

这里，请容我把话扯开。我只见过林宰平先生一次，不幸正是在伍庸伯先生殡仪上。林先生走进灵堂，但见他的衣着极其爽利干净，衣着干净不难，难在和神情的干净浑然一体。他掀开布幕目注棺木，眼泪和哭声像夏天的雷雨一样迸发，不数分钟便收住。转身和别人谈话又像没有哭过。这和我们在葬仪上所习见的号啕或欷歔全然不同，致使我一时觉得特别。为什么是这样呢？自那时以至今天，我数十年间多次忆起林先生吊丧的表现。友情是人人都会有的，友情所由生不尽同，因修养深浅怎样面对死亡又不同。我还惊讶于自己当时有过的刹那间的不适应感。怎么说呢，这之间认识和涵养跟不上。

再说另几位先生的立身高洁。伍庸伯、张难先做过官。他们一度做官，很与苏东坡所说的“用舍由时，行藏在我”相合。认为国家社会此时确需要自己出来做事，就同意担任某种职务，一旦情况不同便辞去。

（至于熊十力脾气大且怪是出名的。他绝无意做官，也没有人想过找他来做。）

梁漱溟挚友熊十力、陈铭枢等合影。前排右起，熊十力、陈铭枢；后排右起，陈铭枢外甥颜福廷、云颂天、陈铭枢之子陈广生、×××、×××

一九二六年北伐军出师，蒋介石率军北上，李济深以总参谋长坐镇广东主持后方一切军政事务，深感责任太重，向蒋提议请伍庸伯先生帮忙。伍先生同意，遂同去晤蒋，特声明：自己对三民主义尚少研究，请允许任职而不入党。“蒋闻之有些迟疑，卒亦微笑点首。”

北伐尚未完成，政局开始动荡，李济深需要去南京协调与蒋的关系，广东省主席由伍庸伯代理。一年多以后，陈铭枢任省主席期间又须去南京，伍再次代理省政。陈返任，伍先生即离开。一本自京回乡初衷，整顿本乡治安和办好村中小学。计伍先生两度出山，两度返乡。

张难先和熊十力同是湖北省最早的同盟会成员，武昌起义民国成立，却并不因是老革命而做官。

张难先是李济深请出来帮忙的另一人。李请他帮着整顿财政和海南岛民政。一旦形势不需要，张便回了自己家乡。

伍、熊、张三位作风之朴实，从他们的大节已可见出，然而说到做学问则不尽同。

伍、熊两先生之相识，自是因父亲的介绍。他们同为父亲的知交而性格迥异，

一九二八年，梁漱溟、伍庸伯两家合影。前立者左起，伍懿珍、伍时清、梁培宽；中排左为梁漱溟夫人黄靖贤（抱梁培恕），右为伍庸伯夫人黄敬如（抱伍时忠）；后排左为梁漱溟，中为伍庸伯、右为黄家四弟黄存之

虽曾一起谈学，“然两家为学路数截然不同，彼此卒难取益”。

读者可能想问：那么梁漱溟是站在“中间”，能从两家取益的吗？这个我不敢乱说，他好像看到两家各有其长处和价值。从父亲一生为学行事看，路数恐怕既不同于伍，又不同于熊。

父亲是绝对坦率的，为朋友、为社会都须坦率。（他一再说，“学术乃天下之公器”。）

父亲说，伍庸伯先生在他心中“有着无比的重量”。事实上，他们相聚在一起的时间很有限。

前文叙过，伍庸伯先生在启程回广东的当天清晨才知道为我父亲的媒做成了。这时是一九二一年秋，从一九一九年算，他们相识只不过两年。

一九二七年至一九二九年，我们全家四口在广州，伍庸伯先生全家为五口（二子一女），既是连襟又是知交的两家站在一处洋房的高台阶上照了一张相，这难得的“两家欢”纪念照，今日幸得留存。这是他们第二度相聚，为时两年。

一九五〇年，伍庸伯先生到京，一九五二年初春病逝，他与父亲相聚不及两年。这之间，他们有过两次不过几天的聚首。据家兄记忆，一九三五年母亲逝世时，伍先生恰在邹平。父亲所作悼文中有“我此后决不续娶”的话，伍庸伯力主删去，父亲执意不肯，争执不下，父亲从屋里退出，伍先生紧随其后且走且说。

一九四五年初冬，父亲自桂东经广州去重庆，他们又得聚首数日，略谈时局而已。同去者有继母陈树棻和我。

伍庸伯是军人，清末以优异成绩毕业于广东将弁学堂，被任命为管带（营长），同班同学邓铿、叶举、熊略等日后为著名广东将领，此时都是他的部属。进入民国，伍庸伯以第一名毕业于陆军大学，留任教官兼参谋本部主管空军的第三科科长。这时，他生活优裕且新婚不久，在人们会感到满足时，他却出人意外地辞去一切职务，结束了这种生活。原因是他产生了一个疑问：一个人该不该做军人？自己身为军人，在没有解决这个疑问之前，他不肯为生活而“混”着过。征求同事们的意见，无一人赞成他为此辞去军职。后来，他正是靠这些同事五块十块的资助得以度日。这之中就有李济深。

伍庸伯以七年时间对各种人生思想——出世、入世、中国、西方都加以参访探求，出入于寺院、道观、教堂和讲学集会，包括去北大旁听，向高僧、道士、传教士和学者请教，最后落实到儒家。

伍先生不是心中茫然无主地去探访，他有一个标准：这种人生思想应是世人普遍需要的，所能解决的问题应是人民大众所同有的，并且这种功夫应是人人都能用功做到的。倘某一功夫只有少数人才能去讲求——例如道家、佛家的功夫，那便表明这种学问还没有到大众可以讲求的时候。当前，大众所需的学问便是他尽力之所在。

既然所找到的学问是别人也需要的，他便以自己所得讲给主动请教的人，终生述而不作。再者，虽然探访过其他学问，但既已择定儒家，便不对别家思想有所评说。父亲的态度正与伍先生不同，总是热心地将自己所学得的、所思得的传播于社会，乃至要推动社会做起来。

伍庸伯在军界一帆风顺时，因怀疑一个人该不该做军人而辞职。一九三八年底，广州沦陷，他立即组织广州四郊青壮年展开游击战，担任第四纵队司令。一九四五年八月，日本投降，九月他便解甲归田。

一九五〇年伍庸伯来到北京，应朋友们要求在我家旧居小铜井胡同一号讲《大学》。一九五一年底他患病住院，次年春，一天从镜子里看到上唇盖不住牙齿，自语道："恐怕大势已去了吧。"从此不服药，直到辞世。

父亲说，伍庸伯先生在他心里所以有无比的重量，是因为他认为中国古人对世界学术上最大的贡献是儒家这门学问，而伍先生的贡献"则有足以补宋儒、明儒之所未及者"。揣测父亲这话的意思似是，伍先生的功夫最为近切平妥，且因其可以惠及众人而可贵。

这样的评价自然是非常高了。他又尝称伍庸伯先生和湖北严立三先生两人为"醇儒"，说他们两人"践履笃实，不后古人，而从其精思力践之所诣，乃大有贡献于斯（儒）学"。这贡献首在践履——踏踏实实做去，又在探求解释儒书方面"主观造作最少"，"通顺近理之程度最高"。

伍庸伯常说："莫以为修身是独善其身，身不过是本，是家之本，亦即是国之本，亦即是天下之本。"修身是修这个作为本的身。当然，这里所说的身，是身体也在其内的整个人，绝非仅仅身体之谓。

父亲极为赞同这个认识和态度。他不止一次写过如下这句话："人类生命天然有其个体与群体之两面，而且人类生命重心宁在群体，不在个体。儒学而有其理论也，必以此一认识为其根本。"

我在前面举伍庸伯"做官"的态度为例，约略可以说明他怎样看待生命的群体意义一面。

说到儒者修身的态度和功夫，父亲总是举伍庸伯睡午觉的"本领"为例。我是特意采用"本领"一词引起读者的注意和兴趣。父亲总是举伍先生睡觉为例，是因为相比之下，他深感自己远远不及。

有一次，父亲和黄艮庸、王平叔去参谋总部访伍先生，谈话继续到午饭之后。伍先生说："我睡一刻钟，你们接着谈，不会影响我。"说完他就睡着了，一刻钟以后果然醒来。

伍庸伯担任第四纵队司令的时候，有一天，侦察兵报告，日军正朝着他们的驻地开来。伍先生想了一下说，敌人的目标是某处，不是我们。敌人越来越接近驻地，而伍先生和往常一样中午在村头戏台上搭起木板躺下。下属心中焦急，悄悄走近看他是否睡着。果然，他和平常一样睡得平稳，而且敌人果然是去另外某处。

这诚然是料敌如神，但其功夫之可贵不在此。

父亲写道："无谓生活琐屑，何关学问功夫也。此在先生实亦得来匪易。于何见之？"他记得，有两次伍先生自言功夫不得力，午睡不好。一次是事先与陈铭枢有约，去讨论某问题，届时伍先生去电话请改期。"私与人曰：我今午睡未佳，功夫不凑手，若勉强应付而往，亦岂能有助益于陈公？"另一次是在邹平，原定为同人讲《大学》，也因午睡未佳临时取消。"午睡未得，何以不堪讲《大学》？生活不得自主自如，即此便是意不诚也。"儒者必意诚、毋自欺。

精神状态"清明"是必不可少的。"身、心天生来是合一不分的。苟失其清明——失其心，则此身亦一物也。"今天不清明，不能自欺，不能欺人。

儒者、醇儒是什么样子呢？

师友中，黄艮庸与伍庸伯先生接触多，父亲于二十世纪七十年代建议他追记伍先生行状，以下是其中一小部分。

"先生出门常偕人同行。他说：'时时有一人在身旁，自己好检点。'"

"先生为学有锲而不舍的精神。点点滴滴不放松。他自己说：'像个小偷，摸得一点就算一点。'"

伍庸伯"一日出门访友。他出门常以手杖随身，下车时忘记携带手杖，回身去找，手车（黄包车）已不知去向了……他觉到这错是自己太不小心了，决心找回它。北京城手车很多，又不知拉车的车夫住址，从何去找？他一一可能地想，都想到了，找了三天终于找到原车，车夫还保存着手杖。先生说：'我决心找回手杖是惩戒自己功夫疏失。'"

伍庸伯由其乡往广州，须步行二十里至某火车站搭车，步履不缓不急，始终如一。某次火车将到站，若跑即能赶上。先生不改常度，是日即搭不上火车，仍步行二十里返回乡间。人多不解其故。先生常说：用心于身，使身心合一，是他教人作功夫的关键。先生不肯跑上车，可能是当时他的用功必须如此。

父亲记述："先生初得病，自知难治。我前去探望，他和平时不一样，很轻快地，（以）似舞蹈的步调很高兴地向我走来。"

"先生自知不起，对余说：'我现在无职责在身，正合时。'"

伍庸伯在参谋本部任职时，袁世凯谋称帝，全体职员均签名"劝进"。在这种情况下，签名有违不合忠信的事不做的道理，但不签名不只会失去职务且有生命危险。伍先生想，立志不久迎头来了考验，能改变初衷吗？他拒绝了签名。袁世凯不久死去。伍先生说："我信忠信之理，反没有危险，做对了。"

陈炯明将背叛孙中山，伍庸伯去劝止，陈态度极恶劣。“先生初欲拔手枪击杀之。继念未见事实，尚不至可杀。”伍先生于是自念，“吾已蓄意杀他，盍不以实告？不可无此勇气，有失忠信之道”。遂明告陈。

先生讲孟子《尽心》章，说“修身以俟之，所以立命也”。《礼记》中这句文为“修身以俟死”。先生同意《礼记》的原文。

父亲在这份回忆事迹的最后一页写下一句话并盖章。“伍先生之学在反躬力行，非口耳四寸之间者。艮庸服膺甚至，愚自惭弗及也。”他想拜伍庸伯先生为师，一次在二十世纪二十年代，一次在五十年代，两次都被拒绝，其态度之坚决，不容商量。这成为父亲最大的憾事，认为自己有机会亲近伍先生，“却没有从他而得到自己的改造”。

这当然不是我们常说的思想改造。这种改造的大意或许能从《孔学绎旨》（父亲作于一九八〇年）这篇短文里得到一点启示。

他说，孔门之学不仅不是自然科学和社会科学，“乃至亦不是人生哲学”。人们通常把儒家看作人生哲学，他说不是的。西方人所说的哲学 Philosophy 是从科学 Science 来的。自古，中国和印度求学风气是另一路，是“反躬向内理会自家生命而致力于生命修养”。中国古人体会出的道理“往往不悖于科学家之发明”，但是方法不同，目的不同。他认为，把孔孟、老庄“切己修养之学当作哲学空谈来讲而不去实践，真是一大嘲弄”。孔孟、老庄有其宇宙观、人生观，那是他们各自的哲学，然而实为副产物。

我想通过引述父亲上述观点，使读者理解，他们是什么性质的朋友，所注意讲求的是什么，所谓“亲师取友”含意为何。我还有另一个目的，下面要介绍与熊十力先生的交情了。他们两人数十年间过从之密远超过与伍先生的交往，而老来两人谈学不洽，父亲更著文很重地批评熊先生，我隐约觉得哲学界似乎于这批评从何而来不甚理解。这本是另一章的内容，然而，为了便于理解这批评从何而来，我谨请读者注意伍庸伯的儒家学问在实践——本来的儒家路子——不在讲论的观点。

前面述及的那些先生们互相成为谈学的朋友，差不多都是先有了向对方请教的意思而后见面，成为朋友。熊十力则不然，他是骂出来的朋友。

熊先生在《庸言》（梁启超主编）发表札记式的文章，批评佛教“了尽空无，使人流荡失守……其害不可胜言”。此时，父亲正相信东方之学唯佛法卓绝光明，在《究元决疑论》里指名道姓说：“此土凡夫熊升恒”，并没有明白佛法真义，却在妄论佛法。

三年过去（一九一九年），父亲忽然接到熊十力从天津南开中学寄来的明信片。（邮局印刷发售，现在较少人用。熊先生偏爱明信片，常是十几个字便将它写满了。）上面大意说：你骂我的话不错，希望有机会见面细谈。暑假，他便到北京住在西四广济寺（寺僧以余屋出租）。两人见面，入手便谈佛法，一见如故。父亲劝他潜心学佛，并把熊十力介绍给自己的朋友，而熊先生也把自己的朋友介绍给父亲，接下来是张难先和这些人都成了他的朋友。

次年，父亲去南京访欧阳竟无先生。（他尝说，唯欧阳大师讲的佛学是佛学。）同时，请其接受熊十力先生来内学院求学。熊先生在那里一住三年，交了好友陈铭枢，陈随后成了大家的朋友。

父亲在北大讲唯识学，自己编讲义，编到第三册不敢编了，觉得自己不全明白。他向蔡元培先生建议，请内学院的人来讲。他心目中想的是吕秋逸先生，可是欧阳先生不放。于是，父亲想到已在那里学了三年的熊先生应是学了不少，就推荐了自己的这位朋友。

“岂知我设想者完全错了。”他认为自己错在不曾识得熊十力才气横溢，是不守故常的人，熊先生抛开内学院的讲法，干脆讲起自己的“新唯识论”。虽然事出意外，但以蔡元培先生的胸襟，熊先生这样做也是可以的。

但这不只是一次出人意料。这里有一个治学态度上的根本不同。

父亲曾对艾恺说起这件事。他说，唯识学来自佛家修养的实际功夫，是由实践得来的认识。没有这种实践的人不可以随便说自己设想中的东西。他说：“这个事情我认为是胡闹。”

他还对艾恺说，熊十力这个人“很开朗，喜欢大声说话，喜欢大笑，有时候他也发脾气，但是由于他开朗，所以朋友关系还是很好”。

熊十力极度自信，以肯定的语气讲自己其实没有把握的事，这种情况到了二十世纪五十年代有增无减。

熊十力的出人意料之举没有影响朋友关系，而且从生活上参加到父亲的朋友团体中来，时为一九二三年。从这时起，熊十力与父亲“等均相从不离”。父亲辞北大教职去山东曹州，熊先生也辞职同去，同回。朋友团体在北京三次迁移，熊先生“相随不离”。后来朋友团体在京人数减少不另租房，就住到我家缨子胡同十六号旧宅的南屋，熊先生亦在其中。

朋友们在称呼我父亲为“漱师”的同时，称呼熊先生为“真师”或“力师”。

父亲在曹州一度设想的“农村立国”渐渐具体，但也不同于前了。他将这称之为“乡治”，并期待在广东将这运动推动起来。几位朋友与他一起南下，先在杭州和陈铭枢相聚数日并讲给陈听，熊先生也在座。他们在杭州作别。一别十四载，全面抗战中期熊先生偕熊师母一同来到朋友聚会处。“与诸友相依而居，仿佛过去在北京聚处时。”但父亲为防止国内政治形势更趋恶化而奔忙，“偶得宁息，亦必回到其间，与熊先生及诸友盘桓数日”。这地方就是办在重庆附近璧山县来凤驿的勉仁中学。时为一九四〇年夏。一年后，中学迁北碚，熊十力夫妇也同去北碚，

一九三九年，梁漱溟从敌后视察归来与乡村建设同人合影。前排右三为梁漱溟，右二为黄艮庸，右一为张勖仁，右四为军事参谋王靖波

直到抗战胜利才离开。其间虽为时五年，但父亲自一九四一年春起便去桂林又去香港，香港沦陷再返桂林，迄于重庆政治协商会议开幕前才又入川。抗战八年中，他们相聚的时间，实只有在来凤驿那一段，且为时不及一年。

勉仁中学之开办，得璧山县人士赞助，将就着借寺庙、大碉堡当教室，当宿舍，一间房子没盖，真正是因陋就简。

镇外西寿寺荒废已久，将佛像搬出，权作勉仁中学部分教员家属宿舍。熊先生和熊师母以及他们收留的一个左手有残疾的女孩住在第二进，父亲和我有一间房在第三进。我们不起伙，在表姑家（父亲的表妹张敬孚）就食。父亲多在重庆不经常回来，假如四十天回来一次，停留的时间大约是一周。

每当父亲回来，熊十力先生就会来找他谈学。都是在晚饭后，熊先生会突然快步走进来（他总是快步），不打招呼，没有开场白，一上来就说到主题。父亲通常是坐着和人说话，熊先生相反，站着说，还要不断摇晃上身。他们之间虽说没有半点客套，但熊先生不坐他也不坐，就这么站着说到晚上十一点，直到我已经非常瞌睡。熊先生会突然走出去，和来时一样突然，绝不会有“明天见”之类的话。

得董必武和科学院特殊赞助，熊十力先生于二十世纪五十年代出书数部，这在当时是不易的。父亲说，熊先生著书“晚年尤孜孜”，虽然此时谈学往往“不恰”，每出一书，“必先以赠我”。

继绝学和在中国古人学问与西方科学之间搭桥，是父亲三十几岁起就自动肩起的责任。两位朋友——伍、熊两先生的学问都要传给后人不使湮没。现代中国人的思想在西学的冲击下已经与祖先不衔接了。现代人此时虽不能，但以后会知道这种学问的价值，而且只有在那时方能领会。父亲要赶在自己精力就衰之前将这方面的工作做完。他实现了这一心愿。

接下来应该说第二批朋友了。

艾恺先生算得是旧相识，我住在芝加哥时，每隔一段时间会去造访他。一天傍晚，在他书房里，我对他说：“可惜你没有见过他们（父亲的第二批朋友），他们是最后的儒者群体（Group）。他们是多好的人哪！”我非常激动，几乎落泪，但我当时没有举几件具体的事例向艾恺说明他们是怎样的人，以及他们是谁。世人只知熊十力先生和父亲是朋友，因为熊先生自己有名。父亲最亲近的学生兼朋友却为世人所不知。他们虽富于学识却不事著述，愿意以全部精力和时间协助父亲实现其宏愿，因为这宏愿也是他们的。借用现在的时髦话，不追求实现自我。这是他们不为人知的原因。

不意，这刚好造成我面前的难题。绝少现成的文字记载，如今也没有在世的人能够提供相关的记忆。当我打定主意写这本书时，心中最感为难，担心写不出的就是这一章，而这一章是我个人的感情所系。

如果读者问：这两批朋友哪一批和梁漱溟先生关系更深些？因为后一种友谊意味不同，其性质亦有异于前者，原不必比较，如果要加比较，我想说：同是终生的朋友，但后一批不仅是共学的关系，还是共事业和生活共甘苦的关系。

这是什么性质的朋友？父亲说，他们是“亦师亦友”，是“师友之间”的。他认为，人因相与而有情，因情而有义。朋友之间有一种什么义？他说：“人生之可哀，谓其极易陷落于躯壳中而不克自拔，非竞竞焉相提携莫能超拯也。此师友之所以为人生所独贵。”又说：“人每不能自知其病，虽知病又不易管理自己。于是，这时唯一的方法，就是亲师取友。”

他们不仅有共同的宏愿，生活也是一体。父亲三十来岁的时候，曾说自己的生活差不多是分成两半，是家庭的一员，同时是朋友团体的一员。这话是在刚有了自己的家庭之后说的。一九三五年，在《悼亡室黄婧贤夫人》一文中他明言，此时妻子亡故使他少有后顾之忧，“在中国问题极度严重的时际，她又早早离开我，给我以爽利的身子，容我以全副精力，对付大局问题”。此后，“朋友聚会处便是我的家”。财产、书籍付之予朋友共管。两个儿子也由朋友“共管”。这在《他是怎样一个父亲》一章已经述及。

他每在大忙一阵之后，便来到朋友聚会处，歇一口气。一九三九年，他巡历敌后游击区九个月之后回来。一九四一年“皖南事变”发生，奔走数十天抢救国家团结之后，回到朋友聚会处的情景，我尚能依稀记得。

在第二批朋友相继离去三四十年之后，要我将他们再现于纸上，真是十分难做。

读者完全可以责问我，你是在朋友聚会处长大的，你没有相关的记忆吗？是的，我向读者告罪，我为人浮躁，加之当时年纪偏小，虽然这些做人的好榜样就在身边，我却不知留心。我只笼统觉得他们是好人。我在艾恺面前几乎落泪，因为我怀念他们，又自顾一生瑕疵累累，不禁愧悔交集。

一九六二年，父亲写《读熊著各书书后》，引起对往事的追怀。事竟，遂就记忆所及写《略记当年师友会合之缘》。

“会合”——来到一起，“缘”——口头常说“因缘”“机缘”“缘分”。可知和不可知的条件使事情如此这般发生了，这就是“缘”。

不是自己要到人世来，但是已经来了。怎样生活才对，这个问题不容马虎。生为中国人，中国怎么办，不能不管。两个绝对无法闪避的问题，便是他们的会合之缘中最根本的缘。

修身、先忧后乐是中国士人千百年来聚合到一起的动力。中国人受外来的影响，已习惯于采取西方的方式，组织政党或社团，而父亲的这些朋友们喜欢一种介于有形与无形之间的朋友团体。

从最初三四人会合到一起（同住共学）的时间看，那是“五四”之后三年。这场东西文化之争正式的结论是没有的，不过事情已经照着新派的意思去做。而且中共第一次代表大会已经开过，一个把中国人更加扯到两边去的形势已经成熟，稍晚一些——一九二四年，中国国民党改组、“联俄容共”，中国的形势由此一变。父亲这个朋友团体没有和社会形势同步前进，虽然也没有置身局外。

“没有和社会形势同步前进”是我的说法，这句话很容易被理解为以落后乃至反动去看他们。非此即彼的简单化做法所造成的损害是沉重的，也是沉痛的，这已是共有的悔悟。假如我能令人信服地讲明不和社会思潮同步前进是出于对中国问题如何解决自有其苦思而得的认识，那就算我完成任务了。

最先和他建立师友关系的是黄艮庸、朱谦之、叶麟。朱、叶没有参加同住共学，他们各自做学术研究。换言之，朋友团体之内的人是共赴一个目标的。同住共学始于一九二二年。

话头须从一九二一年说起。在济南第二次讲《东西文化及其哲学》，父亲提出“再倡中国古人讲学之风与近代的社会运动结合为一”，后一点的具体目标为何，当时还相当笼统，只说“昭苏”了中国人的人生态度，才能把“生机剥尽死气沉沉的中国人复活起来，从里面发现来的动作，才是真动”。

与十年后具体化了的想法相比较，这话的确代表二十世纪二十年代初的思想观点。这个观点为几位青年所深信，所拥护，由此“结交的朋友更多，而关系最深，踪迹至密，几于毕生相依者则为王平叔、黄艮庸、陈亚三”。稍晚于他们的还有云颂天、张俶知。

第一个同住共学的地点在地安门内景山东街吉安所。两年后，他们一同去山东曹州接办一所中学的高中部，父亲初试其教育改革设想，虽效果不如所期，却添了几个终生相随的朋友。于是，而有第二和第三个同住共学的地点，即什刹海东煤厂和颐和园北面的大有庄。

父亲回忆，这几个高中一年级学生是为王平叔教人、助人的精神所感动，放弃学籍跟着来京的。他们是第二批朋友中年纪轻的。因此，他们不仅有漱师和真师，王平叔、黄艮庸、陈亚三、张俶知等人也是老师。他们是武绍文、李渊庭、席朝杰、吕烈卿等[①]。

一九二七年，父亲南下广州，朋友们也先后南下聚会于广东省立第一中学。原本他们想利用这个地点训练“乡治”工作人员，但希望落空。一九三一年，在山东邹平有了实验的机会，朋友们聚会于邹平。自离京南下，同住共学方式便告结束。这个朋友团体用心、用力之处转向乡村工作。

对朋友团体概要的介绍在这里打住。

“文化大革命”初，父亲的一切物品尽皆被捣毁或运走，数年后发还少许。这之中，竟然有一些本来最容易损坏的旧稿、笔记本和信件。他将各种物品当场处理，只把“废纸”带回家一一展读，加批，用印。这其中就有王平叔、黄艮庸、云颂天与他初建师友关系时写的信。请想想，那是在二十世纪二十年代初，此后五十年，中国发生了多少战乱，这些信随着他经历了多少次迁徙！他是何等珍视这些信件！它们竟失而复还！又过了二十几年，是由我来含泪一一阅读这些信件了。这原是绝对想不到的事，我的心同时也宽松了许多。他们是什么样的人，什么叫“亦师亦友”？终于，有一些实实在在的材料可以呈现于读者面前。

然而，我早些时候在国外是怀着绝望的心情写下的那些话，也让它留着。

知道了使他们会合到一起的动力，他们是什么样的人，也就不言自明了。

父亲在《略记当年师友会合之缘》中写道：“艮庸、亚三同我的关系皆以北大同学之故而略先于平叔。然北大同学多矣，彼此之接近固更有缘由。”

黄艮庸原名庆，熊十力为他改名艮庸。与父亲“会合”是缘于前面提到过的那次关于宗教问题讲演会。（见《梁漱溟全集》卷四。）

黄艮庸生于一九〇〇年，那次讲演是在一九二一年。父亲回忆说，讲演次日，

---

① 这只是父亲毕生相依者中较主要的几人，《略记当年师友会合之缘》中所举不止于此。

忽有一青年到缨子胡同我家求见，鞠躬之后，满面涨红，竟因心情激动而语塞。他来，是头一天听讲深深触动衷怀。他的苦痛是不知怎样生活才对，而这种苦是一般人所没有，因之也是有苦无处诉。

一九五〇年，父亲向我说起这件事，很动感情地回想着说道："他的痛苦极深沉，当时的神情，味道好极了。"（似指所感真实、纯正。）我觉得自己也有类似的情形，就是这年的春天，看着正萌发的树叶联想到人生之无常。父亲听了我的叙述，不认为我也会有这样高的境界，断然说我的痛苦浅，不能相比。

一九五〇年冬，梁漱溟与学生黄艮庸在颐和园万寿山远眺雪后昆明湖

读者可以由此试着感觉一下，他、他们所非常看重的这种苦闷。这实际上就是使释迦牟尼出家的思想、情感。我用"看重"一词多半不当，不过我此刻想不出别的，姑且用它。

《略记当年师友会合之缘》里还写道："熊书《十力语要》中所见有张俶知、钟伯良、刘砚僧等姓名，盖皆平叔在高师同学友好，有动于平叔之风，亦先后北来从我。"

所谓"有动于平叔之风"，请看王平叔的信。我把他的两封信串起来差不多像个故事，以便于叙述。凡加了引号的话即是原文。

一九二二年六月某日，父亲收到一封从汉口付邮的信，寄信人署名四川巴县王维彻（字平叔，朋友团体中人一向叫他平叔）。

王平叔说："我现在决意——真正的决意——要走的生活路向及决意要抱的生活态度，与先生全同。你能接受我做亲炙弟子吗？"然而，这请求的提出是在从重庆去汉口的轮船上，路已走了一半。

稍早一些，阴历四月二十七，四川南充中学校长张表方（即一九四一年起任中国民主同盟主席的张澜）收到一封信，一位国文教员请求辞职。然而，"去志急切，未能面辞"，下半夜三时写信，天明就启程了。

照信中所说的，再上溯到四月九日（可能也是阴历），王平叔在南充名胜白塔下持刀自杀为两位同事所救。这以后，"稍能领得人生兴趣"，"心意一日万变，仍无定向”。

“前夜”（计算日期应是四月二十五），他读李石岑评《东西文化及其哲学》，说梁漱溟先生是当今把自己的生活和思想一致起来的“第一等人物”，“不觉大动吾心，始知一向生活烦闷之故即在思想不能为生活领导。换言之，即我之思想是一路向，而我之生活又是一路向”。更糟的是，思想与生活还相互反对。再往深处追寻，这种煎熬来自“感情被抑，纯过忍耐生活，只听命于理智之所致耳”。今后，活下去的唯一办法应是像梁先生书里说的那样，“使感情条畅得遂”。“彼能指出孔子生活之真义，则必对此种生活真有所领略。”梁先生说他“很愿意拿我的人同大家相见，不愿使我的书同大家相见”。那么，“我当从之为弟子矣”。

王平叔对张澜说，省亲之后即去北京，“必至与孔家生活真相投契领证后，始得回川矣”。

王平叔“路费一钱莫有”，请学校以半价收购自己的书籍，又把存在重庆的书和衣服卖去，得款百元，买了船票。

船将到汉口，王平叔在船上写信告知父亲，他来了。称自己是“无思想无生活之穷儿”，此来唯一的意思就是要过父亲说的那种生活。

放在我面前的信小部分并未经过邮寄，是写了放在父亲桌上的。他们常用这种方式请教或提意见。大概是觉得写下来比面谈在表达上准确和少失误（礼仪上失误）。

被父亲称为“从游诸子中最敦厚朴讷者”的云颂天就有这样一封信。云颂天用十二页纸一层层述说自我心境之不得安宁。梁漱溟先生的文章以前读了有“疗效”，现在竟也无效。一九七六年八月二十三日（即书信失而复还之后），父亲在已泛黄的信纸上写下一段批语：“颂天此信大有价值，应加保存，将留给有智慧的青年人看。何谓有智慧？有内心、时时自省者也。耳目心神向外张望驰逐的人，是不会对人生发出疑问的。”

信是这样开的头：“漱师座右：生近来感到生活之不安宁而发生大苦恼大郁闷，几乎不可以语言表达。”

云颂天不仅怀疑自己的表达能力，更且担心说了别人未必听得懂，即或听懂了又未必能帮助自己。就算帮助了，自己未必信得过那些劝勉而接受它。然而，终于“不顾意之曲折、词之显晦而必婉转以诉于师者，亦是苦其无可奈何也”。

云颂天说，假如自己是一个柔弱懵懂的人，认识上跟着别人跑，“饱一日则活一日”，蔽聪塞明地活着，也可以活得满愉快；如其不然，是一个“刚强独行之人”，无顾无忌，善也好、恶也好，只管照自己的意思做去，生活也可以过得。难办的是，自己于以上两种性格都有那么一点而又不够，“生活入于混杂不明之途”。

以前在学校里偶尔生过疑问，“旋为机械环境生活压服”，“不追究亦不感觉痛苦”。毕业以后，“逢家中多故”占去心思；“得苟且因循以度不安稳之日子”。

云颂天参加到朋友团体中来是因其兄云大琦与黄艮庸相友善，故此于一九二三年北来，自从“得与诸师友共处”，“颇有奋发之心”，读古人规范生活的话语“确起无限赞叹”，然而过不多久“心中仍似无所着落”。古人是古人，自己是自己。费时费力读了书，“仍是还我一个苦恼郁闷之旧面目”。“于是乃大感惑而心神终日不得安宁。”

病卧期间，“种种潜伏思念遂乘空发动”，苦恼到“欲将此身而弃之”。至此，种种做人的道理都像是“害人之物，不愿再听”，道理和自己不相干，“甚至更使生活纷扰不定”，“读书不过为古今无数文人方士做信徒做奴隶”。他们说得头头是道，谁知道他们的生活实际上是什么样子？

用了这多篇幅，我只将云颂天的苦恼和怀疑简要介绍了小半。

接着，他又把问题转换一个角度提出来。他觉得必有“绝对以我非如此不可”的一条“明白清楚之路”，生活才有力量、才会有安宁。

他设想，过随着别人跑的生活，“或亦有其安宁性，否则彼定不如是也”。不过，安宁似有两种，一种出自他力，一种出自自力。前一种靠他人“监督提领”，后一种无论境遇如何，“始终保其安宁平稳”。（若以我父亲的见解来说，前者恰是宗教的路，后者是儒家的路。）

云颂天分析自己是不能靠外力得安宁的，可是自己的力量又发不出来，“所以生活途上全行停顿”，说自己“全如一石牛”，说好说歹都没有用了。

他认为自己不是甘心堕落；是“看不清，认不真”生活道路，这种状态下“偶有奋发亦是一时血气之动，旋即消失”。云颂天转来转去没有出路的情况大体有如上述。

接着云颂天就来“考”我的父亲了。他说，在老家读《合理的人生态度》（见《梁漱溟全集》卷四）很觉解决问题，时常拿出来重读，去年来北京还带在身边。这几天拿来再看，“此时阅之似乎反觉（与己）无关”。文章的主要意思是：各人找一个相当的地方去活动就好了，因为快乐即在生活本身，不在有所享受于外。他把这个意思概括为两句话：快乐不应在外边找，外边找快乐不得真快乐。他现在对此产生了疑问：“于外边找快乐与找个地方去活动，此二种找之心理，岂有异乎？”他自己正处在找的情况下，所以也将梁启超、陈独秀关于人生真义的文章拿来看，他们讲的道理也是去找，看了不想看。

“从前看书来搪塞过日子，凭血气来写几句慷慨文字，持刺激来发几句悲天悯人言语”，这样的过活已没有意思了。现在是怎么过日子呢？看见同住朋友有空便去和他们“说话取笑为暂时之休息”。

“噫，长夜漫漫，人生行路之难，我心甘情愿之地方何在？此语既已自问，亦即以质于我师。”

想来读者至此已明白我父亲何以看重人之有无人生苦闷了。是马马虎虎活着还是以郑重态度活着？父亲说，孔家生活态度为郑重，西方为逐求，印度为厌离。

父亲的批语还说：这封信大约写于一九二五年，“度其年纪二十有余，生命力正强。人生唯此一阶段最为要紧”。

所谓“亦师亦友”可以举点事例，而且还不是老师以朋友待学生，是学生当老师之师。

一九二四年，父亲去办曹州中学高中部，这是他第一次自己出来“挂帅”做事。可是仅半年就无法进行下去，他自己先回京，把干满一个学年的工作留给朋友们（共十余人）。信中愧悔自责，恐怕生平无过于此了：“漱溟今负疚怀惭伏地再拜，不敢仰视，嗫嚅陈词于诸兄之前，求加罪责……”既自责“昏妄不自揣量”，又复自承“半生盖未有无一毫自信力如今日者”。

这件事对父亲诚然是一大挫折，对朋友团体也影响至剧。

王平叔、黄艮庸都有信批评老师。

王信引王船山语，间接批评父亲做事轻忽：“人静而审则可动，故天常有遁消遁长之机，以平天下之险阻；而恒苦人之不相待耳。”熊十力有信致王平叔，说办学失败一事，朋友团体亦应自警。王平叔读后提出直截了当的意见：“漱师：……真师适示彻（王平叔自谓）者，哀痛吾侪之情至矣。吾侪此时尚有何话说？借来曹之种种扑倒观之，不实心踏地重新死炼苦修一番，将何以哉？吾师病实不轻，有转机否在真能一下回头不耳。”

黄艮庸更写长信针对父亲思想状况和所作日后打算逐一讲出批评意见：

“漱师大鉴：寄同人及同学书，拜读一遍。能将豪气与自信降伏，想又是一般境界矣。”话虽如此，他仍然担心问题未得真切解决，于是而作如下的规劝：“吾人思之，一日之行，终身之志，其确定否乎？如志已坚定，则日常生活有道可循，断不至凌乱也。如其不然，日云奋发，何所奋发？今日吾等根源未清，志不坚定，故心中时若有所期待，悠悠度日。自己立且不牢，而外力环伺相诱，头出头没，日处危地而不自知，犹不自量而以道自任。每为浮气所隔，真心不见，反末为本，几希狂矣！所幸经此失败，尚有回头之一日。”

黄艮庸觉得，这个朋友团体身上还带着病，“此时能调身服药，或可将生命挽回，其较强自振作之无病态时多矣”。

他同时又看到，“吾人在此困苦中，或不知此时之机遇为可爱，焉知他日有寸进，而不以此时为一大关键耶”？

转回来再说态度恰当才是首要。他提出“还其本然”，“如其分限”。不要自视过高，在心病未除之前，“放下一切，一切不动”，没有必要去另找什么别的地方。

父亲有意将曲阜作为同住共学的地方，说那里能过上“常态生活”。黄说：

“呜呼，今日之中国岂容有所谓常态生活耶？”根本问题是，现在“感情未平，好恶不真，而谋久安之计，实危险万分”。

至于家务干扰，“唯以鄙意妄测，吾师真切用功，家事亦无甚关系”。他有一个具体建议，叫作“不即不离”，“盖即之受缚，离之则心悬悬不安”。都不好。

一九七六年八月，父亲在此信首页写道：“此信重要应保存之。”末页又写道：“平叔、艮庸从游于我，皆胜于我。如此信所教我者，皆不易之道也。”

另有一封信只剩下后半，且无日期，可能是两人同在一地，写了留在桌上的。批评老师对来访谈的青年轻于肯定，该指出的错误没有指出。口气虽是学生对先生说话，所抱态度实在非常严肃，不留情面。

“……师接后学，每多奖借，如前者赖敬文兄与严兄晚上来谈，赖兄一片浮游无根之辞，令人难耐，师未尝面折之，于赖兄亦无益。生甚不安。杨兄本诚朴之质，然亦染时下风气，不宜轻与假借。盖不诚不敬，则关系不隆重，师友之谊，无从说起，士风靡漫，生不忍见也。”

我在前面曾引伍庸伯的话说，修身是本，身直接关系到家、国乃至天下。他们信中常相互讲述“做功夫”的体会。试摘录一二，读者看后当能有所感受而增加对他们的认识。

“漱师大鉴：……自返家以来甚少出门，日中常读阳明集诸书，功夫起落不定，居家易迁就丧志，真一日不能离师友……知我前时功夫乃意见起落非实功也。吾人用功不必太做作，一做作便自蔽，只随事理看清自己真相，着实向前做去，便有着落。若太逼迫则助长要好之念夹杂不清……大抵吾人用功如刻刻呼吸，不费力不碍事，又如菽粟布帛一日不可离去也。近见如是，望师及亚三兄正之。”

一九二六年某月，他在广东老家收到王平叔自重庆来信。

“平叔吾兄：日日所望之重庆来书至矣！……近觉此事（功夫）非随便对付可了。苟志不够真切，虽痛哭流泪，不过虚火上升，格（隔）靴搔痒耳……大抵吾人一提功夫，便生困难、重大、久远种种思想。只此种种，便为良知之障，便是助长，便是物欲，与名利等念粗细不同，抑亦名利等欲之替死鬼耳……诸友能立，必援庆而起矣。”

这些关于“用功”的话，我们现在的人读着不免多少感到难以捉摸，在他们是句句实有所指，此即儒家所重的修身，特别注意自省，以提高自己生活的自觉性。数十年后的今天，很少有人谈修身，更少真实履践。这种与民族固有文化脱节的现象已经十分明显，甚至不妨说极为严重。下面是父亲讲过的两句话，于读者或有补益：

“东西方各有成就，他们是向外用力，了解自然且驾驭自然；中国的学问是驾驭自己——求自己生命中的机械性减少。中国人之所谓‘学养’，实在指的就是这个。”

“心思、心情上求其健全，这才是真学问，这上面有进步才是真进步。”

前面曾记述林宰平先生悼亡友给我留下的印象，帮助读者对“醇儒”有一点形象化的认识。现在再回忆两件事，帮助读者理解云颂天、黄艮庸信中所说的“功夫”——气质涵养（可见的）表现出来是什么。

一九六六年八月，红卫兵将黄艮庸和培昭二姐以“逃亡地主”罪名押送回广东家乡。同年十一月，父亲日记中记有“收艮庸一长信，述其经历之事”。平平淡淡一语。实际情况却不平淡。凡被押送出京的“五类分子”集中在一个车厢，红卫兵在邻近车厢，每隔一段时间“提审”一次，每提审都打昏过去为止，但信中不作这样的描述，我记得写的是“不是文斗，直到不能支持”。他们在乡期间拣猪粪换工分，六年后，落实政策返京。父亲日记只六个字：“艮庸、培昭到京。”

我去看他们。心想，六年间吃了多少苦，而且全是冤枉，这次重逢非同寻常，说几句什么话好呢？我知道通常的慰问之语对他是多余，想了一路想不出说什么。我进屋，他从背后走上前，拍我的肩膀哈哈大笑，真正地付之一笑。我想的纯属多余。我拿不准这笑中是否包含笑事情之荒诞。但是黄艮庸身体大受损伤，一九七六年病逝。

一九七五年，云颂天从四川来京看望师友，住在黄家。回川前一日，在平常饭食之外加一碟花生米和一瓶酒作为饯行。座上还有王星贤先生和我。以谈话为主，没有一句伤别的话，却是人人脸上因此刻的相聚油然相视而笑。我问：“云先生喝酒吗？”他答：“吾从众。”过一会儿我又问：“云先生吸烟吗？”他仍答：“吾从众。”我习知他烟酒不沾，但此刻大家高兴则“吾从众”。谈话中涉及古人教语、古人诗句，云先生随手写在纸片上。王先生把纸片一一收拾起来，说“我带走”。这是唯一暗示着惜别的举动。

父亲在《略记当年师友会合之缘》中说他交第一批朋友的缘是发表《究元决疑论》，交第二批朋友的缘是出版《东西文化及其哲学》，但我将该文中提到的朋友按缔交的缘和时间略加排列，觉得还应分作三批。这第三批朋友之缔交从时间上看为二十世纪二十年代末和三十年代初，至于缔交之缘与人生问题的关系较淡，更在赞同父亲所提出的民族自救运动（乡村建设运动）后，愿意放弃自己原有的工作去襄助他。

一九四五年，在桂东八步镇夏夜回忆往事，父亲向我谈起三个人和他建立师生关系的故事。

刘子和起初识字不多，后来有了一些文化仍不适于成为乡建工作的干部。他的感情和要求很单纯——救中国，干什么工作他不在乎。是一部电影彻底改变了这农村青年的一生。电影记录了日俄战争期间日本兵随便把中国人拉去杀头，俄国兵也随便把中国人拉去杀头的场景。刘子和大哭了好几场，问别人怎样才能救国。别人说去当兵。等当了兵他才知道，自己当的这个兵，不打外国人专打中国人。有人对他说，去跟着梁漱溟先生吧，他能救中国。凭着这个志愿，他来了。这使父亲空前绝后地（像大首长那样）有了一名“生活秘书”。

一九三〇年，父亲主编《村治》月刊，这是他的第一个言论机构（一九三三年停刊）。《村治》月刊社地址在旧刑部街（今不存，位置在今西长安街西单拐角），一个铺面隔成里外两间，外间算是营业部，有一条长桌，里间有一张床，负责日常业务的薄蓬山住着。有一天他去那里正和薄蓬山说话，走进一个青年，问：“梁先生在这里吗？”薄刚说：“不在。”父亲说：“我就是。”青年人竟然跪拜，要求参加乡村工作。他是银行职员。父亲说：“我们经费很少，没有工资，每人每月十五块生活费。”这青年叫萧克木，为此决然辞职去邹平参加了工作。

徐树人参加乡建运动之前是河北省东光县县长。他看了《村治》上《敢告今之言地方自治者》，触动了心中的苦闷，特于来北京省亲的机会走访《村治》月刊社，对父亲讲述上级政府如何昧于基层实情以至所下政令只有假手土豪劣绅才能应付上面派下来的公事，每天做着与自己心愿相悖的事很感慨。东光地处津浦铁路线上。他请父亲有空便去东光县一谈，后来他辞职去了邹平，先任研究院秘书，熟悉了乡建宗旨后担任邹平县县长。

多数人成为朋友的经过不会这样有戏剧性。上述三个故事反映出中国问题在人们心中的侧重点有了转移。这一时期参加进来的朋友写信也称他“漱师”，当面呼“先生”，因一起工作而融于第二批朋友之中，细体味起来其中关系有点同志的意味。

已问世的先父传记，多有提及朝会的。朝会与朋友同住共学有关，在本章应略作介绍。朝会始于一九二一年第一批朋友同住共学时。此后，凡朋友同住条件许可都坚持这样做。父亲说，朝会一定要早，在天将明未明时。唯这时人最能心地清明、兴奋、静寂。围坐在一起时“无论说话与否，都觉得很有意义，我们就是在这个时候反省自己，只要能兴奋反省，就是我们生命中最可宝贵的一刹那”。早期人数少，常常只说不多的几句话或不说话。等到乡村建设研究院开办，参加者增至数十人，就改为先静默，然后由他作为主讲人，就着当时某人、某事或时局讲自己的感想和意见。不过，经常是做一种人生的思想教育工作。怎样看待别人，怎样对待朋友，怎样从朋友取益，是他最常讲的。他像是比我们许多人更看重人生到世间后，必与他人相处关系之中的朋友关系。

这些讲话记录下来，经过筛选整理出一本小册子，即名《朝话》。我仅摘录几段附于朋友一章，于读者了解先父或有裨益。

他向朋友们讲在他眼里的人类。人有别于动物，人不是机器；但是人也会无别于动物，人可以像机器。这是人类可悲悯的一面。所以，当别人有了错误，他口头虽然责备，而心里责备的意思很少。

他说，宇宙是一个大生命，但全生物界除人类都已陷入盘旋不进状态，无复创造可言。唯人类生命可以向上创造、翻新，唯人类可言智慧。智慧就是一生下来一无所能，而其后竟无所不能的那副聪明才质。

他说，朋友彼此帮助时应注意以同情为本，以了解为前提。顶要紧的，还是要对于他的毛病、短处，须有一种原谅的意思。是要给他以调理，不是给他一个刺激就算完了。如果爱惜的意思不够，就不会发生效力。

有人把欲望当成志气，欲望的背后是贪心。这种情况下，一个人可以很卖力气，但是这是不自然的，会觉得苦，往往起一个很大的反动。只有不从自己的躯壳动念，念头才真切，才是真志气。

人都是要求过痛快的生活，痛快从何而来？为社会做出牺牲合乎人类生命的要求，在这方面付出自己的力量就痛快。

他说，对待异己者要承认对方的心理也是好的，不应作刻薄的推测。和别人来往有一个根本点，必须把不相信人的态度去掉。不信任人的路越走越窄，是死路。

在另一次讲话里他曾再作发挥，说相信别人的动机是好的，是他的根本态度，“此原则，我运用亦有时失败”，但是这个信念没有变。

在本章的最后，我要为父亲添上一个人，一位外国朋友，他一生就只这一个外国朋友，即卫中，亦名卫西琴。从形迹看，他们来往时间不长，但精神上相亲合。父亲关于人的身和心是怎样一种关系的研究，深受这位朋友的启发。此一身心说，当父亲转向把自己的观点付诸实验时——他的教育改革、社会改革——身心说都包含在改革之中。所以，这位朋友的影响不小。卫西琴是德国人，加入美籍用的英文名字是 Alfred Westharp，另有中文名字傅有任。

卫西琴是音乐博士，在这之前进过几所大学的不同学系，他身为德国人而喜欢法国文化。法国作曲家德彪西听了他的作品说，你的音乐接近东方，所以在欧洲不为人理解。这促使原已觉西方文化粗浅的卫西琴开始注意东方文化，后来竟爱上了东方文化。

一九一三年卫西琴到达上海，看见中国人正起劲地模仿西方，无论必要不必要都照搬，他生气又失望。两三年以后，他渐渐看明白，中国人的身体和精神衰败，于是在中国办教育，希望培养出富于创造力的人，愿以此为中国复振助一臂之力。

卫西琴以他的身心说解释中国国势之由盛转衰。中国古人曾经表现过的那非常突出的创造力上哪里去了？人的创造力源于人心，而人心的任何活动都离不开身体。中国文化长期注意精神活动，贱视身体活动，身体出现颓废之势，这就是中国陷于萎靡不振的由来。西方文化虽粗浅，但是由宗教禁锢解放出的健壮身体表现出很大的创造力。

卫西琴替中国着想，中国民族复兴需要培养身心健全、富于创造力的人，而不是模仿西方。

他这个意见提的不是时候。整个二十世纪中国人都在向西看、急于模仿，把他的意思误解为“谀旧诋新、取媚顽俗”，想从一般守旧的权势者那里讨生活。加上他说中国话词不达意，几乎被当作骗子和疯子。父亲见卫西琴如此不获理解且遭讥笑，大为同情，“奋然愿为执鞭”，作《卫中先生自述题序》和《介绍卫中先生学说》。

父亲认为卫西琴的心理学、教育学是自成一套的，往往没有现成的词汇可以表达。他自己勉强能懂得一半，王平叔大约能懂十之七八。自己懂得不多还要替人家说话吗？是的，父亲认为卫先生之学大有价值，定当为他传播。

父亲的这个心愿当年没有实现，直到二十世纪七十年代他才得将卫的学说写入《人心与人生》第十一章，又作《卫西琴传略》，期望“世有好学深思之士倘因而引起兴趣，更求卫先生原著研究之，发掘之”。

父亲说，人一生中有一个英雄期。我想，这指的是一个人想问题最有创见、富于情感和毅力，做事情最能全力以赴的那段时间。这是从人发挥生命力的角度去说的，标准不在做事的成败。

父亲的英雄期就是和朋友们一起做他们决心要做的事，并实现了“人生向上”这个要求的时期。

他的创见引得朋友们愿意和他在一起。他想改革教育、想改造社会，尤其是后者，实在难说有什么把握。读者后面即将读到，朋友们如何与他共赴之。我想，当他回顾往事时，最欣慰、无遗憾的，应是一直有朋友们在一起了。

假如没有这些朋友，他就是另一个人了。他很知道交友的重要并这样做了。与此同时，在这个问题上，他反省、批评了自己。这段话见之于《伍庸伯先生传略》的前言。

伍先生同我的关系，我只说相当深，而不说最深，是否还别有关系更深的朋友呢？没有。说到此，必须说出我自己的一大短处。我的一大短处就是不能从朋友受到深切益处，亦不能深切地影响朋友、帮助朋友，同朋友间的彼此相知不够深透，尤其在感情上总不够深（虽然我能结合一班朋友数十年不散）。一句话：在彼此两个人之间——两个生命相互间——不易达成深度的通透联结。

他之有自省于此，是因逝去已三十七年的王平叔“每能深切地帮助朋友”，“主动与人结成深深的友谊，而反省到自己身上所认识出来的缺点”。

关于陈亚三、张俶知以及另几位与父亲关系很深的人，竟完全没有文字资料留下。如其有，也是履历式的。我不愿把没有生命力的文字掺到书里来。从别人的回忆、纪念文字中本可摘录一点，但我决心只用第一手资料。对他们我只能抱憾了。

首度奔赴理想

首度奔赴理想？如此说来梁漱溟先生曾经几度奔赴理想，有第二度、第三度吗？不是这个意思。他毕生都在奔赴理想，但本章及后面三章（《再度奔赴理想》）是讲述父亲和朋友们（在北京同住共学的朋友以及其后聚合到一起的朋友）一同奔赴理想。这理想是他的，同时也是大家的。他们志趣深相契合而共赴之。

“首度奔赴理想”是指从事改革学校教育的实验使其合于人生大道，“再度奔赴理想”即是指大家听说过的乡村建设运动。

一九五〇年父亲写道：“近百年间的中国人，在感受中国问题的刺激下，提供了许多（多至不可数）解决问题的途径，发起了许多解决问题的运动，中国共产党是其一，我亦是其中之一。”现在，我将父亲寻求解决问题的努力称为奔赴理想。

一九四九年，共产党的革命运动强有力地盖过了、取代了其他社会运动。中国历史上发生的这个决定性的巨变，使父亲和他的朋友们奔赴理想的运动不复必要。

他的理想是什么？“辟造正常形态的人类文明。”这话引自父亲写的《人类社会建设应有的原则》（一九三六年），我认为它可以概括为父亲毕生追求的理想。就表达而言，或不免失之于笼统。

如果有读者问：梁漱溟先生最珍爱什么？我的回答是“人类和中国文化”。如果又要追问一句，爱人类怎么和爱中国文化合并到一起成了“辟造正常形态的人类文明”呢？如果我没有弄错，这两者在他心里从道理上说是相通的，从感情上说本如一体。例如他有这样的话：“中国人与人类其他人种，均为人，应当发挥人的精神（义居于利之一）去生活，去彼此相处。”

说爱人类似不难懂，但细看，他之爱人类与我们通常说的爱人类有不同。他看一切生命都可爱，但唯有人类的生命升进于可言智慧、可言理性，这就和其他生命全然不同了。然而，迄今人类缔造的一切文明都不适合（恶劣地对待着）人类自身。

中国文化很有欠缺，绝不是一切都好，但是中国文化的特征是理性早启，即人类最可珍惜的方面，在中国文化中最先得到开发。自与西方文化相遇，中国文化暴露出它的欠缺，于是中国人误解又厌弃自己的文化。怎么办呢？文化的欠缺来自产生它的社会，既然如此，就改造社会。

他两度奔赴理想，说到底，就是要将这个观点、亦即他的心愿付诸实行。他首度奔赴理想是先后在山东和广州办中学，纠正生吞活剥地移植西方教学制度所造成的弊病，进而试着将儒家刚正活泼的人生在中国恢复起来。这个意思萌发于撰写《东西文化及其哲学》期间。实验失败了，但丝毫没有动摇他的思想观点，遂有再度奔赴。一次侧重在人，一次侧重在社会，着手处自然都是在中国，但其终极目标便是“辟造正常形态的人类文明”。

上述概括有点大胆，因为父亲自己未尝这样说过。是我回看他的一生，觉得他在三十至四十余岁，即人生精力最充沛、最可有为的年代，和朋友们一起做了两次奔赴理想的努力。

父亲晚年，说自己一生行事总是主动和自动。下面介绍的情况就极能说明确是这样。此外我想补一句，那就是他所选目标总是非常高远，而且似乎不觉得目标高远了便难实现。

注意力转向教育的原因

他已经在北京大学干自己感兴趣的工作了（讲哲学），甚至可以径自决定暂停讲印度哲学而去讲自己最近的研究所得——《东西文化及其哲学》，并在校内外获得声誉的情况下，他仍然要辞职。为什么呢？是发觉了一个问题，一个社会还少有觉察更没有做出反应的问题。这就是教育的路子不对，不对到竟给社会“添病”。

他要去纠正这个错误，可惜还没有怎么具体地想就付诸行动了。失败后回家，他给《北京大学日刊》写信说：“溟今后所欲独任之教育事业则绝不容以自家宗旨掺杂现行学校制度之内。”失败使他思想上明确自己心目中的教育从目标到办法与一般学校教育简直是两码事。

是什么转移了他的注意力，认为亟须把什么事做起来呢？

复兴中国人的人生态度，写《东西文化及其哲学》就是有鉴于需要这样做。

中国社会因引进西方教育制度而受病。

教育真正应该做的是关心青年身心健康，培育富于创造力的人，而不仅仅是刻板地传授知识技能。

我们略去第一点且说第二点。清王朝迫不得已，稍稍模仿了一点议会制的皮毛，形式上引进而已，中国社会没有因为有了议会而发生变化。同时期，中国也引进了西方的教育（学校）制度。这可是真的引进，中国社会接受了学校制并因之发生了始料不及的巨大社会变动。

我父亲是北京一有新（西）式学校就去入学的。差不多二十年后，他写了《吾侪当何为》，亟论西式学校改变了中国的社会结构。（他是从二十世纪二十年代中期开始研究社会结构的，并越来越从这方面思考社会改造。我不曾考证，不敢说该文是他第一篇谈论社会结构的文章。）他从这个角度发现“士”——如今的知识分子的社会地位和作用，因西式教育而产生不良变化，中国社会因之有了它本来没有的社会病。

旧日的中国有士农工商“四民”之说，士是治人者，虽贵而不世袭；农工商子弟也可以成为士。（这后来成为他分析中西社会不同的重要论点。）农工商致富无人非议，士则不然，“社会所以律之者严于常人”。但这个共识如今已不复存在。

自从采用西方教育制度，中等教育费用之高，中产以下者已不敢想，至于上大学那是“特殊又特殊”的富家子弟的事。知识不仅是做官的资本，也是占有各行业高级职务的资本。有了知识才能用它“弋取大利”，这使社会“沟界日深”，原有的阶级之间流通性因此没有了。受教育的机会被富人所垄断，知识、资产、权位“行将联属而不分”，是西式教育“生一新弊于我”。

有新弊必有旧弊。旧弊是什么？那便是儒家精神久已被朝廷和腐儒们弄走了样。（“中国的人生，外面已僵化成硬壳，内里腐坏酵出臭味。”）中国需要找回儒家本来的人生态度，因而说：“我以倡导孔家的人生态度为根本一着……”

西式教育本是都市文化的产物，生吞活剥搬到中国，“故自乡间人家言之，家里多一学生即多一废人”。教育而为社会添“无所用之人”，这称得上是教育吗？

《吾侪当何为》一文主旨是呼吁知识分子应负起社会责任，从消极和积极两面去讲求知识分子的表现，但文章仅存其半，另一半在邮寄中告失，未再补作。收入《漱溟卅后文录》时，父亲附有一段说明，大意说，今日和昔日的知识分子其社会作用都有消极、积极两面，但今日消极面大于昔日，“继则推论此问题与教育制度大有关系，今后当力谋教育机会之均等，及教育必合乎社会条件、切于社会需要”。

我觉得这是他把注意力转向教育的又一个原因。

他对学生说：“儒家思想、西洋生命派哲学和医学三者，是我思想所从来的

一九二一年底，梁漱溟赴山西讲学留影。前排中立者为梁漱溟

根柢。”无疑，倘若三者搁不到一块儿必不能成为他的思想根柢。我们试看，触动他，把他一下子吸引到儒家这边来的是什么？是个性伸展，是生命流畅。我们又知道，他总是把别人的思想拿来与自己的思想相对照、印证，而后对自己的思想持之益坚。一九二一年冬天，父亲在太原结识德国人卫西琴，并参观卫办的外国文言学校，见卫极关心学生的身体和心理健康，“一事一物，靡不资人省味”。卫西琴的教育观正是施教必使生命流畅。卫西琴的观点加深了他在这方面的体认，他们都认为身体力量和精神力量不能划分开看。“西方文化起于身体，他们身体的力量充裕，中国文化起于精神，身体极不好活动。中国文化在心里的活动程度极高，外面的活动不足。这种文化日久之后使身体衰败，身体衰败之后精神亦不能不衰败了。”“中国文化之创造至此完全灭绝。”百年来，一事一物模仿西方，正是“自己完全空虚的症候”。

我认为，这是他注意力转向教育的又一原因。

后来，在山东从事乡村建设运动，他发现丹麦的民众教育与自己培养人的创造力、改变国家命运的见解相合。

在他心目中，没有纯以培育个人为目的的教育这种东西。教育必然同时具有社会功能。但我们仍可以讲一讲他为培育人（年轻人）做过的事情。

两次办学的经过

我父亲很容易发觉现存的事物有所不足或根本不对。教育有待改造仅是诸多应予改造的事物之一。

他认为，旧日中国的教育和西方教育原本很不同，“盖由于两方文化之路径根本异趋”。西方教育着意于生活的工具（知识），中国教育着意于生活本身（情志）。

情志是什么呢？“情志是本能，所谓不学而能，不虑而知。”小孩的生活只要不受搅乱，不必教，他自会爱父母。虽说情志是本能，不用教，可是教育正应偏重情志一面，“因为本能极易搅乱失宜，即生活很难妥帖恰好”。可惜，孔子的生活态度和教育方式都没有传下来，旧中国的教育偏重情志表现为死读“圣贤书”，让人受枯燥的教育——本来对，后来却没有对。

西方的教育偏在知识传授。“生活中第一需要便是知识。”这样对，可是西方教育里不包括情志一面，所以也偏了。

两种教育中，情志一面更重要或说属于根本性，人若生机盎然则或不发生问题或虽发生而易于改正。

他担任校长所作改革，集中在两方面：一是重情志教育，一是力图使受教育的机会均等。

现在让我们看看他两度办中学的经过。

前面提到过的王鸿一，即曹州办了一所为当地培养人才的山东第六中学，已经是名校。当时各省办大学成风，王也想在曲阜（孔子故里）办一所大学，属意于由父亲主持。王去找山东籍的国务总理靳云鹏，要靳支持这件事。靳说他久有此意，只愁旧派的人此时不受欢迎，新派的人非他们所喜，父亲所持立场在他们看来最为合适。他们的兴致很高，父亲却不愿意。他首先是不赞成随随便便找几个东洋的或西洋的留学生就把一所大学办起来。其次，他觉得自己太年轻，自知办事能力尤其差，帮着出出主意还可以，主持一所大学决不行。王、靳不肯轻易放弃所想，最后说定接办王鸿一的第六中学高中部，一面为办一个学院培养师资。

一九二四年六月，父亲写《办学意见述略》。声明“我和我的朋友”应约去办曹州中学。“因极愿得社会上之了解与帮助”，把办学意见“据实直叙”。

请注意，是“我和我的朋友”，不是他一个人去办学。这里应该补上一句，他们一块儿干，因为心里还想着将朋友团体渐渐扩大，由志趣相合的知识分子合力改造社会。这是他们唯一愿意（其实是唯一会）采用的方式。

父亲说，办学的“真动机”是与青年为友，这有两层意思：“一是帮他走路，二是此所云走路不单是指知识技能往前走。”“教育应当是着眼一个人的全生活而领着他走人生大路，于身体的活泼、心理的活泼两点，实为根本重要，至于知识的讲习，原自重要，然固后于此。”他看着把“空讲些干燥知识”当教育，心里实在痛苦，“所以自己出来试作”。

帮着青年走路之外，“还想得些有心肝的好汉子大家彼此帮忙走路”。人活着始终要往前走，也就是始终“有赖师友的指点帮助”。校长和教师应是“同气类的”，不应是“官样职务的关系”。

读者看到“好汉子大家彼此帮忙走路”可能稍感意外。这是梁漱溟先生说的话吗？是他说的，他还不止说了一回。我们常不免于用单一色彩去想象人，去描绘人。我的祖父很肯舍己助人，事先事后都默不作声。父亲略不同，他心里有股劲还要说出来。他要救助的是社会，唯有大伙都来干才行，所以“好汉”的话便出口了。他和胡适辩驳时讲：“在这个时候，天下肯干的都是好朋友，我们都是一伙子。”他看胡适，虽与自己意见相左，却是肯干的。一九三六年，乡建工作中充满生气的王炳程先生吐血身故，他写的挽幛只六个大字：“可惜一条好汉！”

帮助青年和集合朋友，落实到具体办学方法上就成了两点：只办高中部，且只两个班、各收四十人。限制人数是因为要与学生成为“极亲近的朋友”，向家长许下诺言，“绝不致学生们有什么生理上、心理上的病态而我们不知道”。另一点是以这所高中作为将来办大学准备人才的机构，老师教课不多，生计问题可以无虑，各自选个项目“作一种窄而深的研究”，“且有全不担任钟点或其他职务而延致前来，冀收共学相资之效者”。现在看来，熊十力便是。

以上两点尽可实行，不致引起麻烦。

父亲又告诉家长，一部分学生生活得比另一部分优厚“是不对的事”，“如果富厚人家的子弟到我们这里来，须要改变他的习惯”，学着过勤劳俭朴的生活。这个劝告可以听，也可以不听。

另一项关于收费的具体措施立即造成严重问题。他宣布，类乎教育这种公共事业，大家应有同等机会，学校决定打破从来一例征收同等金额学费、膳宿费的惯例，可以交费或不交费，或多交、少交，总之由家长“乐输”。他不愿靠法律，愿意“彻底的信任天下人”。行得通吗？不敢肯定，可是他决意试行“从这里为教育界打出一条路来”。

打出一条什么路来？这涉及他的一个观点，而且这个观点实在很邀人同情。“我们的社会还没有做到合理的地步，要使它种种变为合理的，本来很难，但是在教育的范围内，却不应当承认这种不合理的存在。因为教育一事，在社会中唯它是最应当含具理想的，是最应当趋向着理想走的。”

还有一句话，想来大家也很难不寻首肯。他说，在各种不平等中，受教育的

一九二一年八月，梁漱溟与山东学界同人袁观澜、黄任之、梁漱溟、罗莘田、王迴波、吴重嶽、舒纯生等合影于济南大明湖历下亭。此时梁漱溟正在济南做暑期“东西文化及哲学”演讲，同行者有担任笔录的罗常培。后排中穿黑衣者为梁漱溟

机会不平等是后果最为严重的。

这里，我引述当年曹州中学学生王先进的两段回忆。王先进于垂暮之年回忆：“在六中大礼堂北面有一棵老槐树，老槐树生在一个土坛上……树上钉一块黑板，供梁先生写字之用……讲到军阀混战，人民生活痛苦，七十八十的老头在大热天还啃黑窝窝头。他怒气冲天……一面大声讲，一面泪水从眼镜下像雨点似的流。”

与王先进忆起的情节有关的那次讲话见于《梁漱溟全集》卷四《槐坛讲演之一段》。原文还有如下的话：“昨天讲了政治问题，今天讲经济问题。说住在陈坡（陈亚三本村）时，有天吃完晚饭，出门闲立，看见那么矮矮的三四岁小孩和白发的老头，正拿着黑红色的粗粮食在那里吃，我心里就一阵难过，我刚才吃的那白面馍馍，好饭食，怎么不给这小孩和老头吃？而我一个壮年人偏偏有得吃，这是什么道理？”

这一讲话表明，此时萦回于他心中的是社会太不合理，亟须改造。类似这样的感受原非某些人所独有，但主持一所学校在规章中就要实际地去纠正，却不常见。

王先进也回忆起施行量力交费引起的麻烦。开学第一个月没有问题，第二个月主持伙食的人就为难了。第三个月办不下去。那些不出钱的学生“还嫌只有面食，没有大米”，声言正是看了招生简章上说可以不交费才来投考这个学校的。

这个情节，有人会觉得近于好笑。然而，读者若想理解我父亲三十来岁时为人行事如何，类似这种“迂”的事情正是必要材料。

我把话题扯到这里，不算离题，而是有我的一点用心。他七十二岁那年，曾向朋友讲自己在人类心理上的一点新悟——是感情冲动支配意识，不是意识支配感情冲动。“须知人类心理的根本重要所在，不在意识上，而宁在其隐藏于意识背后深处的。”人总是不禁要向自己提供一番说辞——我做得对。感情隐藏于意识的背后，“研究人类心理，正应当向人们不自觉、不自禁、不容己……那些地方去注意才行”。

可不是嘛，他正是不自禁，料到行不行“不敢知”，仍要试着做；但是让他在一家商店当经理，他却不会做这样的试验。

他在曹州仅半年时间便匆匆离去，理想主义的收费办法行不通，恐怕要算三个原因之一。另两个是王鸿一方面的了。王鸿一介入地方军阀争夺地盘的活动，使曹州当地人误会北京客人与这件事有牵连。曹州的头面人物看到北京客人受到王的礼敬，也以客礼相待，但心里头看这些人是“来曹就食者”。不出麻烦还好，出了麻烦关系便别扭起来。

大概最不好办的是，王鸿一在《中华报》上讲梁某某的东方文化观如何如何，而将他自己的观点掺和到一起。这使父亲意识到“不可不与之分家”，但既然身在曹州，“不啻处彼家中”，想分如何分得清？唯有离曹才是办法。

父亲先只身离曹，从北京写信向朋友们深致歉疚，并请他们继续工作半年，教满一个学年。（见《梁漱溟全集》梁漱溟卷八。）他这次到曹州办学校，恐怕不能不用“贸然”二字。此时，他的行动再不是自己一个人的事了；考虑任何问题都要把朋友团体考虑在内，而在大家下一步怎么办这个问题上，又没有拿出得当的态度。朋友们给了他极恳切的批评。

半年后，朋友们也从曹州回来，又像当初那样同住共学，不过已很难回到宁静中去。孙中山“以俄为师”的口号引发了新潮流，拍击着他的门窗。以“乡治”的路救中国，这想法数年之间在他心中日渐明晰，终至断然决定干起来。是这个决定改变了父亲今后不在现行学校制度内办学的决定，他担任起广东省立一中校长。

一九二七年，父亲南下广州是希望得到老友李济深支持，在广东试办“乡治”（乡村建设运动是其最后定下的叫法）；接办一中，是想一举两得。所谓一举两得，是仍情不自禁想再做教育改革的实验，以及利用一中宽裕的校舍培训乡治人员。

谁理解他的理想？谁愿意全力支持他将理想付诸实行？——同住共学的朋友们。无论办一所中学或者发动一个社会运动，朋友们都必然和必须和他在一起。将乡治付之实验的第一步是训练一批乡治工作人员，必有相同的理想和认识，而后才能干得好。他极不愿意把乡治讲习人员训练机构办在市里，省立第一中学在乡间且校舍宽裕，正可以借用其一部分。朋友们在这里既当讲习所的教员又当中学的教员。他还邀卫西琴也到一中来，成立一个师范班，卫西琴那“长养力量的教育”太值得实验推广了。

说来好笑，他这次当校长又只半年。上任之初，他许诺搬到校里来住（同住共学自当如此）却是未及搬来便有宁沪之行。他心里最挂念着的是乡治。李济深、陈铭枢有事去南京，那时从广州去上海只能经香港坐轮船去。海上三天是平素绝不会有的空闲日子，他于是抓住这个机会在轮船上仔细与他们谈自己的乡治主张，然后再怀着校长的责任心参观陶行知先生在南京郊区办的晓庄师范。

返回广州，他向全体教职员工讲话，题目是《抱歉——苦痛——一件有兴味的事》。他为自己不像校长抱歉，为一中的腐败苦痛，为晓庄“很合我们的意思”而鼓舞。

旧一中使他苦痛，一中的种种都与教育应有之意相悖。它名副其实是制造贵族的学校。一中的状况“实不足言教育领导社会之使命”。教育领导社会是他的观点。世界只他一个人持此观点吗？有可能。

一个半月之后，他改造一中的方案出台了。五十余名校工全部辞退，大部职员也辞退。是这些人全面伺候着数百名贵族学生，生活上的事他们一概不需动手，不需操心。中学里竟然有商店、饭馆、西餐厅、洗衣店，一律关门。

他的十点改革不一一介绍，其中革除腐败的措施不妨省略。他所反对的一种倾向却值得一提，因为我觉得这种倾向时至今日依然存在，且有抬头之势。他说："现在的学生，只站在一个被动和受用的地位，好像把学生时代看作是人生一个短期的预备时代。"在学生时期，只要专心读书就对了，做其余的事都是分散精力。他要发展学生的耳、目、心思、手足；各项改革"大都由这个根本主张来的"。让学生动手做，"生出趣味是最要紧的问题，有极大的教育意义"。

另一被看作常态的做法也被他革除了。他要使学生"不站在被人管理的地位"。学校里分成治者和被治者，不合教育的道理，教师是学生的朋友，职员只从旁帮助。课堂里、宿舍里乃至伙房里学生都是自治，学着过团体生活。

他主张减少课时。他看着教师和学生一会儿上课，一会儿下课，天天这样过"太苦"。课本和授课方法都要改，多由学生自己去看书，更能得益。

曹州中学的班主任制和学生天天写日记被移植到一中来了，为的是让班主任专领着学生"做生活上的事情"，不教课。

学费数额不作规定的做法没有搬来，但他一直记得这个问题。他建议对家境贫寒的学生免费，但要有个章程。于章程不合，确是好学生，怎么办？他希望大家凑钱。这个意见算在"十点改革之外"。

改革方案不马上实行，留出一段时间大家讨论，"使改造的空气充满学校"。不过，请"莫要离开了我的方向去研究"，还成立了一个改造学校的委员会，由徐名鸿、张俶知、黄艮庸担任委员。

在曹州，似乎应该说是新创一所高中，而广东一中确是改造。一中由此大为改观，多年后，广东人还记得这位校长。其实，父亲只提了改革方案，实施全是别人的劳绩。方案提出已是一九二八年年尾。两个月后，他去北方参观几处知名的乡村工作，心想回来就可以试一试自己的想法了。不料，恰在这一期间，蒋介石采取了排除异己的第二次行动（第一次行动是打击"桂系"），把李济深软禁在南京郊外，所有办乡治实验的设想全告落空。没有必要返回广东了，校长一职即由黄艮庸接任。

然而，正如俗话所说，"东方不亮西方亮"，乡治竟在北方获得了实验的机会。这是后面《再度奔赴理想》的内容了。

一九二九年，父亲北上不回广州，又是由留在那里的朋友将事情继续做下去。所不同者，这次革除积弊很受当地欢迎。朋友们于一九三一年北上山东邹平，参与再度奔赴理想，其中黄艮庸因转任其他学校，一九三四年才到邹平与大家聚齐。

活力及合理

前面曾讲过的一件小事：我对一位同事说，父亲从来不问我考得怎样，而那位同事的反应是“你的父亲是名人，当然用不着为你们的职业发愁”。

这位同事正是把受教育和日后维持生计直接联系起来，而父亲很少往这方面想。他把教育看得很高、很重，高于、重于维生度日所不可少。他不愿意从谋生所必需这个角度看待教育于人类之必要。就一般人的观念而言，还不是把教育“小看”为谋生之道，我们也看到了它的社会意义。我父亲也没有否认谋生与受教育之间的关系，但不妨说他是把这一点放在最末后的。在他，这差不多是对社会现实的一种承认，即，在未来正常形态的人类文明里，将不是这样。至于父亲个人，他尝说自己是“有志向而无职业”。也确是这样。

那么教育本来是什么？在他心目中，教育的作用是开启人类固有的活力，人类的活力不同于矿藏。社会一向不够合理使人类的活力常在窒碍下不得发舒。因此也可以采用另一表述：人生活的路对了，社会便已是合理，但是我们毕竟要将它分开看，分别谋求解决。这就意味着，教育的功能从人的角度说，它应是使人活起来，或说具有创造的意趣和能力。从社会这个角度说，它应是促成社会正常合理，使人类生活在合于本来应有的状况中。

人和社会是父亲终生关注的主题。他隐持佛的心怀而归宗儒家，这样的人生态度会选择什么事情来做？我想那正是教育。他的教育思想因此表现出，柔和深情地对人，以及激烈反对社会有违人性的种种不合理现象。而他却又只愿使用教育作为纠正的手段。

以上是我对自己父亲的认识。这认识来自平素接触，尤其来自近年间读他的著述。下面从《人类社会建设应有的原则》中摘引一大段，读者看了当能觉出我的认识是否有悖反处。

动物于特定之具体事物，发生特定之兴趣行为，其关系有如系定（如蚕与桑叶）。因之，宇宙间与有关系之事物，为数乃甚有限。人类则于任何事物，均可发生兴趣行为而无所限。以唯平视泛观，周及一切，乃为理智，故唯人能无所系定，其生命豁然开大，曾无局限，实得一大解放焉。

基于此，他提出人类社会建设的原则。

人类社会建设原则之一：由此一大解放，人类生命遂得廓然与物同体，其情无所不到。见人创伤，我动惨恻，抑于物亦然，匪独对人，古人所谓万物一体之情是已。语曰，“有福同享，有罪同受”，苟能如此行之，则虽受罪亦不甚苦，以其一体之情得所发舒也。故吾人当建设一个能代表人类一体之情之社会。

人类社会建设原则之二：无私的理智，开发出无私的感情，故人心有是非，不以利害而泯。语曰，“所欲有甚于生者”，人类生命之高强博大于是见焉。革命运动之必推翻旧秩序，不徒为生存斗争，亦以不得于理而否认之也。故人类社会之建设，当求其如义得理，如或未然，不得不止。

人类社会建设原则之三：本能者有所能而止于所能，人初若无一能，而顾有无限之创造力，故其究也所不能。此创造力之必求得所发舒，盖人类最强要求之一；亦唯得所发舒，乃不负其所以为人。人之创造力各有所偏，亦曰个性。尊重个性，鼓进创造，此建设人类社会所必不可忽。社会所以必许个人以自由，其义亦在此。

人类社会建设原则之四：唯于人类生命而后教育为可能，亦唯人类生活乃需要教育。然教育徒非为生活而已，将以为人类生命之无限的发展焉。其见于外者，则为社会文化之得继续创进无已；其存乎内者，则为个人心理日造乎开大通透深细敏活，而映现之理亦无尽。古人有言，“寡过未能”，即其歉然不足之情，人类向上求不失于理者见焉。此情莫能已，此理益以辟，人生不可一日废学。故人类社会之建设，应处处发之以教育眼光形成一教育的环境，启人向学之诚而萃力于创造自己。社会于人，至此乃尽其最大之效用。

他是多么钟爱人类！他在另一处曾说，人生下来一无所能，学而后无所不能，这和生物一生下来生活的本领即已经具备大不相同，这是极当值得深思的问题。他又说，唯人类有犯错误可言，唯人类有一副犯错误的本领，其他生物都谈不上。说教育，那就是对人说的。

他认为，无论从广义和狭义说，社会进步应完全是靠教育。可惜，人类行为至今缺乏理性，“教育卒不能改造社会也”。

我在这里补一句话。虽说人和社会是他终生关怀与致力的主题，一九二四年办曹州中学，他要实现的偏重在培养人，培养年轻人；而上面一段引语是一九三三年讲的。十年间，他心思之用转到侧重于教育改造社会，于是教育对象转为重在成年人。这就是邹平的乡村建设运动。

烦闷时期

父亲称一九二四年至一九二八年为烦闷时期。这个烦闷时期之所以出现，是因为老问题（中国怎么办）进入了新阶段。

一九二四年至一九二八正是大革命的年代。当“以俄为师”已是大势所趋、人心所向的时候，他也曾和大家一样胸中“满储着希望，以为也许是一个转机”，但是到了一九二七年，他却感到“这条路还是走不通”。

说得细一点，他从一九二二年起认定“现成饭吃不成”——没有哪一种外国的现成办法适用于中国。路要自己开，并且应从农村做起。可是呢，他心中“老是盘旋不定，老是迟疑，因为还希望眼前能有一个对付的办法可以使国家略好”。即，烦闷来自想找一个应急的、见效快的办法。一度对“以俄为师”抱着希望，旋即认为还是不行。这个时期的后半就是在想彻底的办法。

一九二八年，他不再迟疑，认定唯有从农村一个村庄、一个村庄地做去。本章将叙述这一时期他的行止，下一章介绍他思索所得的结论。

父亲称，当时是“非开辟新辙”不可的形势“逼来了”。上次东西文化问题之争“逼来”，他给出了一份答案（不管对不对）；现在问题变得窄了些，中国革命——社会制度改造走什么路的问题逼来了。

一九三〇年烦闷结束，他说自己有了一个“开悟”。为什么在这里用个“开”字？“开”的反面是“闭”和“蔽”。大概回头看自己的过去，头脑像是被传统的、盛行的思维方法和观念“锁”住了，“盖”住了。他必定感受到一次茅塞顿开的喜悦。这个开悟是：停止模仿，模仿谁都不会有益。烦闷时期结束，于是他写出了《中国民族自救运动之最后觉悟》。

为什么说是“最后觉悟”？当初有所蔽的不是他一人，如今应该悟的更不是他一个人。从曾国藩起，中国人就在想怎么办，一代又一代中国人碰了壁仍不改变“往西走”的念。他觉得，从现在起，让我们断了这个念吧，我们往东！

这意味着用心、用力之处有了转移。即他所说，“十年前我的心思不能不萦回在东西文化问题上……今日不能不沉思在中国民族前途问题上”。离开北京大学搞起教育改革和社会改造，即是这个用心所在转移在行动上的表现。

他是一边办着学校，一边想着中国前途这根本问题。本章所叙，重在讲他的烦闷，又循前例先说这一时期发生的事情。

他只身离开曹州，抵京，给同去的朋友们写了封长信，说明一人先行离去的原因。他请求原谅先行离曹，并请大家再坚持一个学期，教完一个学年。

这样的一封信，在他一生中即便不是独一无二，也是极少见的。少见是指如下的话：“半生盖未有无一毫自信力如今日者。”与此同时，他又说，“漱溟窃不自揆，觉吾一身系中国前途，言动出处为天下有心人所瞩目”。这话是指他对自己的期许——继绝学。（先儒早有“为往圣继绝学”的大心愿，批孔运动时与“举逸民”同被批作反动。）因为有这么大的任务在身，不敢不自爱。

丧失自信是一时，非常态。数十年间在不同处境中始终保持自信和责任感，是他的常态。人家看他太自负，他知道。“然而我的生命正在此。”

至于今后，打算“二三年之间，无论什么都不做，唯与平叔、艮庸等觅地自修，养志勘贼，且看结果如何”。

所说无论什么都不做，是指谢绝外面的邀请，连去讲几小时课都推辞。他先是一个人借住清华园，转过年来，与从曹州回来的朋友们先在东煤厂，后在颐和园北墙外大有庄同住共学。住清华园时，他倾全力整理祖父遗稿，于一九二五年完成。完成后，他作《思亲记》，末尾提道：“顾二十年间，实未尝敢一妄自菲薄，然一向以浅衷矜气行之，盖无往而不负罪抱疚矣。去岁之冬，赖朋友之力，寤其昔非，始一一有悔心焉。”“客清华园，始谢绝外务，出先公遗稿校理而纂次之。事既，又成年谱一卷，并付印，敬以布之当世，其去公之捐生遂志，盖已七年矣。”

因去曹州办中学而放下不写的《人心与人生》，此时本该动手了，也确开了一个头。一九二七年一月，他写出《人心与人生》自序，在北京《晨报》登出。绝不会有人料到，他最后脱稿竟是在一九七五年。这件挂心的事怎样再三被延后去做，将在另章述及。

这里且说四月间发生的事。

多年来，父亲“独与守常相好”。这种相好使他首先质疑李大钊给西方文化所做的概括；他可以看过李大钊推荐的书不发一语。李大钊听他说即将结婚，不禁笑着说：“这在我是二十年前的事啦！”

万万想不到，李大钊竟是死在第一次试用的外国绞刑架上，迟迟不得气绝。

父亲写道：“在我发闷的期间，南方一种新兴的民族自救运动开始了——这就

一九二四年四月，梁漱溟（中排左三）、卫西琴（中排左四）与北京女子高等师范学校哲学系学生合影

是十三年国民党的容共改组。”李大钊从广州开完那次改组的盛会回来，向父亲谈国共合作的意义“颇详”。李大钊说，法国式的革命在中国尚未完成，因而俄国式的革命尚不到时机。中共已然放弃了暴力革命、劳农专政的主张，而与国民党一起从事国民革命，争取国民的政治自由，如集会、结社、罢工自由，等等，以这种方式渐次发展工人组织；还说，中共劝说孙中山不要一味在军事上用力，如亲自指挥打东江之类，倒是应该到内地各省做些民众工作。

这不仅是李大钊亲自对我父亲讲的，陈独秀在《前锋》上发表的文章《中国国民革命与社会各阶级》讲的也是这个意思。父亲不明白为什么“所说似乎与他们后来的行动方向不符”。后来，李大钊去了俄国，不再有机会听到这类情况介绍。我们今天不难理解，这先前说的与后来做的“不符”，是共产国际指挥着中国的革命，当时却无从得知。

李大钊向父亲说的那番话，大约比较和父亲的观点相近（我说“大约”，是因为没有直接的文字记载证明是这样）；但无论中共后来执行了什么路线，李大钊和父亲之间全不是今天这样的统战关系，他们的关系不曾因在党与否而有变。

一九二七年四月，绿林出身的张作霖派兵进入苏联大使馆旁俄国旧兵营，把李大钊一家和同时避难于使馆的十几名青年通通抓走。事发之前几天，父亲曾去使馆看望李大钊，但见满屋子人都在等着李回答问题，他站了片刻退出。

听到李大钊被捕的消息，我父亲从西郊赶往城里章士钊家，建议两人一同托人情将李的妻小保释。李大钊或许不免一死，但这样可以使李刑前不必惦念妻小安全。章士钊却自信运用其影响，足以使李本人也无事。

听说李大钊已就刑后，父亲再次入城找到宣武门外上斜街停放遗体的破庙。门口站着奉命看守棺柩的警察，见他来到，说道："你们来啦，我可以走了。"父亲看见李大钊的棺木只用薄木板钉成，反身出来在附近借电话打到章家，将所见告之章夫人吴弱男，建议大家帮忙另置棺木将李大钊重新装殓。

他在二龙坑朝阳里李家，见李大钊家人默默植立，不哭不泣，李大钊夫人赵纫兰则哀哭床上起不来。

父亲叹息李大钊不该以为苏联大使馆足可以托庇，及至出事又束手无策，纷纷走避。设想李大钊不遇害会怎样是没有意义的。历史有其发展的轨迹，我们事先不能判定，虽然事后我们能做出某种解释。

像我父亲这种遇事自有见解的人，中国共产党的出现、马列主义之引进，自然是为他增添了一个研究的课题；他后来又成为辩论的对象（一九三五年），再后来成为政治上合作的对象（一九三八年至一九四六年）。从共产党一方来说，久已看他是又联合又斗争的对象，具体对待起来，则因形势而异。

李大钊已为自己坚信之主义而死。中国怎么办这个问题依旧在他心中悬而未决。有时，父亲说自己笨，有时说"我是步步踏实的"。于是，他继续在寻民族前途上踽踽独行。

我读《东西文化及其哲学》时，在一段话旁边写了几个字，"此即乡建之意"——在这里找到了他发起乡村建设运动的思想源头。

《绪论》里谈到学习西方似是必然的了，怎样学已是亟待解决的问题。父亲拟出三条可供选择的答案，他说：究竟哪一条对，我们不得而知，但李君（守常）的话我们看着实在很对，他看出西方政治制度在我们国家不能"安设"，"全然不是某一个人的罪过"，"全然不是零碎的问题"。清廷、袁世凯、其他军阀作梗不能算"正面的原因"，必另有正面原因。在他看来，这个原因便是中国人民在实行西方制度时，"仍旧保持在东方化的政治制度底下所抱的态度"。

当时话就说到这里。既然问题没有解决，心里也便悬着这个意见。积年寻思，一个改造中国社会、改变中国人生活的设想从模糊渐呈清晰。他说，"乡治"这个设想"成熟于广州"（一九二八年）。往前追溯，一九二三年，他曾说过"农村立国"，很久不再提，并且王鸿一热心于"农村立国"，要他写文章，却是"拿起笔来运思便疑从心上起、闷自胆边生"，写不上几个字便搁下。

他看王鸿一的设想行不通。所倡“学治主义”“传贤政体”不足以应付国内形势，更不足以应付帝国主义压迫，经济是关系着一切的重大问题。凡此，王先生都想得太简单，事涉理想主义。此外，写不出也因为他自己的“农村立国”当时只立下一个大原则，没有完全想好。

他立下的大原则值得介绍：“一面须照顾到民族过去历史固有精神，一面还须应付眼前脚下所践处的环境世界，更一面要准备着世界的变迁，文化的未来。”

这需要照顾的三个方面，一眼看去是大家都会赞成的。现在我们很容易顺口就说中国的国情如何，等等。其实，我们泛指的国情和他所指“民族过去历史的固有精神”，几非一物。而且无妨说，唯有对这一点的确认和坚持，才是他的主见，才是他和别人的分歧所在。对民族固有精神的强调，使他异于共产党，也异于国民党，乃至异于在国民党内的好朋友李济深、陈铭枢等人；但好朋友终究不同，因而就有了下面叙述的事情。

父亲二十世纪二十年代结识的朋友李济深、陈铭枢、张难先此时都在广州，为新局面、新气象而兴奋，看他照旧与朋友们同住共学，觉得实不应该。他们屡次来信敦促他南下。他的心情是，南方的景象“似不无怀疑，至少是无解于我的烦闷”。然而，“他们召唤之不已，至于督责备致”，“说我不该关起门来高谈哲学”。他想，既然朋友们“忽睹此一点阳光朝气”，总是值得注意的事，也很想了解是什么使朋友们兴奋起来的。于是，从同住共学的朋友中“分出三个人——王平叔、黄艮庸、徐名鸿——去广州见识见识、历练历练”。

一九二六年，王、黄随陈铭枢的部队北伐，一起进入武汉。前两年人们心系广州，此时心系武汉。父亲决定去武汉会朋友。走到上海、南京停了下来，他说，这足见自己之一面心焦、一面没主张。在上海，他无意中见到曾琦（国家主义派青年党党首）。曾琦“虽说得天花乱坠”，却完全不能消除他的烦闷。“我心目中的问题他们都没有。”没有什么？别人所想仍不出“学西方”这个框框，他已在想为什么总也学不进去，难道除了学人家就没有别的办法了吗？

他折返北京。稍后，派出去历练的朋友中，三位回来两位。王“欣赏了共产党理论”，黄“不移不摇”，徐“遽而入了共产党”。对同一事物出现三种反应，一则可以见出年轻朋友的“不切实不济事”，一则可以见出“我们自己的空洞没有成见”。

然而，他们没有白跑这一趟。王、黄回到朋友团体中，大家都因而得益，借着这新经历、新气氛，再考虑中国民族前途，父亲的思想疙瘩得以解开。

父亲说这个“开悟”没有多少新鲜的。话虽说得轻松，其实是重要转折——渐渐地往自己开的一条路方面去想。替代“农村立国”的另一设想渐趋明晰。本来“农村立国”并非是将中国奠基于农业经济发达之谓，至此又不同于几年前。

一九二七年，梁漱溟赴广州时途经杭州，与马一浮、熊十力等合影于灵隐寺。此为新儒家三圣的唯一合影。左起，寿毅成、马一浮、熊十力、梁漱溟、张力民

他设想一种从农村做起来的包含了政治、经济、文化教育的全面社会改造，称之为“乡治”。

怀着这个设想，他于一九二七年五月和王、黄以及家属——我的母亲、我的哥哥（那时还没有我），一同南下广州，希望能说服李济深支持他在广东做乡治实验。

到达以后，他注意到时机尚未成熟。为什么呢？与一两年前相较，人们的兴奋劲儿已呈下降趋势，不过距听得进他的意见还有一大段距离。

这最好用事例来说明。父亲把准备对李济深说的话咽下去没有说。他问李：“在你看来，现在中国顶要紧的事情是什么？”李答：“那最要紧的自然是统一，建立有力的政府。”这话不是随便说的。当初李济深回到广东，面对的是一个由几个小军阀割据的广东省，这样的广东省不能作为北伐的大后方。李接替因忠于孙中山而遇刺身死的邓铿，逐个将小军阀打败，广东政令统一、军令统一，这才有力量去打大军阀吴佩孚。所以李深信，一旦广东统一，全国也统一，那时中国一定能做更多的事。

不会有人说李济深这个意见不对。至于父亲，从写《吾曹不出如苍生何》那时起，急切想要看到的不正是国家统一、国权确立吗？直到一九四九年，毛泽东

在大陆实现了他这个渴望国家统一、国权确立的愿望。然而当时，他对李济深说："国家是不能统一的，党是没有前途的，凡你希望的都是做不到的。"李济深听后默然，许久不作声，而且看神情不想谈下去。主持广东军政的朋友的认识止于此。那么，社会上的认识怎样？他说："社会无先见，先见从来是少数人的事。所以，还要等一等。"

然后，他就搬到黄艮庸的家乡——距广州五十里水路的细墟去住，半年多时间"以居乡与青年诸友共读为多"。（北京同住共学的朋友陆续南下。）

他这边的思想成熟了，而省内、国内发生的事情，使李济深不得不同意，真是还看不到中国统一的前景，似乎有点回味父亲"初见他时所说的怪话了"。于是李济深约我父亲出乡，听他把后半截话说完。

在向李分析了何以中国仍不能统一之后，父亲有一句话即使今天看来还是对的。他说："在中国，一个超个人的'法'，或一个超个人的'党'，都无从建造得起来，而且，在中国，这将不是一时的现象。"

父亲接下来的话："既然国家统一不了，你就先在你所管辖的地区内做些于国民有益的事情啦！"李表示，接受父亲所期望于他的，承认父亲可以在广东试办乡治。自是而后，父亲方始决心留粤。

一九二八年五六月间，他第一次向公众——广东省地方武装团体训练员养成所的学员分十次讲他的乡治设想，后称"乡治十讲"。讲稿今不存，现《梁漱溟全集》第八卷收有郑天挺（父亲的表弟、已故南开大学副校长）听讲后在日记里所作的纪略。这不全的纪略（实际只记了七讲）留给我们一些很有意思的资料。我从中有三点发现：一是当初不太明确的观点至此予以肯定深化。例如，制度之建立决定性的是人民的习惯，而不是法规制度。这个观点在《东西文化及其哲学》里首次出现，在乡治十讲里再现，在《中国民族自救运动之最后觉悟》和《乡村建设理论》里讲得更加肯定而完备。二是出现新的开悟从此坚持下去，首次提出民族精神有高低之不同，以高就低，绝无益于开出我们的民族前途，即是一例。三是随处注意吸收的别人的意见。他所设想的一种农业合作方式几乎就是二十世纪五十年代的农业合作社，而这却不是他自已的开悟，这是恩格斯的意见。

李济深的同僚对办乡治不热心，他们看李的面子敷衍他，采取矛盾上交的办法，将乡治实验提案上报南京。这样，父亲就提出先去北方参观。一九二九年三月启程，有五人同行。共三地四处，分别是江苏昆山的乡村改进事业（黄炎培）、河北定县已有较长时间的乡村自治（米迪刚）和历时不久的平民教育运动（晏阳初），以及实行已达十余年的山西村治。村治是阎锡山省政的组成部分，且已闻名全国。每处地方的主持人向他征求意见，他都老实不客气讲出来，最后将其写入《北游所见纪略》。

梁漱溟往山西时与留晋北大同学合影。中立者为梁漱溟

这次参观很有收获，他提给人家的批评意见后来就成为《乡村建设理论》里提出应予避免的事。参观增进了他将自己的设想付诸实践的决心，因为那几处的主持者，都是做着做着越发体会到把注意力放在农村的必要性。这说明，除非不想做，只要真想做，你就会往那个方向做。

这是一九二九年二三月间的事。南京批准他在广东做乡治实验。可以开始了吗？不。他决定不回去了。蒋介石要搞他的蒋家天下，把李济深软禁在南京郊外汤山两年。广东省政分两步走，过渡于蒋系人马，先分化李、陈（铭枢）关系，让陈主政，下一步蒋再派去亲信黄慕松。

留在北方不回去，很合王鸿一的意。起初，父亲又一次借住清华园，“欲将所怀写成《中国民族之前途》一书，顾未能就”。王介绍他认识了梁仲华。梁仲华及其好友彭禹廷得到机会办了一所河南村治学院，约他一起干。因而，父亲一九二九年底便去了河南辉县。同年五月接办《村治》月刊，只半年工夫学院遭勒令停办，他又返回北京全力主编《村治》月刊。这不全是，但几乎是他再度奔赴理想的开始。我将这段经历划在《再度奔赴理想》一章里去讲述。

《中国民族自救运动之最后觉悟》

这一章所叙，从时间上看是一九二九年至一九三一年，很短。如果从他寻思所得又得以公诸社会的角度看，这三年，有点像水库开闸放水。水的积蓄自非一时。不过，这一时期降雨充沛，库中水量增加得快，亦是事实。

我用降雨充沛比喻一九二四年后中国政局迭有重大变化，马列主义在中国传播开来。这作用于我父亲的思想，使他所思考的问题远较过去为多。

因何而有开闸放水之举？一九三〇年一月一日起，王鸿一创办的《村治》月刊，改由父亲主编。王先生有一副难得的热心肠。

国共合作了又分家，即使不分家，父亲也并不认为这就是中国的出路。中国的出路到底何在？他有了自己的一套答案。其中，《中国民族自救运动之最后觉悟》一文集中、全面地表达他的思想见解。此后，他陆续发表的文章是分别阐明这问题的某一方面。后来，将三年间的文章合为一集，便用它做了书名。它既是一篇文章的标题，也是一本文集的书名。

为什么说是最后觉悟？这有两层意思。他认为，就国家而言，已进行了八十年的民族自救运动，"越弄越不对"，到了想效法苏维埃，可谓方法已穷。中国人在学别人这条路上该有一个最后觉悟了。另一层意思是，就他自己而言。自放弃变法维新转向革命以来，在中国出路何在这个问题上，他已一再修正自己的认识。直到认准了一个"全然不同的新方向——以前都是往西走，这便要往东走……事原是大家的事，原要大家往东走才行，我一个人往东是没有用的"。

我让大家先稍稍知道一点这一章的着重点，且在这里打住。待介绍了几件必得讲的事情，而后再说"最后觉悟"之所由产生及其具体含意。

前面说过，本章的时间范围是一九二九年至一九三一年。扣足了算，只有两年多，但这却是他个人生活或云事业的转折期。大事计有三件：

一九二九年，梁漱溟一家与亲属合影。中排右起，梁漱溟、梁培修、梁新铭、梁焕鼐夫人携黄瑜、梁漱溟夫人黄靖贤携梁培恕；前排右起，梁培果（梁漱溟之子，早夭）、梁培宽；后排右起，邹思椿、梁培伟、邹思栋（晓青）、邹德新、梁培昭、邹德惠、梁培志

第一件事，一九二九年二月，他与其他五人一同启程由广州去江苏、河北、山西参观四处地方的乡村工作，已如前述。

第二件事，主编《村治》月刊。几乎可以说是有了他个人的言论机构，于是他畅所欲言。王鸿一筹办《村治》月刊是在一九二八年，为此曾电邀父亲北上，但父亲那时已接办广东省立一中。不意一年之后乃得遂愿。

第三件事，由王鸿一介绍认识了彭禹廷、梁仲华、王炳程几位。他们都是河南人，有志于做一种乡村自卫工作。一九二九年，他们得到机会创办一所河南村治学院，邀父亲参与其事。在广州，他只有机会讲乡治，至此有机会将设想写入学院的规划。

第二和第三件事，事后看来实为乡村建设运动的序幕。我将它们划入下一章去讲。第一件事，自是“他山之石”。

一九三〇年六月，《村治》月刊出版新第一卷第一期，刊出《主编本刊之自白》。父亲多次以自我剖析公诸于世，这是其中之一。内分四节，一上来就讲，作此自白之必要，是因为“关心我的朋友，因不了解我，而替我担心”。“见我近年行事似在做一种社会活动或政治活动，多有疑讶我抛开学者生涯而别取途径，担心我将卷入浊流者。”甚至从未谋面的人也来信问父亲，“为什么忽然改行”。

父亲说，在这个问题上，胡适先生称得上是他的知己。当年，看了《吾曹不出如苍生何》，胡适便在日记上写道：“梁先生这个人将来定会要革命的。”多年后，胡适还记得并亲口相告。胡适知道，做社会活动自是我父亲的本色。

“做学问，在我只是不得已，非有是心。”具体情况读者已知，不必赘述。只有一段话尚须引在这里：“外人看我像是在谈学问，其实我不过好用心思来解决我的问题而已。”他涉猎的方面越来越广，缘故就在此。问题从实际中来，“固不归于实际不止也”，“用心思或云谈学问，只居其中一段落”，付诸实践，“正是题中应有之义”。

俗话说，一心难为二用，他“于旧日所谈的哲学心理学，其热心与兴趣仍丝毫未减，然此时难于兼顾”。

上面这段话十分重要。要理解他就得从这里去理解。读者耳闻他既是学者，又不知他怎的参与了政治。那情形便是，虽说不得兼顾，他还是力图兼顾。于是，此事这时紧急，就干这个，彼时那个重要，就干那个。“我生有涯愿无尽”之叹，便是由是而兴。

自白还包括对国民党的态度一节。“我以为所谓国民党者，就是指孙中山先生所领导的那一种中国民族自救的团体。”兴中会、同盟会以至国民党，一直是随着形势与任务之不同而有变化。“执着一成不变是不对的，变化就有前途”，但十三年改组“在此期间学共而容共，自附于第三国际之列”，然后又“反共灭共、以至于绝俄”。这是他所不同意的。错在哪里？错在“失掉自家精神”。

当时，共产党在苏区以外处于地下状态，不过在言论界始终有代表。所以，他对共产党也有一个态度。共产党按照马克思分析欧洲社会的框框看待中国社会。实则马克思虽不清楚中国社会是怎么回事，却已觉察其不同于西方，因而有中、印属亚洲生产方式的说法。

“我们非指证说明中国社会是怎样一种结构，不足以祛革命家之惑。”——他指证中国社会是如此、非如彼——劝说共产党走建设革命，不走暴力革命的路。他明言《村治》月刊把左倾青年当作特别注意去说服的对象，其心情一如写《吾曹不出如苍生何》那样，是对好人说话。

多年后，毛泽东说他“用笔杀人”，如果说时想到的是这事，则实有其事。

事实上，有所惑的还不限于革命家。

胡适作《我们走哪条路》，提出中国是受害于贫穷、疾病、贪污、愚昧、扰乱五大仇敌。一九三〇年六月，《村治》月刊上父亲发表《敬以请教胡适之先生》。几年来，大家都认为帝国主义和军阀是中国的敌人，“先生无取于是而别提出五大仇敌之说”。他问胡适，凭着什么提出如此与众不同的观点。很想详细了解，却不料只轻描淡写几句话便将他们发付了。国民党采取联俄容共政策，其中大有缘故，即“中国问题已不是中国人自己的问题，而是世界问题之一部”。也不要以为主张暴力是革命家“偶然的发狂”，在他们自是“持之有故，言之成理的”。就拿贫穷来说，漆树芬先生著有《经济侵略下之中国》，把事实和道理讲得很详细；郭沫若为漆著作序，也讲了一番道理（引漆、郭两文各数百字）。“先生果欲推翻革命论，不可不于此将对方立论根据所在，好加审量。”至于他自己，大约是笨和踏实的缘故，总是认为与别人探讨问题，“在没有彻底了解对方之前，是不能批评对方的，在没有批评倒对方之前，是不能另自建立异样主张的”。他觉得，胡适不曾做过上面那番功夫便做论断，“太嫌省事”。

稍后，父亲又发现郭沫若所作论断也嫌太省事。关于中国封建制度尚存在与否的问题，郭先生说：“只要是一个人体，他的发展无论红黄黑白大抵相同。由人所组成的社会亦正是一样……中国人不是神，不是猴子，中国人所组成的社会不应该有什么不同。”（郭著《中国古代社会研究》自序）

我父亲到底笨不笨呢，看来他至少是采取笨的态度。说这话不是自谦。别人写的东西他看得多，自己想得更多。我无意贬抑胡、郭两位先生。说心里话，两位先生是嫌省事了些。

父亲说过这样一句话：“自最近两年于革命热潮过后，沉下来讨论中国革命问题，乃补做中国社会历史的研究一段功夫。”最后，觉悟是由补做功课来的。觉悟到什么？他觉悟到，中国人其实是注定想学西方学不成。这个阻碍不是别的，竟是我们较西方为优越的民族精神。再具体一点，其所以不能学，是因为西方制度产生自较我们粗浅的精神。中国人既已开发了较高的精神，“实无法使之再降低”。

读者可能要想：这种说法恐怕过于高妙虚玄了吧？当年就有一位张廷健先生好心地表示过这种担心。父亲回答说，不会的，自己呆笨而认真，“你便让我空空洞洞不着实，我都不会”。

那么，让我竭尽所能把他这一觉悟介绍给大家。

不过还须提醒一句：当读到中国文化如何，民族精神如何、习俗如何时，请记得他指的是我们上两三代人。艾恺先生曾经问他：“中国的文化要旨、核心实质，还存在吗？”他的回答是：“残余还是有的。不能一扫光啊！还是有些遗留，留下一些。”

自从提出人类文化三期说，我父亲即终生秉持这一观点看待人类的过去、现在和未来。大体是，或应是完成了一个再完成一个才好，但他的意思是，两种文化各有其产生、发扬的根据，犹如两个流派，“不可作阶梯观”。所有关于文化优越、粗浅的评语，都是从这个意义上做出的。

先说他怎样发现民族精神，再讲他为什么说中国民族精神高于（优于）西方。

这太像民族沙文主义了。而这，正是他的最后觉悟。

父亲的最后觉悟得自比较中古以来的中西社会状况。他为什么需要补课？他说："溟自（民国）元年以来，谬慕释氏，语及人生大道，必归宗天竺，策数世间治理，则矜尚远西，于祖国风教大原，先民德礼之化，顾不知留意。"直到看见学西方越弄越不对，"始复有悟故土文化之微，而有志焉"，这便是十年前比较东西文化而得到的一些认识。十年后，这个认识已明显地不足以解决自己以及社会人士之惑，于是他再比较社会结构。他确信是民族精神使我们不能模仿西方，是在这次再比较之后。

他所发现的民族精神是什么呢？是我们常说的爱好和平吗？是吃苦耐劳吗？不。这都是民族精神在一个方面的表现。他发现的民族精神是我们一向很少听说过的"无对"。他在答胡适评《东西文化及其哲学》的讲演里，说自己是没有敌人的。因为，各自抱有良好意愿，纵使致力之所在不相同，绝不互相妨碍，而是互相助成。这就是"无对"的态度在此时、此事上的体现。

一切生物都限于（也是陷于）"有对"之中。这是因为它们无法超离其个体对外性——求生存的必要。人则不然。人的脚是站在"有对"上的，但已可以做到超"有对"。"人类唯以超'有对'，故能有超利害的是非心，故有道德。人类唯以超'有对'，故能有真的自得，故生活非定靠希望来维持，更不必靠宗教来维持希望。""人类唯以超'有对'，故能洞开重门，融释物我。"

"人的脚是站在'有对'上"，这就是说，人类可以不同于动物，向上攀升，用他的心（指意识、意志），指导自己而超离个体对外性。

很可能连他自己都不曾料到，时隔十年，他注意到我们有高于西方的精神，这精神，他后来喜欢用中国人"理性早启"这种表述，在写"最后觉悟"时，用的是"无对"。

他说自己"今日乃深有味于中国人之言'仁者人也'，'仁者与物无对'"的深意。"除非中国人数千年白活了，于人类文化无所发明，无所贡献则已，如其有之，则我断言，便是他首先认识了人类之所以为人——认识了'无对'。"

中国人得以在发现"无对"上先走一步，是因为欧洲人经历过上千年的宗教禁锢，中国则没有。

这太难于捉摸了是吗？且让我们沿着他走过来的思路走一趟吧。

"无对"诚然听着玄妙，但它其实来自一点都不玄妙的生活现实。宗教自始即直接关系着人类心思的开发，先是原始的、散碎的宗教，后有几大宗教。中国的先民无异于其他民族，也有原始宗教，但后来虽有宗教却从不曾控制中国的人生。欧洲却不然，有上千年时间中西社会文化因之大异，呈现两个路向。这既是旧说，又是我父亲考察社会结构的发现。

提到宗教，中国人心里想起的是信神，以及间或举行的仪式，信或不信和举行仪式与否全在各家各户乃至个人。在西方，不必上溯很久，不仅不信上帝是骇人听闻的大罪，事实是全社会处于宗教控制之下。这就是有名的Dark Age（黑暗时代）。关于黑暗时代，在学校学外国史是学过的。至于它曾窒息西方，我们生为几乎没有宗教生活的中国人，大都只记得这个历史事实，而不觉得它有多厉害。西方人则不然，他们很清楚。

《中国民族自救运动之最后觉悟》是从引述西方人讲他们的历史开始的。父亲“于此不愿用自己的笔墨”。一则学力不够，二则恐怕人家对他亦信不及。

我还可以提供一个活的事例，说明西方中古的教会和现今的教会何等不同。

在本书第十章，提到过的我的朋友威廉·皮佑。他先前是牧师，后来放弃神职改修历史，成为史学博士，每年只在感恩节去一次教堂。有一次，他做手捧《圣经》的姿势说道：“中古时代，每个村落有一座教堂，全听牧师依自己的意思解释《圣经》。”他问我：“懂了吗？牧师以上帝的名义说了算。但这还不是最可怕的，那时，任何人不能从别的教堂（人人属于他所在地点的教堂），不能去所属教堂之外听取上帝的旨意！”

下面是父亲的原文：

然而人心岂能终久这样抑郁闭塞呢？无论锢蔽得多久，总有冲决的一天。果不其然，当中世纪之末，近世之初，有“文艺复兴”“宗教改革”两件大事，而西洋人的人生态度，就于此根本大变了——完全转过一个大相反的方向来。

父亲说，宗教改革打破了黑暗时代，人们“把朝天的面孔转向今世，追求现世生活的满足”。这一点，“西洋历史哲学家盖多言之”，并非他的创见，“我不过更加咬定”罢了。（说“更加咬定”，是因为十年前他就认为文化是因致力所在而有趋往。）他将这形容为“炸弹爆发”，“一切为人生利用的学术器物令人目眩地开辟出来”。

接着，他还说了一句容易被忽略的话：欧洲人从宗教锢蔽下解放出来时，他们“有一副不曾受过伤的身体”。如此说来，中国人的身体受过伤了吗？是的，父亲认为如此。他一向是联系人的身心看社会发展。

欧洲中古有着与宗教锢蔽不可分的社会结构。那时欧洲的政治地图不是今天这个样子，它是分成许多城邦，即封建制度。土地分属于君主、诸侯、僧侣、骑士。农民——农奴附属于土地。这片土地的主人住在中央，农奴围绕他的宅邸居住，四周是耕地，再外面一层是林地牧场。农奴无权离开领主，不得逃亡，逃亡多年侥幸不被抓回才得人身自由。他们接受领主吩咐的一切勤务，领主可以没收农奴所有的物品。卖牛、结婚要得许可，女子嫁到领地以外要付赔偿金，领主有初夜权。有法庭，其裁判官便是领主的管事人充任。“领主的仆佣好似国家的官吏一样。”教士无异于大官，一切政令出于他们之手，因为只有他们会拉丁文，贵族们并不受教育。

经济自给自足，完全闭锁，只有领主所想要的饰物和贵重武器才向外来商人购买。在引述西方学者的著作之后，父亲写道：

> 我叙说这些干什么？我意在请大家认识几点：
>
> 一、在中世纪西洋社会，是一阶级这样绝对地压制着并剥削他阶级，自非惹起大反抗、大冲决而翻过来不可。
>
> 二、社会中似这般绝对地压制与剥削，普遍地存在着，显出文化很低的征候（无论从施者或从受者那面看）。
>
> 三、似此野蛮低下的西洋社会，实距今不甚远的事，一二百年前的西洋人，其文化程度便是如此可怜。

中国是怎样一种情况呢？中古欧洲史“无教会则将空无一物”；相反，中国人竟不需要宗教，“从历史上就不需要”。欧洲的社会结构是一阶级绝对地压迫其他阶级，中国则是阶级虽有，但“升转流通”，不绝对。

这是父亲观点的要害。他提出一项希望，希望对中国社会历史事实不要“随便解释，或装作看不见”。它有两大古怪点：“社会历久不变，文化停滞不进和几乎没有宗教的人生。”

具体地说，中国的制度“完全开出你自己求前途的机会”。俗话说：“全看本人要强不要强。”农工商可以起家，可以从农转商、转工，子弟可以转为士，“十载寒窗”，“书中自有黄金屋”这类俗语尤其表明阶级关系在中国的“升转流通没有一定不可逾越的界别”。

我的另一位朋友便注意到了这“升转流通”。贝丝·巴德尔向我学中文，有一天课后闲谈，我偶然说起：中国的科举制度，三级考试，每通过一级社会地位提高一级，中国的官都是走这条路上来的。我的话一落音，她就说：“这和西方是不一样的。”她立刻觉出其中差别。正是所谓旁观者清。

科举制度久为中国人所诟病。它有升转流通的作用，想来不会是唯有我父亲注意到了。所不同者，他由此得出中国人的社会地位可变的结论，不僵硬的社会关系便影响及革命方式了。

在农业社会，生产要素中重要的无过于土地。土地在中国历来可以买卖，遗产不只传长子，而是诸子平分。土地因此处于可聚可散的状态。

他的意思是说：西方阶级关系绝对化，中国不绝对化。绝对化的形势“逼着人对外求解决”，中国则是从自己身上找办法。对于这种不同，他又有一个说法：

一九三〇年，梁漱溟与亲属合影于北海九龙壁前。后排左起，邹思椿、梁培志、梁焕鼐夫人彭清绮、梁焕鼐、梁漱溟、梁培伟、梁新铭、邹思栋（晓青）、梁培昭（怀抱黄瑜）、邹德惠、梁漱溟夫人黄靖贤（怀抱梁培恕）、邹德馨；前排立者为梁培果、梁培修、梁培宽

西方社会叫你“向外冲去”，中国社会叫你“向里用力”。

他这句话的含意已不限于社会结构、阶级关系性质，话虽是来自这里，却又和中国人的人生态度、文化的形成、经济的开发有相通的关系。在《中国文化要义》里，他干脆说中国文化是“向里用力的文化”，是视作一事的了。这个说法不免又给人“玄”的感觉。在他却不玄。这个结论来自儒家的历史作用，来自上千年间社会结构乃至礼教之为害。

现在让我们踏入一个重要领域。

《最后觉悟》中有一节的小标题是《解一解中国的谜》。谜有两个，一是中国人为什么不需要宗教？二是近二三百年西洋人为什么飞，近千年中国人为什么停？

先说宗教，再说停与飞。

“中国因为走入第二人生态度故不需要宗教了。”“走入”两个字很容易被滑过，但是很重要。父亲的意思是说：中国人从本来应循的方向岔了出去——提前采取第二人生态度，不去注意解决人与物的关系——失序。中国人在人与物的关系稍得解决时，便径直进入解决人与人关系的阶段。这层意思（做事有先后）容易接受，但他的意思实不限于此。如果我没有理解错，他还另有一层意思，而且唯这另一层意思才是他所注重而往往为他人所不注重的。这就是，人类心思的开发与运用。（人以外一切生物都谈不上这个。）留意到这层意思是理解他的思想包括理解他解开中国之谜的必要条件。

第一个谜："中国人因何竟不需要宗教？"

英国哲学家罗素认为，中国文化有三大特点：一、文字以符号构成，不用拼音；二、以孔子之伦理为标准而无宗教；三、治国者为由考试而起的士，非世袭。

父亲认为，"实则其余二者远不如无宗教之可异"，这才是"比无论什么问题都值得诧怪疑问的"。

人类文化上之有宗教，是各大洲、各民族普遍存在的重大事实。文化每以宗教为开端，文化每以宗教为中心，非有较高文化不能形成一大民族，而其文化上的统一、民族生命之久远，总是靠一个大的宗教维持。

宗教呈现衰势是近代的事，是由下列变动而来：提高了批评精神，不合理性的难被接受；科学发达，迷信为知识所取代；人类因征服自然，自信心增强，生活中竞争激烈，无暇顾及。

两千年前中国具备上述条件吗？不具备。那么中国人为什么例外了呢？谁能说中国人没有迷信，然而中国没有一个大的迷信——整个系统的宗教信仰。中国人有宗教行为却没有大规模的宗教行为——国家制度、团体组织的宗教活动。如果读者同意上述史实，那么请注意父亲提出的下述问题："似此零星散见的迷信，无大活动力的宗教行为，实不足以当偌大民族统一文化中心之任。"接下来还有一个问题：中国地域广大、风土人情各异、语音各异、交通不便，但是民族没有散开，不但没有散开，外族屡次进入中原而后被同化。这一切，如果没有"共信共喻共涵育生息之一精神中心"，怎么会成为可能的呢？

他拿出答案来了："替代一个大宗教，而为中国社会文化中心的，是孔子之教化。"（父亲早有儒家不是宗教的说明。近来国际国内更有儒家、儒教混用不分的现象。当年他便认为，这一方面是有些人没有搞清楚，另一方面没有搞清楚又有其缘故。）

他很同意冯友兰《儒家对于婚丧祭礼之理论》，"全从儒家固有理论，来指点儒家所有许多礼文仪式，只是诗是艺术而不是宗教"。这些礼文仪式有似宗教仪式又起着安慰情志的作用，但终不能将之含混。因为孔子没有独断，不讲鬼神、持住世态度正见其高于宗教。

前面说过，我们竟因民族精神高于西方而不能模仿他们。这个"怪论"是否有点道理呢？大家判断吧。

父亲是这样说的：孔子指点人回头看自己，"在自家身上用力，唤起人的自省（理性）与自求（意志），这与宗教之教人舍其自信而信他，弃其自力而靠他力，恰好相反，亦明明是人类心理发育开展上一高一下两个阶段"。孔子使中国人不靠宗教靠道理来维系社会人生，“以是非观念易福罪观念”。你不愿做某件事，是因为怕神降罚于你，还是因其不合理，“这个分别很大”。前者以宗教教条代替理性，后者是诉诸自己的理性。“欧洲社会只是有宗教，以宗教为道德，中国社会才真有道理。”“我们很无须客气地说，这实比欧人要高一阶段。”

中国人的心思已经发育开展到这一水准，回不去了。我想在这里恐怕需要加一点说明，所说回不去是说回不到缺乏理性。父亲有这样一句话：虽然后来“礼崩乐亡，而中国人总不翻回去请出一个宗教来”。

至于他们为什么飞，我们为什么停，几乎不是谜。不过我还是引述父亲的一段话在后面。

黑暗时代郁积了“非冲决奔放不可之势”，一旦“朝天的面孔”转向现世生活，“恰不啻由代表第一人生态度之人生观使这冲决奔放得一根据”，两者凑合，“如虎生翼”。

停的谜似乎比较难解，听起来也像是有一点虚玄。其实，如果同意各民族文化因人生态度（致力所在）不同，其文化各有趋往这个观点，那就不玄。如果再同意中国人的社会生活使中国人“向里用力”，就更不玄。

父亲喜欢用提问的方式引起别人的兴趣而随着他一起思考。他问道：“你看科学为什么偏出于宗教障蔽最强的欧洲，而为什么中国人心思开明，无为之障蔽者，却竟尔数千年没有科学产生出来？”

他们眼睛向外看，看到的是宇宙间静的物质，就去想办法运用它，这样就产生了物质科学和科学方法，并且将之普遍适用于一切。

中国人将心思聪明“反用诸其身”，看到的是动的生命，既然如此，他“何从而产生物质科学和纯乎理智的科学方法”？

中国人过早地“勤于做人，对物的问题进展之机于是以歇”。

如果光是歇，还不太糟，糟的是我们还陷入第一和第二人生态度的“交相牵制”，抵消自己的力量。

这话怎讲？这就谈到文化发展失序的问题了。读者若把这理解为做工有工序，则虽不能说错，其实没有对。请看下面这段话（为简洁计不逐句照录）：中国的政治制度、家庭生活都要求人向里用力（即常说的修身），但是，人们能否果真做到，“固未易言”。人走向逐物的人生是容易的。眼睛向前看自是人生“开初一步”，眼睛转向自己，“已是进了一层”，力量不往外用往里用“乃更大进了一层”。反省、节制，“所需心理上之努力者实甚大”，不自策勉，却很容易。

请注意下面这层意思：汉代以来的中国人生活用力在人自身，已是一种适应社会现实的必要，但其实，致力于物“于此时亦同有其必要”，人自然需要改善其物质生活。可是，社会现实使第一人生态度施展不开，第二态度则实不符合日常生活需要。西方人顺着需要干起来，中国人“两个必要交陈于前，两个态度乃迭为起伏交战于衷，数千年中国人生所为时形其两相牵掣，自为矛盾者此也”！

这样的后果是什么？“基础条件之不备，环境之不合，其发于第二态度之文化亦只能达于可能的最高度而止！”中国人因所取态度两不相当，所可能取得的成就，都搁在那里上不去了！

中国停的缘故摘要如上，但是嫌抽象。贝丝·巴德尔从书本上知道，中国早有四大发明，西方深受其益，却奇怪为什么不见中国接续着有大发明。我对她说：火药是中国发明的，西方以其科技与火药相配合制造出射程远且准的枪炮，中国一直用火药做鞭炮、放烟火，用之于喜庆。据说宋朝已经知道用炸药攻坚，偶一用之且长久不见改进，打仗还是靠两千年前的家伙。这就是生活态度导致的后果吧。

儒家思想使中国以及儒家思想辐射所及的地区重视伦理。新文化运动以后，伦理思想仿佛是礼教的伴生物，虽没有一起挨骂却已不受推重。又过数十年，待到我们乃至西方都感受到家庭小型化的缺憾，也已回不去了。

比较中西社会结构，不可能不涉及家庭伦理这个问题。对此，我父亲是既见其利，复见其弊。他说，一个女人或一个男人，是不完全的人生。“人生实存在各种关系之上，而家庭乃天然基本关系——家庭伦理——天伦为基本所重。”失去家庭关系，中国谓之“无告”，即有苦无处诉。中国人的生活安稳大得益于家庭，“其相当于宗教矣”！

一九三〇年，梁漱溟与亲属合影于北平。中排坐者左起，黄靖贤、梁漱溟、梁漱溟兄梁焕鼐、梁漱溟大妹梁新铭、梁漱溟大嫂；前排左起，梁培恕、梁培修、梁培宽、梁培忠；后排左起，梁培果、梁培志、梁培昭、梁焕鼐侧室何秀华，最右者为梁培和

麻烦也在这里。天然伦理关系之外，又准此而派生出君臣、师徒、朋友、乡里关系，“伦理关系罩住了中国人，大有无所逃于天地之概”。对所有这些关系都只有尽力往好去做，只许责己，不许责人。而礼教这东西，总是站在上者一边的，“故由此养成国民的妥协性与麻痹性”。民主是由对上反抗得来的，中国人生活在这样的社会结构中，“在上之权威其何由推翻”？

很自然地，一个结论出来了——“孔子不单耽误了中国的科学，并且耽误了中国的德谟克拉西（民主）”。

更糟的是，孔子那种极高明、使人心思开通情感顺畅的思想与生活，久已为礼教所掩盖，“真正的中国人生消失已久已久”。照他的看法，远从两千年（汉），近从八百年（宋）“递演至此，外面已僵化成一硬壳（体合人情的伦理渐成不顾人情的礼教），内容腐坏酵发臭味”。“几乎从无宗教返于有宗教。”

欧化东来，给予中国“一新颖而剧烈之刺激”，导致数千年间外面的那个硬壳“破裂崩坏”，失去实质的中国文化至此“固已陵夷衰败至最后一步”。

父亲补课所得大体有如上述。

也许读者会觉得他用原先的眼光对两种社会再审视一遍，只是强化了已有的观点。的确是这样，但并非仅做了一次重复。因为这次，他是怀着这样一个问题再审视的，即：中国下一步的革命怎样做才对？父亲写《东西文化及其哲学》的时候，中国人的心情是国民革命目标已经实现，不意数年后中国人普遍警觉辛亥革命没有解决问题。这是全体中国人心中的问题，也是他的问题，于是而有再审视和最后觉悟。

他给出的答案是：中国不能成为如美、欧、日那样的“现代国家”（现称发达资本主义国家），中国也不能走俄国人的路。

为什么呢？原因又是很玄的。父亲认为，别看它们是两个主义、两种制度，可它们同是“有对”的文化。

父亲说过，除非中国人数千年白活了，否则我们对人类文化的贡献便是首先认识了“无对”，唯有认识到“无对”，才是认识了人类，唯人类能“无对”。

可是，说完上面那段话，他没有紧接着说西方文化是“有对”，而是把这段话留到文章将近结尾处《我们一向的错误》一节才说。大概，他觉得放在这里讲较能使人觉察其不相同在最根本处，而不是通常说的各国有自己的国情，例如英国不同于俄罗斯。我们一向的错误是不懂得“无对”的文化不能向“有对”的文化学习。

现在，让我们来看看他是怎么说的。

“西洋人自近世以来，大发挥其人类的‘有对’精神，真是淋漓尽致！（此话无贬无褒，即贬即褒。）……本来一部近世史，就是一部个人主义活动史，就是人的自我觉悟开其端。从认识了我，肯定了自己，而向前要求现世幸福，本性权利，后来更得着‘以开明的利己心’为出发的哲学论据……大演其个体对外竞争的话剧，所有征服自然的物质文明，打倒特权阶级的民治制度，一切有形无形，好的坏的东西，便都是由此开发出来……此为两眼往外看，力气往外用，必有的结果，原不足怪。然在我们正为太不具备他这种精神了，正为与他恰相反，所以一旦相遇，当然对付不了他。”把这一点真看懂了，则中国与西方相遇以后所遭受的种种，“正一点一毫都有其来历”。

中国人从来在民族文化上自大，面对强势西方文化“顿尔一变为虚怯之极”。急图自救而学他，“始而所学在其具，继所趋求在其道，自曾文正、李文忠以讫共产党，虽再转再变，不可同语，而抛开自家根本固有精神，向外以求自家前途，则实为一向的大错误”。一个民族的前途，“全在循固有精神而进”，不能“退坠降格以求”。

过去诚然是错了，但实则“不能不有此错”；别人的刀好，我也要弄一把那样的刀，这是“必有的反应”。所以，不要责备当日之错，却不可不悟昨日之非。

“近四十年间（从一九三〇年上推）民族自救运动，总算起来，可分别为一个前期、一个后期。”父亲这里所说前后期的划分，不是依中国人的革命思想和活动来划分的。因为我们不具备应有的认识，我们思想的“迁易”，是因西方有此迁易，跟着“截然有二期”。当别人“制造帝国主义”的时候，日本人学着制造成功了，这给了我们最大的刺激和鼓舞。后来，当“打倒帝国主义”的思潮兴起，俄国革命成功，我们也跟着要打倒帝国主义。后期革命否定前期革命，“始则艳称人家的商战以为美事，今则一转而咒骂经济侵略以为恶德”。喊出“不惜以今日之我与昨日之我挑战者”，这不正反映出我们的“曾无定识”吗？

须知，成为现代国家，“他的政治背后，有他的经济，他的政治与经济出于他的人生态度，百余年间，一气呵成”。俄国革命“从其所以解决政治问题社会问题的方向看，则正是从来西洋人根本精神赤裸裸地表现，最彻底地发挥”。是个人主义“演到大家都受不了的时候”，翻转到社会本位思想。其富于组织性，“最擅长以战阵攻取之略”，正是“有对”性的高度发挥。

看到上面的话，读者或许会想，梁漱溟先生的社会主义思想如其不是假的也是一种古怪的东西。这个问题将在本书后半叙述到二十世纪五十至七十年代那段时，单辟一章《他看中国的社会主义实践》。

父亲认为两条路中国人都不该学——与固有民族精神不合。

现在让我们返回到《解一解中国之谜》一节。那里有一段话，讲中国革命之异于他国。

父亲说过，中国人是以是非观念代替福罪观念，“理是最能打动中国人的东西”。在别的国家，许多道理往往因与传统观念相冲突而不易接受。这种情形在中国也有，不过恐怕没有像中国人这样接受得快、受阻碍少而已。科学与民主，中国人“以理之所在而倾向之”。同一缘故使“中国人之革命率以趋赴真理之态度出之，其革命势力之造成乃全在知识分子。对于一道理之迷信与热诚的鼓荡，他并没有经济上的必然性，却含有道德的意味”。

父亲认为受此种出于“先觉之士主观上的要求”的革命并不好，它不是根据社会现实，“以前的一切贻误全由于此”。今后的革命不该是感情冲动的产物，应取决于理性了。

他说，社会是没有先见的，个人的先见可以有，但看不真切。“当一世之人心思耳目方有所蔽之时，要扭转社会倾向，实有绝对的不可能。”

话虽如此，他还是忍不住要扭转社会倾向。继《最后觉悟》，他又写了《我们政治上的第一个不通的路——欧洲近代民主政治的路》和《我们政治上的第二个不通的路——俄国共产党发明的路》，以及《中国问题之解决》。

《中国问题之解决》提出当前中国问题“发自内部者轻而来自外面者重”的观点。这是由于：一、受外面的压迫打击而有内部改造的要求；二、领会了外来的新理想而对固有文化发动革命；三、外面的势力实际地改变了中国社会。

文章还批评了“各家说法”，着重点是质问在中国谁起来革命和革谁的命。他认为，已提出的说法都不足以回答前述问题。

但是问题虽具外面性，如何解决“乃又重在内部”。这是因为，中国文化特殊，又有很大缺欠。“唯有将内部文化补充增高，使其物质与其人渐得跻于外面世界水平线的程度，是其问题解决所必要的功夫。”

他又说，“中国问题之解决，其发动以至于完成，全在其社会中知识分子与乡村居民打并一起，所构成之力量”。

读者对上面两句话印象如何？第一句，在没有了解更多含意前难下评断。其实，这句话就是乡村建设运动的用意。第二句，主张知识分子和农民“打并一起”，可能读者会问：梁漱溟先生也有这样的主张吗？不过，父亲说过，中国革命含有道德意味，革命势力造成乃全在知识分子。

父亲不主张武装斗争。这话说起来长了，他写《吾曹不出如苍生何》已是这个意思，后来更说过不承认任何对内用武的必要性。

人主张什么总是有根据的，真的有根据，或因需要和好尚而找来的根据。他这本书里提到过的许多主张，读者无妨都判断一下是属于哪一种情况。

这一年，他还写了一篇《“建设新社会才算革命”答晴中君》。

事情的由来是这样的：师范大学社会学学会邀他讲演，因为刚看过胡适写的《我们走哪条路》，父亲于同意不要“以暴易暴”之余，又不同意胡把帝国主义和军阀置于不问。事后，一位署名“晴中”的先生对不用暴力提出质疑，于是父亲有了这篇文章。

父亲说，“我并不否认中国革命兼有社会革命和世界革命的性质”，但否认中国革命“对内对外须用武”。他在师大那番讲话是想说明中国的情况“按之常理均多不合”。(例如马克思就认为中国异于西方，属亚洲生产方式。)以帝国主义来说，他们科学工业的威力，我们无可比较；以军阀来说，军阀的存在并不需得到谁的承认，他们恰是靠着旧中国的上层建筑已破坏，下层建筑还是老样子，新秩序建不起来这样一种状况而得以存在的，需去掉的是军阀赖以存在的无秩序，而非军阀这附着物。从经济入手改善我们的条件才是对症的做法。

晴中先生说，革命并非只破坏，“而且绝对的还有建设”。于是父亲答道：“我正是反对必以武力为革命的隘见，而主张以‘革命建设’为革命的人。”至于中国的前途，“资本主义在中国已不可能，而非资本主义倒是非常的可能”。

中西方社会发展各有一个过程。若不抱偏见，任何人都能从史籍中找到父亲举出的史实。(阅读中没有绝对的客观，史实虽有记载可以不受注意。)我的意思是说，这属客观的东西。他另一点就是，看出中西方社会人生之不同——精神之不同——“无对”“有对”，则是个人的思想见解了。(我父亲思想发展过程又颇不同于一般。)这是个人对客观(史实)的理解、反映。可以是正确的，可以是不正确的。因为它是主观的产物，必具个人色彩。属于个人的部分请读者判断。

获得最后觉悟的过程，父亲在大课堂上向学生们讲过，于了解他很有帮助。撮要如下：

他说，《我们政治上的第一个不通的路——欧洲近代民主政治之路》有一半篇幅是说西方民主政治的“优良巧妙”，是用当年梦想将之移用于中国时的读书心得所写成。后半才翻过来说何以不能移用于中国。

当别人认为是某些人破坏了中国实行西方民主时，他不认为是这些人想做就做得到的。他注意到这一点，“我常喜欢对人如此说：我们看任何事，不要只看中心点，须看四周围，看背景、看环境，不能只看近处，还须看远处；不能只看浅处，还须看深处；不能只看一时，还须看过去所以如此的成因与由来”。他始终在留心两种社会文化的不同及不同的渊源。

父亲还说，人类与动物不同，人类之生长即习惯之生长。人类受后天的影响极多、极大。他看一个社会不过是一团习惯而已。换一种政治制度即是换一种习惯，西方政治制度不能在中国建立“何足怪异”？许多人看社会“如白纸一般”，可以任凭染色，“欲红则红，欲绿则绿”。数十年经历“诏示于吾人者，乃大谬不然”。我们虽然可以给他一个刺激，虽然看到反应，“但只不过动一动而已”。

认识到这层之后，他“已不再去热心某一种政治制度表面之建立，而完全注意习惯之养成”。(请读者注意“表面之建立”几个字。)

觉悟到这一步够了吗？仍然不曾到家。民族习惯不是想养成便可养成的，“因其中有梗阻处，有养不成处”。为什么？“其梗阻，则中国数千年文化所陶铸成的民族精神不同于西洋人。”

他所说的民族精神包含两个意思：渐渐凝固的传统习惯以及中国文化开出来的一种较高之精神。习惯可以矫正，费一番事能做到；较高的精神实无法使之再降低，再回转过来。中国从事政治改造运动的人常自我否定，一足向东一足向西。这一现象常常为人们所忽视。

父亲把自己的最后觉悟归结为如下一句话：“新轨之不得安立，实与旧辙之不能返回，同其困难。”“此亦为世人所不知者。”

《中国民族自救运动之最后觉悟》的思想观点源于《东西文化及其哲学》，侧重于政治，回答中国革命道路问题。所见或对或不全对，都因其贴近具体问题，比《东西文化及其哲学》又经历过一番思索而更有体认。但是，人们历来提到我的父亲都会提及《东西文化及其哲学》而殊少提及他的这个新悟。它之被忽视，恐怕是由于两个原因：

一、近百年西方文化以不可挡之势扩及全球，人们正目眩于它的物质成就，我父亲对西方文化的分析尚不能为人们所理解，必待经受相当的苦痛才会回味那些意见。

二、由于远较《东西文化及其哲学》涉及现实政治而不能得到理性的接受。我认为这是很可惜的。

《中国民族自救运动之最后觉悟》中还有三个值得研究的问题：

一、中国向西方学各种东西，“独少欲以西洋宗教代替中国无宗教的盛大运动。此因中国有智慧的人无此兴趣，且以在西洋亦过时之故。然由此不发生比较讨论，而中国无宗教之可异，乃不为人所腾说，则是一件可惜的事”。

二、中国文化“原是一种暧昧不明的文化，他就没有干脆的事。此其故，待后说明。一般人因不明此理，总爱陷于无益的聚讼纷争。如争什么‘中国是封建社会’，‘中国不是封建社会’等类。其实，从其‘几乎是’而言，则几乎是，从其‘几乎不是’以为言，则亦不是也。彼固隐然有其积极面目在，但你若不能发见其积极面目，则未有不徘徊疑惑者……然你能从大端上发见其积极面目，固将知其不是也”。

三、中国人何由而认识了“无对”？“数千年中国人生、中国文化所为与西洋大异其趣者，要唯中国古人有此一点认识，前后相继，勉力趋赴，影响所被演成前所谓人生第二态度之所致耳。人生第二态度之于‘无对’，或即之，或违之，虽不能至，心向往之，百变不离其宗。然人生第一态度则是正是人之‘有对性’所表现发挥。中国人之精神与西洋人之精神，各有其在人性上之根据。然西洋人盖自人与一切生物所同具之点出发，中国人则自人性中所异乎一切生物之点出发。此问题太大太大。”

后来，这三个问题父亲都在《中国文化要义》和《人心和人生》中有所阐发。然而，正是“此问题太大太大”，我代他寄望于好学深思之士更做研究。

再度奔赴理想（一）

——乡村建设运动

写在进入主题之前的话

辛亥革命没有费大力气便达到了推翻清朝统治的目的——各省督军打电报宣布反清，拥护共和；共和制于是建立。在北京设有一个理论上管着全国的政府。军阀割据的形势因这夹生饭的革命而形成。军阀们只为争地盘操心和用力，社会大众落到被忽视、被牺牲的份儿。终于盼来了北伐。可惜那一度气势如虹、举国翘首以待的北伐，虎头蛇尾地完成，随即显出国家并未脱出分裂的老路。

父亲说："这种局面我想结束它。"怎么结束呢？用乡村建设来结束。读者会问：梁漱溟先生没有枪，不组党，没有某个外国在背后支持，这怎么可能呢？

然而，他是很认真的。他说，他依靠社会大众舆论的转移，集合了自己的朋友，全力以赴地干了七年，直至抗日战争全面爆发。

有人会误解：乡村建设运动是建设乡村的运动，是那些当时试图扶助农村、救济农村，甚至去农村谋出路的大小团体组织的运动之一。其实并非如此，它很不同。

父亲一生，如他自己所说，没有自己的思想便不能生活；同时，认定一种思想是对的，就去做那件事。例如想去当和尚和去曹州办学校。简言之，他一个时期的行动必是自己一个观点的履践。

看完《烦闷时期》和《中国民族自救运动之最后觉悟》两章，读者必然已经感觉到：梁漱溟先生若不采取下一个行动才怪呢。

一点不错，推动乡村建设运动是第三次这样的行动。（在北大执教不是他自己要做的。）

办学失败回京，是父亲生平最无主张的时候，新主张是在北伐实质上以失败告终之后确立的。他认为，此一失败的政治含意是：中国不仅学不来西方的多党议会政治，一党专政的俄国革命同样学不来。他的新主张实为中国二次革命失败反思后的产物，也是见辛亥革命二十年国家仍无出路后，提出的一个民族自救方案。

读者多半想不到，他得出的结论竟然是，中国的老文化已经不能要了——它不能应付西方的强势文化。不过他又说，必须赶紧回头认取自家精神。因此，那解决的办法便是重铸一种兼具中西文化优长的新文化。又因为什么样的社会必有什么样的文化，陶铸新文化即是要将社会构造加以来改造。

“只有新文化还不够，使物质生产和人的教育素质渐渐达到与外部世界的水平相一致，也是必不可少的功夫。”乡村建设的立意和设想，大体便都包括了。

如果说一句大白话，乡建运动不妨叫“从头来运动”。父亲有一次对学生讲话时说，自己很知道这样做道路迂远，但是既然有此必要，虽迂远也要做。读者或许会问，梁漱溟先生说老文化已经不能要了，可是当真？他早有抱着固有文化不放的名声，乡建运动的一些做法也给人这种印象，可谓事出有因。什么因呢？这里有一个他终生坚持的观点：不能撇开原有的去创新，对于中国这样历史悠久的民族犹然。现在大家都这样说，然而说法相同，一旦具体化起来还有不同。

认识老中国——从这里进入主题

在经历了毛泽东和邓小平时代之后，中国发生了当初想象不到的巨变。此时，介绍我父亲这样的人，其社会意义何在呢？让读者从阅读中知道些什么，才算对大家有益？

我的答案是：分歧的中国民族自救运动中，不容否认他们对旧中国的认识有不同。这不同即使有立场的因素，并不等于别人的认识一律没有价值。在绝对化、简单化已经退烧的今天，可以谈论这些不同了。知道中国在父亲眼里是什么样的，对增进我们认识老中国不会无益。他的认识，某些偏颇是一定有的，但不至于全错。至于理解他这个人，亦即增添对那个时代的理解。人是时代的产物，那个时代已经远去，正唯其远去，值得回头审视。所以，对乡建七年的介绍，侧重在：一、认识中国，二、认识他个人。前者为观点的介绍，后者，虽讲的是一件件事，用意仍在说人。

我依据什么做介绍呢？《乡村建设理论》(亦名《中国问题之前途》)，这其实一大部分是给学生上大课（不分班级都来听）笔录的删定，先讲对老中国的认识再讲解决问题的种种设想。他说：“先杂凑出版，等有了时间再通体写过一遍。”但同年（一九三七年）全面抗日战争开始，一切成为过去。

先杂凑出版？为什么他要这样？他觉得：“只为外间总不明白我的意思。”

他说外间不明白他的意思，是指某一观点或某些做法吗？不是，是整个地不明白，或说是从根儿上不明白他对中国老社会的一整套认识。我特意用“一套”的说法是有缘故的。我们称什么样的东西为一套？不能拆开而且抽去一部分，其余部分便相应失效。理论观点成为一套，那就是说各个观点之间有严格的逻辑关系，此一观点得以成立赖于另一观点之被认可，它们是一步步推演下来的。

自己的一套理论观点别人“总不明白”，当然要设法争取别人明白啦！

我曾一再试图通过叙述乡村建设运动在山东邹平做了什么工作（即用实事）使读者明白乡建是怎么一回事，但总觉不行，这样写是零散的，根本意图何在感觉不到。

为什么一再避免讲那一套理论？因为它给人的感觉似是离“乡村建设”四个字太远。后来，我终于认识到远也得讲。换言之，请读者嫌远也看下去。

其实在他心里，明知自己讲得远了，然而认为必要。他有一篇讲话，题目是《研究问题所需的态度》，他说，自己讲的“与我之主张结论相去不知有多少远”，但是“在这底下要转弯的”，是“要凭此曲折以衬托出我的正面意思”。若问为什么要转个弯，那是因为“中国问题的复杂性与深曲性均达极高程度”。

问题实质是文化失调

在普遍都说帝国主义侵略是中国面临最大问题的年代，他说“中国问题并不是什么旁的，问题就是文化失调，表现出来的就是社会构造崩溃”。

他说，看到自家的文化有缺点敌不过人家，仍是浅见。“若深求之”，问题是“在根本人生上我们有缺欠，此缺欠经西洋风气的启发而见出来，使得我们对于固有文化不满意，固有人生理想不满意，甚至于厌弃反抗。这厌弃与反抗，是中国社会崩溃的真因”。

因此之故，在《乡村建设理论》讲怎样认识旧中国的篇章里，无一字提到三皇五帝，无一字提到往昔的盛事。只提到孔子，因为是孔子使中国人不需要宗教了，这对文化和社会构造有极大影响。

乡村建设运动亦如别的政治、社会运动必有其立论，它的立论便是立在“中国旧社会组织构造及其所谓治道者”上头。当时，“上层建筑”一词输入未久，用了“治道”这种提法。（细加斟酌二者不尽相同。）

在这个标题下，头一句话便是：“我们的乡村建设是要重建一新社会组织构造。”那么旧的、原先的社会组织构造是什么样的？回答是：“伦理本位，职业分途。”这不同于西方近代形成的个人本位和早已形成的阶级对立。

“家庭在中国人生活里关系特重”，对这一点如今中外已有共识。不过，往下说——据现象而深究并得出结论——不同便逐渐呈现。

“家庭诚非中国人所独有”，“何为而中国人的家庭特重”？他的回答是：“缺乏团体生活。”请注意，这里所说团体指教派、王国或分封小国，中古西方人人从属于它们。可是在中国，“团体与个人的关系松若无物”，且这种情况历久不变；西方则不是，他们是先重于宗教而后重于国家。

我们不是早就有宗教，早就有国家了吗？父亲的看法颇与众不同：“中国的宗教不像宗教，或原不是宗教；中国的国家不像国家，或原不是国家。”须知，所谓“不像”是与西方相对照不像，西方是真有，我们是好像有。因为是它们在中国人的生活中作用轻且少，在西方重且多。是家庭特重使得它们变轻的。

这个观点父亲在《中国民族自救运动之最后觉悟》中已经申述过。我们径直转入下一个问题——这样的结果是什么？结果是形成伦理本位社会。

“何为伦理？伦即伦偶之意。就是说：人与人都在相关系中，人终生都必与别人相关，古今中外皆然。不同的是，中国人纵使关系有亲疏厚薄，都使其情谊化，亦即彼此间有一种义务关系。”（虽在今日，读者仍能在自己生活中找到一些中国人有、西方人没有的，被情谊化了的社会关系，使你仿佛对其他人负有某种义务。）

请注意下面的话：西方人集团生活发达。（此处所说集团仍不是我们今日习用的“集团”之意，它首先是指宗教和国家和从属于两者的团体。）集团“每课以其分子以义务，那是硬性的、机械的”，“发达了纪律，讲法而不讲情”。中国则相反，“情谊关系是软性的、自由的”，“发达了情理而纪律不足”。影响所及是：西方“团体生活过重，隐没了伦理情谊，继又以反团体而抬高个人，形成个人本位的社会”。“于是他们的人生……一切从权利观念出发……”中国人怎样呢？重情谊自必顾念着对方。（在欲望中则以自己为主。）“两方社会对照，虽其分别都不是绝对的，然趋向根本不同。”

我记得有一个聪明人说，真正重要的不是发生了的一件件事，趋向才重要。中国不像国家（假定此说无误），就是长期趋于……的结果。不像国家是头等政治问题了，但是往上找，它原本是老百姓过日子的方式。

中国是职业分途的社会。换言之，中国不是阶级对立的社会。（这又是头等的政治问题。）照父亲的意思，把地位高下、贫富不等看作阶级是“俗解”，必有对生产资料的垄断和截然分开的剥削与被剥削两面，才是真正意义上的阶级，而中国的情形与此有别。民国以前，习称“四民”，即士、农、工、商；民国以后习惯上说工、农、兵、学、商。因其据有升沉不定流转相通的特点，不合阶级的原义，毋宁称之为职业分途。

他说：“阶级社会与职业分途社会之两种不同构造，不但表现在经济上，同时也表现在政治上。”毫无疑问是这样。

伦理本位和职业分途是密切相关的，它们是共生的。不过父亲提出来讲的是，它们“交相为用”——互相助成。

中国不采西方的长子继承制，因而土地、资本都形不成垄断，从经营上看小规模更方便，社会多是零散的产业，各自过日子，这就利于巩固家庭本位。职业分途使人各有前途可求，阶级观念不强而家世门祚观念盛行。

下面一个意思也是别人不常说的：伦理本位的经济财产不属个人所有，与之有伦理关系的人得以共享。这自然减弱了阶级对立之势，并且这也影响到中国人对钱的态度。西方人看钱是能以之赚更多钱的东西，中国人用之于伦理相保。[①]

学界不止一次讨论中国历史上生产力发展曾不逊于西方，何以始终没有走上资本主义。父亲没有参与讨论，他从这种社会构造上看到的是另一个学界也讨论过的大问题——中国的农民革命如果不是被扑灭就是换一个皇朝。他称之为“只有周期的一治一乱而无革命”。

一九五〇年初，我穿着农村老大娘手缝的土布制服从济南到北京看望父亲，谈话中他“考”过我对革命的理解。我答：“突破原有状态即是革命。”他点头并且说：“本来担心你会把暴力斗争认作革命。农民革命不曾突破原有状态，一治一乱罢了。”

下面是父亲给社会革命下的定义：“革命就是否定一种秩序，而要求建立新秩序，其结果也就是社会构造的一根本变革。”因为中国社会构造历久不变（这是史实），我们可以说中国历史上不曾有过革命。

父亲认为，中国历史上有的只是社会秩序被扰乱又恢复，不见推翻，不见新秩序建立。其原因就在社会的伦理化和职业化。旧中国把东伙关系、师生关系乃至官民关系伦理化了。（我想，会有人觉得那是涂上了伦理化色彩。）西方集团生活“每课其分子以义务”，中国人同样被课以义务，不过那是来自伦理。这义务使中国人常彼此顾恤、彼此相让，力求相安：“许多问题皆从这里得到解决或消弭，无从有革命爆发。”

对这样的社会秩序，他有两句结论性的话：一、中国因而“成了缺乏政治的民族”；二、社会秩序演自礼俗而不在国家法制（我们现在很承认中国人缺乏法制观念），法制和礼俗相较，“有外力强制与自然演成之异”。这一点很清楚。“外力强制者好推翻，自然演成者谁来推翻？”

他说了许多话，归结起来意思是：在中国，革命起不来！是的，他认为中国无革命不是因为社会公平，而是它有一种妥协性甚至是惰性，使得纵然发生了革

① 旧中国一个人挣的钱归全家共用，家族、朋友间有“通财之义”。

一九三三年七月，第一次乡村工作讨论会在邹平召开，图为与会各地乡村工作者合影。前排右起，梁漱溟、章元善、魏朗斋、严敬斋、陈筑山、高践四、晏阳初、于树德；后排右起，许仕廉、杨开道、梁仲华、李景汉、孙则让、瞿菊农、张鸿钧

命行动，却收不到革命的效果。

这个意思在他下面的话里更加清楚：职业分途的社会，阶级分野不严重，“是中国没有革命的决定原因。西方那种阶级对立的社会，造成一种逼人对外抗争的形势，职业分途的社会，则开出你自己求前途的机会”。他在另一处还说，中国这种制度，“正是叫你向里用力”——要求于自己的意志和身体更坚韧、更刻苦、更忍耐甚至更谦卑。（后来干脆说中国文化是向里用力的文化，含意同而较这里宽泛。）

难道中国就没有倚仗权力和财力的事情吗？当然有。不过倚仗一户一人时有升沉的势力，不如倚仗一个阶级那么靠得住。

他又进而申论，中国的朝廷因为脚底下没有一个阶级的支持，统治相对无力。

马列主义把国家的职能讲得很清楚——是阶级压迫工具，对外防御对内镇压。父亲说，国家“恒不离乎武力统治，秩序与国家二者殆不可分”。那么，中国的秩序靠什么维持？靠的是教化、礼俗和自力。

为什么靠三样“软”的东西进行统治？“天下事每出于反面逼成，而不出于主观要求”，是没有条件来硬的——“唯阶级统治乃可有强大之国权”。问题又回到中国没有西方式阶级构造中去了。从西汉起，中国就讲无为而治，提倡的竟是“以不扰为安，以不取为与，以不害为利”；臣下提醒皇帝，“马上得天下，不能马上治之”，偃武修文是要紧事；又举“汲黯卧治”“萧规曹随”为例。读者可以自己判断，这些史料在什么程度上具有普遍意义。

不言而喻，中国的治道是从上述社会构造来的。中国社会“处处训练人向里用力”。向你认识的老人（越老越好）请教吧，他们还想得起幼年所受“向里用力”的训练。

为什么会是这样的呢？答案是：社会所赖以维系和运转的教化、礼俗使然。其结果是发达了中国人的理性。谁代表理性？士人。

“士人不事生产，却于社会有其绝大功用，便是他代表理性，主持教化，维持秩序；夫然后，若农、若工或商始得安其居，乐其业。”

士人还要为“王者师”，“历史上中国社会的秩序还是君主统治的局面，士人则介于君主与庶人之间以为调节缓冲”。（“居庙堂之高，则忧其民；处江湖之远，则忧其君。”）

有缓冲便得相安，这却不见得是好事。父亲说：“这功夫究竟于理性开发有多少助益且不谈，明显可见的后果是，中国人的消极性、忍耐性和相安性由此养成。”“武戏”少演了许多。读者若以为他肯定这种局面，那就错了。眼睛反观自己（向里用力），使人不争，使人不注视物质世界，从文化陶成方面看便是耽误了民主和科学。他在《东西文化及其哲学》中谈到德先生（民主）和赛先生（科学）为什么不生在中国，这个意思到了写《乡村建设理论》时再次出现。

父亲说，此时所讲与自己的主张结论“不知有多少远”，“这底下要转变的”。现在我们来到了转变的地方，转到什么上头来了？转到行动上来了。乡村建设运动要改造中国的社会构造。改造了做什么用？使中国社会适于德先生和赛先生在这里安家。这是我的表述。《乡村建设理论》里的原话是，“中国人短于团体生活而散漫无力；短于对自然的分析认识”。乡建运动要在农村从小范围开始培养起一个新环境，让西方之所长和中国固有文化不相悖地生发为一种新文化。

种种救中国需要做的事都在乡建的目标内。不过，让中国人过团体生活，让科学技术融合于中国文化，是关系全局的根本目标。

此时读者多半已产生疑问：梁漱溟先生的思考怎么一下子从伦理本位、职业分途“跳”到团体生活和科学技术上去的？

在《乡村建设理论》里有一个图表（同样的图表在《梁漱溟全集》中出现过三次）用来说明自古中西社会构造各异，显示出西方人的生活团体的比重极大。无所不在的教堂和分得很小的国家，把每个人都包括在内，而又分别属于某个阶级。中国则否，中国人有“天下”的观念（它很可爱，但大而无当且出现得过早），实际支配中国人生活的是家庭；天下和家庭冲淡了阶级关系（不像国家的国家）。这个基本事实作用于一切方面，终至培育了迥然不同的文化，从统治方式到日常生活各走一路，趋向不同。

他画这个图表的用意是说，看不见（不解决）那构造上的问题，只想学（拿到）西方的“成绩品”（《东西文化及其哲学》中用语）不会成功。

我们还得返回到《中国民族自救运动之觉悟》中关于宗教的观点去。西方因宗教禁锢摸黑过了几百年，中国则高明到不需要宗教；孰料缺点翻过来就是优点，他们有团体生活，有科学眼光，还有不曾受过伤的身体。（向里用力导致中国人身体受伤。）

我们则因为重家庭、重伦理而散漫、而自私、而不抗争以至于麻痹。

人家的优点中国人看见了，不仅想学，而且厌恶、反抗固有文化。既然想学那还犹豫什么，学起来呀！无奈，事情不这么简单。父亲讲了一番道理，好像是别人不常讲的，我看了信服。他说：“大凡一种短缺的形成，并保留延续到很久很久不改，都是为其有正面积极的理由在（正为其趋向那边了，所以漏了这边，那边走得很通顺没有问题，所以将这边的漏缺持续延留），否则，是不会的。生命不是一成不变之物，其为物至神而为力至强，苟有问题无不觉察，有所觉察也无不能矫正补救以求适应。愍然罔觉，久而不改，此中大有文章，无奈今人方在痛感缺漏，便不晓得欣赏文章耳。”

既然是这么个理，固有文化便不是用坏了的物件，说一声“去你的吧”，它便再与我们无关了。

以这个道理作为指导思想，乡村建设运动要做的事情是“融取西洋东西，变化过自己”。

按他的分析，是旧社会构造使中国患上了文化病。这种分析体现到乡建运动中，便是在划作实验的地区之内，以每一居民为工作对象（重在中青年），处处以教育为手段改变社会生活（尽量不用行政手段）。工作所涉及的方面十分广泛。势所必然，正经受着严重破坏的农村，经济工作成为各项工作中受欢迎和得到理解的方面。

在转入介绍乡村建设运动的历史及其工作状况之前，我选择抄录《乡村建设理论》中的一段话，一段极富于个性的话，读者看了自会感到，这是他的自白。

我常说中国革命，是中国念书人本其从来爱讲理的精神，感到固有文化的缺欠，为人生理想之奔赴；其当初最有力之动机在此，则不到理想社会出现是不得罢休的。

毛泽东说，“革命不是请客吃饭”。这话说得何等直率，相信自己有理，就干起来，和对手讲理将一事无成。即便坐到谈判桌前讲理，只是一时的斗争方式。而我父亲说，乡建运动走“调整协和之路”，其不同也彰彰。父亲不认为唯有动武才是革命，这恐怕要看在什么领域。起于二十世纪三十年代的乡建运动，被看作阻碍革命势所必然。按说，改造社会构造是彻底的事，即他的原意不属修修补补。五十年代，他认为自己走了改良的路，大概是从效果上去判断的吧。

乡村建设运动始末

通常说乡村建设运动，是指山东邹平乡村建设研究院存在期间做的那一段工作（一九三一至一九三七年）；但邹平的工作，从形式上是河南村治学院的继续。如把这一段包括在内，讲故事就要上推一年。

南京的中央政治会议批准在广东试办乡治（约在一九二八年底），不旋踵李济深被软禁。于是，一个为中国寻出路的设想被弃置——它不重要，权力争夺才重要。中国的悲剧还在续演。

在极少数为此惋惜的人中，王鸿一另有办法——把《村治》月刊交给父亲办。这年秋天，更有做农村工作的机会到来。王又为他另外几位朋友争取到冯玉祥的支持，在河南辉县办了一所河南村治学院。王不细分这几位朋友的村治和我父亲的乡治有何异同，大约在他心里，既然都热心农村工作，尽可一起干。朋友们确也是这个态度，于是共同筹办这所注重农村自卫、培养干部的学院。

一九三四年，作为乡村建设研究院院长的梁漱溟在院长办公室前留影

这里需要交代几句背景。

北伐军的口号是“打倒帝国主义、打倒军阀、打倒土豪劣绅”。虽云胜利结束，而帝国主义和土豪劣绅照样存在，军阀也只换了几个而已。（新换的政治面目稍许好看了些。）蒋介石决定让偏远地区的政治地图不变，而只将中原和沿海归入蒋家名下，很不费事地解决了桂系（李宗仁、白崇禧）和李济深。解决阎锡山和冯玉祥却是发动中原大战方才做到。

一九二九年，河南是冯玉祥的地盘，这就是他们想在河南办学院要找冯的缘故。热心村治的几位，彭禹廷、梁仲华、王炳程都是河南籍知识分子，在本乡已先干出了一番造福乡里的事业，他们组织农民武装把土匪抵御在方圆数百里的范围之外，这在今天听来不可思议。军阀的存在没有法律依据，他们也没有，但是他们受到老百姓的感激。他们想扩大这个事业，想到不应消极地御匪于境外，还应做些建设性的工作。于是就有了办学校训练干部的需要。

相形之下，父亲是赤手空拳，除了忧国忧民和见解主张，全无凭借可言。靠王鸿一推诚相待，他有一份杂志可以发表意见，对办一所训练农村干部的学校也极热心。与彭等相识后，他们一同去到河南，为学校的事常彻夜交谈。可见，谈到眼前的事彼此不觉所异碍事，专求其同。是这种气度使他们能始终合作，不可不知。

现在要说到韩复榘其人了。韩是冯玉祥手下一名军长，兼着河南省主席。在蒋、冯没有决裂前，冯要谁当主席，蒋就下委任状。一样的，冯支持办一所学院，韩就行文批准学校成立。中原大战后，冯败走陕甘，韩背冯投蒋，因为韩拉着队伍到了山东，蒋便任命韩当山东省主席。另一面，蒋委任久已衔恨冯玉祥的张钫代河南省主席，张上任第一道命令便是停办村治学院。

那时的中国不像是个国家，想干点正经事多么难。

面对这个乱糟糟的中国，我父亲是怎样想的呢？他好像不在乎事情的难易，但问事情该做不该做。眼前的现实他看见了，无碍于照着理性去做。他是这样说的："要知道中国问题当初发动，一面激于民族自救知耻要强，一面爱好真理而奔赴理想。"又说："中国问题是从理性发动的，其出路，仍须求之于理性。"

这里所说理性的出路是什么意思呢？父亲说过：如果人一本其主观要求去行动，便是缺乏理性；行动之前先经过一番认识、思虑就是有理性。几十年的民族自救运动最根本的缺欠在此。

《河南村治学院旨趣书》是父亲执笔，这是一篇很个性化的文章。关于这所新办的学校他总共用三百多字去说明，其余五千字谈自己的旨趣，这几乎是一篇对资本主义制度的檄文。他强调："我之于近代国家（发达资本主义国家），不必求、不可求、不能求"。因为这"非吾民族固有精神之所许"。农业社会宜于作社会主义改造，朝这个方向组织经济，"其美善"会"越于欧人"。

几位朋友的兴趣在农村武装自卫，但由着他去讲从农村入手解决中国问题的种种主张。这差不多就是此后七年他们共事的模式。

一九二九年十二月，学院在当时的河南省会开封招生，录取二百余人，集体前往辉县百泉镇。从开学之日起，师生都穿军装，学生受军训。夜里学生持枪放哨，这是出于事实上的需要，股匪流窜到附近时，曾和衣而卧且一夕数惊。

父亲是教务主任，把广东一中的班主任制、学生每天记工作日记、学生自治带了去，他负责讲"精神陶炼"课，后来在邹平还是由他讲"精神陶炼"，借用现在的说法，思想教育一直由他抓。据记载，他还教“乡村自治组织”，想来是一种出于设想的规划。

只半年工夫，学院奉命停课，但他们不想散伙，由梁仲华领着学生到北平做“旅行修学”，借住在当时的北平农业大学。大家原以为撑过张钫主政这个阶段可以复校，但终于发修业证书各自回家。

如果他们不曾近乎多此一举地向韩复榘赠送银质纪念章表示感谢当初批准建校，事情也就完了。据学生会会长孟宪光回忆，梁仲华领着他和同学王光普去见韩。听过一番感激的话，韩说：“欢迎大家来山东把事情继续下去。”因事出意料，梁仲华回答说，须回去和朋友商量了再定。

父亲一下子忙起来了。同时有两种事要做：创刊逾年的《村治》月刊从一九三〇年六月起由他主编；大家都同意去山东工作，重建学院的准备工作立即开始。三月份到山东参加选址工作，他们还决定不沿用“村治”或“乡治”的旧称，改用“乡村建设”，以体现今后注意研究、实验之意。

研究院院址选在邹平，他们喜欢这个离省会济南不太远又不太近的地方。这里距胶济铁路三十里，是一个三等县，只有十六万人口，土地占有相当均衡，真正称得上地主的只有几户，其他方面也没太大的偏颇。

在老中国，一座县城必有城墙环绕。他们看中东门外有一座庙和一个旧盐店空着，加以修葺又加盖平房百余间和礼堂一所。城外东南有数间基督教堂弃用的房子，经修补改建，作为示范农场的办公用房。这就是研究院的第一期工程。后来修建图书馆，再后来修建卫生院、金融流通处。若不被选作实验县，这些兴建全不会有；若以今天的眼光去看，无一不简陋至极。

然而，在邹平重起炉灶与在辉县时有一个根本的不同。那时，学校办在辉县而已，与辉县当地没有关系。此时，整个邹平县像是做了研究院的试验室，一九三三年七月又与国内另几个县一同由内政部划为实验县（实验内容不同）。既然如此，是县长听研究院的话，后来县长都是由乡建同人出任。

研究院正副院长起初是梁仲华和孙则让（廉泉）。在辉县，父亲是教务部主任，在邹平是研究部主任（后期黄艮庸）。有一次，他曾半开玩笑说自己愿意当“高等顾问”，愿意做写文章、讲演之类的事，从事研究兴致最好。这种日子过了三年，梁仲华、孙则让离开邹平。一九三四年十月，父亲继任院长还短期代理县长，这是他一生中仅有的“行政首长”生涯。

研究院下设研究部和乡村服务人员训练部。前者每届招生三十人，大学学历，修业二年，招生以山东省为主，外省籍可以自费附学。训练部修业一年，中学程度即可。因为毕业以后分发回本乡工作，首要条件是世代居乡，且本人仍家住乡村，未失去乡村生活习惯者。招生对象限于特定地区，如第一届在济南附近各县，其后转在其他县份。意思是随乡建工作开展而招收各地区的青年加以训练。训练部课程非常多，几乎一切农村用得着的知识技能，如会计、打井、植树都要学。当然，还有乡建理论和精神陶炼以及农村自卫也要学。

整个研究院没有寒暑假，不过星期日。农民是没有假期的。大家吃同样的饭食，穿一样的衣服，事实上不许留“洋头”。

从一九三一年六月开学至一九三七年日军入侵，研究院提前结束时，据父亲说，“前后同人同学不下四千余人”。（这包括后来菏泽分院大批训练的人员。）

这是后话。第一步是怎么迈出的呢？不难想象，邹平县忽然涌入大批知识分子造成了多大的惊讶。父亲写道：“农民平素心理，最不信任官厅能做好事。”这些新来的人无法不被看成官。农民也不喜欢外来人打搅他们的日常生活，对花样翻新的事不免心存疑惑。贸然派人到乡下去会得不到信任，因此，父亲想了一个很不错的办法：

“第一步，我们举行一个乡村教师讲习班”，把全县三百七十名小学教师都请到城里，向他们讲乡村建设是怎么回事。教师的头脑终归不同，容易接近。他们散处全县，而且分布得很均匀，由他们回去替乡建人员做说明，效果会好得多。这件事的主持者是杨效春，父亲从陶行知先生那里借来的将，一位真正起大作用的将。

第二步是举办农产品展览会，陈列了从南京、青岛借来的展品，还放映了农业电影。四天中参展人数达四万六千，是全县人口的四分之一。

据记载，研究院和农场是同天开始工作的，即研究部、训练部行开学典礼的次日（六月十六日）。此后，每两年都举办农展会，展品改为从邻近二十余县去征集，以便与本县比较。

一九三四年，繁育良种的土地不够用，从孟家坊租民地一百六十亩，省政府又在济南附近拨官地六百亩归农场使用。邹平繁育的良种，尤其是从美国引进的长绒棉，除供应青岛、济南的纱厂还要支援外省。然而，一切经济工作虽天天在干，效果显著，就指导思想而言，经济与政、教三者是相互推动关系。

父亲在研究院第一年工作总结中写道：“经过这劝诱（教师讲习班）、接近（农展会）的两个步骤后，我们乃敢派学生赴乡间六个自治区去办理乡农学校了。”

至此，顶要紧的事出台了。这是当年的十一月。他是这样说的：“于整个的乡村运动进行中，乡农学校占根本重要的地位。”一切使乡村进步的工作都通过乡农学校以教育的方式，而不是通过行政机构去做。两年后，改为村学、乡学，是在这个方向上再进一步，使其更富于教育的意味，更少行政性质。

又过一个月，另一件重要的事也出台了。邹平县七区农民，历来以织布为副业，只是当时呈现衰落，当地乡农学校遂议定从济南购进新式织机，聘请技师组织起产销合作社。

父亲写道："我们算是'合作主义'者。"中国软弱散漫的社会顶需要合作，农民顶需要合作。

乡农学校和合作社都在研究院成立的头一年年底起步了。我将在后面告诉读者，这意味着什么。

乡建工作非常重视社会调查，七年间，共组织学生下乡作了六次调查。第一次是在建院半年亦即训练部学生肄业半年后进行的。学生各回本乡（他们来自济南附近二十七县），从自己的家开始调查二十五户农民。同时，征询本村年长者对社会改革与建设的意见。紧接着进行第二次调查，这次是在设立了乡农学校的村庄（当时全县只有少部分村庄设立乡农学校）作逐户的调查。

社会调查实际上成为研究部、训练部学生在学期间的课程之一，调查地点和题目每次不同。一九三二年九月，研究院增设社会调查部，主持者是三位燕京大学毕业生，另有本县调查员二人一同工作。

据第二任主持人田慕周回忆，训练部学生即将分赴各村学、乡学做为期三个月的实习，他向我父亲建议利用这个机会建立完整的户籍。学生与村人有了情谊，工作方便，情况翔实，最终使邹平的户籍工作成为当时全国榜样，并有了专著出版。

一九三二年三月，美国哈佛大学教授霍金来参观。这可能是外国人来参观之始。国内社会团体、知名人士来参观的也日益增多。参观者大多出于观摩、交换意见的目的，少数具有政治动机，如国民党陈立夫、内政部次长甘乃光等。据徐树人（先任研究院秘书，后长期担任邹平县县长）回忆："弄得我这个秘书像个大寺院的知客和尚，天天忙于招待来宾。"

父亲为接待来访者付出的精力更多。参观者到邹平一看二听，看同人共同努力取得的（有形）成果，听他讲这样做是为了什么——尚待予以证实其必然性、合理性的民族自救之路。

只经过一年多的时间，邹平的工作如此受到注意，不是因为成果已然可观，而是一切通过教育与合作的原则精神使人耳目一新，也因为中国人仍在苦闷中，仍在寻找救国的办法。这反映到社会舆论上，就成为改革内政的呼声。国民政府内政部召开第二次全国内政会议，把不同理念、不同做法的乡村工作团体都请去出席会议，并且做出决定各省可以划出一两个县作为县政建设实验县。在这特定的县区里，实验团体拥有较大的自主权和财权。

这个决定使乡建工作发生了很大变化。如果看它是机遇，这个机遇使河南籍的同人得以到鲁西南的菏泽县去做他们心目中真正有用的事，也使父亲在邹平把他的理想更大程度上予以实施。这可以看作各得其所，也是事实上的分治。

韩复榘决定把菏泽作为第二个实验县（菏泽幅员及人口是邹平的三倍），在那里成立研究分院，由孙则让主持。稍后，在济宁成立专区，下辖十几个县，由梁

梁漱溟与参观邹平乡村建设研究院的国际友人合影。前排右起，梁漱溟、丹麦国际高等学校校长马列克、齐鲁大学教授卡尔森、研究院副院长孙则让、梁漱溟英文秘书张勖仁；后排左起，山东民众教育馆馆长董渭川、工业合作运动干事卢广绵、邹平县县长徐树人

仲华担任专员，实验工作范围更加扩大。邹平训练部的一位同学说："梁漱溟思想的人留在邹平。"

徐树人回忆："孙则让在菏泽搞的乡农学校根本不是这样一回事，他将乡农学校的权限无限扩大，集中全力搞自卫训练并以自卫组织的系统掌握村中的全体成年农民。"

原村治学院同人范广鉴（在邹平任警卫队长，后转往济宁）回忆，初来时邹平有匪患，后来肃清了。警卫队负责短期集训小学文化的青年。"杨效春老师常同我们徒步下乡，给学员上课。他编的歌，农民很喜欢唱。"范广鉴少年时曾两次被强拉到土匪窝里，亲眼看见"白天截路杀人越货之事"，当时心中"只渴望拿到自己武器、学会杀匪本领消灭匪患"。邹平给范广鉴留下了好印象，不过他的感受以及他的认识都在另一方面。

父亲似乎完全承认另一部分人的这个偏向。就权责而言、就知名度而言，他在河南朋友之上；他甚至不掩饰菏泽的做法与自己南辕北辙，比如他说，乡建非不得已不可用"自卫"来做题目。武装自卫"违背我们的意思"，乡建运动希望培养农民民主精神，对团体生活做有力的参加；武装团体天然强调服从，这"恰好不能养成新的政治习惯”。这是怎样一种共事？他曾说：“一切努力于乡村改进事业或解决农民问题”的实验，“都是我们的同调”——宽以居之。

第二次内政会议客观上给乡村工作团体提供了互通声气、交流经验的机会，因而邹平乡建研究院、定县平民教育促进会、江苏教育学院所谓乡村工作三大中心倡议每年举行一次全国乡村工作讨论会。第一次会议在邹平举行（一九三三年），全面抗日战争爆发前共举行了三次，每次规模都超过前次。

在第二次会议（定县）上，父亲讲了如下一段话：“我六七年来从事这运动，经验体认所得，心里便有无限的话想说。今且以最近一事为例……我听到各方面的报告再印证到我自己身上，发现了我们到会的同人各从不同的动机，不期而然地集于乡村运动一途，好多为始意所不料。”邹平是从起始就把工作做在乡村，可是“识字运动变成了乡村建设，职工店伙的培训转到农村，华洋义赈会始而不过赈灾、现在是农村工作一支主力军，乃至银行界为谋金融流通也把目光转向乡村”。他认为这有“深厚的根据”，中国这个乡村国家遇上西洋文明，“只见固有农业衰残不见新工商之发达”。足见大形势逼着中国走建设乡村的路。

如果读者知道他那时断然否认中国有武装夺取政权实现政治路线的理由，并将全部希望寄予全国大形势转移下推动政府采纳乡建路线，并最终完成民族自救，便不难想象此时他受到了多么大的鼓舞。

在上一年第一次会议上他坦言，邹平工作的主要目标像是没有达到，而且工作中的困难“出于本身缺欠者多，出于外面障碍者少”。同人大部分时间耗费于教学，可是几百名毕业生回乡工作“果能为益于乡村，足以偿其取给予乡村者否，正不敢自信”。

在无锡，他一件件讲已经做成了什么事，可是这并不能减轻他的忧虑：乡村建设运动仍没有对大局产生影响——乡村工作如果不从社会风气上有点开动，就不算产生了影响。这从两方面去检验，即农民是否自觉地参与乡村组织、知识分子是否愿意到农村工作。邹平的工作，恰在这两点上“盖多惭愧”。

一九三五年，日本人侵占华北的图谋已十分露骨，强拉韩复榘参加所谓“华北五省三市自治”。父亲在南京听到消息，赶回济南与梁仲华、孙则让一同去找韩复榘商讨对策。他们拟定了一个三年计划，分区、分期在全省推行民众自卫训练，确定就以菏泽那种经由乡农学校全盘掌握壮丁训练的方式执行这项计划。乡建在菏泽的工作，“适合国防需要”，迅速扩及几十个县。这看似乡建大发展，实则“外表局面愈益恢宏，内则愈不相顾”，“步调精神随人事关系之亲疏远近而渐渐差异”。

与此同时，他在邹平所采取的乡学、村学工作方式，“始终未向邹平以外推广”。

当遇到韩复榘为了保存实力带着自己的人马不战而逃时，乡建事业“遂完全随风卷去矣”！

再度奔赴理想（二）

——乡村建设运动的特点

继讲始末之后，这里分别介绍乡村建设运动几项主要工作。标出一个“特”字，是因为下面的介绍一不全面，二不开列流水账。例如不介绍卫生工作，本来邹平的卫生工作成绩不小，只因从中看不出“特”而从略。金融工作虽加介绍，也只是讲它的动机（用意），不详列数字。

父亲决心“改行”搞社会运动时，识与不识者都曾劝阻。自今日看来，劝阻者对他可谓只知其一不知其二，不知他实践的犟劲有多大；他自己呢，像是有自知之明，因而曾说笑话，最好只当顾问，不负实际责任。事实上，他为乡建工作提供的是论点和理想，事情靠别人做。尤以经济工作为然，邹平的工作如其给老百姓带来好处，那是别人做的。下文将从做事的起念和看事的眼光去讲。

父亲想通过乡建运动改造中国的社会结构。这个目标真够彻底，那么它为什么不被别人看作革命而是看作改良呢？早年的批判者和近年的传记作者各有所说。可是，普遍的感觉仍是：我们还没有足够地认识梁漱溟先生。欠在哪里呢？依我之见，欠在没有把“特”字讲出来。讲“特”，就是免得空帽子底下没有东西，讲“特”就是讲个性、就是讲它与其他社会运动不同之处。而这无非是我们认识事物必经的过程。

以教育替代革命

“以教育代革命”，父亲没有说过这句话，这是我的表述。他自己的说法是：“以教育来包办中国的进步。”

“如果教育能尽其功用，理论上说社会上应当不再有暴力革命，因为社会出了毛病，教育即可随时修缮改正，固不待激起暴力革命而使社会扰攘纷乱也。人类社会所以有革命，就因为教育不居于领导地位。”他又说：“纳社会运动于教育之中，以教育解决社会问题，所谓乡村建设固无外于教育工作。”

据此，邹平的实验工作是教育居于领导地位。

说居于领导地位有两层意思：一、行政机关学校化，一切工作通过教育的方式予以推行、实现，把行政干预减至最低限度（禁赌、毒不在此限）。这样说还不足以表达他的情感，实质上是，一切“硬”的方式都希望避免使用。例如，不要以多数否决少数的意见，要说服、劝导。二、达成上述目标需假手一种机构，父亲设计了一种前所未有的团体组织，称作乡农学校（见前），乡农学校远非一所学校，它实际上是实现理想社会全部希望的载体。

唯有理解是教育居于领导地位以及理想中乡农学校在邹平的实验中具有什么意义，才是懂得了乡建运动的“特”。

我力求不死板地介绍乡农学校。

一九三二年，两位丹麦教授去邹平参观，他们说，到中国以后“尚未见过如此与丹麦相近的地方”！与丹麦相近？邹平在什么地方与丹麦相近呢？

丹麦是北欧小国，天然资源匮乏而人民生活优裕，他们有举世闻名的农业合作事业。

所说相近，是指农业合作吗？邹平诚然在提倡农业合作，但单只这件事还够不上“如此相近”。两位客人是因为看到邹平的教育工作而有此感慨的。丹麦在一百多年前深受德意志民族的侵略，人民不仅生活困苦而且情绪低沉。是一个小小的团体自办民众教育，从这里改变了民族命运。

呵，原来乡建取法于丹麦。错了！中国不能取法于丹麦。

由于两个原因，中国不能学丹麦。“他们是以宗教精神来苏醒丹麦民族，感情奋发就大可以复兴丹麦了。中国则完全不能那样。”“中国民族精神是人本的，是现世的，中国虽无科学，而其精神接近科学，远于宗教，而合于思维。”还因为，“此刻正是一个怀疑批评的时代，意见分歧的时代，理智作用兴起的时代”，中国如今单靠感情兴奋冲不过这道难关。此外，他还有一个论点，认为一个民族“其历史背景愈远，其被决定性将愈高。反言之，历史浅者，就无大决定力”。丹麦有文字记载的历史只有几百年。是从这个意义上，中国的事情难办，中国干脆是谁都不能学，只有创造自己的路。

如此说来，邹平的工作与丹麦是不期而相近的跑马场吗？可以这样理解。父亲自己一向是心里先有了一个意思，然后再去找书看，是印证和提高在这问题上的认识，从不自己心中空洞无物地接受（书上）别人的意见。就拿教育来说，卫西琴的教育观与他最相近，他把这拿来与（他所理解的）儒家看待人和对待生活的态度“嫁接”到一起，再用之于中国的社会运动。

所谓与丹麦“相近”正是前述意义上的相近。他听说丹麦的合作事业非常发达，就找这方面的书看，于是他知道了是一种民众教育使丹麦合作事业发达的。他设想这种学校大概在合作事业方面有一套完备的教学方法，但竟然不是。民众学校只教几种最基本的课程，那是丹麦语文、历史地理、音乐，此外再没有了。

他叹息道：“教育而在职业技能与书册学问之外，这是什么教育！”这正是他主张和期望其实现的那种教育——使人获得活力，一个“活人”干什么都干得好。

丹麦民众教育的创始人柯尔德说：“我们没有什么原理与方法。我在十八岁时，学着爱人爱神的道理，自己十分快乐，就立志用我的时间和精力帮助别人得到这个快乐。民众学校的目的，只是教人爱人、爱上帝、爱邻人、爱丹麦。”

读者看了会有同感，丹麦的文化和历史相对的浅和短，这样的教育用在中国显得不够，然而在基本点——使人活起来上又是相通的。

柯尔德做的是使人精神重振。在基本点上两者相通——使人活起来。这里面有一个柯尔德做到了却没有悟出的道理——人生向上。乡农学校肩负着这项任务。

丹麦民众教育的宗旨是觉醒人的精神、培养他们的友爱，“并没有施行过职业的训练”。使合作事业发达的效应是怎么来的呢？德国大诗人歌德评论道：“这是品性感应品性，丹麦小小一个爱国者团体，凭教育的力量，转移了一国农民的品性。”

我父亲接着歌德的话写道：“这就是说，人感人，由少数人的精神感召起多数人的精神。”

凡已经对我父亲有了相当了解的读者，看到这句话必然明白，乡建运动做种种具体工作以使农村事实上发生变化；但自另一面说，乡建运动是一批知识分子以自己的人格去感动农民的运动。我父亲心中的乡农学校工作人员，应是具备这种品质与能力的人。

不过，真的还有不谋而合的地方——据那本书说，“在中古时代，村庄环绕着教堂而成，在丹麦这时，村庄却环绕着民众学校而成了。住在学校邻近的村人都参加学校所举行的各种公共集会”。现在我卖一个小小的关子，且不告诉读者我父亲所设计的学校与此怎么相近。

读者注意到了吗，简单四门课里偏偏有音乐。他们不仅课间唱，是时常在唱，晚上唱够了才睡觉，“给全民众唱出一个较高的生命来”！

邹平的学校不仅上操要唱歌，吃饭之前也要唱歌，凡是提倡某项工作就有关于某项工作的歌。直至二十世纪八十年代，仍有一些老人会唱这些歌。

我借着讲述丹麦的民众教育把邹平教育工作的精神向大家介绍了。

“邹平的乡村工作，是以乡农学校来进行的——经由学校而不是经由一级级行政机构推动开展一切工作（不是某些），所以，它本身首先就是一种实验，乡村建设运动最主要的实验。”知道未必行得通，不过仍然要试试。父亲将近七十岁的时候说，他终于看清真正支配人行动的是兴趣。虽然人们会给自己找一堆理由。

如果把乡农学校比作一栋房子，它是由成百上千人动手盖的，那设计者就是我父亲，而且是由他一个人设计。曹州办学是改革教育，邹平办学是改革社会。

拿起《乡村建设理论》阅读，我时时觉出这一段话、那一段话来自父亲的某一主张或某种情感。讲乡农学校一节可谓最为突出。

从世界大势看，中国人如果照旧过没有团体组织的生活，“将无以自存”。组织乡农学校这种团体——培养中国人过团体生活的习惯，采取这种方式的目的是使中国固有精神和西方文化“处处为具体事实上的沟通调和”——不是挂在嘴上，读者想必觉得这样对。然后他又说，让中国人走这条路“必须是自觉的，经过他思维的，不能强捏他成为一个什么样子”。他说苏联是强捏的，“用一种大力量强弄成那个样子的”。这话今天完全可以讲了，而且会被认为不乏先见。至于“走教育的路开出新的构造”，则是出于他的感情，他相信教育足以启发人的理性。

团体这个东西，总是一面有所合，另一面有所分。在西方是先分后合，中国应该是“先有所合，后有所分”，不但没有排他性，还要扩大这种合，“不划分此疆彼界，彼此对抗”。这话分明是出于（他的）感情——一体之情。

我们再往具体化里看。

以通常学校的功能衡量乡农学校，它不仅是学校，它首先是以自然村为范围建立的小型社会，其次才是学校。住在一个地理区域（大多是自然村）内的每一个人都参与其中，学着过一种新的生活，将由这些男女老幼共同慢慢为中国培养一种新的生活习惯。既然人人参加并不都上学，他们的身份便是“学众”而非学生。他们之中年龄相当的上文化课，在这个意义上，乡农学校才是学校。从其他方面看，它还是村落，但又不是。因为它已经不是一级行政组织，组织它的本意是将社会学校化。他们的成员是原来的居民，不过他们当中有几个人成了校董会成员，有一人成了校长（学长）。

我们很难不为他的苦心孤诣所感动。他曾说自己几经周折认识到制度实在是依赖习惯建立起来的。乡农学校就负有这方面的使命。农民喜欢关起门来过日子，顶不爱出头和与人商量着办事。“我们办乡农学校的第一个用意，就是使乡村领袖与民众因此多有聚合的机会”。

父亲设想，乡农学校应渐渐成为村人聚会之所，这与丹麦民众学校成为一村的中心取代了教堂的事实不谋而合。所惜的是，乡农学校没有同等的聚合力。

乡村领袖是指学长和几位校董。父亲设想由本村受信任、会办事的人和全村居民常常聚在一起商量着本村的事；事情办了，新习惯也养成了。（这是他选择乡村而不选择城市为中国人培养新习惯的另一原因，城里人相对复杂。）

按照他的设计，乡建学院的学生分派到某个村里担任教员，第一个任务便是发现并劝说深孚众望的人愿意出来为本村办事，不得勉强。学校成立以后，教员顶要紧的是“吸引学众喜欢来学校聚谈”，“他们可能虽聚会而谈不到正题”。这时教员要善于领着讨论和适时出主意。

教员是乡建这个大团体派到下面去的“士兵”，大本营向他们供给材料和方法，有巡视员时常下去指导工作，教员彼此间还有横向的联络，并不是孤单的人。

他把教员比作向婴儿输送乳汁和饮水的奶嘴。“他是代表一个新意思、新思潮来的”，没有教员，乡农学校就不能发生进步的作用。

再往下看，出于理想追求的话时而可见，类乎在中国的团体组织里，“始终把情谊、爱惜人的意思放在前头”，“让每一个人都认识社会的连带关系（或说人生互依）而求其增进关系”。

乡农学校的细则包括《学众须知》《学董须知》《学长须知》《教员辅导员须知》，一一出于他自己之手，个人色彩很浓。例如，考虑到众人之间会有分歧，“我们是有意留出这个人（学长——校长）来担负调和众人的作用，然后我们这个组织的轮子才能转动”。处在这地位的学长不可“与人不和”，而学众对学长有意见不可当面批评，要“暗中告诉他”。

我引述上面两段话对介绍乡农学校可以说并不重要，而是想使读者通过把

一九三四年十月，第二次全国乡村工作会议在河北定县召开，图为会议主席团成员合影。左起，江问渔、梁漱溟、晏阳初、章元善、许仕廉

“爱惜人的意思放在前头”，把批评意见“暗中告诉他”之类的话，感觉出（我用的是“感觉出”）他的个性、为人，而后再通过看出乡村建设运动几乎就是他的运动从而认识他这个人，同时认识了运动。

在他写下以上那些话之后一年多，乡村建设运动与其他省市的乡村运动相较，区别更大了。一九三四年，邹平得到更多的实验权，乡农学校为村学、乡学所取代，全县十三个乡政府撤销——“政教合一”的实验开始了（限于邹平，不包括菏泽）。从此，邹平只有县政府，往下再没有任何行政机关（区、镇），以便明确一切工作都只靠教育来推动。保留县政府是因为作为一个县，必有对上和对外县的联系，县境内也有必须由政府去做的事。县政府原有五个局缩小为科并且合署办公，规模大为缩小。

从规模和教学水准看，乡学高于村学；从实验的意义上看，村学重于乡学，村学更大程度上体现社会学校化。

设立村学、乡学用意何在？父亲说，这是他研究如何把中国和西方文化的优点融合在一起的“最后结果”。他认为，中国与现代社会相比有两大缺乏，一是团体组织，一是科学技术，必须补上。中国又有两大优越，一个是伦理主义，一个是人生向上。指出这两点是有针对性的，伦理主义不同于个人主义和作为反个人主义的集团主义；人生向上——儒家人生态度高度概括的说法，一时一地有其向上的表现。此时，所侧重在不是只看本身权利和本身幸福。要把中国与西方的优点作事实上的沟通（不只是认识上），那就需有一种新的社会构造作为载体去实现这沟通。他以兴奋的口气说道：“中国将有一个新的组织构造出现……这个组织能够没有一点缺憾地容纳了西洋近代团体生活精神……完全无缺憾地容纳中国的两大长处。”

我父亲对乡学、村学还有更高的期待，那就是有关人类的了。人类应开发动物所没有、仅我们所独有的理性。在邹平这段时间，谈到理性，他首先想到的是中国民族走什么路，是走斗争的路还是走联合的路。这实质上不仅是路线问题，后者体现理性。

乡农学校在父亲看来是理性的组织。他说，乡学、村学“可名之为情谊化的组织或教育化的组织”，因为学众（村民）之间的关系是建立在伦理情谊之上，其作用是教学相长。“这样纯粹是一种理性组织，它充分发挥了人类的精神（理性），充分容纳了西洋人的长处。”

他还把结成团体的起因（动机）加以区别，具有排他性的团体是他所不赞成的。他因而说：“这个组织为以前人类所未有——人类历史一直到现在，其社会组织构造，都是从一种机械的不自觉而演成，即在人类历史里边机械地不自觉地演成了种种不同的社会组织构造中，人类的理性乃得一步一步逐渐开发，无论是在个体生命或社会生命，都是逐渐开发，不能一下子就有。但现在我们所说的这个组织，完全是从理性上求得的，不是机械地演成。”

村学、乡学有时也会借用外面的力量，不过只是为了“引发自力”；从来政府做事总是一次次往下派人，而乡建运动有“常驻的社会改进机关”（按指村学、乡学）；它又是桥梁，使乡村与外面的世界相通，最终与外面处在一个水平线上。

读者看了乡农学校和村学、乡学的介绍，无论赞成与否，大约总会觉得这是一种创造，纵使事涉理想主义，仍看它是向前探索。然而，对“乡约”怎样看，恐怕就很难说了。我将以较多的篇幅说这件事，因为这对于研究、理解父亲的思想主张十分重要。

在《乡村建设理论》中把乡村组织起来的一节里，他有一大段，标题是《“乡约”之补充改造》。“乡约”是什么？这东西可是旧得很了。宋朝一位吕和叔先生和本乡的乡亲们协议遵守一个写下来的诺言，主要是四条：一、德业相劝；二、过失相规；三、礼俗相交；四、患难相恤。“乡约”后来被明朝清朝的皇帝看上了，下诏推广，成了官样文章。父亲认为，乡约虽旧，经过改造完全可以为我所用。乡农学校是推动农村社会进步的机构，也是村民的团体组织，并且是有一个进步方向的组织。而要做到这一点，靠的是村民（学众）思想上的共识。能起这个作用的便是公约。他因而说，乡约和乡农学校可以看作是一回事。

我父亲似乎有一股劲，不在乎别人怎样看待或议论他的主张。例如他常被人说成“守旧”。把乡约这个散发着“封建气息”的东西放到这么重要的位置是为什么呢？关于这个问题，他说了我们可以想得到（或者易接受）的话，又说了不易想到、不易接受的话。我一并摘录于后：

“眼前事实，不论大事小事，无不寓有过去文化上优点劣点长处短处在内。你救不了他的短处，固然算不上一个办法；你不顺取他的长处，则这个办法还是建立不起来呢！所以，不仅新出路被旧历史规定，而且固有长处还容纳其中。”

“古人的乡约，太看重个人的善……而且把善看成有止境的——有一个顶点。”他不认同古人，“善永远在一种开展中”。经过改造补充的乡约有两个着重点：一为由消极转为积极，一为由着重个人改为着重社会。乡建运动是要改造社会、创造新文化、创造理想的社会。他劝教员们不要认为“恐怕农民很难懂，好像说不通，但是我觉得是可以说得通的，说不通也要说，非说通不可”，反复说就通了。

他不把新和旧对立起来看成不相容，而是把旧和新看作是切不断离不开的。这个态度使他终于形成一个整后半生都在履践的观点：“认识老中国、建设新中国。”他说，这是在邹平工作期间积累经验和感受而得来。

父亲多次说，农民守旧，看事局限性大，喜欢过不受打搅的日子。可是乡建工作必然要打搅农民，为使农民对乡建工作少生抵触，他似乎是有意地把一些旧事物和新的联在一起，说旧瓶装新酒也无妨。

中国人有敬祖和盼望子孙昌盛的习俗，于是父亲想："将纪念一家一姓的祖先，扩大为纪念民族的祖先"，"民族观念提起来，也就是自我精神扩大的时候"。他一度设想在村学里放上民族祖先的牌位。

父亲又曾向研究院的师生提议，大家都动脑筋想想用很少几个字，而且是通俗又好记的字，体现一种精神，把许多事情贯串起来，"使一切事情从这里出发"。

武绍文（曹州中学学生）提议用"孝义"两个字。父亲说，选用的字一要亲切足以感人，二要适合时代环境。"武先生可以说用这两字，别人倒不必同样用这两字。""孝义"两字缺乏新方向，在他心中，"新方向之要点就是尊重个人和与别人商量着办事"，因为这几个字把平等、自由之义包括进去不少，可惜不通俗。他心里最感亲切的是理性两个字，这对农民来说不好懂，所以提议大家都来想。

以上所述是以农民为对象的教育。还有以乡村工作者为对象的教育，即通常所谓的干部训练。这一直由他本人做，如果他因事离开邹平，"精神陶炼"课就暂停。

父亲干脆说，乡村工作者只有以出家当和尚的心情去做事才能做得好，做得起劲。没有"为众生解决生死"的大愿而到邹平来吃苦，那是太冤枉太无味了。"我们的乡村工作是一个很大的工程。我们要有深心大愿，方可负荷此任。大家如果为俗见俗肠所扰，则没有力量担负此远大的工程。"通常是遇见灾难发生悲悯心，"这当然也是悲悯，不过悲悯还有更深的意思。换句话说，更深的悲悯，并非对灾难而发"，是无时不有，连自己已在其中，"斯乃一根本的悲悯"，机械地活着不会有这样的心愿。

村学乡学实验了一周年，他在研究院向村学辅导员（乡建工作人员）以《我的一段心事》为题，讲了两次话，都是在清晨——最容易使人奋发的时刻。

他的心事就是中国前途。他说："这段心事积在心里已有二十多年的历史。我刚才坐在办公室里回忆已往的情怀及我所以来邹平的动机。大家知道我为什么来邹平的一段心事吗？我来邹平不为别的，就是如何改造中国的政治。"他说村学、乡学目的是培养新政治习惯。在这次讲话里他还说，村学、乡学所培养的新政治习惯"必须合乎旧伦理精神"。西方的多党政治、竞选、三权分立，"这些在中国是绝对行不通的"。西方的政治制度是从反抗斗争中演化而来，中国人"不会唱武戏"。往深一层说，西方文化从个人本位出发，中国是从伦理本位出发。村学、乡学是团体，却不是西方那种与他人划分疆界的团体，是在中国的五伦之外再加一伦——个人对团体。

中国人历来以义务观点对待他人，这种观点增进人与人的连带关系，是"顶优越的心理习惯"。父亲明确说，村学、乡学"不提四权（选举、罢免、创制、复决）”，“一切不从法律说话而从伦理情谊出发”。

当时国内各地正在提倡地方自治，似乎是新风气。在这次讲话里，父亲解释了为什么恰在此时邹平废除了乡镇政府。目的是明确村学、乡学的性质是教学组织，在人生向上之外，还有求进步的任务，中国在许多地方“确比西方落后”，我们必得学外面的技术知识乃至组织生产的办法，等等。所以，此时应该讲中国历来的尊师、敬长，“接受外面的指导”，进步之后才谈得上自治。

这篇讲话有个动感情的结尾。他问道：“或许中国政治改革的大业就肇始于此并达于成功吧？”

他以近似恳求的口吻说，方案是他拟定的，只是给了大家一个方向，“没有工夫亲自照顾”，“须大家一齐努力推行实验”，“我这个实验成功不成全靠大家了”。

父亲次日清晨的讲话，仍是很带感情的。大多数地方村学建立不起来，难以找到人愿意当学长、学董。他希望乡村工作者“物色心地明白正派要好的人”，设法亲近他，使他出来发动村内的人。“大家要知道，村学是基础，是根本；乡学是上层，是末。”乡学即使办好了，仍是“浮在上面，不踏实地”，新习惯必建立在多数人身上，否则形势一有变化，“成绩即归乌有”。

另一个问题是，乡建工作人员往往急于求成，忍不住动用行政手段，许多改革陋习的工作“均是督促强制的”，违背了一切通过教育的基本精神。他说，今后，“我只作一‘缓’字功夫，大概我缓，乡村或者可以动，我一急则乡村就非被动地跟着我走不可，那就成了机械的，将会一步不走”。缓字功夫其实难做，“我要咬定牙根去做，活动不活动在大家，大家就是不动，我亦不急”！

我从父亲的讲话里得到的印象是，他所想的通过村学、乡学培养新社会构造，距乡亲们所关切的问题太远，大家因为不理解而没有兴趣。批评乡建工作的文章，说村民对村学不感兴趣是迫于生计，纵有送上门来的学习机会仍无暇前去。实情确是这样。然而，这些文章作者注意的着重点不在他本人的思想感情，便亦如乡亲们总不往读书识字以外去看待村学、乡学那样，认识无从向他的精神领域接近。

一九九一年，邹平县政协出版的《梁漱溟与山东乡村建设》文集中列出的数字显示：一九三三年邹平县有村学五十四处，儿童部六十个班，一千零九十五名学生；妇女部十一个班，二百一十四名学生；男子部五十四个班，五千八百七十一名学生。到了一九三六年，村学数目不增反减，只有二十八处，在学人数更减少到不及两千人。作者说，人数骤减和整顿村学、注意质量有关，但无论如何反映了乡建运动的教育工作“走了雷声大雨点小的过场”。

事实上，父亲料到农民对他讲的那番道理感觉不亲切，可是办村学乡学正是要扩大农民的眼界，从关心一家扩大到一村这小团体，再扩大到关心一国。在这种心情下（也是实际需要的作用下），他不禁说了很多淡化、无视农村内部差异、矛盾的话："在中国，一个乡村原来就像一个大的家庭。"

用乡村工作者的人格、境界去感动（提高）农民的路没有走通。丹麦今天或许也不靠人感人的教育了。

说这番话是因为我有一个有趣的发现，邹平的经济工作面对农村，事实上存在的贫富差异不硬加否认，而是力图扶贫抑富。乡建实验有重理想的方面，如村学乡学，但还不是只重理想，这见之于邹平的合作事业、金融事业，等等。

如果我不补上一句话，可是出了大疏漏：邹平的经济工作做起来诚然是重实际了，却是非常之趋向于理想。

经济工作景象不同

"乡村建设实际上大部分都是经济建设，谁不知道注意于经济呢？"这话辩护的意味很浓，父亲是针对议论而发。

"不过，单从经济上做功夫，是解决不了经济问题的，你必须注意经济以外而与经济相关那四周围一切的事情，而做功夫才行。这其中最基本的就是农民自身，因事情要靠人做，所以人的问题当先。"这后半句把他的意思说得一清二楚，寄以期望首在经由教育人而实现无暴力变革。

连艾恺先生也这样看。有一次艾恺对我说："起了作用的、人们至今记得的是经济工作。"所说"记得"，其实是指那些成果，父亲讲的道理人们还是忘了。他讲过什么道理？他讲的是中国和苏联"同以工业化为其应取的趋向"，"除了不要忘记中国过去历史文化背景的特殊，以及自然地理、经济地理上的不同外，所有他们二十年的变迁阅历，无论在前途目标上、在方法策略上，真是我们再好没有的借鉴"。

梁漱溟先生说这样的话，每一个人都会感到意外。已问世的批梁文章和不批梁的传记也都没有提过。

平心而论，乡建运动借鉴苏联还嫌邈远，邹平的实验与这没有实际上的联系。我说的是"实际上"的联系。然而，我们要理解一个人——他的思想、他的眼光，却不宜忽略了这些。所以我也只为读者全面了解而提到罢了。

下面引述的话与邹平的经济工作直接相关。"他们（国内其他乡村工作团体）比较缺乏一根本的注意——要农民自觉有组织发生力量而解决自身的问题，不免枝枝节节地帮农民，给他一点好处。"

父亲在《北游所见幻略》中提出过批评性意见：凡借外力必乏成效，政府插手越弄越糟。这里的意思与办村学乡学的意图相通——要养成有组织的习惯，使农民自己动起来。

因此，我们审视邹平的经济工作成绩如何，便多了一个标准，不是只看增长。

先说邹平的合作事业。父亲写道：

“我对乡建有了零星了解之后，曾经以为教育与合作——思想建设、经济建设，有如乡建的两个轮子。原来是不对的。”父亲说：“合作社也可以组织乡村，但太偏于经济一面。”可是，“无论哪项事，到了下面与民众交涉时，无非是想推动他领导他往前进，那就是教育功夫了。所以一切最好都归于教育机关去做”。合作还不能与教育等量齐观。

然则，如果不是非常非常重视合作，他何至说自己是“合做主义者”呢？他当然极重视（甚至偏爱）合作，亦如他偏爱教育那样。在他看来，合作具有人生意义、政治意义和经济意义等多方面的优越处。概括言之，“合作最能达到均衡的理想，所以合作成了主义”。

这里所说“均衡”指的是什么？指的是个人和团体（此时尤指个人与阶级或政治集团）。他说在合作社里，一面大家要求合作，一面团体尊重个人；即考虑问题的出发点既照顾到团体，也照顾到个人。“我们理想的社会，个人与团体和天平相似。”“抬高个人固然不好，抬高团体抹煞个人也不好。”

（今天，年纪较轻的读者对于政治思潮曾经产生的作用可能缺乏切身感受。意识形态曾左右社会生活和个人，非独中国。否则本不必从个人与集体之间关系均衡与否发议论。）

父亲不赞成苏联组织农业合作，认为他们不真把合作当目的而是一时的手段。换言之，在他，目的真的就是合作。他赞赏丹麦可羡的际遇，说丹麦“侥幸”由于财产分配得平等，又得到民众教育的启发，不论阶级、家世、职业“都联合在友爱的精神之下”，又因采取合作方式，发展了经济却避开了资本主义中残害人的方面。

他以这个意思论及个人与团体，论及两大社会制度原很自然。不过，具体提到合作是相助，即是彼此有一种义务的观点，与中国的伦理观念正相符。乡建在它所发动的各项组织工作中，都不会忽略了这一点。当他说，“我们这种‘合作主义’，是社会主义的一种”时，读者可能想问，他为什么如此在意均衡？这出于他的感情和理性。

我父亲关切一切有生命的东西，而于人类生命因其是智慧的生命，尤其钟爱和珍惜。人必然要过群体生活，那么，这关切除了希望有好的社会，还能有什么别的吗？在别人，组织合作团体是想解决经济生活方面的问题，他是想创造合作的社会。就其根本动机而言，可以说很简单，只是出于心中爱惜人的一点意思。资本主义他不喜欢，因为它使人逞强、追逐物欲满足，其结果是迷失了人的价值。苏联式社会主义方向正确，但有太大的偏向，作为个人遭到否认，人被降格为工

梁漱溟赴日本考察乡村工作时与友人合影。前排左为梁漱溟，右为翻译朱经古，中坐者为日本友人；后排左起，黎涤玄、黄兴、秦亦文

具。这个，他不仅不喜欢，而且认为人被工具化，终非人性所能忍受。

他对合作做了符合其个人性格、情感的解释，说“合作不单是属于经济范围。合就是和气，作就是创造”，成为指导生活和解决社会问题的原则精神。

他认为，“中国社会很有特别适宜推行合作的条件”，谁顶需要合作？当然是散者、弱者，那就是中国农民了。中国干脆是顶软弱散漫的社会，到处是小农作而无大工业，在国际竞争底下，“他没有法子不走合作的路”。农业社会想求农业技术进步，同样必走合作的路。如此等等。

在《中国合作运动之路向》里，父亲认为“合作主义”近于共产主义。乡村建设运动的方向与共产主义并无不同，“它往东，这条路（乡建）也往东，都是要求社会化”，但他从不讳言着眼点与共产党实在很不同。“有人作农民运动所见稍偏”，偏在把农民利益“过分看重在物质上”，“减租原是应该的”，因此伤了和气则得不偿失。

无论再引多少他说的关于合作问题的话，大体上就是这个意思。他相信人的理性，相信能从人这里着手把社会问题做通，为此同时照顾到人对物质方面的需要。至于七年间邹平的工作在人和物两面哪一面花费的力气更多，则是另一个问题，恐怕毋宁说物的发达方面用力要多吧。

中国农民天生地喜欢各人干各人的，对与人合作心存疑虑，要他们走合作的路需要引导和推动。在《乡村建设理论》里，父亲把金融流通引入科学技术和促进合作组织列为“农业进步的三个要点”，三者的关系是相互促进，循环推动。“农业进步是以合作组织和金融流通为条件……合作组织是不能自己向前发展的，除非在技术上、经营上从旁迫着它要合作才行，非合作不可”，技术进步、大规模经营是推动农民走向合作的最大力量。

这是他从实际效果上重视合作的缘故了。邹平的金融工作与合作事业同是实验工作中收效显著的，这将在下一节谈到。

在老中国，凡有伦理关系的人之间，都有通财之义，合作组织可以发挥这种伦理情谊，把合作的产业由大家共用的风气倡导起来。可以规定以多量的归公，少量的归个人。这样子财富积累不致产生个人财富比例大于合作组织的问题。总之使公产大于私产。他所设想的公产使用方式，大体上就是今天所谓社会保障体制，不是由政府而是由合作社支付学校、医院、娱乐开支乃至学生的免费午餐。

这些设想大概是他向往“合作主义”的又一缘故了。

谈到合作，他便想到共同使用土地的问题，亦即农业生产合作，这就必然涉及苏联已进行了十几年的农业集体化。

那时他断言，中国不可能出现如苏联那般具有强大权力的政府，足以像苏联那样强制农民进入集体生产组织。读者看到这里或许会产生兴趣，想知道乡村建设运动对政权和对土地问题的立场主张，以及中华人民共和国成立后他对这两个问题的认识和态度，但这只能留待以后去谈。这里，我们且只说他不赞同苏联方式的理由。

父亲认为，耕者有其田“还不是土地合理的利用，应该有一种利用土地的合作社”。不过，这个问题“言之不难，行之不易”。苏联给了我们可资借鉴的先例。“由散而集这个大方向，原也是我们向前去所要走的路。”他注意到，苏联在这方面“手段忽软忽硬，但又万变不离其宗”。其“宗”就是务求其“公”而否定私。他认为，苏联实行的多种集体化生产方式中，“公”的水平高低不等，以农业合作社最为成功。那些“公”的成分高的存在一系列问题，如“勤劳者所得不见多，怠惰者所得不见少”，以及干部忙于“巡回管理”生产秩序凌乱，等等。那么这些现象实质上是什么问题呢？他举出如下三点：

一、要农民由散而集是必要的，但不可一味求集，还需于集中有散才行。二、凡事强求无益，欲速不达。无视对方（农民）的结果，“最后还是承认了农民自身力量而徐徐引进之，才得成功”。三、“一个人就是一个生命，一个活动中心，一个小的活动单位。你必须承认他有自己的力量，你必须尊重他的感情要求。凡事，你要利用他自己，不要不利用他。最好的文化就是增盛人的生命活动的文化，反之，最不好的就是那减低阻碍人们生命活动的。”

父亲在第三点上发挥最多。他引一位胡石青先生的话说：经济不单是养活人的，并且人还要借着经济表现其生命作用。父亲引申胡的意思说：“你只维持其生命存在，而不让他心思情趣得所活动，是不行的。”

“严格地讲，在苏联是没有合作的”，“只在集团（体）主义下酌量地允许了个人活动而已……其意不在合作”。

他说，乡建所主张的合作与苏联的合作，虽然看着都趋向于“集合”，但“命意不同”，乡建所主张的不是集体化的“降格”，也不是资本主义经济的“从属事业或补充工作”。

请注意“命意”二字，我父亲提倡的社会改造命意便在看重和相信人，离开这个意思便不对。

现在，应该转向叙述邹平在提倡合作事业方面做过些什么了。可以有把握地说，这比推动社会学校化顺利若干倍。

我想从讲一个听来的小故事开始。据说，有天我父亲在工作，屋子另一端两位乡建同人谈起天旱，然后说此时买下一批粮食放着，过些时准定赚钱。父亲放下工作问道：“你们这么做不是剥削农民了吗？”乡建是一个志愿者团体，不过它也不会是很纯的，但我这里提起此一情节，是想说明父亲把剥削与否看得很重。他向合作专家黄明先生请教：假如合作社雇用非合作社社员，是否为不当？是否可以通融？

美棉运销合作社是邹平最大、最成功的合作事业，轧花工人中有社员也有非社员，社员除了工资还能分红利，非社员没有份儿。黄先生认为这中间有剥削，刚开始时少量雇用，可以变通一下。可是父亲说，要想法子守住原则，到不得已时再稍微通融。

邹平的合作事业是在谨守原则，不无书生气的情况下进行的。

研究院成立当年（一九三一年）十一月，第一所乡农学校建立；十二月，第一个生产合作社建立。与办乡农学校不同，不要求各村都办合作社。办不办，办经营什么产品的合作社，全看当地自然条件，因而山区办林业、蜂业、蚕业合作社，平原区办机织（土布）和棉花合作社，而且很注意扶持曾经兴盛、后来衰落了的产业。农民本来有这方面的知识技能，当然也有恢复旧业的意愿。可惜虽然如此，只有棉花运销合作社十分顺手、十分兴旺，其他各种合作社，或则成绩有限，或则勉强支撑，关键只在销路。

依我之见，棉花合作业因其十分顺手而不能看作有代表性，而且，有些事情虽利于合作社社员，却不合父亲提倡合作事业的初衷。不过，话又说回来，如果本着邓小平说的“让一部分人先富起来”的精神衡量那时的事，并无不妥。

邹平孙镇一带的土质适于种棉。早先曾有日本商人看中这里适合种棉，提供棉种给农民，棉花收获后供青岛日本纱厂使用。日商提供的棉种日渐退化，种棉获利日微。这年春天，乡农学校倡议重振棉业，得到邹平农场的支持，引进“托里斯”棉并把孙镇作为试种区；同时组织棉业合作社，将良种贷给棉农，条件是不再种已退化棉种。

第一年，有十九个村的农民参加合作社，收成果然不凡，旧棉种亩产二百余斤，新种增产百分之二十，而且因棉绒长收购价每担高出十余元。经上海纱厂联合会评定，可以纺优质细纱，质量超过著名的“灵宝花”。

棉花收获后，联合会将棉花销售给青岛和济南的中国纱厂，拒绝日商收购。不过和中国纱厂讲起价钱来却一毫一厘都要争。因为邹平棉质量高，对方不得不同意以高出市场的价格购买。

父亲非常注意留出公的积金要高，以使集体部分大于个人，但后来并没有这样做。社员急于得益，将百分之八十的利润用于分红。

徐树人（县长）回忆：“只有富农和富裕中农才有资格种棉，贫农没有资格种棉。”事情是这样的：“种棉有利，农民纷纷种棉致使种粮土地大大减少导致邹平粮食不够吃，因而规定农户只有在种足口粮之后才能种棉，贫农地少，因此失去种棉的资格。”

这个问题实为始料不及。解决的办法你说有阶级性吗？小范围的实验和大范围的实行其实是两回事。

一九三五年七月，邹平成立全县合作指导委员会，下设三个组，第一组负责行政和合作教育，第二组负责合作金融及信用合作社，第三组指导其他各种合作事业。

第二组的工作——金融流通、放贷，被赋予教育和推动合作化的任务。在别处这是盘剥穷人的手段。

父亲说：“当时在邹平成立金融流通处，你有钱可以存放在那里，你也可以借钱。但借钱要有条件，就是你单独一个人借钱不行，你要组织起来，组织一个生产合作社。一个生产合作社，十几家人，是个团体性质，去金融流通处贷款，就借给你。这就是教育农民从散漫到组织，组织起来进行生产同时进行技术改良。你种棉花，种什么品种？怎么个种法，讲科学，在生产上推广科学技术。”

下面关于金融业的介绍主要依据柴向清、夏文禄两位（一九八四年）写的《邹平乡村建设时期的金融业》。

他们两位的可贵在于照实说。前引孙子愿的回忆，内中凡有自我表扬意味的，我就避开不引。还有人说，邹平推广棉业是为帝国主义卖力（因为引种的是美国优良品种），我也避不论其是非。事实上，当一个人不存心把别人说成是什么样时，他的眼睛就明亮，因此柴、夏二人有所发现。

“邹平实验县（一九三三年）成立了金融流通处，又组织农民入股成立信用合作社和庄仓信用社。”

据柴文说，当时山东各县金融操在钱庄手中，每家钱庄资本平均为七千九百元，而邹平这个穷县，仅有一千二百一十九元。遇有急需用钱时常去周村钱庄告贷，遭受高息盘剥。因而，邹平金融流通处规定的职能第三条是“减少农村资金缺乏之痛苦”；第四条是“减少高利盘剥，增进农村生产运销之机能”；第五条是以贷款“指导农民经济活动，增进农民对政府（此处实为研究院）之信任”。

金融流通处放款对象主要是在它指导下工作的信用合作社和庄仓合作社，作为它的“最先要务”。对农户放款是通过这两者进行的。对私人放款，“不得碍于合作社贷款为要”。社员贷款不要抵押，为期一年。私人贷款需有抵押，为期不得超过三个月。商家贷款不得超过千元，个人贷款不得超过百元。

金融流通处有六种特别储蓄：如备婚、备学，婴儿诞生时存入一元，到结婚或入学时可以取用连本带利的若干元钱。养老储蓄是四十岁时存入一元，六十岁起每年取用二元。防灾储蓄，所谓灾不限于天灾，本人丧偶、牛马伤亡都可以取用本息和获得低息贷款。建设储蓄是指建房和购买农具。喜庆储蓄包括生子、结婚、祝寿和纪念某种义举，届时可以取出本息和得到低息贷款。

一九三四年，邹平先涝后旱，市场利率由一分五厘涨到三分以上。训练部同学利用下乡实习机会发动组织信用合作社。规定成立须经批准，如社中不包括贫农即不予批准。

规定六种人不能贷款，他们是：游惰者、奢侈者、吸鸦片嫌疑者、不能约束家人者、旧债发生原因不明者和旧债无整理计划者。

庄仓信用社始于一九三三年。其业务是接受农民储谷，可起到以丰补欠的作用。储谷者可以得到“同价之农村金融流通券”，可以在本县及邻县流通，也可以向金融流通处兑换现金。庄仓信用社只对农户，贷款最多只二十元。“先贷给地亩较少之社员。”

柴向清还和夏文禄合写过另一篇文章，其中一节是《教育寓于金融管理中》。说这方面的事例“俯拾即是”。举例说，办贷款时劝告贷款人要勤俭、修德，这项劝说工作是根据章程而来，那原文是：“人当富裕无求人之必要时，于事每多轻易看过，漫不致思……唯当穷迫不能不求人时，于事易发感想，易致深思”，此时向他讲规劝的话“收事半功倍之教育功效”。

他们又说我父亲想法“天真”，“想靠单纯修身养性来改变社会性质是行不通的”。

他们两位算是觉察到邹平工作的寓意了。甚至不妨这样说：我父亲想的是扭转乾坤，而教育是他唯一愿意用的手段。（如果教育也能看成是手段的话。）

读者看到这里可能会想问：梁漱溟先生是非暴力主义者吗？他非常像是，但不是。他极赞叹甘地的政治意志和魅力，但是不同意把非暴力当作主义。印度必须拯救，凡可以救它的办法都可以用。再如，西方社会阶级关系已然固定僵化，对立形势已成，武装斗争方式即属必要。他分析，中国社会不属这种情形，于是排除了用武。我们从他的书里找到的理由就是这样。你当然可以说，他没看对中国社会。如果你说他提倡乡建运动心里总想着避免用武，那是完全对的。（甚至一切“硬”的，足以伤人感情的做法都应避免。）如果你说，其实他和甘地有一点近似处，是在都做“人感人”的事以求成，那也是对的。

理解一个人本来有两条路可走，一是经多方面了解具体情况理解其根本精神，二是从其根本精神特质去理解其主张与所作所为。我请读者走的是第二条路。情况的介绍到此为止。

接下来我们将进入满布荆棘的领域。

再度奔赴理想（三）

试解说三个难题

上面的叙述已（不可免）涉及了政权、土地和工业化问题。我父亲在这三个问题上的观点与实践，一向受到批判和质疑。连他自己也在一九五二年说自己是陷入了改良主义。现在我要做的是，客观地介绍他为什么这样想——是什么促使他这样想。

土地、工业化问题和政权问题解决（做起来）存在着连带关系，但我们分开说。

土地问题是乡建运动从存在的那一天起就直接面对的难题。诚如我父亲所说：乡建运动有“和乡下人不能一致处，农民没有土地，我们不能分给他们”。“我们成天谈农民讲农民的人安得不急想解决？”可是，“常有人责怪我们不太爱谈土地问题”。这是实情。关于土地问题的直接谈论相对的少。

当我们说土地问题时，实际上是指土地分配不均，亦即农村阶级问题。

《乡村建设理论》是分三个问题谈的：中国土地不足问题、土地使用太不经济问题和土地分配不均问题。我这里只说最后一个，因为一向受质疑的是这个问题。

他解释说，这是因为“大概我感情放得太平静了些”，不像别人那么“愤懑激昂”，“不由得话就少了”。“其实是我专门从解决的办法上设想，那没有办法的话就置之不说。”所说没有办法，是他自己此时想不出办法。

他说，中国“社会亦同家庭略相仿，不要关系恶化”。力求不将关系恶化约束着他。

他说，作为农村工作者“安得不急想解决”，是就心情而言。事实上却要从缓。他将中国面对的问题分作几方面，土地问题是“乡村内部的问题”；他说，“乡村内部问题的解决，却只能随着整个中国问题而解决”。这是什么意思？“头一步将求同，而不求异。”具体地说，是先实现统一，具有了对外抗拒侵略和对内求进步的政局，“轻重缓急当如是”。他又曾说，“调整社会关系形成政治力量”是解决问题的“前提”。

迄今进行过土地改革的国家，都是由政府操作。以和平方式进行的，是由政府出钱收购地主土地分给无地少地农民。乡建运动既已明确不“自操政权”，那么，下面的话是必然的了：“我们（乡建运动）并不想从法律上取得什么地位”以便过问政治，但是事实上代表“大社会的痛痒”。“我们将以全国乡村联合的中枢组织，为知觉和思想的机关，而以政府为行动机关。”

换言之，乡建运动将作为引导（教育）出这种社会共识的一种力量而存在、而行动，而且这也是将来的事。

父亲对合作专家黄明先生说，邹平棉业发达，“我们正在做在邹平建一座纺织厂的梦”。

在原料产地建厂不是常见的做法吗？其实不然。他做的梦完全不同于资本之家为了经营起来划算，将厂址选在原料产地。这涉及他的一个重要主张——以农业引发工业。

以农业引发工业，这能行吗？这不太慢吗？让我们且不忙提出这类问题。当你真的想理解一个人的时候，最好的办法不是将你的怀疑讲出来，而是先听他说。

《从农业引发工业是我们翻身之路》，这是《乡村建设理论》中的一节。很明确，中国要翻身必得工业化。另外，不走西方发展工业的路（都市化、商业化、牺牲农村）也同样明确。

他说：“有人误会我反对物质文明，反对工业，我安有此意。”的确是误会了。“我对物质生产增加和技术改进，原是看得很重的。我所以重视它，意思在于非这样不能给我们挪出更大空闲，非这样不能使文明更日近于高明。”所说“挪出更大的空闲”，在另几次讲话里，都说明是人类进于社会主义所必需的条件。

他还有另一个担心，“中国人俭朴固然好，但处在交通之世，而自己工业又如此不发达，这多少是一件危险的事”。所以，没有自己工业的国家将难以存在。问题只在如何发展工业。

“中国发展工商业的路早被（帝国主义）堵塞严严的，是欲步不能了。”当时持此论者很普遍，那时世界固无跨国公司和与国际市场接轨之类的风行，纵然有，他赞成吗？我不知道。

请看如下一段话：“帝国主义以不平等条约和种种经济手段，杜绝了中国工商的兴起，使中国免于资本主义化，这真是非常庆幸之事，我愿谢天谢地。”有人看了这句话，说他反对工业化，非也。他庆幸帝国主义堵了中国走资本主义的路——西方把农民当作铺路石发展起早期工业。

大概已有相当一部分读者觉察到，我父亲想事不免理想化。不过，如果看不到他想事还往往非常实际甚至迁就实际，那对他的认识仍不够全面。提出农业引发工业就是一个极好的例证。在《凭借农业求翻身》一小节里，他举出农业引发工业的理由之一是：发展工业生产的主要条件是资本，农业的主要条件是土地。土地我们现成有，资本正为我们所缺乏。又说，当前亟需解决的是增进生产，以中国的条件显然是恢复农业生产，“近切而容易”。

他还有如下一个比喻：“好似体格魁伟的大汉，在病中没有力气，但其力气若恢复一分，此一分就很大。或从工业上求增加生产，断没有这样快；一则根基厚，一则没有根基。”

所说借农业以引发工业，他考虑得很是实际。

“农业生产力抬头，一般购买力从而增进，自有许多工业因需要之刺激而兴起。换句话说，就是农业生产、农民消费两面来刺激工业发展起来。我们不要直接来办工业，要先制造出工业的需要来。”“直接的力量是最小的，直接去做是最笨的。”

那么，这种机会易得吗？岂止易得，更且是必然有。“复兴农村，其实旧农业、旧农村是无法规复的。农业在今日亦只有两条路，一是毁灭，一是进步。”以小麦为例，“为适应面粉厂需要，品种就得讲求，并且货色一律，大量供应才行，那在技术上、经营上显然非变不可”。

他看农业、工业和科技进步是“自然相缘相引而俱来”，是一条很顺的路，合乎正常形态的路——现行的都不合。

由于考虑到中国人多地少（据戴乐仁教授估计，那时中国已有五千五百万年龄在十五至五十五岁的农民处于无形失业状态），邹平或许是全国最早提出“农民兼事工业”和节育问题的地方。

父亲认为中国经济建设必筑基于以农兼工、由散而合两点之上。又认为苏联“真是我们再好没有的借鉴”——从两方面借鉴——中国亟须有像苏联那样统筹规划的政府，他称之为“总脑筋”。每当他叹息中国国权不立，心里想的就是由于没有总脑筋，百废待兴却没有堪当此任的政府。不过，他不赞成苏联政府“蛮霸地做”，以强制达到目的。

由于坚信中国社会“散”，已使中国没有可能出现极具强制力的政府，他谈土地和工业化问题，都提到这一点，但是中国后来有了这样的政府。

读者必已感到，当年他对中国的未来作了如许之多的设想乃至预言，后来一定面对了再认识的问题。不错，他面对了，一一重新认识过，还有了“答卷”。

乡建运动怎样看待政权问题？

先举两句费解的话。（中国的）“政权属谁都可以，政权属谁都一样”。“乡村运动者自己始终不直操政权。”

千万别忽略了括号里那三个字。换言之，如其不是专讲中国的政权问题，政权就不是属谁都一样了。再者，乡建运动有其政治理想，但不组党、不准备执掌政权以实现政治目标。如此之不合常规，还是因为这是中国。总之，如没有中国的不合常规，他对三个问题的答案便会较近于“常规”。

当我们劝别人做某件事或不做某种事时，我们先要对自己做一番功夫，那就是通常说的“设身处地的去想”，站在他的位置，顺着他的心情想。即理解了再说话。我说这话干什么？因为我这样做了，这以后才找到了可以落笔的思路。

说一千道一万，他对政权问题态度不合常规，必定要归结到他对人类和中国的认识。

《吾曹不出如苍生何》，它以伤国忧民的纯情打动人。人们因此偶尔（仅是偶尔）提到它。

中国问题难解决吗？父亲说难解决，比诸别的国家难办得多。原因是：一个历史悠久的民族，其问题的被决定性就大。这个观点有见地，对吗？下一句话也是他说的，却像是另一个人说的了。“举国之人起而更张之，直一举手耳！”把事情看得轻而易举。后者见于《吾曹不出如苍生何》，他时年二十四。因为当时还年轻吗？不然。即使老来，他仍相信社会人心是最有力的。为了不让枪杆子决定中国的命运，大家都来主张“息兵”，组成“息兵会”，并由此开始“吾曹好人”，把国家的命运握在手中。这为什么不难做到？因为“天下之人其意无不善，今之为恶者非其本意”。理能服人，我们“凭理而不凭力”。功夫是要下的，虽然工程浩大（“道路迂远”），却是完全可以期以成功，那就是：“一力求民的势力之养成，得此便是吾辈好地盘。”这最后一句话，与办乡农学校的用心何其一致！

读者看了“政权属谁都可以”，心里已画上一个问号。他还说过：认为乡建运动埋头社会工作，不想管政治是个误会。于是心里又画上一个问号。他的态度到底是什么？这比相信人性善要难以说清楚。

“我们非双管齐下不能解决中国问题，非一只手把握着两端向前进，不能解决中国问题。”

如此说来，他是政权和社会都关心？可以肯定，我父亲真的是两者同样关心。读《乡村建设理论》读到《政治问题的解决》一章，我们定会感到他正是说他最熟知的事。从清末至民国二十年，中国知识分子如何摇摆于先解决政治问题抑或先解决社会问题的苦恼中，他一一道来。正如他所说：“何曾一刻忘记上面的政治呢。”

父亲的结论是：如此“转折翻覆”，正见出“人们的烦躁和不知所措”。那么他认为该怎样做呢？先抓哪一头都不对，要同时做。我们至少可以说，他的认识是如此，事实上同时都做了没有，是一个尚待分析的问题。

我们且看他的认识：在一个常态的社会（亦即国家），“无论从哪一头用力，都可通到另一面的”，但此时的中国却不然。什么缘故呢？中国此时是社会崩溃。可是，大家都没有看出是社会崩溃，故而一时抓这头，一时抓那头。

梁漱溟（中坐者）与席朝杰（前排左三）等人合影

崩溃的社会是什么样子？它是没有秩序，而不是有一个坏的秩序。坏的秩序要用革命解决，社会崩溃则需要用文化改造解决。

同时，都做却又不是同等用力。因为“中国社会的支点重心向来在社会不在政治”。比之于其他国家，尤其“着手于社会乃可以收效于政治”。

接下来就是直接回答问题了，这可能是缺乏说服力的一段话。

“这里没有政权属谁的问题。”“我是谁呢？我是乡村运动者吗？彼是谁呢？彼是军阀吗？假令这样分，我想也是分不清的。”中国没有凭借法律制度建立的政权，都是靠威力，是先有军权后有政权。假定乡村运动者掌政权，必是先已掌了军权，或者与军阀相结托。自己既不是军阀，那权仍非自己的，充其量是“借来的”。所以，乡村运动此时不要想着分彼此，但有两件事可做：“始终不直操政权”，这是应抱的态度；再一件应做的是保持邹平乡建工作的个性。（这里指其他乡村工作团体其来历和政治理想并不相同。）

我们从上面的话可以感觉到，乡建运动在与军阀——政权关系上的无所适从。既不能分彼此，又不宜混同。

父亲认为，政权分属几个军阀，中国不成其为国家的局面，给乡村运动者以机会，“这里不容我们，还有那个地方”。中国的散且乱，呈现“没有自由的空气，却有自由的事实”。当时的中国真是这样。乡建运动就有这样的经历。

但是，接下来他作了大胆的论断，军阀“有跟着我们走的可能性”。“我们代表大社会，他也在大社会中间，最后他只有同化于我们完事。”他寄望于乡村工作，事实上转移了大势，“无根”的军阀（按“无根”是指军阀没有一定的阶级和政治集团作为后盾），此时此刻，势必做出理性的选择。

他相信人性向善，以及“吾曹好人”行动起来的力量。

请记住中国阶级状况之特殊。外国的政党实实在在的有其建立的依据（他举北爱尔兰政党为例），中国则不然，三民主义不过是三句好话，人人都可以赞同的，但因此国民党也就不像个党了。同样的缘故，“乡村建设也成不了党”，乡村建设纵使握有政权，与国民党有什么两样？“即便政权属我，又有什么用呢？”

这是所说政权在手也没有用，意思是乡建运动在它的影响足以转移大势以前，纵使拥有“一隅”政权也寿命不长，那不过是在中国短命政权的“戏剧里”又添一幕。

以上这些话都摘自《乡村建设理论》。这本书不是关起门来写的，是将课堂的讲话整理而成，是一面在实验，一面在讲。不过，读者所获印象恐怕仍觉得事涉理想，一旦面对现实会是什么样子呢？

有一篇讲话正好回答这个问题。那是在实验开始之后五年讲的，标题是《我们的两大难处》。先父传记的作者们一向都把这当作乡建运动是改良主义，以及当时便已自承失败的一番话。

他本来想说“两大苦处”，后来改用难处。难在“高谈社会改造而依附政权，号称乡村运动而乡村不动”。这直可说是两个致命伤。

所说“我们”，原是说指各乡村工作团体。可是，诚如他说的那样，其他乡村工作团体“本来不说改造社会”，亦即对他们而言不存在依附政权与否的问题，但邹平的乡村工作以改造社会为目标，不赞成“枝枝节节地做一点好事”，即有一种根本的不同。读者思考这一问题时，请将邹平与其他乡村工作团体区别开来，面临“难处”的是我父亲以及随同他做实验的乡建实验的同人。

请注意下面这段引语：

你现在既作社会改造运动，则明明是你看他（现政权）改造不了。他既改造不了，你就应当否认他，你就应当夺取政权来完成社会改造。你既不否认他，而又顺随他在他底下活动，那末，你本身就失掉了革命性，又怎么能完成社会改造呢？照例，政府和社会比较，政府最代表那惰性，不进步性的，而大凡新的潮流、新的运动、新的创造，都是从社会发生的。除非他是一个革命政权，否则那个政权只代表惰性，不进步的。比如苏俄共产党政府，那是一个革命政权，他所代表的是新的潮流、新的势力，他能够创造，能够完成革命。然照一般的政权说，皆所未能。所以这时候我们求社会大改造。而实际上靠政府做事，这是一大矛盾。

在这个问题上，他看得很清楚。可是，他没有朝（我们认为）该走的方向走，而是一本夙愿朝“合与和”的方向走去。其所以（当时）不碰壁，是因为所说难处，远不来自南京国民政府，近不来自本省主席（军阀）韩复榘。难处在他心里。

人在无所觉察的情况下做出什么事，可以没有（讲不出）理由，但他明明觉察了。是什么使他仍要做的呢？是什么（见解或实际考虑）使他拐到另一方向去了呢？

我把它分作三方面，即：为国家社会想、为中国知识分子想和为乡村运动想。

“中国不是在常态中。”这句话包括古今的中国。“大家要深刻地认识中国旧社会之散，深刻地认识今日社会之乱。”以及今日中国革命实为自外引发。中国的读书人（今日的知识分子）历来隐然起着重大作用。须知三十年来支配大局的是思潮而非武力。清廷退位、袁世凯称帝失败、北伐军以三万支枪战胜拥兵数十万的军阀，都证明军阀是“革命空气吹倒的，武力本身实无威灵”。从近处看军阀是支配者，从远处看他们是被支配者（被大社会所支配）。“人类本是用头脑的动物”，是头脑支配拳脚（武力），军阀并不必然与成了大势所趋的乡村运动为敌。这个意思发挥到极点，便是“中国社会分不出彼此”，“政权属谁都可以”。

与此相关的观点是：力量在社会不在政权。力量在社会这个观点，读者大概可以认同。

他说，大多数中国人在乡村，支撑着中国的是农民，“抓住这一点而导达之，贯串之、统一之”，“果然做去，解决大局问题何难之有”？他又说，中国的都市靠农村维持，“抓住农村不就是抓住社会吗”？再者，不把注意力放在取得政权上，还与知识分子的天职有关。他一向认为，知识分子代表着理性，起着维持社会的作用，是众人之师，负有领导教化之责，“很能超然照顾大局，不落一边。在辟建理想新社会工作，他是最合条件不过”。更有进者，“要紧在没有阶级立场，才能调整社会关系使进于理想社会”，必超然而后方可有为。知识分子如只顾自己吃便宜饭，“那便是社会之贼”。

已经在社会上有地位的知识分子怎样为社会尽力呢？那就是“坐在社会一面，隐持清议”，这比“亲理行政”贡献要大得多。

我读着这些话，一如看见了他本人就在我面前。还有那朋友团体中的许多人，他们终生履践的无非是这两段话。

我们还可以从有所顾忌一面看他为什么甚至想与政权拉开距离。“中国社会本来缺乏对立的两面，然而政府与社会、社会与政府，却隐然有相对之意。站在政府，便像脱离社会，所以代表潮流的必不可以上台。潮流上台，则失去社会基础，也就是失去其所以为潮流，反而无力量。”以下的引语谨请注意：“此其中有一个要点，就是武力的关系。政府拥有武力，社会则讲理性。理性就是彼此能说话，所以同处于社会立场，情意容易相通。武力则挡住人说话……”二十世纪四十年代，他正是本着这个观点参与政治活动的。

此外，他还有更具体的顾忌：乡村运动不可执掌政权，“因为一要政权，则我们就为政权所支配，而不能站在社会方面左右政府”。

这是真的。我的工作使我在二十世纪五十年代注意到，西欧社会党一旦上台执政就为保权缩手缩脚，不似当反对党的时候了。

父亲还顾忌知识分子能否坚定走向乡村：“知识分子下乡后，其眼光见解乃剀切问题而不骛虚蹈空，其心志乃一定于革命不移，知识分子若徜徉于空气松和的都市或租界，无望其革命，只有下乡而且要到问题最多痛苦最烈的乡间，一定革命。”

他也考虑到，执掌政权不利于乡村运动团体的联合。此时，虽来历不同却能互相影响，先有横的联络再有纵的系统机构建立。这种联合的发展是事实在先，理论在后。故而他又说，乡建运动不谈主义，不谈主义为的是“关了争论之门”。

另一个顾忌更非他们所独有，许多政治学著述多已言之。他说，政府一层一层都是被动、“极有机械性缺乏创造性”，而“建设新中国的工作，完全是一种创造”。

但是，这些顾忌都还不是使他认为乡建工作者应避免执掌政权的根本原因。那么，什么是根本原因呢？那是前面提到过的理性地解决问题。中国文化迈越于其他文化端在理性。

我谨归纳为：

如实认识中国——看到中国社会构造异于其他国家，看到中国革命之引发不同常规。

“宇宙间无论什么问题，要求解决，必不能在当地本身上着想。手段方法在此者，其目标用意不必在此。”中国问题要从文化改造上求解决，自己操弄政权和使用武力都是在当下想办法。此时，自己对别人的批评便是“不能屏抑主观要求而寻取可能的途径”。

读者若将上面的意思理解为“头脑要冷静”，不能算错，却欠完全明白他的意思。中国文化是有短处的，“其自身实缺乏一个机械力量来强迫地作成团结”。这要求我们必得发挥理性以人生向上来自励，否则无法克服我们散和乱的病症。其他国家此时可以“单从理智计算上”形成团结，中国“必须有超计算的感情力量才可”。通常这是靠宗教情操（可是中国人历来淡于宗教），我们靠理性。“理性是一种很强的感情力量，然而是明智的”，“当其自发就是志愿”，志愿难以久而不衰，“教育（或教化）在这里就成了顶重要的事情”。

我父亲所以主张乡建运动不自操政权的道理如上。（读者也可以将它看作他心中期盼其实现者。）数十年后，当时他为中国发愁的事已经解决，他所未及料到的问题生了出来。

乡村建设“随大局以覆败”

我父亲为了得到机会实践乡建理想，大体费去了三年时间用之于思索，然后在邹平工作了七年。覆败呢，只用了三个月。这是从“七七事变”之日算起。其实，这还是因为日本人有意延缓进占山东，他们始终想收买韩复榘以使在山东的日侨资产丝毫不受损失。韩复榘不想当汉奸，想继续当军阀，也就是继续靠拥有军队割据一方。他预料东南沿海都会陷入日军手中，要赶在日军沿平汉铁路进入黄河以南之前把自己的军队撤出来，为了扩编又强行带走部分鲁西南地区乡农学校受过军训的青年农民和枪支。这就是研究院菏泽分院热心搞武装自卫，使乡农学校成了变相军政权力基点的恶果。

邹平的情形，虽不致损害了百姓，但研究院于组织抗战没有起作用。从县长徐树人的回忆看，一部分人撤往后方，大部分当地人各自回乡。同一时期，父亲则风尘仆仆于南京、济南之间，作了一些无补于事的努力。

一九三七年六月整整一个月，他在四川参观讲演，四川省政府希望他帮助办理民众教育。七月二日，他回到北平，五日返抵济南。刚回到邹平，“七七事变”发生。十日，他经济南去南京，二十四日返回。从这时起至十月十四日，共五次往返于山东、南京、上海之间。只十月十六日回邹平“清理院务”，“此为余末次离邹”。之后，继续往返于南京、济南之间。济南陷敌后，他仍去济宁、曹州试图与乡建同人取得联络。

二月，父亲在徐州北关农场写《告山东乡村工作同人同学书》和《山东乡村工作人员抗战工作指南》。

这里还须补叙一些“七七事变”前的情况。

年轻的读者若不经意便可能忽略一个事实：日本人制造事端侵占东三省（“九一八”），好孬还是偷着作准备，而后突然袭击；几年后侵占华北，甚至懒得偷偷摸摸了。他们先扶植一个内蒙古“自治政府”，又扶植一个“冀东自治政府”，接着又“推动”华北五省三市也要“自治”。这切了一刀再切一刀，眼看着还要继续切下去。中国一方呢，散的局面正在日本人的进逼下渐行纠正。

早在一九三五年十月，在无锡举行全国乡村工作讨论会时，会后父亲去南京，得到消息说，日本人正向韩复榘最大限度地施加压力，要韩参加华北“自治”，于是他立即赶回济南“探明韩氏态度以决定乡建运动如何应付。从十月迄于十二月或单独或与梁仲华、孙则让一同去与韩复榘谈如何准备抗敌问题”。从韩的两点表现上他觉得，此时韩态度相当好，一是侵华日军谍报头子土肥原贤二几次坐飞机到济南进行胁迫韩都不为所动，二是愿与乡建同人商定一个三年抗敌计划。这个计划是将菏泽的乡农学校方式（组织青壮年军训以备战抗敌）推广到各县，由乡农学校负责初级“民众自卫训练”，高级训练另设行政专员去管。

一九三七年六月，梁漱溟应四川省政府主席刘湘之邀请至四川，曾在重庆、成都作“我们如何抗敌”等演讲。此为梁漱溟（前排右二）与卢子鹤等友人合影

乡村建设时期，梁漱溟与同人合影。坐者为梁漱溟；其左为萧克木，负责乡村建设研究院出版股，后任邹平乡村书店经理

父亲赞成这个计划，他当时的看法是：重在教育的邹平工作是“求有以启发培养乡村自身力量”，收效较慢，菏泽的工作方式“以行政力量推动一切，从民众自卫进而各种训练”，“收效较快，亦且适合国防需要”。即菏泽的做法倒起了准备抗战的作用。事后他（在徐州）回顾过往，发觉这其实加重了乡建运动原有的欠缺，“外表局面愈益恢宏，内则各部分愈不相顾……步调精神随人事关系之亲疏远近而渐渐差异。究竟何者为吾侪工作，何者不属吾侪范围，亦难分得出”。“大局败坏盖早种于此时矣！”

韩复榘不战而退，强行将乡农学校壮丁和枪支带走，乡农学校成了“执行其一切苛虐命令”的工具。原本向乡民保证壮丁枪支决不带走，此时乡农学校落到受骗骗人的地位，“致有砸毁学校，打死校长之事”。“以建设乡村之机构，转而用为破坏乡村之工具，吾侪工作至此，真乃毁灭无遗矣！”

山东乡建运动虽说是一个，邹平与菏泽两地领导人的思想和致力所在实全然不同。而在韩复榘看来，正不妨让他们各行其是，各有各的用场。乡建运动在这个意义上是自主的，因而父亲在这方面不曾有过不自主的感受。他在《告同人同学书》中沉痛检讨过去，没有涉及与政权（韩）的关系。他所深感负疚的是自己和梁仲华都不积极建立组织，尤其是都不肯出任领导人，以致虽早有建立组织之议而“屡议屡辍”。

他写道：“吾侪始不过思想主张相接近之一般朋友，以出版言论号召于世，以讲学设校接引青年，以实地工作结合同调……”，“其关系常不出乎师友情谊”。大家习惯于这样，唯这样相处才觉自然，反之，便觉不好。为什么会这样呢？建立组织，“在此一面为密切结合，另一面则为划分疆界”，这会使同人一同学觉得只有加入了才好，心里其实并不喜欢这种状态。而且，如果人人都加入，这组织就显得没有意义了。从另一面说，大家平素在一起工作，一旦这人在组织，那人不在组织，这种“区分”，“彼此各觉不安，一若此为拒人，彼为见拒于人者”。以这种心态，哪里还谈得上建立组织！

我特意仔细摘录上面这段话。读者若想从为人上、从情感上体味我的父亲和他的朋友们是怎样的人，谨请细加咀嚼。

乡建运动终于没有建立组织，曾经想过亡羊补牢，那是在刚刚经受无组织之害以后。告同人书中提出是否建立的问题且征求大家的意见。当时的意思推想不外有二，一则利于在抗战中发挥力量，二则战后便于归复，但亦只是想想而已。平心而论，战争给中国带来的大动荡、大改组，乡建同人不会适应得了。

凄凉的回眸

我对乡建运动的叙述至此结束。在我的叙说里，既没有生活也没有人情味。

实际情形当然不是这样，是时光流逝太久已无法点滴寻回当年的生活和感觉。实际情形不妨说正好相反。我不想说这七年对他来说是最重要的，做这样的区分是错误地看他的一生；但是如果我说，这七年他生活得情绪昂扬和有滋味，最觉心思力气得到发舒，那是不会错的。他正是认为，把生命力充分发挥出来才是人类应过的生活。这七年无疑称得上最有滋味，对他本人最有意义。

我们太容易望文生义，太容易循着常识和传授去想事，以至别有所见或更所有见成了惹麻烦的事情。他倒是有一股劲不这样，并且不在意那后果。倘非如此，便不会有一个通过教育实现民族自救和通过实施乡村建设运动行改造社会。当年胡适看出他有这股劲，在日记里写道："梁先生将来要革命的。"胡先生诚然看对了，看到我父亲感情激烈的一面，殊不知他的感情还有另一面，只肯刮"二级风"来革命。

父亲有极强的自信。他自己认为（别人会不认为）这自信来自反复用过心思。乡建救国起初，他认识到制度不是建立在条文上而必建立在众人的习惯上，继而想到培养习惯须从亲切处、从小范围做起，于是而想到乡村，"从乡村做起，这虽也是从头上来之觉悟，但此种觉悟，尚未到家"。待到恍然于没有现成的、别人的办法可以假借，"这才是到家的觉悟"。这个意思"在心头盘旋往还"不能决定，"盖此心颇不愿国家命运之日濒危境"，他希望想出一个"对付的办法"，以使国家的情况略胜于前。最后，他认定没有对付的办法，中国民族自救"非从根芽处新生新长不行"。这个过程便是自信之所由生。

我不由得忆起他对到县城里开会的乡农学校的辅导员们讲的那番话："我这个实验成功不成功全靠大家了。"他为什么要拜托？为什么要恳求？除了明知道路迂远，恐怕还因为明知应合者盖寡吧。

他当然没有料到乡建运动是这样的结局。

我不认为他消沉了。这绝没有使他怀疑到自己对中国的认识正确与否，他也没有怀疑过中国革命应走和平及联合之路。他自信如昔，所以也便不消沉。这不消沉当即表现在全面抗战八年期间的政治努力，期于各派政治力量联合起来；这不消沉表现于，在不许有共产党领导之外的政治活动以后，转向著述，期于后人可以认识中国。一九三八年以后，他做的事尽可归结为这两件事。

这不消沉还曾为我所目睹。

时间飞逝，我说的是一九五〇年四月的事了。一九四九年底，解放军四野和二野从南北两路入川。不久川江通航，父亲启程出川晋京。

亦如所有的中国人那样，父亲的生活从此进入另一历史时期。他和中共高层交往不少，绝不生疏；但是，中共怎样治国他没有经历过，这和与某人相识不是一回事。毛泽东建议他多到各地看看。第一站自然是山东。同行的有家兄和李渊庭（曹州中学学生），当时我在济南工作，他们去了许多地方，我只去邹平与他们汇合，因为我的母亲一九三五年逝于邹平并掩埋在那里。他在邹平停留了十几个小时。

汽车开到邹平，天已断黑且寂静得出奇，唯有一处房屋透出灯火，此外更无所见。县委几位同志在路边等候。他们先期得到通知，当年研究院院长、此时的民主人士梁漱溟先生要回邹平看看。

匆匆吃过晚饭，大家就歇息了。次日凌晨，四人围坐灯下，静默着。我们在等父亲说话。我们知道他一定会有话想说。他开口说了："你们的母亲说过，我这个人不真忠实……"原来这是他此刻最想说的话。

门被推开，县委几位同志看见有灯光，过来问昨夜休息得可好？我们站起来酬答。这次谈话就此结束。这个话题再没有提起过，我们终于无缘亲耳听他说母亲是怎样批评他的。

早饭后，走出屋子去看邹平城，经历了抗日战争又经历了解放战争，一别十三载的邹平城满目疮痍，一片白地，以满目疮痍来形容已嫌不够。如果没有县委同志在场，我大概会为之惊呼。昨夜住在当年的卫生院，那是邹平城内仅存的尚称完好的房子。目前是县委办公室。

县委同志陪我们在城内外走了一圈。房屋已夷平，但城墙却在，所以还有城内外之分。道路尚存，但是可以不在路上走，反正没有什么墙碍着你的脚步。一路重复最多的一句话是："这里当初是……"在说过这里当初是法院街之后，我们看到了当年的家，但只剩下一间西房，尤可惊讶的是，窗棂上那蓝色油漆宛然。一路上，家兄和我时而交换印象互相唤起回忆。父亲的神情可说是沉静，也许是内敛。

在这座空城里还能有多少人住着？终究有人住。而且，他们凭昨夜的汽车声"知道"梁院长回来了。现在我们想不听到汽车声都难，在那时，汽车是稀罕又稀罕的东西，"普通人"不会坐汽车，何况，人们从形势上推想，梁院长可以回来了。

在一处地方，大约有十来个人等着。他们并不靠近，约束着自己，只以笑容表情意。应该有过打招呼的话，我记不清了。又走了一小段路，一对老夫妇在路边等着，用刚刚能听见的声音问道："研究院的黎先生好吗？他们家以前住我们的房子。"我说："黎先生现在四川。"就这么一个信息，老人脸上已显得十分安慰。

从东关出去，上一个坡，有人跄跄踉踉追上来，喊着："梁院长！梁院长！"大家停步等他。"我是老范，管传达的老范。外国人来参观都是我领他们进去……"父亲向他伸出手去，噙着眼泪笑着，但是老范没有这个习惯，僵在那里，太激动，竟不再说话。

我在心里叹息，中国人什么时候能敞开他们的心怀？

中午，县委以"午宴"款待。我给午宴加引号并非意在菲薄，而是为提醒读者想想"民穷财尽"四个字，备办那几样菜已是耗费不赀。他们特意请来几位土改中没有划作地富的县内知名人士，其中有从几十里外赶来的。大家没有欢言笑语，谈话极有节制，稍稍追忆过去，只一位老者说："那是邹平的好时光。"父亲以"我们做得很不够"作答便了。

下午，去看望我们埋在地下的母亲。没有坟头。一位住在附近的居民用脚尖轻轻点着地，说："就在这里。"县委的同志问："用香烛吗？"父亲答："不用。"他默立，泪水在眼眶里打转。几分钟后，父亲抬起头，大家缓步走开。

二十世纪三十年代的梁漱溟

我们在邹平没有待够。县委的同志不能老陪着。父亲以响亮的声音告辞、致谢，决然登车离去。

几年后，父亲在邹平县失去民主人士的头衔（在北京好像没有说不是）。邹平县公安局奉命先后三次动员收缴一切有关乡建的书刊和物品，力图没有遗漏。

一九八五年，省政协和邹平县政协出面在邹平举行会议，讨论搜集当年乡建工作史料的事，山东大学社会系十几位同学参加了这项工作，在邹平乡间已有两三个月。他们访问了仍在世的乡建工作人员和老农，听说我们兄弟二人为参加这个会来到邹平，希望见面谈谈。他们虽是大学生，却显得未经世故，在回答了许多问题之后，我从他们脸上看出还有一个问题搁在那里没有决心提出。终于有一个男生冒出来问道："梁先生是不是瞒共？"——不公开身份的共产党？我以尽可能明确的口气说："他不是。"

谁教给他们这么土的名词？谁教他们往这上头去想的？天真得多可爱！

"我诚然错了，然而……"

梁漱溟先生倾其全力从事乡建运动，结果是"随大局以覆败"。他不曾失悔吗？他作过反思吗？

我将举出两个事例供读者自己去判断，作为对这个问题的回答。

一九三三年二月，南京国民政府召开全国民众教育会议，乡建运动做的本不是民众教育工作，但是他受到邀请而且自己也愿意去，这是他热心的事。

会议讨论了两个方案，一个是将社会教育纳入学制系统；一个是在学校之外另形成平行的社会教育系统。这两个方案他都认为不好。他的意见是："以社会教育为本而建一系统，今之学校转在此系统中。"——一个包括了学校教育的全民教育系统。他没有用"全民"二字，不过意思十分相近。因为他认为，受教育不应限于人的未成熟期，成年人仍应受教育乃至终生受教育才对。

"众颇不以愚言为非"，于是他受委托起草《社会本位的教育系统草案》。

方案强调了"社会改造之过渡时期"教育的特殊重要性，举的例子是苏联。苏联在革命前进行过暴力革命的宣传，革命后又用教育来推动社会改造。苏联为完成其经济建设第一个五年计划所做的动员工作，也是一种教育。所以不妨说，教育虽然一向被忽视，但是社会改造的前和后，"卒又不能不仰赖教育以竟其功"。

然后，他又强调，旧秩序推翻以后，教育如何发挥其作用完成此一社会改造。他说，此时的教育与平常不同，不是绵续既成文化而是"断除"既成文化，这就需要偏重成年人，既成文化存在于成年人的思想习惯中。

他又认为，成年人教育不应脱离所在的环境进行（即我们所谓"不脱产"）。因为此时的教育"重在生产大众……万不能使之脱离生产行程而教育之"。

方案从中国社会特殊和中国革命非因自身矛盾而是外来引起，阐述以社会为本位的教育之所以必要。

一望可知，这个方案实际上本着他一贯的看法，也是正在当时邹平实验着。

我不知道这个方案提交南京政府之后有何下文。

我父亲对自己"虑之已熟"的事总是深信不疑。

十五年光阴转眼过去。一九五三年九月，中华人民共和国中央人民政府扩大会议讨论如何实施第一个五年计划，父亲觉得这个方案正宜于提交给会议参考（中国正来到社会改造过渡期）。但是还没有提交，便发生了大家都知道的"一九五三年事件"。

事虽未果，他写了《我所要建议的是什么》以记其事（见《梁漱溟全集》卷七），说自己心中所想是，建国大业要从两面看：一是事情的创成；一是人（兼有个人和社会）的提高。这做起来自然就是群众运动；既然不是用之于一时一事，最好的办法是使之成为教育制度的组成部分。

第二个事例。

一九七七年，八十四岁的他写了《我致力乡村运动的回忆和反省》。（见《梁漱溟全集》卷七。）

总括起来可以这样说：他醒悟到（超前）看到的事，不能超前地做。

"我诚然错了，然而所见仍然没有错，只不过是说出来太早了。——失之于太早。"

"距今四五十年前我径直提倡其实行，而不知非其时。"

八年努力无功录（之一）

父亲自二十世纪三十年代起，发表政见总是在《大公报》上，甚少例外。一九四六年，储安平出版《观察》杂志，他就多了一个发表政见的地方。倒不是他多所拣择，是在中国，留给发表不是官方立场言论的出版物历来很少。

他曾向储安平许诺写一长篇，以《八年努力无功录》为题，记述起自全面抗日战争爆发，迄于国共和谈破裂的个人经历。虽是记述他个人，然而，他是为了推动国共团结而先将“第三方面”政治力量团结起来的实际组织者（我不想过谦），这个回忆录原会很有史料价值，可他没有能够写出来。装有这类原始文件的皮箱偏偏失窃。那是一九五〇年一月，他离重庆赴北京时，托人暂为保存的。他的回忆录对事实的记述和解释，会与两党主持下业已修成的史籍有别。由此看来，皮箱失踪倒也省却一些人为难。

好在他发表过不少相关的文字，仍可据以记述其梗概。现在我仍用这个标题，写他的这一段的政治生活。

当初投身乡村建设运动，许多人劝他守住“本行”，不必倡导什么社会运动，说那是别人才适合干的事。现在，他又跨入距“本行”更远的政治活动，渐至折冲于国共两党交涉之间，真是越走越远了。但有意思的是，这次却没有人（一个也没有）劝他别管这件事。“国家兴亡，匹夫有责”，他所做的事太合众意、太合时需，以至大家竟忘忽了。搞政治需有一套本事，原非人人干得了的。至于他自己，根本不暇自忖能力若何。读者此时只需记得前面引述过的一句话，他说自己的行动是“为感情所督迫”。日军长驱直入，他最痛切的感觉是什么呢？是国家长期不得统一。国权不立，一切谈不上。他尝说：“中国之兴必兴于统一，中国之亡必亡于不统一。”“统一问题是中国民族的生死问题，统一才是生机，不统一便是死路。”毫不奇怪，他因而说：“我是一个对于国家统一要求最强的人。”

生活在二十世纪末、二十一世纪初的中国人，对帝国主义曾经想瓜分中国大约有些印象，但是对中国人曾将自己的国家瓜分恐怕知之甚少。然而，这却是非常重要的史实，它大大耽误了中国的再兴。如其不然，我父亲便不会把统一与否看作国家民族的生死问题。

因此，在《八年努力无功录》这三章的起首处，我从他的著述中摘引他的话，讲一讲中国不统一的历史，应不是多余的。

“自从辛亥革命推翻了传统政治以后，中国几乎可以说没有统一过。”这样说还是把尺度放宽了的，“比如蒙藏问题就没有算在内”。并且“只要一种割据分裂不表面化，我们也算它作统一”。用这个尺度算，从民国元年（一九一二年）到全面抗日战争爆发（一九三七年），只有五度统一。“把统一的时间加起来，亦不过只有三年多而已。”如果加上稳定这层意思，“简直可以说我们国家三十六年从未统一过。这问题多严重、多厉害”！

通常我们知道，有袁世凯称帝引起的南北分裂，知道有张作霖、吴佩孚、孙传芳等军阀的割据，也知道山西、四川、云南等半独立形式。其实，还有两广、宁夏、青海、绥远等影响较小的割据。地图上完整的中国实际上被分割成十几块。依年份数下来，最后说到一九三七年的第五度统一，“这次统一，全国的向心力特强，统一精神达于最高度。此次，共产党放弃苏维埃制度，军队编为八路军及新四军，故此次统一最值得重视”。

父亲说最值得重视，我想是因为中国共产党非同一般，它是有理想、组织性强、目标明确的政党，且又拥有武力。加之发生在暴敌大举入侵的情况下。

国共两党再度合作意义重大，可是不稳固。从全面抗战的第二年起，这种不合作、不统一即行表露而且逐年严重化。“国内遂分明有两大力量。”

双方用武无疑即是分裂。怎样才能使他们不用武？国家怎样才能在他们不用武的前提下渐次获得统一？父亲认为，又会拥有武力的双方因身在问题中（或说是问题的制造者）而不能自己做到这一点，需有局外者发挥作用。他习惯于称之为“第三方面”。读者对这个概念又会很生疏。解放初期狠批“第三条道路”，现在也不承认其存在和可行。

什么叫“第三方面”？西方议会制无所谓第三方面，作为政党或个人都可以从事政治活动。一党制也无所谓第三方面，因为连第二方面都没有，更不会有第三。民国成立，学来西方议会制一些皮毛，政党没有社会基础，议会是军阀的掌中物。身为主人的人民，在军阀政客的争执面前成了旁观者。我父亲因而呼吁不要做旁观者（《吾曹不出如苍生何》）。这次呼吁成为徒劳。一九二四年，孙中山改组国民党，实行“联俄联共”（亦作“联俄容共”），“以俄为师”；这样，中国就改行了一党制。蒋介石“剿共”之后，行一党制更加彻底，二十世纪三十年代初以希特勒、墨索里尼为师，全面抗日战争爆发开始以后，德国、意大利顾问方才撤回。在这之前，共产党自然属非法，其他如青年党、国家社会党、第三党（今农工民主党）等政治团体都不被国民党（亦即政府）所承认。

全面抗日战争开始，为团结一致对外，在大家熟知的西安事变之后，包括共产党在内的各政党取得了有限的合法地位，国民政府开始承认其存在，但并不接受其与国民党平起平坐，从事什么活动须由国民政府认可。但是共产党与其他政党不同，始终拥有自己的军队，当时国共虽然力量悬殊，还是构成了第二方面。有第二方面方才有可能出现第三方面。所以毋宁说，第三方面是我们中国的特产。我父亲一本初衷，寄希望于散漫的“沉默的多数”，然而平头百姓须有人代表他们讲话，这就是两大党之外的小党和社会知名人士、学者应该去做的事。在叙述他八年努力种种经历之前，谨向读者提供这些背景材料。

大体上说，自全面抗日战争起至一九三九年，父亲是独自一人在为团结统一努力；从敌后游击区回来之后，他便致力于将第三方面组织起来以期发生更大作用。这就是大家很少听过的“统一建国同志会”和大家都知道的中国民主同盟。几年后，第三方面由聚而散、性质发生变化，最后是唯他退出政治活动，重理“旧业”著书去了。

在进入事实的叙述以前，还有一段话需要说。

第三方面是旁观者吗？不。父亲认为对国家的事是不能旁观的。

中国的事中国人不可能是局外人，这个道理相信无人反对，但事实上中国人常常意识不到自己的当然权利。当权者习惯于无视这种权利，以图做事“方便”。中国人常常被搞成国事的局外人；做分内事倒像是在做分外事，行使公民权竟未必理所当然。第三方面处境艰难，不过，间或会被认为“有用”，过后又被看作“碍事”。这就看主政者的需要了。

八年辛苦所为何事？曰：“时局需要。”为什么有此需要？第三方面是相持两方自己无力解决他们之间的矛盾、冲突时，使问题得以解决的必要力量（条件）；特如两党各自拥有武力，若第三方面落于一偏，则失去可以尽力的资格；但同时又须承认，国民党既是纠纷的一方，同时又是（得到承认的）政府。大敌当前，尤须承认它是政府，许多事情上要支持这个政府，包括礼节上。战前，父亲不称蒋介石为“领袖”；战起，他称蒋为领袖。后来他又不称，因为蒋太不像领袖。父亲与共产党之间亦有由亲而疏的事实。第三方面不好当啊！

介入现实政治的机缘与态度

父亲说：“一九三八年访问延安，这是我奔走国内团结的开始。”本章对事实的叙述大体上从他访问延安开始，但在此之前，尚需作一些必不可少的铺陈。一是他对国民党和共产党的看法，二是他以什么身份介入的现实政治。[①]

对国共两党的看法，自然是不同历史时期看法不同。最早是民国十三年国共第一次合作共同北伐时期，其后是国民党“剿共”时期。这里所说，是国共开始二次合作之后对他们的看法，当然是联系着过去说的。

“吾人试追问，中国受日寇之祸至此地步，果由何来？……北伐完成以后连年内战实为引来日寇之近因……与内战同为国家受祸之近因者则政府之贪污腐化……言之羞于出口，闻之骇人听闻。”腐化“实由北伐后执政者忘记革命，政治上缺乏方向之所致”。

“与执政之国民党相对照，复可以一论共产党。从共产党所引起之剿共军事，年月之久，规模之大，损耗国力、招致日祸，今日追论，亦无所逃责。”

父亲还追问：国共可以一度、二度合作，如今中共更声言奉行三民主义，那十年内战的必要在哪里？[②]

他以什么身份介入现实政治的呢？

任何人如只有做某件事的意愿而没有相应的机缘就不能做，或需要先创造条件而后做。他有举国一致对敌这个最可凭恃的机缘。

一九三二年（“九一八”之次年），国民政府在洛阳召开国难会议，父亲在受邀之列。而他拒绝赴会，还有许多人拒绝去，原因是国民党事先暗示会上不得讨论撤销一党统治实行宪政问题。大家认为，国民党不肯讨论这个问题，表明实无共赴国难的诚意。“西安事变”后，全国团结的局面迅速形成，而日本也便加速实施其侵华计划，大战迅将发生。一九三七年夏，国民政府召开庐山谈话会，邀请人数众多的社会各界人士分批上庐山，蒋介石在那里听取大家的建言。这次没有人拒绝赴会。第一批过后，第二批人未及上山，卢沟桥战事已启，会议停开。父亲于赴会途中折回上海，再从上海返回山东济宁。刚下车，迎面来人说，中央有急电要他去南京。张群、熊式辉面告，成立了国防参议会，属咨询性质，邀请函写着“密启者”，这便是父亲战争初起时的工作。参议会主席为蒋介石，由汪精卫代理。

被邀与会的起初只十余人，后来增多，也只二十余人。几乎全是在野的，党外的。即为国民党者，也系素不接近中枢的，如马君武先生。这种精神，的确表现出政府要团结全国力量，集中全国之思虑与识见的意思。父亲写道：“国难会议、庐山会议和国防参议会实是一脉下来，平时并没有这种会，更未成立机关。而由国难逼来，则马上召集之，就充分证明其为这时所必需。翻过来，平时政府

---

① “现实政治”是父亲的习惯用语。有一次他解释说，这指的是国共两党关系的问题。

② 以上引自《告山东乡村工作同人同学书》。

固不见得找这些人来中央，而这些人在平时亦未见得愿意来……今天政府愿意大家来，大家亦愿意来，一面是政府开诚延纳，一面是大家竭诚拥护。团结在此，民主在此，进步在此。气象光昌，三十年来所未有，谁说敌人不大有造于我！”

参议会人选中包括毛泽东、周恩来。毛留在延安始终未到会，周虽在京沪，也不常赴会。据父亲回忆，周恩来光头，穿灰布制服，入座时自我介绍说：“我是周恩来。”他们二人就是在国防参议会上相识的，此后八年见面的机会就非常之多了。

张君劢、左舜生、李璜、曾琦、沈钧儒等，分别是国家社会党、青年党、救国会的领导人，现在请来一起开会了。这些人，就是我父亲所说国共以外的“第三方面”。

南京弃守，政府迁汉口，国防参议会改为国民参政会，人数上百（后来人数屡增，性质渐成官样文章），他是驻会委员（常委）。这就是他介入现实政治的机缘。同样有此机缘，也可以不多介入政治，如晏阳初同被邀参加国防参议会，且一同提出动员群众之重要，后来只意见上接近第三方面政治活动，却并不加入。

父亲回忆：“说到我个人在参议会中的尽力，却无多。参议会在南京时，我常常跑回山东照顾我们自己的工作。参议会在汉口时，我又跑一次延安，并在徐州住许久。”

“我所尽力者，总是我们的主张，发动群众。”他的老主张不为人所理解，在南京开参议会时，傅斯年干脆打断他的发言，认为该谈前线上的事。

访延安以求更进一步团结

国防参议会在迁往汉口前，政府曾表示希望参议员们各自选择一个地区去视察，父亲选择了去陕西及河南。“这次到西安，算是奉命的，但我目的地实是延安。”他先经与武汉的八路军办事处接洽好，又经与西安八路军办事处接洽备车，遂于一九三八年一月五日前往延安。那时青年知识分子去延安的很多，像他这样的好像没有。父亲此去当然是为了消除心中的一个疑虑。他说：“第一，对于中国共产党的转变，是真是假，是深是浅，极考虑之而欲求一个明了；第二，对于国家的统一，尚有更进一步的要求。于是有陕北之行。”又说：“我去考察中共的转变，同时就是测探统一前途的消息。”中国在军事上常是“未战先败”，这实为政治上失败所致，这个问题也想听听中共的意见。

但即使没有这层目的，父亲了解共产党的意思也是“蕴蓄已久”。因他是要求社会改造的人，“始终同情共产党改造社会的精神，又深深反对共产党不了解中国社会，拿外国办法到中国来用”。现在共产党宣布放弃对内斗争，共同抗敌，当然是民族命运的一大转机。但他仍有两个问题挂在心上：共产党的这一转变是否靠得住？当前的统一是否巩固？

在延安，他共停留十六天，军事领导人多在前线没见到。与他谈话最多的是毛泽东，共八次，第一次和末一次属礼节性，其余都在三四小时以上，其中两次为通宵。张国焘是边区政府代主席，负责陪同参观介绍一般情况。总书记张闻天也出面接谈。但问题的最后答复得自毛泽东。父亲与毛泽东两人都聚精会神，说话直截了当。

他与毛泽东谈话的记述，见于《告山东乡村工作同人同学书》和《我努力的是什么——抗战以来的自述》，都收在《梁漱溟全集》卷六，但在各点上详略有不同。我的办法是两取之，取其详者加以引述。

这段记述不仅于了解我父亲十分重要，于了解毛泽东也有助益。所记是两人对谈，对谈即形成对照，从对照最能了解人。

他与毛泽东的夜谈是从什么问题开始的呢？从共产党的错误谈起。

父亲说："余闻共产党常要检讨自己、批评自己，今愿请问：中国共产党过去最大的错误是什么？假使容余言之，则国共分裂，十年苦斗，即其政治路线错误之最大表现。"

父亲在另一篇文章中这样写道："我又问他一个问题，中国共产党过去最大错误是什么？听说共产党朋友常作自我检讨，不知曾否检讨及此，是否亦可说给我们外边人。他笑着答道：'你且说说看看。'我说：'据我所见，有两个对照。'"

父亲质疑道："十年苦斗果真是必要的吗？国共两党如果是社会上截然分开自始不相容的两种势力，那么，没有人能说这苦斗是不必要的，但是明明不然。十年前，共产党曾举党加入国民党，在今日又宣言信奉三民主义而能合作。国民党曾借共产党之助得到北伐胜利，共产党则借国民党而发展起来。事实既然如此，十年苦斗之必要甚觉难言，而怕是一种错误。"

父亲认为：从人心向背上可以见出共产党政治上失败，这从北伐以来的事实可以证明。北伐军军事力量甚弱，但以其政治上的要求合理，遂能在军事上获得绝对胜利。但此后，国民党大失人望，"若果共产党所采取政治路线是对的，是适合时势需要的，正可乘机而起"，可是共产党只有一个苏区，后来"仅靠军事来挣持党的生命"（按指长征）。然而自从放弃内斗，要求团结抗日"遂得全国同情，抗日战起，声光几出国民党之上。优劣异势，荣枯顿转，全属政治策略之成功"。

"对照看来，过去十年之劳而无功……政治路线之不对可知。""我末了说：'我们祝望中国共产党今后继续争取政治上的胜利，而不要靠军事维持一条党命。'毛君笑颜相谢，说：'你的意思很可感。'"

在《告同人同学书》中，他发表感想说，过去共产党自己吃亏，亦使国家吃亏。假使国共两党北伐后能维持相当关系，必可互相救正（如西方宪政政党那样），减少许多错误，则十年来国家景象将是何等？但是，一切错误很难说该由某人某党负责，“而自有其客观难逃之势。吾人检讨过去，非于今日大团结局面中向任何方面算旧账”。

虽不向某方算账，却不能不看到中国最大致命伤就是自民国成立政治上不统一不稳定，“由此而断送了一切”。在这里他补上一句，“所谓不统一不稳定是指国权不立”。①

全面抗战使中国有了统一，很明显是外敌逼迫的结果，“其势不可久恃”。因此，父亲和毛泽东谈话的下一问题便是巩固此一难得的统一。

在这个问题上，他们两人意见像是一致，而实有不同。父亲偏重长远，毛泽东偏重当前。“毛君又再三致意，中国自身团结为争取抗战胜利的根本条件。中国今日已是统一，还当求更进一步的团结。”

于是，他们谈起求进一步统一的具体办法。

父亲有一个设想，由全国各党各界一起确定国策，他称之为共同纲领。此想法与共产党正同。原来，中共曾向国民党政府提出确定共同纲领的要求。不过，中共所想只就抗敌问题，父亲是既想到抗敌（当前），还想到建设（战后）——决定理想目标，完成社会改造。如果以上两层都达成共识，“则所谓更进一步的团结，乃其当然结果”。

就这个问题，父亲“与毛君泽东连作数夜之谈，领教最多，与张君闻天亦一度略谈”。父亲对他们彼此意见略记如下：

余认为中国人实有此两大问题——如何求得民族解放及如何完成社会改造。毛君等均同意。余请问，此两大问题应分开谈，抑不应分开？毛答：“不应分开来，但既不是一个问题，在进行上不能无轻重，无宾主。眼前应一切服从于抗战，即第一问题为主。”余亦表示同意。

但余提出：“单在眼前抗日问题上讲团结，似乎不够。”

父亲认为，社会改造是长久之事，更为根本，与抗日是一时问题不同。“苟于此基本问题隐而不显略而不谈，则纵然团结殊不彻底……是即从第一问题为主而言，亦有同时确定如何解决第二问题之必要……毛君于此均不否认，并言，单为抗日而团结，诚不免有一时手段之嫌。”

---

① 国权不得树立之痛，在我父亲心中非同寻常。他评价毛泽东的功过，必举一九四九年以来国权得以树立，中国人有了意志统一，国家景象顿然不同过去。

请注意“苟于此基本问题隐而不显略而不谈”这句话。

下面我转引父亲另一篇文章对这段交谈的记述：“但他（毛泽东）又虑社会改造问题重大，牵涉甚远，各方意见或未易接近。倘各方意见不能归一，岂不又影响眼前抗日？似乎不如走一步，说一步。”

父亲认为毛泽东“这种顾虑亦是应有的，不算过虑，但遇此困难当以热心（热心于彻底团结）信心（相信彼此说得通）克服之……”

请读者不要轻易放过这句话，这实是父亲八年努力中所奉行的原则，亦是他与人相处的态度。

毛泽东说：“你的意见是好的。此事最好由国民党来倡导进行，或其他方面来推动提倡。中共方面，因为刚将抗战促动起来，不过六个月又吵动什么社会改造问题，似乎不便。假若国民党或其他党派愿为此根本商讨，那他们共产党当然欢迎之至。”

毛泽东向父亲透露了一个情况：此时（一九三八年一月），中共正得到国民党的同意，两党在蒋先生指导下正在进行起草共同纲领。共八人商谈，国民党为陈立夫、康泽等四人，中共为陈绍禹、周恩来等四人。只要侧重眼前抗战，进而包括建设新中国，和父亲的意见就一致了。梁先生“你何不赶回武汉，去推动推动呢”？

父亲离开延安后去了徐州，又去河南镇平看望从山东撤出的乡建同人，三月末才回到汉口。这时，蒋介石已对联合为一个大党不再热心。

父亲在徐州写的那份告同人书，其中表述：据他看，不以斗争求统一、实现革命的建设，眼前有路可走。这甚至鼓舞了他组织起乡建团体的意思。同时，他注意到毛泽东虽表示赞成，“而窥其神情不甚热心”。父亲对此的揣想是：“岂其不乐于此事成功乎，此绝不然。”他相信毛说的今日团结御侮、他日团结建国“并非诳语欺人”。

他对毛泽东口称“欢迎之至”，而“神情不甚热心”作了如下解释：共产党愿意有那样的联合，但是他们所相信的理论、看事的眼光，使他们不相信那是能实现的。

蒋介石一度有意于此，毛泽东并不热心。

父亲还问了一个不便回答的问题，张闻天回答起来显得吃力。这问题实质上与上面所说能团结到什么程度是一回事。

他问，照一般之例，革命党为完成革命必须自操政权施行其方针，那么今后共产党是否有必要取得政权呢？假如说不一定自操政权，将如何去完成革命？张闻天回答，将帮助国民党完成其革命，不一定自操政权。此种情况下如何完成共产革命，“似未说清楚”。

同一问题，毛泽东回答起来则显得无所顾忌，游刃有余。

对于中共要不要取得政权问题，毛泽东先转问他：“我们不是已经有了一部分政权了吗？假如国民党邀我们参加到中央政府去，我们亦可以参加，他如不邀，我亦不强求。”毛泽东还表示，即使他来邀，如中共觉得有不便，还可能虽受邀而不去。父亲揣测毛泽东的意思是：中共不否认要有政权，而表示不夺取政权。

当时苏联声言，已不致力于推动世界革命。在记叙他们就此问题交换意见时，引了毛泽东的话：“战争足以改变一切。”他又用括号注明：“毛君数为此语。”此语，引起了他的注意。

父亲把《乡村建设理论》和两本小册子送给毛泽东，请他指教。次日夜晚，他们就辩论起来，谈话通宵达旦，不是为政权或团结问题，而是自古至今中国社会性质以及晚近阶级状况。对此，父亲写道：“他（毛）相当承认我的话，但他说，中国社会亦还有其一般性，中国问题亦还有其一般性，你太重视其特殊性而忽视其一般性了。我回答他，中国之所以为中国，在其特殊之处，你太重视其一般性，而忽视其特殊性，岂可行呢？”

父亲告辞出来，不是凌晨，天已然大亮了。

这番辩论未能互相说服，只以不能无休止地谈下去而结束。即使加上中华人民共和国成立后数十年的实践，仍不能对此争论问题作结论。欲知其详，请看本书下半部。

毛泽东与父亲之相识、相待，绝不似通常与党外人士关系那般浮泛。

“他于听你谈话时，喜用笔随手记录。秃笔粗墨，在大纸上横行写来如飞。我一边谈，他一边写。我谈完，他便手指所记要点，一条一条答复，条理清楚，句句到题。”送他的书，隔天已将要点或他认为好的地方，皆摘录排列。“这都是可佩服之处，不过他太忙，虽喜欢看书，未能沉潜反复。”

“从旁看他的生活起居，他的身体，不免使人替他担心。夜间不睡觉是一例。还有嗜烟嗜酒，亦太过。谈话时，他为你斟茶，而自酌酒。酒是白酒，亦用不着菜肴。烟亦恒不离手……在他们的社会中，似对他特别优待……所住屋内，不火自暖。是从屋外掘地，转于地下烧煤，所费不费。在全延安更无此设备。”

“此番会晤，在印象上甚好。古时诸葛公称关美髯‘曰逸群绝伦’，我今亦有此叹。他不落俗套，没有矫饰，从容，自然，而亲切。”

他去延安“探测统一前途的消息”，结果如何呢？恐怕只能这样说：即使当时觉得如何、如何，不用多久情况已变。“中国已是团结”的结论，说时已属表面，旋即虽表面也难维持。

对自己人让步即是对敌人进攻

离开延安，他没有回汉口，而是去了徐州，在北关农场住，“每日必到司令部与李（宗仁）晤谈，晚间回农场”。

去徐州，是因为这里靠近山东。韩复榘不战自退，把山东省扔给敌人。敌人兵力有限，不能控制全境，因而中国人只要团结起来、组织起来仍大有可为。乡建同人数以千计，散在各县，他希望在徐州找到一些同人，鼓励大家组织起来发挥力量。在农场居住月余，写出了《告山东乡村工作同人同学书》。内中将延安见闻告之同人，而着重点在嘱咐同人应以何种态度与各方合作共同抗敌。归结为一句话，那就是：“严敌我界线，于自己人一方，凡事皆可让步。”“对自己人让步即是对敌人进攻。”

述及他与胡适辩驳时，我曾讲道，他声明“我是没有敌人的”，此即“无对”的态度，唯与帝国主义“有对”。“无对”是终生的，但八年努力期间，因形势使然，持“无对”态度最为必要，最为不易。

他对同人说：“联合较斗争更费力。”他自己将致力于联合，切嘱同人致力于联合。当然，这话合于“无对”，但这话尤其针对着以社会构造散漫为特征的中国。不走联合之路，即不能使民族复兴，暴敌入侵，理当联合更不在话下。

“敌指日本人，我谓中国人”，“在今日只应有此界别，而不许有其他界别”。如此，“我内部之团结乃固”，与各党派、各社会阶层相处“求其越不见疆界越好”，“在同一地方，如先有他方人领导抗敌工作，吾人即不必独树一帜，更不必争取领导地位，只求有利于抗敌，便可随同工作”，“只有在无人发动之地方，吾人不辞领导之任”，“吾人对各党派团体一视同仁，但求有利抗敌，概无其他计较”。最后还有一条原则：“对于他人领导的抗敌势力，绝对不予分化拉拢。”

以上原则虽感人，却没有机会实行。乡建同人本来缺乏组织，在严酷无情的斗争下，持这种态度便不得存在。其他党派敌我界线未尝划得如此之严，自己人一方反见此界彼疆，分化拉拢，扩大实力，竟属“正常”做法。何以会是这样？理由是对方如何如何。但这里所说的对方指的竟不是日本人，而是另一支中国人的队伍。

待在后方无可尽力

南京将弃守之前，国民政府已经迁到汉口；汉口将弃守之前，又迁往重庆。敌强我弱，势所不免。父亲实在很不愿意一股劲往后撤。大片国土、众多同胞就这么扔下，感情上过不去。初到汉口时，他曾慨然说道：“你们向西我向东。”退居后方，他感到内心不安。按诸实际，并不可能。政府再迁，他还是随着入川了。

入川后，他“决定在大西南后方择一紧要问题而尽力”。他想到补充兵源这一大问题。“八一三”上海保卫战打了两个多月，平均每天要调上去一个师，换下一个失去战斗力的师，兵员损耗如此之大，不大量补充兵源，抗日战争是打不下去的。

于是，父亲和一位王寅先先生共同发起“兵役问题座谈会”，因为此时兵役问题已被蒋介石的军事系统搞得民怨沸腾。

四川是人口大省，壮丁的主要来源，因而也就苦了四川人。社会知名人士张澜、吕超热心这件事自不待言，省政府主席王赞绪为本省着想，也亟思兵役工作得些改进，乃至蒋委员长特别倚重，此时任重庆行营主任的张群听说后也“十分欣喜”，认为三方面配合事情好办了。不料却“做不通”，一个职务并不高的蓝衣社分子张云伏在第一次座谈会上便扬言“党外人士不要插手”，张群、王赞绪“顿呈消极”。本省人如今管不了四川省的事，四川“归了中央”。这展示了另一层次的问题，牵掣着团结抗战的还不只是国共之争！

父亲说：“兵役问题尽不上力，我即决定再赴前方了。”不过出发之前他还做了一件事。张君劢在他们国家社会党的刊物《再生》上发表了《一封公开给毛泽东先生的信》，针对毛泽东在中共六次大会报告中的一句话发表意见。毛泽东讲话中有“从中央军到八路军，从国民政府到边区政府”的话。张君劢说，何必如此排列对峙？痛快一点，全国只一个军事系统、一个政府系统，岂非国家之福？此文一出，“党派问题遂为一时所热烈讨论”。时论纷纭，又牵起父亲的宿怀——和毛泽东讨论了一半的那个问题。他在徐州写《告同人书》时，具体办法已经想好而没有机会提出——可以组成一个党派联合体，政府应是“无色透明”——无党派色彩的执行机构。

于是，他写下《抗战建国中的党派问题》，寄给《大公报》。《大公报》照规定送审，文章被扣下。负责新闻检查的国民党中宣部副部长刘百闵特前来拜访，说明扣发的缘故。父亲提出愿与部长叶楚伧一谈。刘、叶都说，意见原是很好，但此时实不具备解决问题的条件，把事情炒得太热，不如降一点温。文章终于搁下。父亲设想的办法不介绍了，只摘文末一句话：“我们现在就是要抓住此番一致抗战的机会，组织起来，不让他再分散去。”

此时，距他在延安与毛泽东讨论党派团结问题尚不及一年。在后方“再分散开去”的迹象勉强能掩盖着，但快要掩盖不住了。

在游击区亦然无可尽力

他到敌后游击区去，得到国共两党的支持。双方的军队都奉到命令提供帮助和保护。此时两党虽已在互相猜忌，对待第三方都还热心，但这样的日子也快过完了。

《梁漱溟全集》卷八收有《敌后游击区域行程日志》一文，跋语说："愚由四川大后方偕五六友人到前线皖、苏、豫、鲁、冀、晋各省，出于敌后游击区域者约八阅月。"当时，父亲自己没有写日记，别人记得在与敌人遭遇时失去。他后来写道："独黄艮庸一简略手册幸存至今（一九五七年）。因约艮庸以此手册为依据，彼此追忆往事，略加排叙如次，题曰：敌后游击区域行程日志。"

此外，他在《我努力的是什么》中也叙述到这件事。下面的介绍即是本于这两文。这本来是我父亲一生中最富于戏剧性的一段生活。可是很抱歉，我略去了情节，着重让读者知道以下几方面：党派关系由好转坏、敌强我弱的事实、人民生活之困苦、一行人之艰辛，偶及他的衷怀。

我做这样的摘记是要让后来的人知道我们的国家是怎么走过来的，父亲在那个历史过程中尽过力，凡有可能，我便把他放到当时大环境中去写，比单写他本人更切实。

他出发的日期是二月十日。同人坐军委会的汽车，他个人先飞往西安。飞至中途得悉西安在敌机轰炸中，不能降落，乃转至兰州……

此后几天是与国方战区司令长官蒋鼎文，八路军办事处主任林伯渠商洽如何渡河入鲁。

洛阳战区司令长官卫立煌建议他们和赴任苏鲁游击总司令的于学忠一起走，因此他折向皖南阜阳与于会合。到达时，于已先行，参谋长在阜阳等他。县城"曾经敌焚炸惨重"。

本来准备从宿州穿越津浦铁路，但是先头部队"遭敌截击损失甚重"，改计不越铁路往东而向北。他们觉得随大队走未必好，于是与参谋长分手，轻装前进。

父亲派同人与新四军司令员彭雪枫接洽，"希望其引导入鲁"。在永城，父亲见到了彭雪枫和副司令员吴芝圃，承其招待留止三日。临行，彭送给父亲一匹白马……"候至夜一时，乃以急行军穿越公路。"几天以后，"夜二时由黄口车站之西渡桥附近越过陇海铁路，一夜之间以急行军姿态行九十里"。

铁路、公路都在日本人手里，中国军队尽可能避开，如必须穿过，只能在深夜跑步过去。

砀山县长窦雪岩原是邹平乡建工作同人。窦赶来迎接，另一同人许锡琏在萧县工作，也来相见。父亲记道："凡此所云县长者，皆潜伏敌后之我方游击县长也。""所有这些地方县城都在敌手，我们都是昼伏夜行……天明正休息，敌军侦知袭击。幸得八路军彭明治部，派队千余人来接……同时会合潜山县大队将敌包围，相持竟日，日暮后由第一大队送我等离高寨向单县进发，夜行七十里，疲甚。"

下面引父亲另文的一段话："苏北当时的情形最奇妙。"所谓奇妙，实是各方合作的最佳状态。丰、沛、萧、砀山四县之长都是本县人士（此即李宗仁的政策），他们奉委或在失地之前，或奉委于失地之后，都是由国民党省政府委派，只其中一人有国民党籍。“然而他们所凭借的武力，竟可说清一色是八路势力。”一半是外边开来的，如彭明治部，另一半是本县发动成立的。四个县长各有队伍数千，却是八路军发动、帮忙组成。他们时常与敌人应战，既无其他大军，非靠八路不可，“倒颇能为国共合作表现一好例”。此为一九三八年四月事。

父亲还有这样的记录：“刘耀庭（原为土匪，此时任游击队司令）来见……新编保安旅旅长朱世勤（原亦土匪出身，人甚好，其后抗敌战死）来迎接……”

这一带地区当年在乡建研究院经受培训的人很多，父亲行程日志中常记有某人来迎，某人于扫荡过后相遇“喜极而泣”。“伯平忽来报告，云得鲁北支队信息，队长李星三因接受伪军某部诈降被杀害。星三在研系部同学中，愚夙认为最可有为之人，不意其遭遇如此，伤痛之极。”

他们一行人来到山东省政府驻地东里店，“晚七时欢宴，酒菜奢侈，竟有从青岛运来之啤酒汽水，绝不似身处山村中，更鲜坚苦抗敌之意”。

七天后，敌机十五架轰炸东里店，日军对鲁南沂蒙山区大扫荡战开始。“大家皆劝我换装隐蔽，不宜乘马，而我足伤未愈，勉强能骑马，实不能步行。”

“入夜，数百人皆露宿（如是者多日），幸在夏季，不畏冷。”

“各方面的军队集中在敌人所不到的地区，给养无不取之于当地百姓。寿张一县，人口不过二十余万，而驻军一时有冯寿彭部、齐自修部、于耀川部、刘耀庭部，还有省府行辕的三营、县保安部三中队、各区常备队。所有这些队伍，都向地方索给养。只齐部每天即要一万七千斤粮食，菜钱在外。试问，这如何了得！”

“夜行军至天明，饥渴异常，乞食于老百姓，不问内容，先行吞咽。细察之，乃是肥田用的豆饼渣加以树叶煮成粥。这在我们，要算吃苦了，而在老百姓望此还望不到啊！”

“生活艰苦之极，所云用膳，其实只水煮南瓜一味，无所谓饭，无所谓菜也。”

“秦弘同学率武装一小队为我任警卫……续于昏暗中行走，雨落愈大，昏暗愈甚，出手不见五指，山路崎岖坎坷而油滑。两次闻人堕落沟涧……愚虽骑马，而夹在人众行列，举步迟缓有类蜗牛，通夜行不过五里。”

“洞内先有人在，老弱妇孺为多。我和随行者共六人，入洞时，老百姓指示我们隐于最后，并以我们行装易被认出，解衣衣我。”入夜战事全停，老百姓劝他们离开，他们走出洞口又退回，外面两军对峙，并没有撤。大家无言，昏昏入睡。天明，老百姓已不知所往，对面山头上敌阵历历在目。过午，敌兵从洞口过，“当时同人都扣枪待放，他如往洞内望一望，我们便拼了”。午后，三时战事全停，大家放心，才觉饥不可耐，差不多两天没吃饭了。

惊险的一幕过去。“原定今明两日起程西行，以敌情有变化故未动身。闲中为同人讲佛法大意。”次日，“闻敌军在东阿增兵，行期有待，续讲佛法”。如是者共三天。

“留胡家楼。随在我军中有俘获之日寇六人，皆善加待遇而教育之。愚及艮庸闲中与之作笔谈……情态可悯。晚饭后散步湖滨，值夕阳西下，湖水泛紫红色，与暮山远村相掩映，景色瞬息变幻，一幅绝好天然画图，至不易描摹。不禁使人益叹息战争之错误与人类之愚蠢。”

八月二十日（在敌后游击区已五个多月），“乐颜、雪峰来会商我留游击区之意义不大，决定经豫北返大后方，致力于团结工作以巩固抗敌之根本”。七月份，父亲日记中已有两党军队火并记载。

很巧，就在次日，“有省保安司令部参谋长廖安邦来会，多谈两党摩擦事”。

又过四天，“丁专员来谈，谈及各方与八路军摩擦情形，颇觉可虑”。早在七月十九日，父亲已经记有“夜来闻远处有枪炮声，后知为八路军围攻放城国民党秦启荣某部一游击队，但延至今日未得解决”。他们春天进入游击区时两军还没发生交火的事，不数月已恶化至此。他们是带着沉重的心情踏上归途的。

父亲在行程日志的最后一段说：抵洛阳，适在“九一八”第八周年之前夕结束此行，“是则诏我虽身离前线而义不容稍息于抗敌也”。

在结束父亲敌后之行的记述前，我想从另文（即《我努力的是什么》）中引述几段重话。这篇文章系父亲一九四一年十月作于香港，当时他身为民盟机关报《光明报》的社长，所讲的话自因身份及时空不同而有异于内地。

他有几点感想：

第一，老百姓是再好没有的好百姓，只是政府官员军队、游击队此一党彼一派太对不起老百姓。这是随时随地引起感想最深之点。

第二，民国成立三十年来一件正经事没有做。此行到过真正的穷乡僻壤，所见人民生活穷苦、风俗之固陋，说不胜说。妇女缠足，缠到不见有足，以爬行代步。所穿衣服大约仍是明代的样子。“这样的社会，纵无暴敌侵略，亦无法自存于现代。故如何急求社会进步，为中国第一大事……从这感想中，我们更要反对内战，和一切妨碍国家建设进步的事。同时，我们亦反对无方针无计划的建设，蹈资本主义的覆辙，人力财力奔向工商业去，而使广大农村落空。”

第三，今日问题不是敌人力量强，而是我们不行，问题全在政治，即根子在不团结。敌占区敌人设了许多据点，每个据点只有几个兵，少到只两三个兵，“如此零散，应当不难解决，而乃受制于他”。“这个不行，不是军事的，是政治的，说起来，只有惭愤。”

这个惭愤加上两党军队火并频发的事实，使父亲决意将第三方面联合起来，以期制止形势更行恶化。这件事虽然做成，而“新四军事件”依然发生了。

第四，问题全在政治，而政治的出路却并不现成。敌人加于我们的痛苦，不如中国人自己造成的多。政治问题有老文化的背景。“但是共产党以至许多青年不明白这一层……共产党和在共产党领导下努力的人，必须学习了解中国。我说这话，是出于善意的期望。因为今日为政治问题而努力的人，主要还在这些人。”

我无意使读者对我父亲做出任何结论，我想的是，不囿于成见、不囿于成说地观察和理解事物最为可贵，这是获得正确结论的必要条件，如果中国人有这样的思想方法，远比给某个人下什么结论有意义得多。

大家合起来建一个国

“大家合起来建一个国”，相信不会有人反对这话。我父亲从游击区赶回后方四川，竟是为了推动大家合起来建一个国。这时，有两件事摆在战时中国的政治日程上。一是拥有军队的国共两大党，又复常以枪口对内；无疑，这必须尽速制止。二是几个小党派为取得合法地位而催促实行宪政。此事怎样对待方为恰当?

回到成都这天，赶巧蒋介石因自兼四川省主席，来成都行就职典礼。父亲记道：“承约便饭，就将战地经历大致报告”，谈话时间已甚长而游击区两军火并的事还未及提出，约在回重庆后再谈。

两军火并使他产生了第三方面行动起来的紧迫感。自己是属于第三方面的，平素来往多的也是第三方面人士，便先向在成都继而向在重庆的朋友如黄炎培、晏阳初、李璜等人讲了不愿公开讲的火并情况，吁请大家注意，这样下去“近则妨碍抗战，远则内战重演”。

下面的话最足以表现父亲的观点和个性：“我亦晓得要有实力才解决得了问题，但我不相信只有军队是实力。我相信我能代表广大人民要求，便是实力。”“我说明，在当前危机下，所有两大党以外的人有其不可逃的任务，就是不许内战起来妨碍抗战。而零零散散谁亦不配出来完成这任务。只有我们大家彼此合拢来，而以广大社会为后盾，那么这个力量却不小。”

他是否热心于在中国添一个政治组织，一个小党派联合体以从事政治角逐呢？不。如果往这方面去推想，便不够理解他。他认为，党派纷立不合中国社会实际。他有一个解决这个问题的方案放在心里，此时还未提出。此时，他是先“救火”。朋友们听了敌后的情形也很着急，相约到重庆接着谈。

回到重庆，父亲抓紧做两件事：与中共在重庆的代表谈话，又与张群谈话，待蒋出巡回来和蒋谈，最后的日程是：回家——到朋友聚会处看一看。中共方面听他谈情况的是陈绍禹、林伯渠、秦邦宪、吴玉章、董必武。他们出席国民参政会还没有回延安，正是时机。（周恩来当时在延安。）

“我谈话，先从战地见闻谈起。”

秦邦宪边听边记。

“我接着就指出问题的严重性，进而提出我所主张的解决办法。”（按指党派问题）在这些意见中，“特别看重于军队必须脱离党派，统一于国家”。

他渴望国家统一，主张军队应如国际通例属于国家，唯自这时起便成为他个人以及第三方面的强烈政治要求。

一九三九年，梁漱溟摄于重庆

这个意见陈、秦等人有答复。大致是说，这个意见和中共的理论有出入，“但你的结论和我们的结论颇相合。从道理上军队是属于国家。又说一九三六年双十节周恩来曾对外说出过这个话。必要国民党这样办，我们方可照办”。

在交谈者中，唯张群最为坦诚，父亲与张群交好盖有由来，张听父亲谈话，说他书生气。“军队是蒋先生的命根子，你要他的命根子怎么行？像我这样身为军人生平不抓军队的人是没有的。”父亲又问，“中共是怎么说的？”张群听罢拍手笑道：“你看，他们知道国民党不会同意，用不着由他们来出面反对。”

这些反应完全不足以动摇我父亲对“理”的追求。为什么合理的事不能做？他不服这个。经过他的努力，军队国家化从没有人谈，成了许多人谈的问题，直至成了一九四六年重庆政治协商会议的议程之一。

国共两党的立场观点时见南辕北辙，唯在不交出军队这一点上倒很一致；而第三方面的小党和无党派人士，刚好在要求交出军队这一问题完全一致。第三方面的朋友们无疑有联合的意愿而且相当迫切，但见解和追求上却不尽同。读者将看到，因第三方面自身时有不协调，父亲在此八年中处境的艰难。所说努力，实指既要使国共之间协调，又要协调第三方面内部各党派间的歧见与利益冲突。说得形象些，父亲是拉着国共双方，请他们不要争；还得拉着自己的朋友，请他们不要争。

第三方面成立组织的事，“不待我发动，已在商洽中”，经过几次聚会，确定名称为“统一建国同志会”。

当时朋友们急于成立组织，是想增强要国民党结束“训政”、实行宪政的声势。国民党以中国老百姓水准不够为由，说先由它来“训政”，以后再行宪政。朋友们期望得到政党活动的权利，我父亲在此十多年前就有了他的看法：轮流执政这种西方政治体制对中国不合适，“我对于宪政运动不如对统一运动热心”。他说自己“专志”于统一，理由如下：中国政治还没有走上轨道，上轨道这件事“绝非一纸宪法所能立，政轨的建立，正是建国运动中第一件大事。建国是大家合起来建一个国，不容有两个以上的建国运动。在对外抗战对内建国之时，不是党派分立竞争的时际。以党派分立来作抗战建国的文章，是文不对题”。

宪政运动他没有参加。

参政会开会，统一建国同志会原本准备提一个关于解决党派问题的议案，公推他起草。草稿拟出，大家看了不合意，改由他以个人名义提出。既然如此，他们何必联合呢？这完全是当时政治形势下的产物，没有这个形势，便不会有第三方面的组织；纵然有了，一旦形势有变，这个组织就生变。这是后话。抗战中期的形势——国民党的政治高压使第三方面能够联合、不致散开。不过，协调众议是件辛苦事。

统一建国同志会是中国民主同盟的前身，两者之间又有不同。

统一建国同志会是“中间性组织”，参加者对此有明确的共识，但决定不见诸文字。它不在社会上吸收成员，几乎是国民参政会部分参政员的组织，但有例外（如章乃器），青年党、国家社会党、第三党（即今农工民主党）、职教会、救国会、乡建派的参政员都参加进来。此外，身为参政员却无党派关系的张澜、光明甫以个人身份参加。沈钧儒、张申府此时具有国民党籍，实为救国会主要成员，他们参加了。国家社会党的罗隆基、胡石青、罗文干参加了，而他们的党首张君劢没有参加。

张君劢不参加，有必要作说明。同人协议成立这个组织，事先得到了蒋介石的首肯。张君劢认为，如果这样做，成立这个组织就没有意思了，因而不参加。

抗战前，国民党不承认其他党派，“七七事变”以后，为显示一致对敌，才事实上容许存在而又限制其活动。新建一个政治组织虽然不能说是“犯禁”，要发生作用有必要让蒋介石知道，这是当时的政治形势，今天的读者大多想不到。

这个小党派参政员的组织成立，为了不另生枝节，对外不宣布。他们一同签署了一份“信约”，父亲是信约起草者之一。又过了一年多，中国民主同盟在香港宣布成立（在重庆不可能），父亲作为民盟机关报社长，才在文章中公布十二条信约，用以和民盟的宗旨对比。

下面将信约照录，一则读者可借此了解一下那时的政治形势，以及统一建国同志会的政治态度；二则读者可以找一找哪些条文是我父亲的手笔，试一下自己对这一向不被理解的人已有了多少理解。

统一建国同志会信约

一、吾人以诚意接受三民主义为抗战建国最高原则，以全力赞助其彻底实行，并强调国家至上，民族至上。

二、吾人以最纯洁的心情，拥护蒋先生为中华民国领袖，并力促其领袖地位之法律化。

三、吾人认定：中国今后唯需以建设完成革命，从进步达到平等，一切国内之暴力斗争及破坏行为，无复必要，在所反对。

四、吾人相信，中国今后需为有方针、有计划之建设。此建设包括新政治、新经济乃至整个新社会文化建设而言，且彼此间须为有机的配合。

五、吾人承认今日较之以前已进于统一，但为对外抗战，对内建设，吾人要求为更进一步之统一。今日之统一，非出于武力，而为国人抗日要求之一致形成。今后仍应本此方向以求之，务于国人之意志集中，意志统一上，求得国家之统一。

六、吾人主张宪法颁布后，立即实施宪政，成立宪政政府。凡一切抵触宪法之设施，应即中止，一切抵触宪法之法令，应即宣告无效。

七、凡遵守宪法之各党派，一律以平等地位公开存在，但各单位间应有一联系之组织，以共同努力为国是国策之决定与实行。

八、一切军队属于国家，统一指挥，统一编制，并主张切实整军，以充实国防实力。

九、吾人不赞成以政权或武力推行党务，并严格反对一切内战。

十、吾人要求吏治之清明，而以铲除贪污浪费为其最低条件。

十一、吾人主张现役军人宜专心国防，一般事务官吏尽瘁职务，在学青年宜笃志学业，均不宜令其参与政党活动。

十二、吾人主张尊重思想学术之自由。

信约先交给王世杰和张群，请他们转给蒋介石，并公推黄炎培和我父亲同去“面陈一切”。到了约定的那天，黄炎培“因事”去了泸州——宜理解为因有顾虑。结果，面见蒋实只我父亲一人，而张、王皆陪坐。

下面一段是原文照录：

我说本会成立动机，是受党派问题刺激，而以求大局好转自任。蒋先生屡次要我们说公道话，而不知我们说话甚难。我们说一句话批评到政府，则被人指为接近共产党或站在某一边了。我们说一句话指摘到共产党，又被人指为接近政府，或为国民党利用，仿佛我们就没有我们的立场，只能以人家的立场为立场，这是非常痛苦的。这样将全国人逼成两面相对，于大局极不好。于大局不利的，即于政府不利。我们联合起来，就是在形成第三者的立场。我公既以说公道话相期勉，先要给我们说公道话的地位，那就是许可我们有此一联合组织。

读者生长在一统天下之国内，没有经历过那时的政治环境。蒋介石也有苦水？希望有人说公道话吗？如果连他都有苦水，共产党和第三方面岂不更有？须知，既是互斗，谁也不免有吃亏的时候。第三方面此时想做公道人不行，甚至想不做也不成。也许有人看到此时站在中间的便利，而我父亲看到的是“将全国人逼成两面相对”的危害性，裂痕越扯越宽，不是了局。他初到游击区还有许多既不站在国民党方也不站在共产党方的游击队，当他回程时这样的游击队已不存在，即是对这形势的验证。

大约事先研究过，蒋表示同意这个组织成立，探询参加者都有谁。父亲于是向他介绍参加者，数到沈钧儒、邹韬奋时，蒋说：“他们恐怕和你们不一样吧？”，这意思是二人靠近中共。父亲说：“与其让他们在组织的外边，还不如约在里面。”蒋点头，“亦以为然”。

那么，父亲曾否告知中共成立了这个组织呢？从以下事实可知，他同样告知了中共。

新四军事件发生前近一年间，形势已呈紧张，建国会每于开会（参政会）时，约中共驻渝代表秦邦宪出席，“请他报告他一方的情形，和他与政府交涉的情形……周恩来先生来渝，常亦被约预会。十八集团军参谋长叶剑英……屡以各色新绘地图拿给我们看。由于两方面的问题，不知不觉形成第三者地位的重要”。

但这种看上去的重要不足以使我父亲心安，虽然仿佛已经发挥了作用。父亲写道：“这一个会很可怜的，并无甚势力。然而除了这一个会，更向哪里去寻得第三者？”

中国的政治格局中从此有了一个第三方面。这一步跨出去就改变了他自己，并使中国政坛上有第三方面达十年之久，这个格局十年后——一九四九年后归于一统。

以前，即使父亲从事政治活动，无论赞成不赞成他的主张，反正那只是他个人的。此后，社会一般人士或不甚觉察在意，而互为对手的两大党警觉起来，并且自此便从政治斗争中自己一方得失如何去估量父亲的言行主张。他失去了“自由”。对于这一点，他经常忘记，仍用自己“无对”的心去想事，可事实上，情况完全变了！

中国有皇帝的时候，固然谈不上有第三方面，民国以来也没有。正如毛泽东一九三九年所说，中国已有了中央军和八路军、中央政府和边区政府。此时，还缺一个第三方面。他、他们给“补”上了。

试问，第三方面十年间表现如何？与其嫌它弱小，不如说它的弱点还是在那个“散”字上。观点上的散不能也不应强求其同，只要“国家至上、民族至上”，仍然可以“集”。我无意议论中国现代史上的这个问题，但是从这一角度可以看到我父亲的为人，这是我要做的。

他从乡建运动的失败中认识到，作为有政治理想的社会运动需有团体组织，但是这个缺欠最终没有去加以弥补。这是为什么呢？一九二二年，他在《论合理的人生态度》一文中，不同意李大钊、胡适等关于“小我”“大我”的说法，在他看来，“找一个地方把自家的力气用在里头，让他发挥尽致”就对了。若干年后，他又加上本着理性去做的意思。这个态度体现在八年努力中，不仅没有他自己的利益，也没有乡建派的利益。这个态度对不对，采取这个态度能不能成事，都不是我想议论的。

从这里又要谈到他在小党派联合体中的境遇和作用。建国会和后来的中国民主同盟是联而不真合。父亲表示过如下意见：这是因为朋友们被自己政治理念上的主观要求所蔽或被自身利益所蔽，本来可以通而不隔的，还是隔了。甚至比这还要糟，他们有意作对、拆台。就政治理念而言，父亲与朋友们相距最远，然而正是他，因为其实无所谓乡建派又因为他的“无对”，便成了这联合不深切的组织所需要的“黏合剂”。朋友们公推黄炎培和他去“面蒋”，黄先生“因故”去了泸州，信约中大量采纳他的观点，他有力量把自己的观点加之于别人吗？

在第三方面存在于中国的岁月中，他的心境并不好。有极少数人理解他，这极少数人和他一样没有权力欲，在团体中位高望重而不生影响。

八年努力无功录（之二）

我把组成统一建国同志会划在八年努力头一阶段的末尾，而以中国民主同盟成立算作八年努力第二阶段的开端。因而，本章所述第一件事是中国民主同盟之组成。

关于全面抗战前国民党称他们的一党专政为“训政”，据说不是无限期。国民党以外的一切政党均属非法，其中有武装、有根据地的共产党是首先要予以“剿除不许存在的”。成立国防参议会和国民参政会是全民抗战大形势下蒋介石开放政治权利的重要步骤，但实行起来不是渐形扩大而是渐形缩小直至重又倒行逆施。

做这样的划分有什么缘故吗？有的。

此时，在中国出现了一种政治气候，一种政治要求——向国民党抗争，要回人们本该有的民主权利。当时的用语是“民主运动”，父亲有文章分析了民主运动之所由产生的原因，并且认为民主同盟是在这个大形势下产生的。

“为什么今天的民主运动，偏发生在抗日运动后，更且源从抗战而来呢？此有正负两面。”

“自抗战军兴，全国各省地方一致拥护中央领导抗战……从而中央政令亦得贯彻到每一角落，为前所未有……政府如其善加利用的话，则力量还可能造成更强大地步，而且将是完全无害的……可惜政府竟不这样，而将其移用来对内。”许多以前国民党想办而办不到的事此时办得到，“即以对于思想言论出版的统制干涉而说，就达于空前的最高峰……试问这样焉得不激起民主运动”？

另一面，民主运动这股力量，“亦正借抗战而抬头”。各党派过去受排斥和压抑，例如共产党，“原是要剿除不许存在的”，战后得到机会出面活动。国防会议会、国民参政会使“各方人士聚拢一起，而且不断接触以商讨时局”，国共尖锐对立，“便促成现在的民盟”。

那么，事情很清楚了，若非抗战而党外各方热心拥护国民党政府，使它力量加强，便没有末后却来压制自己的事；若非抗战国民政府虚怀延纳党外各方，使他们抬头，亦没有末后却来抵抗自己的事。而卒之，从这一抬头，一压制一抵抗之间，就激宕出来现在的民主运动。

请读者留意“激宕”二字，它是指交互作用。我父亲一向不把政治冲突的发生看作一方所造成。这和政治斗争中（习惯上）把责任全算在对方账上不一样。这个看问题的角度在我父亲不是出自政治利害的权衡，然而别人却从政治效应上去判断和运用。

知识分子很自然地趋向于民主运动，而且从理念上趋向西方民主。从根本上说，国共两党都不喜欢西方民主，但就当时的情况而言，这个运动可以用来削弱国民党，因而共产党参与推动这个运动。正因其如此，民盟没有成为大气候，只在二十世纪四十年代的中国政局中发挥了一个时期的作用。

民盟于“劝驾”的同时组成

一九四一年一月底，“新四军事件”发生，中共提出十一条善后意见，国民党如不接受，他们将不出席即将召开的第二届国民参政会——团结抗战的局面遭到破坏，责任在国民党。

劝中共如期出席会议，第三方面自然责无旁贷，而且是为万人所瞩目的头等大事。国民党的笔杆子陶百川以《劝驾记》为题，记述了这段历史过程，邹韬奋对此也有报道。从时间上说，是二月二十二月至三月二十七日，“其间聚议频频，而（组建）同盟之会商进行，即夹于其中”，他们两件事同时做，但中共终究拒绝了与会，而民盟宣告组成。

这一段故事，是父亲一生有声有色且极能体现其为人的经历之一。

他在答国讯社记者问时说：“二十九年（一九四〇年）十二月二十四日，二届（国民参政会）名单公布。是晨愚手持报纸，目睹名单，心中愤慨不平，踌躇无计者甚久甚久。名额既随便增加，曾无凭准，而党外在野人士转见减少。尤其敢言之士多遭排斥。是何以符‘团结全国力量，集中全国之思虑与识见’之初旨？政府之无诚意如是，理不可留。特往就商于张君劢、左舜生两先生。彼此感慨同深，但于愚求退之计卒不能决。盖欲辞职，则参政为国民义务，非同爵禄之可辞。况当国土半失，伪政府[①]成立，大惧人心之涣散，何忍率然离去？若不作辞职表示，

① 指汪精卫政府。

而开会不出席，尤难有以自申其说。若出席而不发言，既不足促政府之反省，于义亦不自安。”

抗战时期，梁漱溟与黄炎培在重庆合影

过了一会儿，黄炎培不期而至，四人从上午谈到日暮，两顿饭都是叫饭馆送来边说边吃，大新一致认为：“非加强中间派的组织无由争取民主团结”，“旧的统一建国同志会至此已是不够的”，“从内部说要矫正散漫无中心之弊，从外面说，不畏强梁，挺起身来，代表民众讲话，并见出真是无所偏倚的精神”。黄炎培兴奋之余对张君劢讲笑话：“你是新招抚的土匪，我是就要哗变的保安队。”因为张君劢的国家社会党战前不允许活动，而黄炎培的职教社与政府乃至帮会关系不错，故而黄笑着作这样的比喻。次日，黄约来职教社同人冷御秋、江问渔。父亲把头一天的谈话记录拿出给大家看，“众认为无误，并决定命名为‘中国民主政团同盟’”，“相约于来春二月再聚于重庆，赓续进行之”。

再聚之时，中共不出席会议的问题发生，自然是先“劝驾”。经十五人聚议，公推左舜生、罗隆基和父亲起草几条意见，“作为向双方说话的依据”。当晚，三人交换意见，委托我父亲执笔，次日，大家看了没有不同意见，于是签名，以书信的方式送交国共双方。如果双方接受，就作为一项提案提交参政会，通过生效，同时中共参政员出席会议。

父亲写的四条意见摘要如下：

一、为昭示全国团结，中共参政员出席为必不可少。二、为永杜纷争，全国一切军队应与任何党派绝缘，统一于国家；此项实行应由各方合组委会秉公监督办理。三、抗战建国纲领公布以来，实行得怎样，“应由各方合组委员会切实检讨，其有实行不力者，应监督实行”。委员会为常设监督机构。四、“委员会决议事项立即生效，不再经任何机关核定”。

照这个意见做，一个由各派力量合组的委员会成了最高监督机构；为反映当时的政治现实、体现举国对敌大义，确定主席一职由“最高领袖”（蒋）担任。

两大党要接受监督，军队要交出来，他们肯干吗？面交意见书，就是以便当场听取反映。

“周（恩来）说话甚多，总其要点不外两层：第一层表示，极欢迎第三者出来说话，他们愿与第三者共同推进民主，可以将自己的事加倍让步；第二层表示，四条意见甚好，若当局接受，则他们出席，亦即不成问题。”

两天后，蒋约见。父亲向蒋着重说明两点：军队必须脱离党派而统一于国家；国家政令每宣布而不实行，抗战建国纲领即其一例。“我们不多要旁的东西，只要求兑现。我们要求给我们监督兑现的权。”对这两点，蒋“皆表示甚以为然”。

紧接着，蒋把话题转到此时他最关心的事，他想用接受此项议案换取中共参政员停止抵制会议。而中共此时急需第三者的同情，所以也显得十分痛快。

其实，这根本不是什么新建议。一年前，父亲草拟了这个议案，原想由统一建国同志会提出，但朋友们意见不一，表示以他个人名义提出为好。他就这样做了。蒋当时倒是很给面子，让提案不经讨论即行通过，指定黄炎培担任委员会召集人，却特将提案人摈弃于外，只开一次会便无声无息了。

这种手腕在政治舞台上本属平常事。我父亲在此时又将这个建议提出，在别人看来是为了打破中共抵制会议的僵局；当然，这也是他的意思，绝不可使一致对敌的局面破裂。但在他心中这个建议有一个他特别在意而别人不在意之处，即组成一个由各方力量参加的常设机构监督“抗战建国纲领”的实行。

谁有能力自行其是？自然是各自拥有政权和军队的两大党。父亲坚持一个政治理念——谁掌管着国家的事，众人就有权监督他。这是西方政治理念的重要组成部分。他认为中国不可以不加择别地袭用西方政治制度，但是监督权是一定要有的。

紧接着，蒋言归正传。他接受建议，中共撤回不出席的通知书。父亲记述：“嘱咐我们去见他（周恩来），并约第二天再见面。”

时间紧迫，父亲和黄炎培、沈钧儒、左舜生“顾不得吃饭，赶去访周、董（必武）两位”。周说，此事要由延安决定，待晚间延安有了复电立刻通知他们。他们“坐候一夜，到底不得复音”。

据说，是发报机临时出故障，所以很抱歉，不得指示，他们不能出席。黄炎培用电话将情况告诉蒋，蒋要他们“代表他敦劝”中共代表出席。于是再跑去劝驾。“他们自然不肯来。”

三天过去，听说延安电报已到，“我们正色然而喜，却不料其又有十二条的提出”。等来的新十二条，较前十一条“条件降低甚多”。

后来的情况是：“但不论条件高低，我们从来不与闻讨价还价之事。我们是以国民的立场过问国事……我们并非做和事佬、调停的人。”“何况这种分家的办法，和我们要求国家统一的精神不合，同人皆感觉失望……”

这是他们的心态，但是两大党正是把他们看成一时有用的调停人。

别人都不干了。父亲说，可不可以把那些条件全放在一边，只成立一个（有监督权的）“委员会”呢？别人认为无可能，“结论是，我个人可以单独进行，不与大家相关”。然后，他就一个人干了。

朋友们实则到底关心着国事，从旁给他出主意。而且，连张群也私下里赞同他的主张和努力，却必待蒋有指示才肯与周恩来接触。张群还向他透露，三月六日（即次日），蒋将就整个问题有所宣布。“我急觅君劢商量”，愿赶在蒋作某种宣布之前再劝中共一次。于是，他“即刻访周倾谈，当夜宿于周家”。周的回答是：出席参政会的事，可不必再提，那个委员会如果成立，中共一定参加。

但是那个委员会没有成立起来。周恩来说，他们既已拒绝出席参政会，隶属于参政会的委员会，他们也不能出席；国民党方面说，这个委员会怎能无所隶属呢？“同人互商，认为双方诚意不足，此事殆无成功之望。”

劝驾至此结束，为时长达一个月。“同盟组织之事，就夹在中间进行，借避侦谍之耳目。”

三日十七日，组织民盟的倡议者齐集重庆上清寺特园，在十二条政治纲领上签字，计有执行委员十三人，其中常委五人：黄炎培、张君劢、左舜生、梁漱溟、章伯钧。以黄为主席，左为总书记。后来黄请辞（详见后），改推张澜。组织扩大后，执委增为三十九人，中常委十三人。

他们理解了一年前张君劢那个意见——本着自己的政见做去，不需事先取得蒋的认可。所以“同人甚秘其事”。可是二十一日（时隔三天），蒋当众责问张群：怎么会成立了一个“民主同盟”？

他们设法搪塞过去了，使蒋相信是他自己的情报有误。

按照民盟的内部分工，父亲担任国内关系委员会主席，兼任民盟机关报社长。国际关系为张君劢，宣传工作为罗隆基。原定同去香港把办报的事做起来，但是他们二人尚有其他事务一时不克分身，去香港“打前站”的任务落到父亲身上。后来张、罗迄未到港。父亲是在“劝驾”结束后仅仅两天匆忙离开重庆的。

离重庆前夕，父亲往访周恩来，告诉他民盟成立的事以及自己将去香港。他问周：“中共在香港的负责人为谁？”周答：“廖承志，有事找他。”父亲又告以民盟同人决定：“为确保民盟为中间性组织，至少目前不吸收救国会派加入民盟（社会上普遍知道救国会接近中共），出于同样的原因，希望不要派遣中共党员进入民盟，以保持民盟的第三方面地位。同人认为如此才好为大局尽力。”周恩来对以上两点表示理解。

一九四四年九月，民盟决议改组，将“政团”二字删去，“以扩大基础，加强力量”，“从那时起，同盟中不属任何其他党派的盟员就更加多起来”。这是主席张澜对记者讲话。不仅救国会成员参加民盟，兼有盟籍的中共党员也日见其增多。

在香港孤军作战

用孤军作战形容我父亲在香港那一段工作，是我的最后选择。孤军作战通常用来说明作战者英勇坚毅，但此刻我意在说明“孤”。

在商定组织民盟的同时，便商定去香港办一份民盟的机关报。中共有《新华日报》，那是抗战刚开始时国民党同意发行的，如同“八路军”“新四军”都是国民党军事委员会给的番号，此后就不再给了。以一九四一年的政局，绝无可能在重庆被允许成立一个政治团体、出版一份报纸。

按照原来的设想，父亲去香港的工作性质类似所谓“打前站”，可是罗、张来港的事均告落空，责任大约不在罗、张两位。下面所说的“孤”不是指孤身前往香港这件事，而是指本来不该发生的那类事情。

朋友们在蒋介石的政治高压下，所感受者相同，所欲伸张者相同，正因大家有同而有同盟。父亲经公推来香港宣布民盟已经成立和揭橥民盟的政治主张，这本应全是大家的事，但竟然屡屡发生拆台的事情。

在追忆这段工作的文章里，父亲头一句话就是：“中国民主政团同盟以三十年双十节揭晓于香港，余负经手之责，而深憾于其事。”又说，“我在一生中精神上感受烦恼痛苦莫过于此一时期。”

实则此种情况早有征兆。

筹组民盟之初，黄炎培曾向张君劢说笑话，以“你是新招抚的土匪，我是要哗变的保安队”，比喻各自与蒋介石的关系。事到临头，却又不肯“哗变”。

朋友们推举黄炎培任五名常委中的主席，政治纲领由他主持讨论、由他拟定文字，大家认可之后由他亲手誊清。在约定签字之日的前几天，黄忽然写信给父亲，主张约少数人再细谈，提出“政治纲领十二条”分先后发表的古怪建议，所要留待以后发表的正是大家最强烈的意见。黄之左右手江问渔解释说，将这些条文发表，“不啻与当局决裂”，这会给职教社带来损失，“我们不能使学生失学，使工人失业”。父亲说：“你们既有这多顾虑，为什么早不说，起草、誊写、宣读都是经黄先生之手，现在要推翻成案，是完全说不通的。”李璜说：“江先生说的就是要为一些人的生计着想，这种情况并非职教社所独有，想顾全自己的包袱就不要搞政治运动。”黄炎培于是表白不是对条文生异议，是觉得选择适当时机发表才好，然后达成协议，纲领不在签字的次日发表，需另找时机。

有关“纲领”的麻烦这只是开始。

现在再回过来说几个月后在香港发生的事。

香港、河内早在辛亥革命前就成为中国人在海外从事政治活动的据点，此后数十年都是这样。武汉、广州失陷，从华北、华东退往川、黔、滇的路只剩下两条：经河内去昆明、经香港飞重庆。河内条件远不如香港，蒋的政治高压更把香港“造就”成仅次于重庆的政治活动中心。

民盟组成，自不例外。事实上，组成民盟的几个党派都有人驻港，有的还办了自己的报刊，唯一的例外就是所谓“乡建派”。如今要办报，有关盟务及办报的事在港各派代表都参加意见。

国民参政会预定九月开会。民盟成立和民盟政纲必须赶在开会前（至迟九月一日）对国内外宣布，才能取得预期的效果。

黄炎培因其“保安队”的身份出任战时公债劝募委员会秘书长，经常途经香港去华侨聚居的东南亚，买飞机票不难。“海外同人以时期迫促，无日不盼黄公之来。”七月二十六日，黄托人带来密信，竟食言而再次提出“政纲”只发表八条，保留四条，“所保留者皆揭出吾人衷心要求之条文（如反对国库负担党费、反对特务机关等），而且对发表的条款文字上也要删改，例如删去结束党治。要之，力避刺激国民党”。

黄又主张，凡民盟的参政员，在海外的可以不出席，在内地的均出席。（这一条又是照顾他们自己的。）

他和江问渔加盟的事，请保守秘密，对外否认之。

父亲“约同人集会”，大家听了“无不愕然，一致认为纲领不能分别发表，而删去有力条文尤所反对”。

至于父亲个人，则先已“分函内地同人坚决反对”。因为问题涉及根本，在根本问题解决前，办报的事暂停进行，“众议佥同”。

八月份，黄炎培到港，对父亲表示，“其环境实不容其出名参加同盟”。既然不参加，对条文内容和发表时机，也便不做主张了。

然而一波未平，一波又起。

在香港加盟的人对纲领提出一些意见，父亲参酌他们的意见，将原十二条改为十条，托人带回内地。他在附去的信中说，这十条一经内地有所指示“即照发表，不再往返”，又请内地撰写成立宣言，在香港这边照发。

内地回信完全同意十条，一字不改。宣言则由海外草拟，内地追认。然而，在港部分同人却要改写十条，并且生出来一个发表宣言时列名与否的问题。原来黄公可以不列名，别人也想不列名。

黄不列名，似乎应该另推主席，可是他没有辞职。有人提议不用人名，用党派名称。难道职教社肯列名吗？必然不肯。于是曾琦（青年党）向重庆总部建议，干脆什么名字都不列。父亲“认为无负责人名，不成事体”，主张改推张君劢为主席，曾不同意，“父亲飞函内地争之”。

这是当初的一次妥协，此时现出了恶果。讨论民盟组织章则时，黄炎培的兴奋劲儿过去了。提议政纲分先后发表被否定后，他又生出另一主意，要求修改章则，将凡同盟对内对外有所发表，必经常委会多数取决而以主席及出席常委署名，改为常委中之不同意者得不署名。父亲“反对之，谓在一组织内应服从多数，若许单独立异，将无团体行动之可言”。“争执甚久，卒从黄公之说。盖众人之意今为初步之联合，尚非单一团体，强之无益也。”

这一步退让了，必有下一步。重庆同人感到，改选主席势必带来许多麻烦，于是复函称：

改选主席须召开大会——此时不能改选。（实则当初议定主席一职由五名常委互推。）问题之发生实际上是青年党认为自己党势大于国家社会党，主席应由他们的人来当。

父亲回记：“余请先换社长而后发表，解除我个人责任，众亦不许。余又建议以曾、梁二人或余一人为同盟驻港代表之名发表”，可是港府一向不许政党公然在港活动。这条路又不通。“余于万分无可奈何之中，只得服从众议，执行不列名之发表。”

发表宣言的本意是让社会注意到某种政见或意见。那么，社会焉能不需要知道这个政治主张是谁的？民盟起首第一步就使人无法看重，无法信任，且授国民党以诬蔑的口实。

无人对宣言负责，外国通讯不肯报道，全靠陈翰笙、陈友仁（亦即宣言、政纲的英译者）向各通讯社担保，才得以向国际上作了必要的宣布。

民盟组成，国民党立法院院长孙科特来香港从事压制；无人具名，正好可以说它是以颠覆政府为目的的“第五纵队”。

父亲为什么“只得服从众议”？又为什么后悔不该服从了众议？民盟要赶在国民参政会开幕之前宣告成立、公布政纲，这个时机的选择自然是为了产生最大的政治效果，而这个时机，同人竟用来迫他服从众议。他后来写道：“及今年（一九六二年）思之，宁以不发表为佳。”自己之所以走错一步，是因为将政见“发表之念积久而不可遏”，当时“见不及此，既经我手发表，故不胜遗憾”。

“宁以不发表为佳”——为什么宁可不发表？是因为从人格上讲不可以这样做，以及从效果上讲被诬为“第五纵队”了吗？不止于此。回溯前事更便于说明。为统一建国同志会成立，父亲与蒋介石谈话出来，搭王世杰的车回青年会招待所，王问：“你们这是一个政党啦？”他回答：“不是。中国不需要更多的政党。”那么，统一建国同志会以及由它改组而成的民主政团同盟究竟是什么？它是“一个联合体”，“它本身不是一个政党，所以不要看作国内两大党之外，政治上又增多一竞争的单位”，“只是为了当前时势需要，而作此联合行动”。目的是“以作全国团结之始，互勉于全国人”。时势需要指的是什么？是指不要因为中国人自己内部不合，“坐失国家翻身的机会”。机会——中国单独对日全面抗战四年，最艰难的日子已经过去，国际形势正日益对我有利。

这是他心中所想，是他期望于这个联合体的。可惜，同人口头或不表示异议，心中所想实不相同，仍是在作一种政治竞争，因而在牵掣纠缠之下，民盟在迈出第一步时，就有了问题。

还有一个错误在他看来也是不该在民盟宣布成立时发生的。那就是对国民党（蒋）持何种态度才于大局有利。政纲在这上头也错了。

统一建国同志会信约和民盟纲领有同有异。

在一个不短的历史时期内，蒋介石—国民党同中华民国政府差不多是一回事。为联合抗日发生“西安事变”时，曾经举国主张释放蒋介石。那么，现在，因蒋的倒行逆施而有必要组织政党联合体，它的政纲怎样主张对待这个人、这个政党——它仍是政府，才是适当呢？

前面叙过，经我父亲起草的“政纲十二条”因吸收新加盟成员的意见又经他手改写为十条，重庆总部完全同意，但两位“盲目左倾者”必欲将“拥护国民党执政，为抗战建国纲领之切实执行”改为无视实际的“组织举国一致之政府”。曾琦忽以激进面目出现附和此议，幸而多数人不同意。争执的结果，改为“督促国民党切实执行抗战建国纲领”。（一九四五年底，青年党脱离民盟，一九四七年参加国民党政府。）

发宣言不具名又无拥护政府字样，遂使孙科得以以“第五纵队”相诬。父亲写道：如无两项失误，“诋诬既不得其隙，彼此气势一申一诎之间又必有异于今日也，惜乎未能”。试想，由中间派率先做榜样的全国团结排斥国民党，那怎样为全国团结互勉？同为同盟中人，想的不一样啊！

十条纲领是一个整体，各条款互相配合、照应而产生整体性作用。拥护国民党执政一条既被删去，遂使其他条款失去本来有的力量，成为不受重视的空话。例如纲领第五条：“确立国家统一，反对地方分裂，但中央与地方权限，须为适当之划分。”前半明确国家必为统一的，后半针对当时中共已开辟的一些“边区”，行使着事实上的治理。对这一既成事实，有一个说法比没有说法于国家统一有利。在父亲看来，这是此时应抓的大事。他认为，社会人心天然是爱国和公正的，也唯有公正无私才谈得上代表大众，成为没有枪杆子而不可忽视的力量，但这一期望被损毁。

还有民盟成立宣言内地决定由在港同人执笔并定稿。父亲写道：“余及同人咸推慕韩（曾琦），而慕韩以先决问题未决，拒不动笔，盖以是迫余也。日期逼近，余不得不自己连夜草成之。”（先决问题系指不具名发表民盟成立一事。）

这样也好，心里话有机会说完。认准一件事重要，抓住死不放松是他的脾气，所说不外国家统一问题。统一的必要性原本不言自明，联系抗战中期的形势则另有可说，“大抵国际情势后胜于前，而国内情势则入后转不如初”，呈现“内力相销”局面，“深惧国不亡于暴敌，功不败于寡助，而顾由吾人自丧前途，是真民族之不肖子孙，上无以对先民，下无以对后世”！

扯后腿和制造麻烦的事不必赘述。倡议组织民盟那两天，众人看起来情绪很高，勇气也很充足，的确是这样。“同盟发动，预其事者未始不出以真诚，顾衷气不充沛，形于外者便不光昌，而一段真诚亦遂掩没无从见于世！”

筹办《光明报》经过

一九四一年九月十八日前，有关民盟的一切都是秘密。这一天，民盟在重庆向社会公开，《光明报》在香港创刊。《光明报》最初的筹办费由五名常委分担。父亲只有六千元，其他四人各出一万。龙云和刘文辉还有所谓“桂系”这些地方势力，不同程度上受蒋的压制而愿与民主运动互通声气，他们各出了几万。钱的来路少，而钱的去处多。自始至终经费紧张，同人的工资比之新闻界同行总要少些。

这里又要提到黄炎培。黄是主席，而且社会关系广、办法多。父亲回忆：“原说去南洋募捐后途经香港时与我相会，不料我到港之日恰好他离港飞回重庆。于是有关筹办报纸事宜，我只得同当时在港已参加民盟的各党派人士商讨办理”，如曾琦、徐梦岩、伍宪子、周鲸文、张云川、甘介侯。“在筹备过程中，还与当时在港许多左翼人士，如何香凝、廖梦醒、廖承志、柳亚子、陈翰笙、彭泽民等接触，他们自然都对民盟这一工作表示支持。”“在临创刊之时，有人又劝我出面宴请一些知名人士，以取得更多的支持，记得被邀请的人士中有茅盾、夏衍、金仲华”等。

回顾筹办《光明报》，不能不提到范长江。他是公开以共产党身份来支持这件事的，甚至定名《光明报》也与他大有关系。一天，他对父亲说，报纸的名字要喊着上口、容易记。他们给自己的报纸取名《华商报》，就有这层考虑在内。《光明报》，好记，响亮！筹备进度缓慢，范问其故安在？原因是缺钱呀！过几天他送来四千港币。不须问捐助是谁的，写个收条就行了。

至于报社人员，父亲没有自己的“班底”，全靠各方朋友推荐，从内地到港的进步文化人凑成一个班子。总编辑俞颂华是上海《申报》的老新闻工作者，羊枣负责新闻版（一年后在福建遇害）。经理萨空了是从新疆“督办”盛世才狱中少数活着出来的人之一。副经理李炳海是当年广东一中的职员，辞了原先的职务来帮忙。后来的事实证明，因为他是广东人，确是帮了忙。

这个临时凑成的班子工作得很协调。父亲和萨空了，萨空了和李炳海之间关系堪称热切。有萨空了当经理百事不需操心，不仅种种难题应付裕如，甚至连可能发生的事预先都有对策。父亲曾笑着说："我这个社长，可以说当得很舒服！"

筹办《光明报》用了三个月时间，国民党知道后，派立法院副院长来香港，要港府设法阻止出版。不过他们晚了一步，《光明报》各种手续都已办齐，但是港府答允在言论上多加钳制。因此，《光明报》上时见"开天窗"或者文句被删除得看不懂的情况。民盟成立宣言和政纲是以广告方式登出的（广告不需送审）。即使这样，警察还曾光临查阅了账簿，看是否果真有人出钱登广告。今天看来这像是新闻，当年却不是。

费了好大的劲才办起来的报纸，只出版了不到三个月。十二月八日，日军进攻香港，十三日《光明报》停刊。停刊后曾设法复刊，复刊不成又曾与其他报纸联络出一份联合版，让老百姓知道战况和本港事态。然而，各报政治背景不同，竟有人在这样的时刻仍不肯联合。

民族自救的转折点

亦如父亲主编《村治》月刊时，接二连三地将自己所想写出。办《光明报》，他又一次有机会倾吐积久不得机会讲出的话。他说了许多。我将它们归纳为两大方面，其一就是：中国已来到民族自救的转折点，但，望到而已，还不是高兴的时候，却已有话须要及早讲给有心人。

当年中国穷得可怜。这没有错。要用几条中国兵的命才能拼掉一条日本兵的命。

中国全面抗战八年后结束，前四年单独对日作战，被日本占去半壁江山；后四年，日本人要和希特勒各吞下半个地球，于是中国有了同盟军。然而，即使单独作战时，中国人已清醒地或不甚清醒地得到一种感觉、一种自信。

一九四一年十月十日双十节，《光明报》刊出由父亲执笔的民主政团同盟成立宣言和政纲，同一天的社论《三十年国庆纪念辞》也由他执笔。他用如下一段话说明民族命运的转折点已然到来：

光明報

中華民國三十年十月十六日

光明報

KWONG MIN PAO

本報發行料啓事

社論

中國民主政團同盟的成立

香港《光明报》发表社论谈中国民主同盟的成立。"光明报"三字为梁漱溟手迹民族自信心之受打击，而无法自振者久矣……一面军事外交着着失败，一面文化学术相形见绌，更以积贫、积弱、积乱之余，人心丧其所主。固有文化之优点无人敢道，民族前途希望何在，都不敢期。此时几不知有何道可以挽救者。然而四年抗战，人心乃不期自转。第一，“无人能亡我”之信念于以建立；第二，则在民族自觉心于以启发。一面自觉一切固有者未可轻视，一面自觉前途未来者正有希望。盖其情绪得其平正，理性自然开启。今后合理的自信心之树立已无问题……

自一九四一年至一九四九年，他明显地有意反复写（或讲述）中国文化是什么，一个民族的更生和再建自是文化的更生再建。但我们也毋庸讳言，写给大家的同时，他心里不免想到和自己一起从事民主运动的朋友们。到了一九四七年至一九四九年，共产党将要执政的前景已日渐明晰，此时反复讲中国文化特征，并提出认识老中国才好建设新中国，正非无谓。

然而，如果得出这是他针对当时时局的阶段性工作的印象，那便错了。这是他终身性的任务。诚然，这个时间阶段里他断断续续、或长或短写了不少关乎中国文化的文章，但都是抽出《中国文化要义》里面的某个观点，从一个侧面去阐释这个大问题。《光明报》创刊后三日刊出的《中国文化两大特征》固然是这样的文章，一九四二年写《理性与宗教相违》也是一例，次年写《理性与理智之分别》同是一例。《政治的根本在文化》虽是针对时局而发，实则说的还是中国文化问题。

那么，他有没有阶段性的任务呢？有的。这就是团结抗战。为团结抗战而发起统一建国同志会和民主政团民盟。也可以换一个说法，和大家一起致力于民主运动是他的阶段性工作。

《光明报》只存在了短短三个月。因为是民盟的机关报，关于民主问题的讨论自然很多。他有自己的民主观，他还有自己的民主运动。

“我努力的是什么”

《我努力的是什么》（副题《抗战以来自述》）从九月十八日《光明报》创刊起，连载至十一月三日。引言里父亲说，“不妨先点出”自己努力之所在。即：一、国内的团结；二、民众的发动。而且，他的第一个念头原是发动民众。因为全面抗战之初曾以为一致对外不成问题了。后来才知道没有这么简单，“还必须先求团结才行”。原因是国共两党“彼此猜防之心未泯”。为此，他做了些什么事已见于《八年努力无功录》之一。

如此说来，致力于民主运动是后来的事了？应该说，致力于国内团结和致力于民主运动本质上是一回事。然而，民主运动之起，是在全面抗战开始两年之后，是政治形势使之发生的。是国民党对待其他政治力量的态度转劣，使事情发生了重点转移——国民党态度转劣引起其他政治力量对民主权利的要求转强。但实际上，各党派乃至各个人理解的民主内涵并非一个，共产党想从民主运动中获得的，与中间性党派自然不同；中间党派一般说来想的是西方议会民主权利。我父亲心中的民主运动与民盟同人有异，他尽量在行动上与同人保持一致，条件允许说的时候说，不允许说的时候放在心里等以后再说。主持《光明报》自是说的好机会。

父亲说："若有人问我：你今天可是在作政治斗争？我既将回答曰然，又将回答曰否。"不错，"我今日确实正与人家相争，而所争又明明在政治"。那么曰否是怎么回事？"政治斗争是一新术语，尤为谈阶级斗争者所惯用，而我今日所为似有别。"更追加一句"所以不宜相滥"——别把我和别人看混了。前面说他有自己的民主运动，依据在此。

只这一个依据还嫌不够。他还有自己对民主的理解和解释，共五点：一、承认旁人；二、平等；三、讲理；四、尊重多数；五、尊重个人自由。

他把承认旁人作为第一点。这个意思与西方民主观无悖，然而的的确确是他自己的。看一下他的解释就清楚了："我承认我，同时亦承认旁人。我有我的感情要求，思想意见，种种；人家亦有人家的感情要求，思想意见，种种。所有这些都要顾及，不能抹杀，不能排斥之，灭绝之。"充分承认旁人，这一点往往为人所忽略，甚至还会否认有这种必要。他却强调为"第一个根本点"。我想说，他的这个态度是中国传统文化吸收容纳西方民主（西方人生态度）后形成的，而持这种态度不适合与人作政治斗争。

读者再看《光明报》言论公约和《释本报言论公约》，还将发现，同一精神下的民主运动是怎样的（怎样的不同）。公约全文如下：

一、抗战建国为国人共勉之大业，抗战建国纲领亦为公认指南针。在此大前提下，举国之内，义不当有政敌，而不可无诤友。吾人本此信念，于任何方面不取敌对态度，而窃愿附于诤友之义，贡其诤言。

二、眼前最切之要求为加强国内团结，本报议论亦是以此为鹄的。其持论措辞，有不利于团结者，均所不取。

三、民主精神为团结之本，其义甚近，并不在远。吾人以政治上实现民主为期，而先以言论之民主精神自勉。

四、国内各有力之党派，不难发抒其言论，而大多数之国民，顾未得自建言论机关，本报愿贡献国人为议论发抒之公共园地，凡无背上列原则者，悉为刊表。

五、凡代表本报之言论例不具名外，其余皆以具有作者姓名或笔名为原则，俾明责任。

在当前的中国，为什么不当有政敌？父亲解释说："政敌是在政治上据有不同社会基础，代表着互相差异的要求，而各自求申的各大势力。"这种形势是中国社会"素所缺乏"的。现在，不见有抗战建国外的第二个呼声呼出，即此证明，没有政敌存在。诤友是什么，他是"向着共同目标的自己人"，为达到共同目标，在方法上、在执行上，"作进一步争求而贡献其意见的"。

看到这里，读者必已渐渐看清楚，他果真是有自己的民主运动。（数十年后，言论公约发生措辞上的改动，上述全文则录自《光明报》。）

他的民主运动——政治斗争想争得什么？我觉得倘若不用"争"字或许更切合他的主张和心情。一九三八年三月，国民党临时全国代表大会做出决议，"团结全国力量，集中全国之思虑与识见，以利国策之决定与推行"。父亲说，国民党做的这个许诺，"在我（只说我个人）没有感到不满足。因我眼前没有更高的要求。当二十九年春上是如此，在三十年的冬天我还是如此的。我倒没有变，可惜国民党不能自符其初心。他当初许下心愿给我'这个'，但它终究没曾给我'这个'"。

父亲的民主运动其实是争取全国团结。眼前国家需要这个，他要的便是这个，再没有更多、更高的要求。

朋友们要一部宪法，要一个正规的代议制机构；他另有所见，十分抱憾地不参与。可是他不对外讲这方面的意见，用现在的话说，一则与朋友们求同存异；二则如果讲了，客观上会有利于国民党，非他所愿，故不为。

试理解他的精神世界

父亲久已认定自己今生的任务是继绝学，差不多就是"天将降大任于斯人"的那种感觉，屡次有所表露。引起社会反应的一次是桂林《文化杂志》（该刊一九四一年八月十日创刊，至一九四三年共出刊十六期）刊出《香港脱险寄宽恕两儿》之后。他在信中说到，自己在险境中以及脱险后的心理，有这样的话："我不能死。我若死，天地将为之变色，历史将为之改辙，那是不可想象的，乃不会有的事。"社会反应就是从这话来的。

三十三年后（一九七五年），《人心与人生》几经周折终告完成，父亲写信给为他抄稿的邹平同人田慕周："我使命完毕，可以去矣。"次日，又补一信，引述上面那段话之后写道："盖其时我负的历史使命尚未完成也。当时不可能死，今天事情大致完了，则其悠然而去是理所当然。”

今天的读者看到他在中年及老年写下了相同的意思，心中的感受料想与二十世纪四十年代的读者的感受有别。我认为，叙述这一段往事应该用不受时空限制的标题，并竭尽所能试着理解他的精神世界。

就这一节所叙的事情而言，发生在一九四一年底至次年一月，本来可以用历险、脱险之类的标题。

日军在偷袭珍珠港的同一时刻向西太平洋和南亚的美英荷殖民地发动攻击。在夏威夷这一天是十二月七日，在香港是八日。英国绅士需要照顾声誉和生命，他们在二十五日投降。未投降前日军隔海炮击造成居民伤亡，烂仔——游手好闲之辈乘机劫掠、勒索。战事既止，居民纷纷设法返回内地，此时的港岛已失去政治的特殊作用，更何况政界、财界头面人物和文化界知名人士成了日军搜捕的对象，比普通居民更急需离开这里。

《光明报》同人分散住在港九各处，父亲办公、食宿都在报社内一间小屋。战事发生后几天，萨空了把妻儿从九龙搬到香港这边，挤住在李炳海家里。他自己忙着照应社里的事，只偶尔回去看看。社址在闹市，易受炮击和烂仔骚扰，父亲的安全成了大家操心的事，二十几天中迁居三次。张云川、萨空了和黄瓒同他住在一起，他们最后是住在一所小学的教室里。

他们每天只忙着一件事：设法离开香港。

萨空了写道：“梁先生为了叫云川先走，决请炳海再过九龙一次，炳海即匆匆离家过海。”

“长江的装束，完全像一个烂仔了……在咖啡店中，他说明天有条直放澳门的板，如果要走，还有两个人的座位。问我是不是想一同走。我说当然叫梁先生先走，另外一个位子则留给一个送梁先生的朋友。”

“天黑后云川、炳海都还没有回来，大约梁先生在走之前见不到他们了。梁先生为了部署以后各事，就为他们每人写了一封信。梁先生还拿了他手中仅有的一张五百元票给我，因为我人口多……”

“帮着梁先生收拾好他的行李，又谈了一些琐事，可是天还没有一点曙色……走到德敷道西约定的地点，长江守留在那里。”

“送走一批人，心上有一点轻松，但想着用一条舢板漂大海，途中还说不定会遇见敌人、海盗，又着实有点担心。”

以上情节摘自萨空了《香港沦陷日记》，下面摘自《香港脱险寄宽、恕两儿》。我把两人的记述串在一起。

“船行全赖风帆之力。同行友人或则呕吐，或则眩晕难支，频频服止呕药。只我一人不感觉什么。”当晚十时抵澳门。澳门通往内地的关卡在日军手中，不能从这里通过，因此还有一段海程才能到自由祖国的台山县都斛镇。“此路因海上多盗无人敢走。”

父亲经友人介绍认识海上豪杰吴发。吴发的家族在三灶岛、横琴岛一带，日军为修建机场，将岛上居民一万三千余人全部屠杀，“所以他与敌人是永不妥协的”。吴发的游击队依靠替商人运货换得生活费用，“此番他知道我们是文化界的人要返国，他愿护送我们到都斛”。为了躲过日军和海盗，船只在没有月亮的黑夜才开。共五只船，父亲“乘的一只约六尺宽，三丈长，无篷，一挂帆而已”。

“忽然陆君一船向我船赶来，说是他们发觉我不能粤语，怕途中万一有事不好应付，特地要我与善粤语的陈君同一船。迁换既定，扬帆各去，昏暗中彼此皆看不见了。”

“不意后半夜风向忽变，风浪甚大，小船颠荡欲倾，浪水直泼向船内，溅入口鼻，衣服尽湿更不待说了。好在船行在群岛之间，所以不久便泊于一小荒岛上。候至天明日出，将衣服曝在太阳下，人亦烧柴取暖。船上带有米粮菜蔬，但遍觅岛上无淡水可得，只好用海水煮饭。我素有耐饥本领，啜一小碗而已。饭罢，就仰卧在沙滩上，阳光之下，除海潮声外，寂无所闻。直待天昏暗，方可扬帆而去。”

这一次，吴发以十六只小船替人运棉纱，共失去十三只，到达都斛的仅三只，“而到达的三只船，一船被劫得精光，一船被劫两次，其得安全无事者独我与陈君一船”。

我们称这为幸免被劫，可是我父亲在换船时就闪过一念：“莫非这船要出危险吗？因为从来的经验，我是碰不到凶险事情的。”不独漂海时若无其事，炮火下也是这样。萨空了写道：“敌人的炮愈打愈凶，同时还有飞机投弹，我认为敌人已在香港东部上陆，湾仔可能在很近几天内成为巷战地段，坚劝梁先生搬到荣华台大家一起去住……据说就是四楼为一炮弹击穿，有人轻伤……我更坚劝梁先生速迁，不料就在这时，一个炸弹落在了距我们不过二十丈的十字街口，它带来的风的压力叫我们耳鼓都疼得不得了。那一刹那时的震动使全层楼的人都恐慌万状，梁先生依然神色不动，这是他的素养所使然，可是这也是叫他的学生朋友们最为他担心的理由。云川、黄瓒叫我无论如何再劝他搬。”

范长江夫妇与他结伴离港赴澳门转都斛，“范君等一路上就禁不住称叹：梁先生真奇怪，若无其事！梁先生了不起，若无其事！若无其事这话，我记得他不知说了几次呢”。

“范君叹我若无其事，亦是兼指我身体好，修养好，耐得辛苦忧劳。其实我原是心强而身体并不强的人，不过由心理上安然，生理上自然如常耳。”

这是身处险境神色自若的易于为人理解的解释，那（现在）根本不会死的自信怎么理解呢？“主要还由于我有一种自喻和自信。自喻，就是自己晓得。我晓得我的安危，不是一个人的问题，而是关系太大的一件事。我相信我的安危自有天命，不用担心。”

“假如我所作所为，只求一人享乐，那么，我的安危只是我一人的事而已。又若我做事只顾一家人的生活安享，那么，我的安危亦不过关系一家而已，但我不谋衣食、不谋家室，人所共见。你们年纪虽小，亦可看出。我恓恼惶惶究为何事，朋友国人，或深或浅，多有知之者。而晓得最清楚的，当然是我自己。”

他长期用心于人生和中国问题，“积年所得似将成熟”，认为自己在没有把成果交给世界之前，不会死。这成果是：

一是基于人类生命的认识，而对孔孟之学和中国文化有所领会，并自信能说明之。二是基于中国社会的认识，而对于解决当前大局问题，以至复兴民族的途径，确有所见，信其为事实之不易。

今后要做的是“发挥和奔走努力，以求其实现”。这需要时间。

但这时间不是想有就有的！

我相信我的安危自有天命。何谓天命？孟子说得明白：“莫之为，而为者天也。莫之致，而致者命也。”凡事都不是谁要他如此，而事实推移（时间的），机缘凑合（空间的），不期而然。察机缘之凑合，来自四面八方；寻事实之推移，更渊源远至无穷。这期间没有偶然，没有乱碰，于是就说作“天命”。而事之关系重大者，其推移似尤难得恰好，机缘尤难凑拢，一旦或成或毁，就格外说他是天命而非偶然了。

“我的安危自有天命”含有两层意思：假如他是一个谋衣食的人，“世界多我一个或少我一个皆没有关系”，他认为自己是将要完成重大使命的，“而且没有第二人代得”。因此从推移凑合（天命）上说，“有一个今天的我，真好不容易”，应是中途不致生变的了。

第二层意思是对第一层意思的“让步”。（“让步”是原话，意思是向一般人的识见让步。）原来，自己对中国文化和孔孟之学看错了，负此使命的“别有其人”，既然如此，死去就死去好啦！

最后还有一层这样的意思：人不应而且不必对自己的事过分计虑。“力所不及，而偏偏斤斤计虑即为过分。”

父亲信的最后一行是：“我处险境中的心理，大致如此。若看了不甚了解，待他日长进，再去理会。”这一年我十三岁，别人看了觉得狂妄的那些话，我看了确乎吃一惊。因为那是父亲，才没有把它看作狂妄。

信并未因其中有狂妄语而停止传播。他只好写一小声明：“此文原系家书，其中有些话不足为外人道……希望读者不必介意，就好了。”这种话他的确从来不向外人道。第一次写下这类话是一九二五年办曹州中学失败，他只身先行返京，写信向同住共学的朋友致歉。起首便是：“漱溟今负疚怀惭伏地再拜，不敢仰视，嗫嚅陈词于诸兄之前……”为什么必须结束与王鸿一的合作？“此非个人爱惜羽毛之谓。漱溟窃不自揆，觉吾一身系中国前途……苟立身不谨，使吾所倡导以号召于天下者不为人信，则中国前途一线生机于是遂斩。”

可见，香港脱险时的心境并非无端和首次出现。而检讨自己狂妄的话也非第一次出现。他说，办学失败靠旁人指点已有了不“透实”的“虚悟”，“以前一派豪强自以为是的态度已无有”。

其实仍然有。不仅有，甚至承认这种自信与自己的生命不可分的。

下面的话还是对家里人说的。《梁漱溟全集》卷八有《寄青甥》信两封。我的这位表哥念高中的时候就参加了“CY”（共青团），父亲不同意共产党为解决中国问题开出的“诊断书”，但一向喜欢他们的胸怀，与这位外甥虽有歧见却很疼爱他。他在信中剖析自己说，古人讲先天下之忧而忧，后天下之乐而乐，这与自己相近，但“尚不恰合”。“我只是被自家少年来一些狂志大愿鼓着向前，而一念外公在天对这民族文化之毁亡，民生之惨祸不肯瞑目之心，尤使我不能懈这口气也。”

信写于一九三〇年，我的表哥十六岁。另一封给青甥的信写于一九五一年，前后相距二十年，各方面情况都很不同了，可是信的内容还是剖析自信、自喻从何而来：“我这里没有旁的念头，只有一个念头：责任。”

这个责任，当然是自加的。我谨请读者加倍留意下面的话：

在我这里虽不能无人情，却不许有俗肠。像小资产阶级的向上爬心理，可说自幼没有。像小资产阶级的逐求趣味心理，像革命党人的仇恨反抗情结，在我这里如不能说完全没有，亦只是烘炉点雪。我的生命就寄于责任一念。处处皆有责任，而我总是把最大的问题摆在心上。所谓最大的问题即所谓中国问题。而我亦没有把中国问题只作中国问题看。不过作为一个中国人要来对世界人类尽其责任，就不能不从解决中国问题入手。在最大的问题中，我又选择最要紧的事来做。

什么叫“选择最要紧的事来做”？抗日战争时期，最要紧的莫过于国内团结，他就做这件事；日本投降，该是建国的时候了，致力于国内和平。他一旦看出和平无望，马上转移致力之点——帮助国人认识自己的民族文化——撰写《中国文化要义》。

“唯有我能做”的自信从哪里来？他说：“由于总在最大问题中追求其最要紧的事情，久而久之，我所关心的，旁人往往不如我关心；我所能做的，旁人往往不如我能做，好像责任集中于我一身。既有‘四顾无人’之慨，不免有‘舍我其谁’之感。”

他更追加一句，“是事实如此，不是我自负”。关于“事实如此”，将在另一段去讲。

我的表哥提醒他不要“背包袱”，他回答，背包袱不好，“但你如其离开这个有特殊任务在身之念，又怎能了解我”！“这是不免于自大的，这样说话是难免引起大家反感的。然而我的生命正在此。”

怎样看待这个生命？他说：“又念当以此身付之天地宇宙之公，此身有其一期之用，然而用不用亦非我的问题，一切有天命存焉。”这生命已是完成任务的工具了。

说上面那句话时，《中国文化要义》已于一九四九年出版，但责任还没有完。

我觉得我有一个最大的责任，即为替中国儒家作一说明，开出一个与现代学术接头的机会。《人心与人生》一书之作，即愿为儒家与现代学术之间谋一说明，作一讨论。

一九七六年，《人心与人生》脱稿，便发生了前面叙过的事。他在致田慕周信中说：“我要做的事，大体将完功。虽精神身体俱佳，随年寿之自然，亦或将去矣。”

田来信问：“先生何故忽示消极？”

他回答：“信中问我某日信中流露消极情绪，此不知我也。”年寿长短“一任自然”，其所以有“可以去矣”的话，完全是因为使命已完。“弟为我尽力不少，此不独我两人间关系。我的著作将为世界文化开新纪元。其期不在远。不出数十年也。以我自信力之强，讵有所谓消极、积极乎？”

田读后回信说，自己修养低浅，“仍不脱乎人之常情”，因此有“依依之情乞师垂鉴”。

这使他觉得过意不去，“弟此信自白其情颇合理。我前信俯视一切，自己太高傲了”。

不妨把这次检讨看作他以前那些检讨的重复——负有使命而来，“使命既完，便自去耳”的心理根本没有动。同时，他又很知道并承认别人接受不了他的自信、自喻。

因此，我们回到前面那个问题上来了——所说不是自负，是事实如此。怎样解释呢？解答当然仍从他自己的话里去找。

在桂林等飞机票去香港期间，他应广西大学之邀讲中国文化问题，开头便问：谁认识中国文化？过去的中国人不易认识，身处局中且缺乏与其他文化的对照，有自大心理；待到受了西方文化的打击又陷于过分自馁。为自馁所蔽的人一样无法认识中国文化。我在前面说起过，父亲看到，抗日战争已使中国人恢复了民族自信。那是二十世纪四十年代。如今中国不是比那时远为强盛了吗，可是中国人在文化上的自馁心理却除了没有呢？没有。父亲说，“既不自大，又不自馁”的人才担得起这个任务。如果没有见过一点老文化，没有见过今天的世界，经历过新旧的剧烈变化，咀嚼与反省过人生，便很难认识中国文化。他认为这种条件是必需的。

他又说，有两大问题必需搞得清楚，于此不明白，亦不足以言认识中国文化。一、中国文化因何陷于盘旋不进？中国学术界费了许多力气讨论仍然说不清。二、世界学术界对任何问题的研究都比研究人类自身有成绩，“可见这是个很深的问题”。

还可以举两个非常具体的例子，说明他想抛却“舍我甚谁”的心理可是抛不掉。他认为，伍庸伯先生的儒家学说“能传中国古人所给人类文化最大的贡献”，“愚幸闻其绪，自审能为伍先生作说明者舍我无二人”。是啊！伍先生述而不著，别人不认识伍先生或虽认识其人却不认识其诣，或纵然有此认识而不长于笔墨为之说明。

上面的话不是写给别人看的，是父亲的日记。他意在提醒自己“当时时不要忘忽。拟年内抽暇先作一传记草稿”。

“今日忽念及拟写中共从何而得挽救中国命运一书”，也是日记。这后来成为事实，即所撰长文《人类创造力的大发挥大表现》，是从认识人类这个角度去写大跃进。

这恐怕就是他所感到的处处皆有责任而又四顾无人了。

我举的事例最早在一九二五年，最晚在一九七六年。这期间的世界和中国发生了多么大的变化！人事变迁几乎恍如隔世，而他的使命，或云使命感没有变。他只是有时主动地放下这项工作，有时被动地放下这项工作。被动放下（参加政治运动），大家理解，主动放下就不易理解了。有人认为，他本该一直研究哲学，放下这项工作是误用或云浪费了生命。八年努力，他自然是主动放下。无功怎样理解？何以会无功？最容易想到的是，他的愿望与现实脱节。也许不完全是，也许在一个时间阶段里不完全是。

香港脱险　“息影”桂林

“息影”二字是别人用的，我给息影加上引号，意思是说他不曾息影。只看他在一九四二年至一九四五年这四年里，没有做成什么事，甚或没有做过可以举出的事情，以为是息影数年，那是因为做的事情看不见，以及不知道没有成效的缘故。

一九四二年，梁漱溟摄于桂林

回顾这段生活，父亲有如下的话："几乎我们天天在搞，却始终（始于桂林终于八步）首尾约四年，亦没有搞出什么名堂来。"又说："尽算苦心孤诣，卒于一事无成。遗留到今天的只一本印行《战时动员与民主政治》讲演小册（当时在中学分五次讲完），自己检视几乎掉泪。"中学，是指八步西郊芳林村傍临江中学。全面抗日战争的最后一年，他是借住在中学校舍中度过的。

重庆这个政治中心，国民党控制最严，从香港返回内地的文化界人士，十之八九不去重庆，就在桂林待下来。这里政治上相对宽松些，黄旭初始终是省主席，没有动。

就父亲个人而言，留在桂林首先不在于担心去了重庆行动不自由。民盟成立以来，昆明有张君劢、罗隆基，成都有左舜生负责开展盟务，桂林还没有人。读者若问：梁漱溟先生和桂系有关系吗？实质上的关系一点没有。一九三三年，黄旭初打电报到邹平，希望他回家乡工作。隔一年后，他以一个多月的时间在广西讲演和参观，没有乡土之情就不会抽出这么多的时间。

自另一面讲，待在桂林不去重庆这个行止上的决定，既具有个人政治上的考虑，也是和民盟中央相一致。从一九四一年底到一九四五年，张澜、张君劢、左舜生都不出席国民参政会。

话说到这里，不妨重复一下读者已知道的往事：二十世纪二十年代他反对倒蒋，西安事变主张放蒋，全面抗日战争期间称蒋为领袖。蒋介石总是从个人利害的角度看待一切，因而"拉拢之意甚殷"。据父亲说，在他去香港办报前，蒋称呼他"漱溟兄"，中间将近四年不见面，再见时（一九四五年尾重庆政协前夕）称呼他"梁先生"。读者知道了这个变化，也便容易理解下面的故事了。

一九四一年三月二十九日早晨，父亲突然出现在重庆长途汽车站。所说突然，是对负责跟踪他的特务而言。这些人频频想要阻拦他登车，却又眼看着他登车而去。车到綦江县，这里的交通稽查站派人高声问："梁参政员在车上吗？请下来喝

梁漱溟与续弦陈树棻摄于桂林

茶。”他回答不渴，对方坚持请他下车喝茶。于是不仅他明白了，司机和乘客都明白了。司机宣布“今天不走了”。大家下车各自找旅馆。街上有警备司令部分区司令、补充训练处的布告，末尾署名张轸，张以前在河南认识父亲，找到他问道：稽查处你指挥得了吗？指挥不了，但次日放行。

放行可以理解为蒋对他的区别对待。在这之前，沈钧儒被阻止登车去内江。沈钧儒直接把电话打到戴笠的办公室，戴口称对不起，登车还是不行。

前面叙过，民盟成立的事瞒过了蒋介石，如果蒋知道是去办《光明报》，那就未必放行了。九月，参政会开会，一些头面人物按蒋的旨意几次三番强邀父亲回重庆“开会”，先是王云五、成舍我两参政员，继而是国民党元老李石曾，最后是青帮头子杜月笙。杜说：“重庆方面很希望梁先生回去，有什么主张，尽可以与蒋先生面谈。当面交换意见不更好吗？”杜甚至说：“愿陪梁先生同去同回。”但父亲一概拒绝了。至此，蒋的感受如何可想而知。

国民党对大批文化界人士滞留桂林决定采取措施，中宣部副部长刘百闵衔命来桂林，发请柬请吃饭。父亲在邀宴之列。席间，刘以威胁的语气“劝”大家去重庆，这样“双方都方便”。但刘百闵对父亲说，他来桂林时，王世杰赶到飞机场，嘱咐说：“你不必劝梁先生来重庆，他在重庆，我为难。”

没有几个人为威胁所动。萨空了在一天黄昏失踪，被关到集中营里去了。父亲这里来了一位访客，名片上的官衔是省府科长，出示一份电报，说："我是军统，奉命监视你。"

父亲回桂前三年的政治环境大体有如上述。

在这种环境下发生了两件事，一件与共产党相关，一件与国民党相关。把两件事放到一起看，可以看得更清楚什么是他的民主运动。"他的民主运动"是我的说法，他自己的说法是"有两件事可以征见我的行动方向"。

返回桂林当年的秋天，张云川从重庆来桂林，在长衫大襟里缝着周恩来给父亲的密信，建议他"去苏北或任何靠近他们的其他地区，建立乡村建设或民盟的据点"，他们愿帮助我父亲开创一个局面来。

我们不妨说，不曾有哪位党外人士如此获得共产党的好感和期望。

他说："我当时差不多没有什么考虑，就坚决地拒绝了。因我内心上觉得我不能靠近哪一边。靠近哪一边，就要失去或削减我对广大中国社会说话的力量，对于我要广泛团结全国各方面来说，是不合适的。"

"我不能靠近哪一边。"他显然是有意识这么做的。从性质和客观效果上都被别人看作是消极。他的目的是便于"对广大中国社会说话"。

请注意"对广大中国社会说话"。他不专门针对某一部分人做说服工作，他不使用政治和军事手段。但理解到这一层还嫌不够。他是要从自己做起，推动中国人在解决国家前途上诉诸理性，只诉诸理性。

"这不只是中共方面的意思，民盟同志亦如此希望哦。"（按指接受中共建议。）

他说过：民盟不是一个政党，中国不应再添加竞争的单位。民盟同志没有听他说过这话吗？心中所想不同，听了不往心里去，而中共的建议颇合意。

又一件事是在一九四三年秋初，国民党蒋介石在国内国外压逼之下，重弹宪政老调，成立"宪政实施协进会"（各方面都参加故称协进），"蒋自为会长，连电邀我去重庆。重庆民盟同志亦愿意我去。我同样没有什么考虑，就坚决地辞绝了他"。

《答政府见召书》收在《梁漱溟全集》卷六。是通过协进会秘书长邵力子转给蒋介石的一封信。

蒋以成立这么一个协进会来搪塞各方（包括美英）。我父亲拒绝赴会，是蒋受到的一个挫折，然而朋友们（包括奉行另一政治理念的共产党）比蒋还失望——我父亲不和大家一起向蒋施加压力，他使一个极好的时机出现欠缺。当然，与后来的使大家失望的事相比，这已是一件小事了。正是从这些令人失望的地方，最能（最容易）认识他。我们认识一个人，无非是看出（懂得）这个人的思想观点和处世为人之异于旁人在哪里。在叙述到另几件令人失望的事情时，我将再提请读者注意。

根据对中国文化的认识，父亲确认中国离实行法治还远，我放下这个问题不谈，只说当时他和朋友们一起向蒋争民主却不争宪政的缘故。

“民主之与宪政，颇若相类，而不可以无辨。宪政较为具体，往往落于形式。而今日所急，在精神不在形式，宪政虽为远图，而民主精神则为眼前所切需。”实行宪政需要具备客观条件，至于民主精神，是不需要条件的。“政府诚有取于民主精神，政府自实践之，何用许多人来筹备？”做糊弄人的事，“诚恐益失国内外之望，爱政府爱国家者不为也”。

国民政府是好政府吗？父亲认为，它说了不算数，“早可预决”，“政府之将渐进于宪政，吾窃未之见也”。它不好，然而它统治着我的国家。

和朋友们一起搞民主运动，大家渴望实行宪政自己硬不参加，是不是不理解朋友们呢？却又不然。国民党对党外的压制“转迫转紧，浸至无所不用其极”，“各方纷纷吁求宪政者，殆有若痛极而呼”；而且，“如漱溟者正同处此境地，而身受其苦之一人”。既然如此，何必偏不参加呢？

请读者注意下面这句话：“特虑之已熟，见之甚审，进止之间自有定耳。”这句话不限于宪政问题，足可概括他一生的行止。他在《悼亡室黄婧贤夫人》中说：“亲友见面或分手时，都有许多客套话，而靖独以木讷出之，巧言令色所不屑为也。”如今，我想说，父亲的为人也有一大特点：凡虑之已熟，见之甚审的问题，绝不随声附和，随大流的事不屑为也。

父亲所说“天天在搞”是指“改造政局”和开展盟务。“其间常常在一起，作为主要的几个人，就是李济深、李任仁、陈劭先、陈此生等几位。”李济深、李任仁和陈劭先虽是国民党员，其政治主张与民盟大致相同，“亦就不分彼此”。（转到八步镇才开始商定别立民革，以便广收国民党同志。）

这“亦就不分彼此”，这正是老先生们搞政治的特点。他们的思维方式、行为准则限制着他们只适合在高层活动。在那个时间阶段里，“天天在搞”而效果不显。但最后一年（一九四四年秋至一九四五年秋）的政治环境十分不同以往，效果不显的缘故亦自不同。一九四四年夏，日军占领衡阳，秋天南犯，连陷桂柳，多数人沿铁路退往贵阳、重庆，但部分文化界人士宁可退往两广之间一个偏僻的角落，直到日本投降。这是政治性取向，就父亲而言，是为了实现民盟给他的工作——“改造政局”。

这偏僻的角落有一个略具城市规模的大镇八步，桂东行署设在这里，专员李新俊，用今天的话说是国民党开明分子。

李济深也不去重庆，回到家乡梧州小镇戎墟隐居起来。改造政局的设想便是形成李领导下的、蒋介石鞭长莫及的政治区域。父亲写道：“此时，我们与美国人亦有来往。因为此时美国人急切对抗日寇，深深气愤蒋介石的腐败自私，多所贻误。像史迪威、高斯以至驻桂林领事林华德等，对于一切想抗日能抗日的中国人都愿意帮助的。我们亦曾设想如何在沿海配合美军登陆，不过后来都成虚话。”

附带说明一下，我于一九四三年冬从重庆到桂林和父亲住在一起，甚至住在一间屋子里，在我一生中这是仅有的。一九四五年初冬，我们一同经广州飞重庆，才又恢复了父子常年不在一起的状态。因此，这一段政治活动，我是耳闻目睹。

父亲经澳门黑夜漂海去都斛，船已驶离又回来，同行人中特地要他与善粤语的陈君同一船。陈君即陈此生，中华人民共和国成立后长期担任民革秘书长，在李济深身边工作。父亲在八步那段时间，陈此生始终同他一起，同船离桂林南下昭平。两人一同翻山越岭步行上百里到八步，转过年又一同去戎墟李济深家乡。日本投降，他们同船到梧州后才分手。他是广西贵县人，留在广西工作。

在八步那一年里，他们（还有继母和我）比邻而居，一桌吃饭。陈此生为人十分谦和，我怀着敬意回想起他，他是多么尽力地在完成上级交给的任务！但谦和归谦和，信仰与任务不同终是事实。

我们住在临江中学。临江中学教务主任何砺峰二十世纪八十年代写文章详细回忆了当时的情况。三十年代，何是广西师范专科学校学生，陈此生是师专训导长，如今是师生重逢，又共同工作。

“一九四四年十二月下旬，李嘉人同志从广东东江纵队来临中，和我谈了此行任务，是要找李济深、梁漱溟、陈此生谈联合抗日的问题……当晚我约了梁、陈在我房间和李嘉人密谈……李嘉人安排我加入民盟……”

还有一位“周匡人同志多次到临中与梁、陈两先生联系，他以搞工业合作社的活动来往于八步附近各县”。

何砺峰也回忆起前面提到过的父亲讲演记录印成的小册子《战时动员与民主政治》。因涉及中国社会构造问题，“陈此生和张铁生知道了曾针对这个问题与梁先生讨论”，“后来民盟同志也不在这个问题上多所纠缠了”，由陈此生另作讲演，“澄清一些思想”，也印成小册子。

另据千家驹回忆：“我是在一九四四年冬参加民盟的，介绍人即为梁先生。与我同时参加民盟的还有欧阳予倩、莫迺群、陈此生、张锡昌、周匡人、徐寅初诸同志。”“志愿书写好后，当场焚毁。”

这有什么不好吗？联合抗日，理所当然。要蒋介石结束党治谁曰不宜？然而，这已很难说是民盟工作在开展。距我父亲主张的民主运动恐怕更远了些。难怪他天天在搞而一事无成。

读者可能想问：梁漱溟先生是被蒙在鼓里的吗？却又不然。记得陈此生的讲演印出小册子，曾对我说：“他讲的是马列主义。”一九三五年，千家驹率先批判乡村建设，然后才访问邹平。父亲认为，“沟通一切而联合一切，才可以转移社会关系，才可以挽救这垂危的民族”，而且“唯有这条路可以走”。他又认为，应

"尽着力量抛开各自特殊的背景、立场，而单纯求调和、联合、以谋其社会内部的调整统一，以应付国际环境"。

在他看来，把中国人加以划分的根据不充分，中国成立这个党、那个党，其实没有如西方那样实实在在的社会背景，故此可以联合。更何况，父亲还从根本上不赞成对别人怀有戒心，即使主张不同的人，也"不应作刻薄的推测"，"不信任人的路，是越走越窄，是死路"。

"八一五"，日本投降，时局进入另一阶段，《八年努力无功录》之二要收尾了。不过，还有一点情况需要介绍。

父亲写道，在八步获闻胜利、获闻毛泽东去重庆与蒋介石会谈，"我心里想，国难已纾，团结在望，过去所为劳攘者今可小休"。他写信给李任仁向他告别，"我要搞文化研究工作了"。今后要务是建国，"建国不徒政治经济之事，其根本乃在文化"。他总是选择每一时期最要紧的事来做。

他去重庆，"路经广州才晓得国内大局未容乐观"。八步闭塞已极。李新俊说，八步特务手里有三部电台直通重庆，他手里一部没有。邮电局的发报机勉强可通湖南道县，再经两次转发才达重庆。困处期间，获知外界情况全靠一份用耳机收听中央社新闻印刷的小报。重庆民盟总部只知父亲沿漓江而下去了桂东某处，确切行止一概不知。或许可以说这是他又一孤军奋战时期吧。

十月某日，父亲收到民盟总部电报并汇来法币六十万。他用这笔钱去了广州。我记得飞重庆已是十一月，住在特园。当晚，周恩来来访。我记得他对周恩来说的是在广州对别人说过多次的主题——中国需要建立党派联合体，在这个基础上组织无色透明的政府。这个主张是从延安出来在徐州成熟于心的，八年间纵或不加重申，心中总是记挂着。他从消息闭塞的地方刚刚出来便急忙地重申，我听着心情黯然。

我在特园只住了三四天便离开。时间虽短，我已听说青年党脱离民盟即将成为公开的事实。此时重庆政治协商会议已在筹备，把青年党拉过去是国民党开会的准备工作之一。民盟被看作中共的友党，会场里国民党岂可没有一个友党？史家或许认为内战是从一九四六年开始，但是，一九四五年十一二月，绝不只是阴云密布。冻雨已在这里、那里下着。

八年努力无功录（之三）

我们现在知道中国命运的转折是在一九四六年，但当时不知道。应该说，一九四九年我们国家的命运是通过战争改变的，内战正式开始于一九四六年。本章讲述的是，在这样关键性的一年里，我父亲做了些什么事情。

从一九三九年起，国共军队已在火并，后来规模增大到数万人参加的战役。中国在这种状态下度过了八年中七年的岁月。当这片土地上没有了日本这一共同的敌人，国共之间的问题便上升到首位。蒋介石一心要打，他认为过去已一再错过了“剿共”的时机，追悔莫及。红军到达陕北只剩下几万人，抗战胜利时，这支军队已发展到上百万人，拥有好几个“边区”，人口加起来近亿，已是今非昔比。与此同时，国民党军队从人数和装备上讲，达到空前的多和好。国民党还占着一个有利条件——对内对外代表国家，日本人占领多年的大小城市一夜之间归到国民党手里。因而，国民党被称作“摘桃派”。在蒋介石看来，这是发动内战的最好时机，也是最后时机，他决心打而且希望早打。毛泽东认为，“战争足以改变一切”，这是他的心里话。战争是变革事物的一种方式，不应该害怕它。他当然也准备打，但两党有一点不同，既然早打对国民党有利，晚打就对共产党有利。

与战前相比，中国问题已更具世界性。中国已被称作“五强”之一。不过，事实上我们仍没有摆脱大国俎上肉的可怜地位。美苏是真正有资格做全球性交易的大国。他们背着中国达成协议，让外蒙古通过投票成为独立国，苏联承诺国民党政府是中国政府，共产党将参加多党联合政府。按照这种安排，至少表面上苏联少管而美国多管中国的事情。我们今天不会容忍别人这样对待我们，不过当时容忍了。所以，那时中国的和战问题似乎特别与美国有关，杜鲁门总统指派马歇尔将军来中国做事实上的（国共之争）调停人，并很有仲裁人的意味。

无论卓越或蹩脚的政治家都懂得对外战争和政治是一体，运作起来要配合。

因此，这一年当然有一场重要的政治活动作为战争的准备。这样说好像轻慢了当时很严肃的政治协商会议（重庆），我说的是事情的实质和少数决策人的心理。至于普通百姓，他们是战战兢兢地寄以期望，他们渴求得到休养生息，愿见国家和平与统一。我父亲也是的。不过他已跻身于政协代表之间，是国事的参与者，知情者。在极不寻常的这一年里，他都做了些什么呢？

父亲做了五件事：一、与张澜等共九人参加政治协商会议；二、在会议闭幕当晚宣布退出现实政治，将致力于文化工作；三、因中共表示极不赞同他这样做而决定去一趟延安；四、代表民盟去昆明调查李公朴、闻一多遇害案；五、美方无力完成其军事停战调处，求助于民盟，他身为民盟秘书长遂参与其事。

在这八年努力的最后一年，父亲真是忙得不可开交，并且没有一件事如其所愿。中共在年初显出愿与他加强关系，而年尾则认为他不是朋友。

政协会上只就军事问题发言

从广州一到重庆，父亲顿觉政治空气十分紧张，虽时隔四年仍不能把回“家”（到朋友聚会处看一看）排上日程。他是政协闭幕、二度访延之后，才去北碚（距重庆不过百余里）勉仁中学住了两三天，旋即投入更为紧张的活动。勉仁中学是最后一个朋友聚会处，创办于一九四〇年夏秋，先在璧山县来凤镇，一九四一年夏迁北碚。迁校时，父亲已在香港，算起来和朋友们已有四年不相见。自朋友团体形成以来，还不曾有过这么长时间的别离，欢悦之情可想。没有宴会，他给中学同学讲了一次话，我记得讲的是《论语》里孔子说的“依于仁，据于德，游于艺”。

我们从参加政协说起。民盟代表共九人：张澜、梁漱溟、罗隆基、黄炎培、沈钧儒、张申府、张东荪、张君劢、章伯钧。

青年党已自立门户，因此参加政协的共为五方：国民党、共产党、民盟、青年党，以及不属任何党派的社会贤达。

父亲是怎样看待政协之召开及其使命的呢？请看他说的如下一段话：

> 政协是在国际国内两面要求督迫之下产生的。其使命盖为国共两党求得相安之道，俾使中国实现统一。其道，不外把军队交给国家，而使他们都变成宪政内之政党，以口舌代刀枪。这条道，在国人意识中最现成，且呼求已久，尤其是国际盟邦属望在此，几同指定。因此，我自己固有主张在胸，却拿不出来。从这一点上说，我大可不必参加政协，但为多年奔走团结统一大愿未偿，内战之威胁又迫于眼前，我终于参加了。

这句话容易给人他参加政协不很起劲的感觉，其实不然。他认为，八年全面抗战结束，两党各有庞大的军队和行政区域，“统一实际已不存在，乃有求统一的政协出现”。他要做什么已经不言自明了。

政协共分五个小组：宪法起草、国民大会、政府组织、施政纲领、军事。它们之间的关系是一环套一环，必先起草宪法而后由国民大会通过。这次国民代表大会不由国民党一党召集而是各方共同召集，也就是须先改组政府，这个政府又须有各方都同意的施政纲领。那么，军事小组的任务和大会是一种什么关系呢？它是要把国共两党的军队变成国家的军队，同时加以裁减和整顿。

“（我）对宪政问题一言不发，不参加宪政小组、不参加宪草审议会，而积极参加军事组，致力于军队国家化之商讨。凡我所发言，总不出军队问题及人民言论身体自由问题之一端。”

民盟关于军事问题的提案，由我父亲起草，标出两大原则：一、全国所有军队应立即脱离任何党派关系，而归属于国家，达到军令政令之完全统一（现役军人脱离党籍）；二、大量裁减常备军额，而积极从事科学研究、工业建设，而一面普及国民军训，以为现代国防根本之图。

为实现上述两原则，成立整军计划委员会。委员会由三种人员组成：一、国共两党之军事人员；二、非两党之军事人员；三、非军事人员。同时聘请一至三名美国军事专家为顾问。

整军“无妨于两年内分期完成”，由国民政府执行，“在执行时，仍由该委员会负监督考核之责，直至任务完成为止”。

而有关的两党是不容别人监督他们的。重庆政协处处都埋下了不会有结果的因素，同时也是他个人与中共关系转恶的前因之一。

出席军事小组的民盟代表是他和张东荪，共产党是周恩来和陆定一，国民党是张群和邵力子，还有青年党及社会贤达各二人。

现役军人必须脱党这样的提案本来没有可能获得通过，但竟然通过了。父亲这样记述那天的情况：

我要求现役军人都脱离党派，不论任何党派不应有军人党员。我费了很大力量来讲明所以要这样做的必要性，一月二十一日的小组会上居然把这一点通过了。在通过的时候，邵力子先生就说：“梁先生意思很好，事实上是做不到的。”我拍着桌子说，做不到也得做。想不到第二天竟推翻了。二十一日通过的时候，是因为中共代表团只有陆定一在场，而陆并未坚持反对。那天政府释放廖承志，周恩来代表共产党去接他，所以周临时未在场。第二天，周恩来一入会场就说，昨天通过的通通不算，让我们的军人脱党是做不到的，所以昨天通过的根本不能算。

陆定一这时面红耳赤，一句话也说不上来。邵力子对我说："你看怎么样，还是我说的对吧。"……结果我的话被推翻了。

军事小组一点事干不成也不好意思，因而通过了党军分离和军政分离两个原则——军人可以有党籍，但军队中不许有党组织以及军队不与驻扎地区政治发生关系。当然，这同样是做不到的。

在党和军队关系上梁漱溟先生一直是这个态度吗？不是的。后来，他看明白了毛泽东为什么要通过战事实现统一，为什么党要抓军队。

政治的根本在文化

政协刚闭幕，父亲作了一个出人意料的宣布：他将从现实政治中抽身出来，返回本行——文化研究中去。所谓出人意料是出乎他人意料，就他自己而言，则先已一再迁延推迟，颇有此番定要实现的意味。既然出人意料，就需要解释。他一共写了四篇文章，说明何以要这样做，依次是：《八年努力宣告结束》《今后我致力之所在》《浅近与深远》和《政治的根本在文化》。我用最后一篇的标题做了本节的标题。

梁漱溟先生是不是觉得读书人搞不来政治而决意退出呢？不是的，他心中没有半点从嚣杂中退出、从烦冗中抽身的意思。他也不曾估量过自己是否搞得了政治。他总是找每个时期最重要的事情做以及那四顾无人、舍我其谁的心理感觉，他要去抓根本。

他对政治协商会议取得的成果估计不高，认为会议大概能为中国求得一个时期的相对安定。（他估计只是两三年。）然后，仍须从根本上另找解决办法。他愿意去为这做些研究准备工作。

如果不生枝节，政协闭幕不久，中国应该组成联合政府。所有参加政协会议的党派都将有代表任职于政府，民盟自然在内，父亲势必将是其中一位。那么，上述决定的必然结果是他不参加政府，并且早些让各方朋友们知道才好。其中，他特别想到中共，于是而有如下一段故事：

政协会议进行到一月二十六日，五个小组所讨论协商的问题都已有了眉目，可以预料，数日之内都将结束讨论而闭幕。这天晚上，周恩来到民盟总部看望出席会议的几位朋友，因为二十七日他将返延安一行，向党中央汇报情况，待中央同意后就签字。下一步就是按照协议组织联合政府。张君劢、张东荪口头向周恩来表示，他们将不参加政府。我父亲预先写好一封给中共中央和毛泽东的信，内容是说明今后将致力于言论思想工作，现实政治方面的努力将告一段落。只有离开现实政治才便于说话。这一决定希望中共理解。由于时间促迫，周恩来接过信往皮包里一放就告辞了。三十日，周返回重庆，带来毛泽东的复信，劝他不要这样做。大意是说，言论与行动不是不可得兼的，何必停止行动而专搞言论呢？周恩来当面也有一番话，说："你的信，我当时没有看，如果看了我就退给你，而不会带给毛主席。我们坚决不同意你的意思。国民党多年来采取关门政策，逼得我们不得不来叩门，请他开门，现在门要开了，你们却不打算进去，往回倒退，这还行吗？如果这样一来，你也不干，他也不干，岂不垮了，岂不散了！问题实在严重，是绝对不能容许的，没有个人自由的！"

周恩来对党外人士说这样的话，可算分外不客气了，是真不愿意他走，不是假意挽留。

父亲并没有因此而改变主意。他等待可以转回去研究文化问题已经太久了。于是就有了前面提到的那篇文章——《八年努力宣告结束》。他在闭幕式之后晚宴上交给周恩来、张群、张孙荪看了，最后交给胡政之（《大公报》社长），请他在报上发表，向社会表明心迹。紧接着，父亲又写了《今后我致力之所在》，对自己的决定再加说明。两文间隔仅三天，决定虽不变，却仍顾及中共朋友不理解，遂有再度访延之行。

再度访延将另作一节去写。

父亲说："这时，我一心搞我自己的事情，有关大局的事情差不多等于不过问了。"二月间去一趟成都，邀叶石荪和李澄源到拟议中的文化研究机构一同工作；三月经北平飞延安，匆匆用三天时间把九年不见的故都和几位长辈看了一眼。

四月十日，他飞昆明，看看能否把研究机构设在昆明，这也是为了想从龙云那里得到财力方面的支持。当晚，民盟有一个重大举动，在特园宴请周恩来和陈诚，劝说双方在军事停战上让步。请柬上，宴会东道主有他列名，而上午他去了昆明。

俗话说"人算不如天算"，他的打算完全落空，非但文化研究机构没有办起来，脱离现实政治的决定取消，他反倒被推任民盟秘书长。

两个原因使他产生了一百八十度大转弯。

四月十八日，父亲从昆明回到重庆。同一天，解放军占领长春，马歇尔返美述职后，也在这天回到重庆。马歇尔不在期间，战场上大打特打，长春易手只是其中最影响大局的事态罢了。马歇尔约周恩来面谈，提了许多问题，而所得答复简略，感到十分无奈。在这种情况下，这位美国特使请民盟帮忙，让民盟了解中共意图以便他着手调停。这样的要求，民盟无人能够袖手不管，纷纷劝父亲参加奔走和平，责备父亲此刻不能置身事外。父亲认为，"民盟既然参加进去，我也就不得脱身"，他就这样进入了更加现实的（军事停战）政治中去。

那么民盟秘书长一职怎么恰在此时落到他身上的呢？他说："我对于民盟职务

还有义不容辞的一段苦衷。”

上一章讲过，民盟五位常委推选黄炎培为主席，黄担任下来又怕得罪蒋介石，想推脱掉。父亲劝他，既然如此就当主动辞职。继任人选因青年党不肯让国社党（张君劢）而相持不下，无奈，父亲提议川中耆宿张澜（表方）出任主席。这是一九四一年底的事。一九四五年底，青年党脱盟，他们的左舜生不能再任总书记（后改称秘书长），恰好张东荪由沦陷八年的北平来到重庆，大家推他任秘书长。张怕费力气，不肯干。父亲说：“我无条件帮助你。”于是而有一个君子协定，张只负名义，实际工作父亲去干。政协闭幕，张东荪要回北平（燕京大学复校），秘书长空缺。于是而有父亲所述的如下经过：“大家推我做，首先跟我谈的是黄任之（炎培），以及章伯钧、张澜和张君劢等人。只罗隆基没有跟我谈（他自己想当此任）。当时，周新民（中共党员，不加入民盟的承诺没有成为事实）担任民盟副秘书长，他劝我出任秘书长，态度最恳切，得的最切实。但我一直不肯，一心想搞自己的事情。”直到有一天，特园主人鲜特生到他房间里说：“你没有看见张表老唉声叹气的神情吗？……你坚决不干，岂不是要表老的老命！表老加入民盟是你拉进来的，你要他的老命对吗？”父亲认为：“特老这样一说，我再不能推辞。”不过他有言在先：只干三个月。

实际上，他干了不止半年，而且是一生中从未有过的繁忙的半年。

在这一节的末尾，回过来说明一个问题。毛泽东劝父亲无妨既发表自己的思想言论又参加政治活动，这在他看来为什么是不可行的呢？

我父亲写道：“我并未认为中国政治问题现在是解决了，相反我正认为现在拟议中之宪法，不足以解决中国问题。我的见解既与大家朋友不同，则让我发抒所见，即属一种必要。”谁不许他发抒所见了？原来是他自己。“为了大局谋统一之必要，我却与一切争民主的朋友们恒持一致行动。在此一致行动中，我就失去表白自家见解的机会。更且在此次协商会议上表决宪草原则的时候，它虽是一种西洋民主政制，我还要起立赞成。因在眼前形势下，似乎需要它。然它只是一过渡，中国终要有中国的政制出现。我为此，必须将我所见到的说出来，我不能再闷下去了。”

“我要站远一步来说话”这个抉择——如身为联合政府一员，则不宜自立一说，毛泽东不以为然，劝他不必如此拘泥。

实际上，只有第三方面的朋友真想把西方民主搬进中国来，毛泽东和蒋介石都不作此想，他们心中各自有自己的打算（方案），各自有对待的方式。

在拟定宪草期间，国民党在会上和对外宣传上做一些手脚，毛泽东的态度是随你便。“他们（指国民党）要制定他们所要的宪法，十个，八个，由他们自己制定去吧，必须制定共同遵守的宪法，我才接受。我只接受第十一个宪法。”国民党内很多人责备孙科、邵力子接受了张君劢拟出的宪草，认为这是一部会使国民党丧失权力的宪草，并使蒋介石架空，因此大吵大闹。蒋介石说："我对宪草也不满意，但事已至此，无法推翻原案，只有姑且通过，将来再说。"两位历史性人物对待宪草的这种口头不否认而实际不承认的态度均见于《梁漱溟全集》卷六的记载。

父亲那种十分较真、很不融通的态度，才是使他觉得必须"站远一步来说话"的原因。总之，需要有人去作文化研究，以及只有离现实政治远一点才好说话这两种考虑，使父亲决然采取了时至今日仍被误解的决定。

再访延安

为什么政协闭幕没有几天，我父亲就向周恩来提出想再去一趟延安？因为他认为政协所达成的协议大概只能短时间有效。中国的政治前途仍需预加筹划。很快，事实证明情况比他预料的还要糟。

三月，他去了延安，四月，他为办文化研究机构的事去了昆明。云南大学请他讲话。他一上来就说："我这次去延安，目的是同上次一样，事实上还是前次任务的继续。"所谓前次任务的继续，就是谋求国家团结统一问题虽经历了八年全面抗战，又开过了政治协商会议，情况实在丝毫不容乐观。

他寄望于中共理解他的政治设想，对蒋介石则不抱希望。

"东北不在停战范围之内，既然如此我们就发展，这怪不得我们"（一月间，马歇尔建议当时苏军仍未撤退的东北地区也应在军事停战范围之内，中共表示赞同；而蒋介石认为不划在停战范围内对自己有利，不予答复，因而周恩来有前面那句话。）

民盟建议由东北籍社会贤达莫德惠率领警察接收长春，双方军队都不进驻。马歇尔把这个建议压下没有交给蒋介石。"根据各方面的事实推测印证，马歇尔、蒋介石之间对长春问题取得默契。"这个默契就是让蒋大打十天，据说要打下中共的气焰才好谈。父亲认为，"这是马失败之开端"，"蒋介石看透了马歇尔，从此就再不听马歇尔的话了"。

六七两月，国民党军队大打特打，这期间蒋介石故意住在庐山，马歇尔九上庐山请不动蒋介石。至此，马歇尔的作用还有几分已经不难看出。

父亲写道："八月间我为闻李案大部分时间耽搁在昆明，没有在南京。二十八日回京，次日周来看我。"父亲说，周恩来对他讲已抗议美方准备将存放在太平洋地区的剩余军事物资出售给国民党，出售一事"可望延缓"。不料，次日出售这批军火的协定便告签字。

在这几个月里发生的事本书不及悉述，只举以上两件事用来说明，美国的立场削弱了马歇尔特使的地位，到了九十月间，马歇尔的发言权已很可怜了，可是还要待在中国完成使命。在这种情况下，马歇尔和此时已经出任驻华大使的司徒雷登只好求助于交战双方以外的整个第三方面。即在民盟之外加上也参加了政治协商会议的青年党和社会贤达。

青年党太小，社会贤达是散的，民盟乃是其中主力。父亲成为抢救和平的组织者，但是他出现了失误。

马歇尔对民盟的翻译叶笃义说："梁先生是中国的甘地。"马歇尔看出父亲对和平的渴求，却昧于和平早被蒋介石和美国的立场所葬送。无论谁提出最后一次停战方案都注定失败，父亲丝毫不因此原谅自己的失误，他写有《过去和谈中我负疚之一事》。这个过程我们只来得及说一个梗概。

前面说过，政协五项协议是相关联的，破坏其一项，其他各项皆跟着不得实行。蒋介石从破坏军事协定做起，十月间自以为操有胜算之后就单方面决定召开国民代表大会（本该由联合政府召开），如果各方提出自己参加国民代表大会的名单，就等于承认（实为屈服）政协决议已不算数，这样一来，军事、政治他都是赢家。因此，在提出名单这件事、这段时间里，第三方面便俨然有了分量。

夏秋之际，蒋介石住在庐山，周恩来也不在南京而住到了上海。停战谈判若断若续地进行，东北、华北和华东烽烟四起。许多日本投降后成为解放区的地点为国方所进占。九月二十九日，周恩来致信马歇尔请他转告蒋介石，如果进攻张家口就等于全面破裂。

蒋介石拟定的召开国大日期和停止进攻张家口这两件事，在时间上相近，事实上是相关的。于是父亲想了一个主意：干脆把这两件事"挂钩"，国方同意立即停战，各党派提出国大代表名单。两件事同时宣布，"先关闭不和之门，其余争执随后协商解决"。周恩来觉得这一着棋太险，不表同意。

事情如何发展到美方退居一旁由第三方面拟定停战方案呢？

十月六日清晨，马歇尔与司徒雷登"相偕见蒋，再力争停攻张家口，陈诚等亦在座。自晨至午，相持不决"。马、司总共在蒋的客厅待了七小时，才得到蒋停攻十天这么一句话。父亲写道："据马本人事后向我说，那是他有生以来，未曾有过的费力气之大争执。"可是，"共方复文拒绝，并说马阴助国方"。复文是由董必武、王炳南送去的，董、王两位"晚间来看我叙说之情形，马直是气得不得了，两手颤抖，顿足大吼不已"。

马歇尔费大力气讨得十天停战，恰好国军在怀来一带严重受挫，共方因此怀疑此时停战十天是"阴助国方"。这件事表明，美方失去信任，周恩来住在上海，公文来往需要两三天，难免误事。父亲在这之前原已屡次商请董必武劝周恩来回南京，这件事发生后，便决定赴上海劝驾，他"以此意告知司徒大使，司徒极赞成，董亦十分赞成"。十月十日他去上海，不仅劝周，而且请所有住上海的第三方面人士都去南京，又商妥由美方派飞机去接他们。他自己坐十一日夜车回南京，下车打开报纸，发现“和平已经死了”——国军已经拿下张家口。

此后两天，马歇尔、司徒雷登继续向他讨办法。父亲认为，“我始而皆以无办法答之，后来我提出两原则：一、美方已失调人作用，今后调人只可由国内第三方面担任。此点在美方及国方均应了解。二、第三方面虽出头，而美方仍须配合尽力。我们彼此保持联络，随时洽商，共同进行，遇事要对国方说话者，即由马、司去说，要对共方说话者，即由民盟去说”。“司徒和马亦对此完全同意。”

美方退居传话人的地位，和平的担子就这么经三人商讨转到民盟而且主要落在了我父亲肩上。

再看蒋介石作了什么布置：他派雷震、吴铁城、邵力子去上海，劝请周恩来和第三方面入京商量，“周在各方敦迫之下，只有耐心勉为最后一谈”。大家抵达南京，蒋介石飞台湾日月潭游览，由孙科设宴欢迎。

父亲在宴会上讲了很长一段话，把这段话当作向第三方面朋友提出的警告和敦劝都可以。归纳起来是两点：不要看见周恩来肯回南京而乐观，“周先生此来，具有决心，毋宁是撤回延安之一步骤”。这个判断事实证明是正确的。第二点，马歇尔终究是外国人，可以出力的地方不多，“而国内第三方面对于同室之斗，过去亦一般地被动，则不应该。从今天起，第三方面必须自觉认识其责任重大，而团结一致，采取主动，当真负起责任来”。第三方面的作用在于，“非有超于矛盾之第三力量则和平不可期”，舆论是第三方面的后盾，第三方面态度公正，舆论的力量就可以发挥出来。“这种力量本身是和平的”，“除了和平，他亦不会做别的”。

上述意见首见于《吾曹不出如苍生何》。而今，是在最关键时刻他最后一次重申。此后，国内政治形势彻底改变，即使他没有当真地退出现实政治也无从重申了。

第三方面果真堪当此任吗？不说别人，事实证明我父亲不堪当此任。请看第三方面提出其停战方案的过程。

十月二十五日晚，他和几位民盟同人去梅园新村同周恩来讨论停战的事，并告诉周新得到的消息。国军攻下了安东（今丹东），“周颜色立变，即不肯再谈”。黄炎培提议，“中共民盟之间作一约定，今后任何一方如有新决定即互相关照通知，以示决不骤然单独行动。周始首肯”。事情之得以继续，全赖有此约定。周恩来此时还留在南京不是为了谋得和平，和平的确早已死了，他是要使破坏最后一次和谈的责任由国民党来负。有这个约定，实现这一目的的把握就大了。

说国共双方都在等一个有利于自己的时机，绝不过分。第三方面是在做一件失败乃属必然的事，但是有一个问题只可心里明白不便说出口，那就是，十个月来一直是国方要打，共方忍让，内战责任由国民党来负才对。我父亲在什么事情上失误了呢？

在草拟停战方案之前，他们征询双方对停战方案的意见（亦可说有什么条件和要求），所获答复自然是于自己有利于对方不利的，亦即不可能拿出一个都满意的方案。不过由此得以弄清楚了过去争执之点经常是什么。父亲发现，纠纷往往因一些问题事先没有做具体规定所致。于是，他主张把这类问题在方案中作具体规定。这在东北地区更见突出，他说，“而其间驻军地点尤为两方所争。我主张把它确定下来……由于我提议至再，获大家同意，公推黄炎培、莫德惠及我三人负责研究后，再提到会上决定”。

他们确定了两军的驻地。“哪晓得失败就失败在这里。”以前停战协定没有明确规定某地是某方驻地，致使纠纷容易发生。为什么规定了又不行呢？政治是百分之百讲实际的，合理非常可能不合实际。

说来巧也不巧，父亲先已写了一篇名为《时局的症结》的文章登在七月十三日《大公报》上，说的正是军队驻地问题。他问道：“驻军地点有什么关系？为什么这样值得争执呢？”他的答案是，“就为驻军地点背后隐伏着驻地即防区这一根本错误观念”。“地方归谁驻，那一带地方就归谁支配，好像归他所有一样。”他认为：“这个问题是不应当存在的”。“政协的工作，正是在求国家的统一，岂容这样分裂国土？”不会有人从道理上反驳这句话，可是谁能无视这存在多年的事实？

黄炎培、莫德惠和我父亲三人不仅确定了双方在东北驻军的地点，还同意莫德惠的一个建议。莫说，满洲里至大连的铁路沿线共有四十一个县，为履行《中苏友好同盟条约》有关共管这条铁路的规定（按指宋子文与莫洛托夫签署的条约），应使行政上统一。但其中有二十个县在共方，另二十一个县在国方，莫提议由国方派县长带领警察接收在共方的那二十个县。

共方在东北具有相对优势，确定驻地将限制发展，已是不利，又为行政统一而由国民党派县长，何异于将二十个县拱手让出？第三方面的朋友对此等关系停战的大事是怎样轻忽，说来难以置信。“同人大多数家住上海，或有事业有工作在上海，南京皆难久停。”他们二十五日晋京，二十八日就因各自的事“非走不可”，这天又得到消息：蒋介石与孙科做成交易，孙将出任副总统，国民代表大会决意单方面召开。大家心里早有受骗之感，至此更没有心思认真对待停战方案。这种情况下，父亲“亦随着众人失去定力”。那个近乎随意拼凑的停战方案，大家看了竟没有发现任何不妥，誊写三份签了字分送国、共与马使三方。

父亲写道：“我同莫（德惠）、李（璜）二位到梅园晤周，以文件交他……”解说第二条时，“周面色骤异，以手阻我，说：‘不用再往下说了，我的心都碎了！怎么国民党压迫我们不算，你们第三方面亦一同压迫我们？今天和平破裂，即先对你们破裂。十年交情从此算完。今天你们就是我的敌人！’态度愤激、泪落声嘶……在梅园新村客厅内外都挤满了人，人人都看见了。”

周恩来更责问我父亲，前几天约好彼此有所决定事先互相关照，今何失信？

父亲“顿悟前事”……

怎么办？幸而李璜说愿代表青年党表示文件可以收回作废。于是他们赶忙分头取回送给美方及国方的停战方案，“均请周过目说明作废，周先生才收泪息怒”。如果李璜说，大家签了字的文件岂可收回作废？那样一来，拒绝最后一次停战方案的责任便落在中共身上了。

一九九一年，我在芝加哥大学图书馆看到左舜生的回忆录，其中说到周恩来先已知道了停战方案要点。沈钧儒、张申府将要点告知周恩来，周说不能接受，二人便不在方案上签字。沈、张不签字确是事实。二人代表救国会参与拟订方案而不签字，是极可注意的，而且，沈是当年司法部同事，张是当年中学同学，八年间沈、张始终与他一起，此种表明不赞同的重大举动，父亲在《负疚之一事》中没有提到，对我讲这件事时也没有提到。左舜生有责备周、沈、张的意思，而我父亲没有。父亲认为，沈、张等于做了黄炎培和他向周许诺过的事。可是沈、张为什么向他隐瞒周恩来的回答呢？

事后传闻，周恩来说：“我现在才知道他是伪君子，真小人。”（也有人将这句话写成是毛泽东说的。）中共从动机上怀疑父亲始于此时，始于此事。

在《负疚之一事》中，父亲说自己“不中用”，“像我这样人岂配担当国家大事”。并且有如下一段话：“我从二十八年发起统一建国同志会，三十年改组民盟以来，一心要把国共以外者联结为一力量，以推动国共合作建国，到此时算是时机最好。乃不料竟然失败在我自己手里，辜负了自家多年心愿。我说负疚，是对国家大局负疚，是对自己负疚，却非单对不起任何一方朋友。”

几天之内，他向各方朋友告别后，便离开南京了。春天，他几乎是不管不顾地要退出现实政治，硬是走不掉。现在他如愿了，在意想不到的契机下如愿。这时才真是八年努力宣告结束了。

此时，民盟在政局中所处位置是否还如父亲发起民盟时所设想的，把国共两党拉到一起实现国家统一团结（虽然他仍在这样做）？国民党已将民盟当敌人对待，共产党已将民盟当友党对待，社会舆论也是这样看待的。父亲必然已经觉察到这种变动，他愿意吗？恐怕谈不上愿不愿意，他在别人推推搡搡之下，立足点已不是自己选的那个位置。

这个问题非同寻常。有所谓中间立场吗？有第三条道路吗？为什么它有时像是有（召开政治协商会议就是承认它有），而又有时像是没有（一九四九年以后）？这不仅关系到父亲的政治实践，这首先是中国的政治现实和政治实践。因此，毫不奇怪，许多中国知识分子遇到这个问题，在政治运动中受批判。很自然地，我父亲思索了这个问题，思索了毛泽东的革命实践与这个问题的关系。他从中领悟到什么道理了吗？是的，他有所领悟，是渐渐地。在本书的后部将大量涉及这个问题。

改天换地之前

一九四七年至一九四九年，在这三年之内，国共双方互换了他们之间攻守的地位。中国，无论从个人、国家乃至世界的角度去看，都可以说发生了根本性的变化。中国再不是原先那个样子了。以前中国也在变，不过人人都承认，唯这一次变得最厉害、最彻底。

父亲在《中国文化要义》（完成于一九四九年）里说，中国因其社会特见散漫而不像一个国家。远的不说，民国以来政府更迭频频，都没有影响到它那散漫的特点——统治者尽管换，社会并不随之改变。唯有这次，人们事先已料到，事后更证明中国因政权改换而变了样，说改天换地绝不为过。

父亲于一九四六年十一月六日辞去民盟秘书长，离南京经北平停留旬日转往四川，如愿地脱离了现实政治，但事后证明他还没有（还不能）完全脱离。不过，与这年春天已经迈出脱离的一步又被拉回来相较，他是脱离了，并且是在一次巨大失败之后脱离的。

当时我在北平上学，父子见了几面，他和往常一样神情恬淡，似乎什么事也没有发生，上面那些情况是数年后我才逐渐知道的。

他的神情虽云恬淡，即将着手做的事却是大事——让现代以及将来的中国人能够认识中国，懂得中国。他称之为“认识老中国，建设新中国”。他当时就知道要出现一个新中国了吗？他并不具体知道将有一个什么样的新中国出现。当时他所说的新中国，首先是他理想中应有的，其次也是他料想共产党大概会怎样去改造的中国。他知道共产党要当政。

在北平停留的那几天，应燕京大学学生自治会之邀，他作了一次讲演，题目是《浅近与深远》。他说：“过去九年来，我一直做着非常浅近的工作——就是抗战时的团结和胜利后的和平。”深远的工作是什么？他明确表态，“中国社会是不能用唯物主义的格套来说明的”。又说，“要想解决中国问题只用蛮劲是不行的，必须从较深远的一面来着眼同着手”。从现实政治中摆脱出来，他正是想在较深远这方面多下功夫。

概括言之，三年（一九四七至一九四九年）中他做的就这么一件事。其余的事，都是与此相应而做、而发生的。所以本章有两个内容：介绍《中国文化要义》这本书和参与虽云脱离并不能完全脱离的现实政治。政治这东西，是你不找它，它也要找你的，何况父亲又一向不能忘怀于国事。

呼唤理性——《中国文化要义》

中国是拖着一副有病的身体活着的。可生的是什么病，就言人人殊了。我父亲的诊断是，中国病在“理性早启”！请加倍注意那个“早”字。

一九四六年初，梁漱溟与民盟同人合影。前排左起，梁漱溟、沈钧儒、张澜、史良；后排左为辛志超，右为叶笃义

若问我父亲生平最爱、最重视什么，是理性。人类有别于（也是高于）其他生物的地方就在这里。可是，我们不是有一个成语，一个极具哲理的成语，叫作“过犹不及”吗？周孔教化过早地启发了中国人的理性，中国竟而受害于此。

读者又要问了，已经受害于理性早启还呼唤它做什么？他是要呼唤中国人辩证地看待我们理性早启的文化。再者，近百年来，中国人急切地求医，父亲呼唤理性地下药。

说《中国文化要义》不是新作，也不为过，它是接续前作之作。写《中国民族自救运动之最后觉悟》和《乡村建设理论》(一名《中国民族之前途》) 时，他已经提出中国人富于理性和理性在中国文化发展上起了什么作用等等观点，这些观点在《东西文化及其哲学》里或约略讲过或初见萌芽。自那以后二十年，他一直顺着这一线索探究。若说他自认对国家负有什么责任，那最大的责任就在于把中国老文化（在世界上）由先进变后进的谜解开。若说他的生活兴致何在，也正是解开这个谜。即使忙着“浅近”的事，这“深远”的事并没有从心上挪开。一九四一年他在桂林等飞机票，空出的几十天里，便在广西大学首次讲述《中国文化要义》。一年后（香港脱险归来）开始着笔。“至一九四四年陆续写成六章，约八万字，以日寇侵桂辍笔。”中断两年，一九四七年起以全副精力“且作且讲”。(讲给勉仁书院师生，见后。) 是从头开始另写，以前所写仅作为资料。首尾历时九年。

呼唤理性地给中国下药，他过去一向如此，现在更加如此。不妨说，知道我父亲写这本书时心中怀着此种忧虑，才算理解他。此书自序里有这样的话：

> 生而为中国人，为中国问题而困恼自是当然的。就在为中国问题而劳攘奔走之前若后，必有我的主见若心得……多感触多反省之后，思想行动便有不得苟同于人者。纵不形见于外，其衷之所存，未许一例相看。是谓之主见，是谓之心得……其间未尝不读书，但读书，只在这里面读书，为学，只在这里面为学。不是泛泛地读，泛泛地学。至于今日，在见解思想上，其所入愈深，其体系滋大，吾虽欲自昧其所知以从他人，其可得乎？

请读者体会、品味上面这段话。世人钦敬他、多推崇他有骨气。我大胆说一句话，他未尝想过要有骨气，只是不肯自昧而已。不自昧只是一种自觉，是自己要求于自己，而非对人，并且，如有心以之对人，恐怕反而做不到了。

读者再看以下两段他的自我剖析，大概便会同意我的话了。他认为：

> 说我今日见解思想，一切产生于问题刺激，行动反应之间，自是不错。然却须知，尽受逼于现实问题之下，劳攘于现实问题之中，是产生不出什么深刻见解

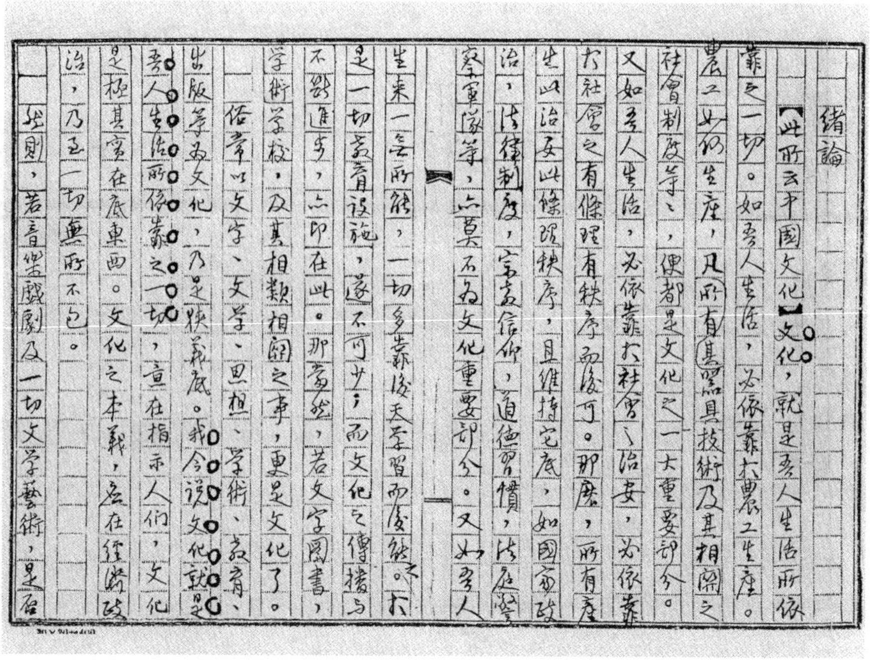

绪論

此所云中國文化，就是吾人生活所依靠之一切。如吾人生活，必依靠於農工生產。農工如何生產，凡其所有器具技術及其相關之社會制度等等，便都是文化之一大重要部分。又如吾人生活，必依靠於社會之治安，必依靠於社會之有條理有秩序而後可。那麼，所有產生此治安此條理秩序，且維持它底，如國家政治，法律制度，宗教信仰，道德習慣，法庭警察軍隊等，亦莫不為文化重要部分。又如吾人生來一無所能，一切都靠後天學習而後能。於是一切教育設施，遂不可少；而文化之傳播與不斷進步，亦即在此。那當然，若文字圖書，學術學校，及其相類相關之事，更是文化了。

俗常以文字、文學、思想、學術、教育、出版等為文化，乃是狹義底。我今說文化就是吾人生活所依靠之一切，意在指示人們，文化是極其實在底東西。文化之本義，應在經濟政治，乃至一切無所不包。

然則，若音樂戲劇及一切文學藝術，是否

梁漱溟《中国文化要义〈绪论〉》手稿

思想的；还要超出其外，静心以观之，才行。

此即与父亲自己的人生经历大有关系。他少年时受中国问题的刺激，同时对人生问题也深深地有所感触，到二十岁时倾心佛法，一心想出世。他说，人生问题比中国的现实问题，“远为广泛、根本、深澈”。自己的目光因而不为现实问题所囿。数十年间，他的生活经历便是“总在两个问题中沉思，时而趋重于此，时而趋重于彼，辗转起伏虽无一定，而此牵彼引，恰好相资为用”。他说，自己是既好动又能静的人。所谓好动又能静，他指出可分三个阶段：离开《民国报》至去北大执教之前（一九一二至一九一六年）；曹州办学失败至移居广州（一九二四至一九二八年）；以及退出现实政治以后（一九四七至一九四九年）。“动静相间，三番五次不止。”这有什么作用呢？“是以动不盲动、想不空想。其幸免于随俗浅薄者，赖有此也。”

他自己本来不是专门治哲学的人，什么算学问，什么不算学问，没有放在心上。他对中国问题怎么办才对倒是“恍然有悟，灼然有见”，“今后政治上如何是路，如何不是路，是有许多话要说的”。

一九四八年农历正月初一，梁漱溟与友人合影于重庆北温泉。中排右起，梁漱溟侄女梁培志、梁漱溟侄女婿黎涤玄、梁漱溟续弦陈树棻、梁漱溟、梁漱溟族弟梁焕骞、梁焕骞夫人陈碧华；前排席地者右起，黎光铎、黎光辉、梁焕骞之女梁培新

一九四九年夏，梁漱溟与友人摄于重庆北碚缙云山石华寺。左起第五人为梁漱溟，第四人为梁漱溟续弦陈树棻，第六人为谢无量，第七人为罗膺中

他在《中国文化要义·自序》中提醒我们，书中所讲是“当初未曾变的老中国社会”。对十年“文革”后的中国他怎么说呢？一九八〇年，阿利托（Gily S. Alitto）先生问道：“中国文化的要旨，核心的实质，还存在吗？”他回答：“残余还是有，不能说一扫而光啊。还是有一些遗留。”

那么，他自己的观点有什么改变吗？用他的话就是：“前后深浅精粗有殊，根本见地大致未变。”

这本书与前面三本不同处是将老中国社会的特征“放大”或“加详”。

既然“根本见地大致未变”，怎样介绍这本书才好呢？我着重说他这次强调的东西，这必然是他想让人注意之所在，而且必然是他又有新悟之所在。

“文化，就是吾人生活所依靠的一切。”他给文化下的定义很宽泛。他又说，人类对自然有一分征服就有一分文化。这是指物，是指利用物为人类生活服务的那一面，也就是和人类身体相关的方面所取得的成果。人还有心，宗教、道德、法律、政治是文化里和心相关的那一面。人类在这方面自然也有其成果。假如我没有弄错，这方面的成果是开发了人心，有了理性。

所云要义，是根据历史对比中西，讲明中国人理性早启、文化早熟之由。《东西文化及其哲学》没有具体讲到理性，但已感觉到它的存在，把它包括在中国人的人生态度里面去了。

在《中国民族自救运动之最后觉悟》里，出现了《解一解中国的谜》这么一节。在许多谜中，有一个谜是中国人何以竟不需要宗教。在解不需要宗教之谜时，首次提到了理性。“中国人原是需要宗教的，但为有了孔子就不需要他。”他认为孔子起了宗教的作用吗？是的。不过，还有另一面更重要：孔子的精神原本是反宗教的。“孔子的教训总是指点人回头看自己，在自家身上用力，唤起人的自省（理性）与自求（意志）。这与宗教之教人舍其自信而信他，弃其自力而靠他力，恰好相反，亦明明是人类心理发育上一高一下两个阶段。”

请读者注意上引之最后一句，讲到人类心理发育一高一下两个阶段的话。自一九二六年着手写《人心与人生》起，他凡论及人类文化问题，总会联系人类心理成长。我们甚至无妨说，到写《中国文化要义》时，他已经不仅是在某处提到文化与人心的关系，而是始终将两者看作不宜分割开来去认识的了。

著《乡村建设理论》时，他将理性发展为一节：《教化、礼俗、自力三者内容皆为理性》。

到了写《中国文化要义》的时候，他不仅将理性发展为一章，而且强调为《理性——人类的特征》，“它将是本书一最重要的观念”。

现在需要解答一个问题了——理性是什么？“你可以观察他人，或反省自家，当其心气平和，胸中空洞无事，听人说话最能听得入，两人彼此说话最容易说得通的时候，便是一个人有理性之时。所谓理性者，要亦不外吾人平静通达之心理而已。这似乎很浅近，很寻常，然而这实在是宇宙间顶可贵的东西！宇宙间所有唯一未曾陷于机械化的是人，而人所有唯一未曾陷于机械化的，亦只在此。”

“平静通达之心理”，“未曾陷于机械化”。机械化使人心停止工作，不起作用。（“所谓机械性，是指很愚蠢而不能清明自主，像完全缺乏了自觉的在那里转动。”语见《朝话》。）

“理性、理智为心思作用之两面，知的一面曰理智，情的一面曰理性。”我父亲用一个例子说明二者本来密切相连不离而又不同。“譬如计算数目，计算之心是理智，而求正确之心便是理性。数目算错了，不容自昧，就是一极有力的感情，这一感情是无私的，不是为了什么生活问题。分析、计算、假设、推理……理智用之无穷，而独不作主张，作主张的是理性。理性之取舍不一，而要以无私的感情为中心。此即人类所以异于生物只在觅生活者，乃更有向上一念，要求生活之合理性。”

孔子的什么精神引起了我父亲的注意，直至改变了他的人生态度？请看下面的叙述。下面的叙述还一并解释了另一个问题——在他看来，中国文化可贵之处何在？

父亲每解说孔子精神一定会举的例子是：弟子请问，父母死了一定要守三年丧吗？孔子的回答是，这取决于你自己。这诚然是给人以自由，不过此处深一层的意思是相信人的理性——人自会做出好的决定。日本学者五来欣造说，孔家尊崇的不是天、不是神、不是君主、不是国家权力甚至不是多数（表决）。我父亲非常赞赏这个——相信人，相信人的理性。它高于尊崇外力。

父亲曾提出并回答过一个问题：德先生和赛先生为什么不生在中国？可不可以问，理性为什么生在中国？不行。

理性是全人类所独有（与动物相对），理性不是中国人所独有，但是中国文化的长处在理性。父亲是将近四十岁时注意到理性的，又通过文化比较发现了不同民族文化中理性的“含量”不一。

心思作用是人类的特长，“文化明盛如古代中国和近代西洋者（请注意，一为古代，一为近代），都各曾把这种特长发挥到很可观地步”。中国文化中理性含量多，西洋文化中理智含量多。而这也就是他们各自的优长。

是孔子使中国人富于理性。这一点，他在《中国民族自救运动之最后觉悟》里已作过阐述，在《中国文化要义》中又予加详。

《中国文化要义》中有一句他以前没有说过的话：“社会结构是文化的骨干。”至此，他的意思就明白了：中国人富于理性是因生活于一种环境——儒家精神，以及与儒家精神相配合的社会结构，并随之理性趋于早启；而西方恰具有与儒家精神异趣的宗教，以及严格且对立的社会结构，并随之产生了冷静的理智。

一九四八年，正在勉仁书院撰写《中国文化要义》的梁漱溟

重庆北碚勉仁书院旧址，现为北碚勉仁职业中学

唯物史观的阶级观点自输入中国，成为争论中国前途问题的主题，父亲便以同样的关注研究阶级于社会发展亦即文化演进为何种关系。他所不同意者首在照搬，至于阶级在中国社会的状况为如何，怎样估量方为恰当，自是各有所见。父亲是用自己的观点、自己的语言去讲，而不是不讲。

我读《中国文化要义》之后最突出的印象就是下面那番话。

“阶级虽不从理性来，而理性却要从阶级来。”人类先有阶级后有理性！这话是他说的。

阶级是怎么回事？父亲说：“一面是以强力施于人，一面是以美利私于己。”明明是反理性的，然而，“理性之在人类，却必渐次以开发；并且这开发必赖一部分人从事劳动生产、另一部分人‘闲着’……阶级恰为人类社会前进程中所必经之事”。

二十世纪八十年代以来不大谈阶级了。在这之前曾大讲特讲阶级，总是讲阶级压迫、阶级剥削、阶级斗争；很少，或几乎不讲就人类文化成长而言，形成阶级乃是合理，人类需要从阶级中一步步解放出来。《中国文化要义》说，孟子讲“劳心者治人，劳力者治于人”没有错，合乎历史进步法则，倒是那许行主张“与民并耕而食、饔飧而治”，“其意虽善，却属空想”，且不免要开倒车。

《中国文化要义》谈到阶级时，有意纠正前述偏向，着意从两面去讲阶级在人类发展进化上的作用。

《中国文化要义》当然涉及一个老的争论。他不赞成把社会发展看成“有一定不易之阶梯”，以及“不承认中西可能殊途，固执着社会进化只许在一条线上走，又迷信历史总是在步步前进中，不知其或进或不进，原无一定”。

读者注意到“迷信”两个字了吗？人们听说他在批林批孔运动中坚持“独立思考，表里如一”，通常便以为是对批孔的态度，其实他是一贯独立思考，对中国问题上也是这样。此处不妨点出他的一句话：“我于不否认其一般性之中，而指出特殊性”，“凡不能指明其特殊性而从其一般性以为说者，不为知中国”。

那么，从社会结构看，中国和西方不同的是什么？

外国学者中有人注意到，没有一个大的宗教主宰着中国人的生活。中国人自己则习惯了，不当一回事。《中国文化要义》把宗教不盛的影响归结为：一、中国的社会结构因之不同于一般；二、中国人的心思因无宗教的宰制而理性早启。

宗教盛是什么样子？不妨看看巴勒斯坦和以色列之间没有了局的争夺圣地，塞尔维亚人和阿尔巴尼亚人的互相仇杀。即使在宗教色彩已经很淡的美国，一个人可能不去做礼拜，如果他去，也只进自己所属教派的教堂。

《中国文化要义》引孟德斯鸠的话说：“争之与群，乃同时并见之二物。”针对着中国，父亲写道：“反之，散漫与和平相连，愈散漫愈和平，愈和平愈散漫。”请勿漫然看待“散漫和平”四字。因为接下来他就证明中国历来缺乏团体（这不难为我们中国人所相信），而基督教在西方曾是人人不得居于其外的团体，但是如下引自《圣经·新经》里的话会使中国人大感困惑：耶稣说，“假若任何人到我这里，而不憎恶他的父母妻子儿女兄弟姊妹，甚至一己的生命，他就不能做我的门徒”。另一段里耶稣自言，他来并不是使世界安宁。这类话在译为中文时作了修改。张荫麟教授指出，基督教信徒对宗教所负的义务远超过家族。太虚法师承认，外来宗教为了在中国传播，不得不默许中国的信徒照旧崇拜祖先。

我父亲说，中国家庭生活偏胜，西方团体生活偏胜。他认为中国是伦理本位的社会。资本主义是个人本位、社会主义是社会本位，这是我们所悉知的。“伦理本位”是他所率先使用抑或独创，并不重要，重要的是这个观点正确与否（与事实相合否）。

这意味着中国人自有另一种本位。①

个人与团体的关系“此处显，则彼处隐”，不是强调了个人忽视社会，就是强调了社会抹杀个人——总是偏于一端。然而，偏就引起不安、引起争执。“中国人却从中间就家庭关系推广发挥，而以伦理组织社会，消融了个人与团体两端。”

“消融了个人与团体两端”，这在社会生活中意味着什么？发展了伦理关系便减弱了社会趋于一端时必然会有的不稳定性。

如此说来，伦理是具有特殊效用的东西，不过当时无人知晓。这种特殊功效是在中国与外部世界接触频繁之后，相互对比下才凸显出来的。照我父亲的说法，“伦理关系始于家庭，而不止于家庭”，“人生实存在各种关系之上。此种种关系即是伦理”。原来它随处都有，只看注重它与否。注重与否区别极大。前面提到过的威廉·皮佑，一天买了盆栽的竹子和盆栽的灌木，他住在第三十八层楼上，此时我觉得必须帮他搬一盆上去，否则不像话。可是，他没有想过我会帮忙。我认为是分内事，他看作是分外事，说道：“梁，我们是非常好的朋友，是吗？”

“伦理关系，即是情谊关系，亦即是其相互间的一种义务关系。”这句话属中国人的观念。威廉就不觉得我有此种义务。而且，中国人还“举整个社会各种关系而一概家庭化之”！读者试想，中国人是否有把社会关系比拟为家庭的习惯？中国人“务使其情益亲，其义益重”。以这种关系形成一种社会组织，“此种组织与团体组织是不合的，它没有边界，不形成对抗”。

《中国文化要义》从三方面探讨了伦理本位的作用，对经济、政治有影响自是

---

① 一九九九年十月四日，我游成都西郊盘龙溪，听撑船人谈生计艰难。他的家由三个小家组成，即大哥、二哥和妹妹，均已结婚各有子女。大哥、大嫂务农，收入少，二哥及异姓的妹婿撑船。大哥的儿子书念得好，是全家希望之所寄，撑船所得视同公款，将用于侄儿升学之用。他说得非常自然，似乎是一件理所当然的事。这是中国伦理本位尚有残存的例证。

在意料之中，可“伦理有宗教之用”，或许在读者意料之外。

中国人常把“天伦之乐”挂在嘴上。我父亲说，一般人尝到的大概就是一种家人融洽相处的乐趣，其实“有更深意味之可求”。那是什么呢？在老中国社会，一家人的地位可以有很大的升降，许多人以此为努力的目标，“所努力者，不是一己的事”，它关系的是全家，因此“有一种神圣的义务感”。“宗教都以人生之慰安勖勉为事，那么这恰好形成一宗教的代替品了。”

深一层分析：人生意味最忌浅薄，浅薄了便拢不住人类生命。“权力欲所以不如义务感之意味深厚，亦正为此。”人类生命“本具有相反之两面，一面是从躯壳起念之倾向，又一面是倾向于超躯壳或反躯壳”。家庭伦理成为宗教代替品，正因为它“融合人我，泯忘躯壳”。

中国最常见的近似于宗教的活动是祭祖，没有名称，没有组织，起作用的全赖伦理观念。它使生活安稳。

伦理观念所激起的热情与宗教不同，不但是现世的，而且从用心上、行动上依各个人的身份（伦理关系中的位置）尽到自己的责任。“如是，社会自然巩固，一切事可循轨而行。”但父亲最赞叹不止的还不是有轨可循，而是互以对方为重，这大概与他期望于人类的人生向上相关。他认为，“此种安排提倡，似不出一人之手，亦非一时之功。举其代表人物，自是周公、孔子”。

有伦理关系稳定，中国人的人生就够了吗？还不够。孔子又补足了尚缺的部分。“儒家之把古宗教转化为礼，冯友兰先生见之最明。”这就是所谓“礼乐不可斯臾去身”。为什么时时不可少？有了它，人才可“清明安和远于愚蔽强暴”。

“清明安和远于愚蔽强暴”是富于理性的另一表述方式。伦理本位就这么好吗？不。父亲说，伦理本位的社会“事实上成为一个经济上有所进取的绝大累赘，抑且根本上就不利于进取心之发生”！

我引述这句话的目的更在于以此为例，让读者看到他是举正负两面的事实，讲正负两面的理。不从正负两面看中国文化就不算理解中国，只讲一面即为误导。

我要换一种方式来介绍这本书。

“我国文化为人类文化早熟之论，余发之于二十七年前（著《东西文化及其哲学》）。”然而，关于早熟的一章不在《中国文化要义》的前部而在后部，原来讲早熟的缘故已散见于各章而不待另加申论。到了讲早熟，这章变成了解答几个问题，几个久已为人不解、久已使我们为之气恼的问题。它们是：中国何故无民主、人权自由之所以不见以及民治制度之所以不见。

读者必然想知道梁漱溟先生的解释。中国被美国教师爷责以没有人权不讲民主，而我们的回答常给人论据不足嗫嚅而道的印象，也有人干脆认为我们是落后。我父亲对此的解释和中国为什么科学不发达是同一个原因——文化早熟，“病在高明，非失之愚笨”。这有阿Q精神的兼疑吧？不，照他的看法，高明诚有之，落后亦属实。中国古人是有民主、人权观点而缺乏这种事实。其所以致此，是由于“阶级缺乏，社会形势浑沦不明”——产生民主人权的必要条件不备。

下面我引述一段他发出的慨叹。我要让读者感受一下他的心情；从情感上理解人，是理解一个人的另一条路。

中国文化最大之偏失，就在个人永不被发现这一点上。一个人简直没有站在自己立场说话的机会，多少感情要求被压抑，被抹杀。五四运动以来，所以遭受吃人礼教等诅咒者，事非一端，而其产生要不外此，戴东原责宋儒理学‘人死于法，犹有怜之者，死于理其谁怜之？’其言绝痛。而谭复生（嗣同）所以要冲决种种网罗者，亦是针对这一类理念而发。不知者以为中国桎梏于封建，其实封建不过依恃于武力与迷信，植根甚浅，何足久存？久据中国而不去者，是伦理理念。理念虽后天形成，而其在人类理性中远有其根，终不可拔——只可修正。自由是一种理念，产生于西洋历史，俨若神圣不可犯。伦理是另一种理念，产生于中国历史，其若为自明与神圣亦同。中国正为先有这种理念起来，所以那种理念便起不来。虽起不来，而中国人未尝不自由。害就害在未尝不自由上，从此便难得有明确之自由。

再引申前意。他又说，中国之民主存在于理念，西洋之民主存在于形势，他们是从现实（力与利）发展出来的，中国古人耻言力与利，产生民主的形势得不到发展。中国“离现实而逞理想”，“终古为一不落实的文化”。

不明确、不落实，都是受害于两个“早”——文化早熟，理性早启。所谓“病在高明”，指的就是这个。

在《中国文化要义》里，他完全不是只看或只说中国文化的优长。请看如下的话：“假如中国人有其长处，其长处不能舍此而他求；假中国人有其所短，其所短亦必坐此而致。”“此”——指的就是理性。

他在晚年曾评价《中国文化要义》为“妥当”。又尝说：《东西文化及其哲学》和《中国文化要义》相隔二三十年，在思想见解上之异同，主要或基本点有二——对人心的认识变了，对中国社会的认识变了。

在前面我曾说，他看人类总是从心身两面去看、去讲。在论中国文化早熟一章里，出现了如下的话：“人与人之间，从乎身则分隔，从乎心则分而不隔。然卒以身之故此不隔之心却极容易隔起来。”既然人必不能离开社会而生存，社会的组成必有其连通之道。当经济上实现了一体性，“人与人不复有生存竞争而合起来控驭自然界时，实为文化发展上一绝大转折关键”。从此，绕着生存问题的文化发展成为过去，转换到发展第二期文化。读者可知道他在说什么？他在说社会主义。《中国文化要义》没有谈到社会主义，可是上面那些话把他的社会主义观、把他对社会主义的向往带出来了，把他对第二期文化——中国文化世界化的期待带出来了。

大家知道，此书写成时是一九四九年。中国人的生活马上就要和如何建设社会主义相关了。父亲向往社会主义，不过有他自己对社会主义的理解。

“只发言不行动”

一望可知，“只发言不行动”指的是政治，但在这一节的前半将讲一点生活。父亲说，“朋友聚会处就是我的家”，一连三年住在“家”里，这在他是难得的福气。外界不知道，自全面抗战前两年迄于抗战后一年，他是没有家的。一所中学——朋友会处，就是他的家。这里聚会着当年在东煤厂、大有庄同住共学的几个成员。我们兄弟二人都是在这所中学结束少年期的。

勉仁中学创办于一九四〇年夏。南充民众教育馆结束，迁川的山东同人建议办一所中学，一如当年那样期望着积若干年努力，在中学之上再办一所文学院。头一年在璧山县来凤镇，校舍全是借用，次年搬到重庆北碚镇郊外，在缙云山南麓自建校舍，与北温泉相距数里。两地都是名胜。

因为是从政治温度最高的地方南京来到这里，于是有人设想：梁漱溟先生是在政治消极期间选择了这样一处地方住。其实他没有这么讲究，也未尝消极，不妨说他毕生未尝积极或消极。此时，某种程度的焦虑倒是有的。

一九四七年，朋友们建立了勉仁国学专科学校，次年扩大为文学院。父亲在报上登“启事”，表示惠助五万元以上者，他便写一幅字相赠，捐助百万元以上更当登门道谢。一九四八年二月，他写了《勉仁书院创办缘起及旨趣》。文中指出：“今日中国之祸，惨酷浩大……问其何为而然，要言之，不外文化转变或文化矛盾问题。”进化使人类日益靠文化而生活，对文化的依赖愈重，文化变更愈不是容易事，“骤然要变，失所依傍、惶惑乱走，所伤必多”。再者，对文化的依赖重，“则遇不同文化，其矛盾亦愈重。不能得会通，人乃受其祸”。

焦虑在人们不能得其会通。研究西学，就办理学院；研究中国，就办文学院。“吾人求认识老中国，文学院其必居先，无疑也。”

不过要补几句话，勉仁中学是自建校舍，而勉仁书院则租借了温泉公园及其邻近的一些现有的房舍，在并不适合教学的条件下办起来。为讲课方便（讲《中国文化要义》，学生不分系别、年级都来听），父亲曾移居，先在中学这边。那是一座抗战时期常见的简易楼，依山势而建，只伸出去的一半是两层。山坡下是公路，再往下是嘉陵江。可遥望俗称“小三峡”之一的温塘峡出口处。公路是通往温泉公园的，两校由公路连接。后期的住处俯瞰嘉陵江。这里正处在温塘峡的西岸。

他“好动能静”，此时自是静的时候。以下摘录胡应汉的两段回忆，读了可略略想见当时情景。（胡前在邹平，多年后与我父亲重聚于勉仁书院。）

“先生在北碚，为勉仁国专（后之文学院）诸生讲《中国文化要义》。每星期三下午，则为教职员同人讲论学问两三小时。民国三十六年十二月二十四日，应汉曾拟《明日之文化的两个原则》（人本与学治——以人为本、从学求治），呈定于先生。先生不以为非。旋又呈一说帖，认为人性原无善恶可言，当其动时则可善可恶，孔子教人以非礼勿视听言动，或以订正人之行为也。时先生已辍讲，即通知同人于民国三十七年一月十日（是日为星期六）下午临时集会。指出应汉所见之非，问所谓订正由谁来订正？因谓：‘孟子说性善，是点出性善是一种趋势。善出于理性，善便是无私的感情。失去理性，由本能机械之动做主，乃有所谓恶。恶，止是迷糊错误。’”

“丁亥（民国三十六年）重九，先生五十五岁生日，门徒会食为乐。有青年英语教师（非先生门生）敬先生酒，不一次，先生皆勉为答之。或问：‘先生能饮？’答曰：‘平日不饮，但亦可应酬，多饮似不醉。’吾尝谓，吃饭是应酬自己，饮酒是应酬人家。应汉谛视先生，果无醉容。忆及先生心强之说，盖非徒言‘心为主者’。”

三年中，他极少离开北碚，仅偶尔去重庆。远行只一次，赴南京出席国民参政会的最后一次会议（一九四七年）。

退出政治活动还使他有可能抽一段时间用于习静。习静，想来就是我们通常听说的静坐。一九四七年三月二十九日，他写道，“同（熊）东明访谒能海法师于嘉陵新村十三号。愚请求教言，师先问年龄，愚答五十五矣。师曰：‘一日间当有一时间习静。’愚敬志之。又问方法如何，师答：‘方法可任择一种，不必拘’”。

隔一天，又同访一位江子斋先生，“聆其自述三十余年来之静功，知其所得不差，深为敬服”。

从父亲残存的日记片段中我们可以看到，一九四九年夏天，他和谢无量、罗膺中、曹慕樊一起去缙云山山顶，借用民舍习静，共五十余天。

他毕生苦于失眠，失眠实际上是心里有事放不下。

“平常余每因极细小不成问题之事而不能入寐。此放不下之心，即属于奔逐之所表见者。平素表现似能宽坦，其实不然。”

“余最大病为心中不能洒落爽利，由此故念念不得踏实，每日一心不免二用，去道最远，平素未尝不自知，而以今日修道感觉最深切。”

“日来于‘不除妄想不求真’之理有会，平素不能平等持心，即是不能客观，

梁漱溟夫妇与中共党员雷子震夫妇合影

自蔽其明，非独不能学佛亦且不能处世。”

“自皈依上师之日即先曾自己审查一番，一切法中佛法最胜，我岂有疑，然从人类文化发展说，当前需要则在中国文化，而非佛法之时机。同时我于当前中国建国问题及世界文化转变问题，自觉有其责任，更无第二人代得，在我心中亦可说除此更无事在，所为皈依者，自感慧力不足。烦恼犹多求明此心，俾力足任事而烦累可解也。因对世事放不下，只能放平，而不可能是放弃不管。”

请注意最后一句。

“放平是佛法，放弃非佛法，不独于悲心不合，亦于大手印之不作分别取舍不合也。”他最终还是肯定了自己。

我觉得，读这几段日记是理解我父亲最切当的途径。

自这时起（一九四七年），继母结束了她的教书生涯，专一家务。我的哥哥和培英堂弟后半段时间在勉仁中学这边，虽不是住在一起，总是亲人在近处吧。无以为家的状态渐次成为过去。我写上这么一笔，是因为父亲再不像以前那样奔波劳瘁，此次退出政治实为此生永久退出的。当然，这要事后才知道。

一九五〇年三月（距二次访延相隔恰是三年），他在中南海颐年堂与毛泽东晤面，从容谈到半夜，谈话内容之一是勉仁书院和中学今后如何结束的问题。因当时的政策概不允许私人办学。

“主席指示勉仁书院可交西南大区文教部接收，所有教职员及学生给予适当安排……至于勉仁中学可以续办一个时期，以后再交出。”事情就是这么办了，文学院师生并入西南师范学院，勉仁中学改为重庆市第二十二中。交出之前所需费用不少，而此刻无人可以求助，全赖父亲自筹，因此祖父自建的缨子胡同十六号住宅和我母亲自置的火药局胡同七号住宅先后售了出去。

现在我们回到“只发言不行动”上来。

这句话首见于一九四九年一月五日他致张澜的信：“今后更决守定，只发言不行动，只是个人不在组织之原则。”第二天，他致信毛泽东、周恩来，把上面那句话也对他们说了。同月二十四日，在《大公报》发表《给各方朋友一封公开信》，又向社会各界重申一遍。

这不是一个新的决定。形成文字称它为个人行动原则是这时候。其实早在一九四六年初重庆政协闭幕时，父亲决定不参加政府也就是这个意思。置身局外的目的同是为了便于讲出自己的意见；身在组织则不能不受约束。所不同的是，那时“不在组织”指不参加政府，此时指的是正式退出民盟。

为什么说正式？辞去秘书长初到重庆，他还为盟里做了两件事。一、中共代表团在重庆的财产委托民盟代管；二、一些盟员被捕，需要设法营救与保释，但民盟中央的事已不过问。

一九四七年九月，国民党强行解散民盟，且事先已在风传。张东荪从北平给我父亲写信，说民盟是你辛苦创成，赶快去南京设法挽救吧。父亲的反应十分出人意料，却合乎他发起民盟的初衷。“其实我的心理恰相反。民盟在我只看作是一个推动全国合作的推动力，此外没有意义。”如今国共已正式开战，民盟已“不能尽其政治任务”，“且伏有内部分裂的危机”。由国民党将它解散，“暂入于休眠状态，一旦时局需要它了，再出来还是完整的”。他不但把这个意思告之张东荪，且告之了张澜。

这个意思很难为人所接受。在大多数人看来，解散民盟是国民党干的许多为非作歹事情中又添一件，应该抗议，何能听之任之。

父亲所说“一旦时局需要”再出来发挥作用，是出于对未来时局的判断：中国问题之解决终须各方力量的合作，武力统一行不通。

他说，盟内“伏有分裂的危机”亦是实情。民盟是“合作的推动力”，人们容易想到推动国共合作，容易忽略民盟本身就是不同派别的联合体，时时需有人推动其合作。我父亲为之操心的不只是国共合作，还需时时把自己这团体维系住，然后才谈得上做别人（国共）的功夫。

国共既是对立之势，它们对中间力量的承认便是有限的、有条件的。依力量对比或侧重在使其不为对方所用或侧重在拉它往自己这边靠。前面说过“有对”和“无对”，国共双方除了持“有对”态度不可能有别的选择。在这种情况下，除非我父亲断了关心国事的念，否则他想做的只能仍是把各方拉到一起。他做这件事自然必须是“无对”。

随着国共战场上攻守的转移，双方先后不承认有中间力量的存在。宣布民盟为非法，即是国方此时走的一步。

十一月六日，张澜宣布民盟解散，通告盟员停止活动。

当年集中在京沪的许多民主人士由中共帮助陆续转往香港。一九四八年一月五日，在港盟员集会，由沈钧儒主持举行三中全会，声明该解散公告是“未经合法会议而发表的”，民盟因“中国人民需要它”而恢复活动，合法斗争的方式已经“失败”，今后积极支持人民的武装，而“决不能有所谓中立的态度”。

这次全会虽否定张澜等所做的决定，却没有对他们的盟内领导身份作任何变动。

一九四九年一月二十日，李宗仁代总统求和。（早已传闻蒋介石元旦下野。）父亲于五日致信张澜，开头便说："时局发展至此，政府（此时为李宗仁）方面或有借重民盟之意。"请民盟出来为和谈牵线搭桥，他建议应以两点为前提：一、对以前"取缔非法组织"的说法有个交代以及释放在押盟员；二、国民党取消其一切违反政协决议的决定。

这是他作为张澜的朋友提的建议，他个人则再次申明退盟，三年之内不参加政治活动，只发表意见。至于退盟的必要性有三点："一、在组织则不得以个人意见发言；甚至于要作不合于自己意见之发言，此非漱个性所能堪。二、若组织松散，不加拘束，在漱或得有发言之机会，然似此放任自由，又岂是组织之道，且恐以我一人发言不慎而组织受累，此必不可行。三、时人习于斗争之说，对人每存敌意，而敌意一存虽有善言亦难得其考虑，为求国人能平静地考虑我的意见，故须'只发言不行动，只是个人不在组织'，以减少其敌对之心理，盖漱自审所可贡献于国人者，唯在思想见解之间，此外无有也。"

父亲十分希望今后自己提的意见能为共产党听得进去。他另有几句话把这个意见说得更透："过去我祈求全国合作，主要是对国民党说话，今后将须对共产党说话。共产党是不好说话的。说话不对他的意，就可以被看作是敌人。而一经遭到敌视，虽有善言亦难邀好的考虑。"

他想预先做好减轻（可能引起的）敌意的工作。然而他未免太直率了。

父亲致毛泽东、周恩来书信全文如下：

润之先生、恩来先生同鉴：

时局发展至此，公等责任至重，望事事妥慎处理，勿掉以轻心，是则远方朋友如漱溟者之所叩祷。漱今写此信，一则陈明今日，公等在政治上所为号召（如新政协等），漱不来参加，乞予原谅。再则陈明今后数年内漱对国事将守定"只发言不行动，只是个人不在组织"之原则，乞予鉴察指教。此中前一点当然从后一点而来，后一点则抗战胜利前后所早决定之方针。盖当抗战之时有如救火，为争取团结民主，漱与在野各方面既保持一致行动，恒于言论多所保留，不获自申其所见。迨外患既除，则事莫大于建造新中国，完成近百年来历史文化之大转变，此事至远且大，贵乎有眼光而甚忌操切。漱所怀百端将一一求正国人，在反响未著、商榷未定之时宁以从容恬静为佳，此固与公等主张既已风动全国者不同也。三十五年政协将闭幕（一月二十七日），漱托恩来先生于回延安之便，奉上润之先生一函，即道此意，今或尚邀两公记忆乎。近两年闭户著书，已成《中国文化要

一九四九年，梁漱溟在重庆北碚欢迎解放军。前排右一为席朝杰

重庆北碚解放时的梁漱溟（右二）与席朝杰（右一）、卢子英（右三）

义》一种，不久出版。继将写《现代中国政治问题研究》，更有具体方案之提出，将来统当奉请教正。手布敬问台安。

贵同人诸先生均此致意。

梁漱溟

三十八年一月六日

父亲的直率还表现在给李宗仁的答复上。程思远衔命代表李宗仁到勉仁书院，请他出山促成和谈，被他拒绝了。他劝李宗仁也下台，让位给顾孟余："今天为国家设想，不应该让国民党完全垮台，相反的，应当盼望它再兴。"在他看来，国民党高层只剩下顾先生一个干净人了。

在国民党求和期间，父亲的态度最受瞩目，也自认为应该说话。

他于是写了《过去内战的责任在谁》一文。他说："过去内战的责任不在共产党。"这句话，此时由一位中间人说出，国民党只能认账，而对共产党则很有利。他还说，之所以要写这篇文章追述和谈失败的过程，是为了使各方人士放心与共产党合作。他引用并称赞一九四六年十二月叶剑英讲的一番话。当时国民党军队全线进攻，中共军事停战谈判代表团撤离北平。叶剑英说："我们现在必须打，要打到国民党好战分子不再好战为止。请大家朋友放心，我们必不超过这个分际。超过这个分际便是共产党的错误，便是一种不可恕的错误。"

父亲评论道："这句话，足以代表当时中共的处境与态度。"大家知道，三大战役打过，毛泽东为新华社撰写的社论是《将革命进行到底》，"分际"不再讲。

至于他自己，则很抱歉，只发言不行动。为使社会各界理解，他又写了《给各方朋友一封公开信》，说明缘由。

共产党提出恢复和平的八个条件，他对双方各有一番话说。《大公报》社长王文彬应他的要求，在同一天、同一版上刊出。

文章是《论和谈中一个难题——并告国民党之在高位者》。难题是什么？八条中第一条是惩办战犯，邵力子发愁不好办，孙科明言这条不能谈，渴望和平的人觉得不谈惩办战犯也好。父亲说："我却不能同意。"

他定要办人吗？不。他是建议由几位公正人士给这些人逐一定谳，也就是我们常说的让他们遗臭万年。这很体现他的思想，也可说是一种儒家精神。

我倒不主张由共产党把一些国民党人捉来审判治罪。事实上亦捉不到。而且这样好像一切是非皆随胜败而定，亦没有意味。不过我反对不黑不白，不痛不痒，含混了事，那种苟偷心理。我要求是一个中国人都要讲人格，负责任。你不讲人格，我请你讲人格。闯下这样大的祸，究竟是谁的错？我要求讲理，讲个明白。中国古人的精神是勇于服善，耻于用暴。打一场糊涂架没有意思，必要明白是非而正视听。

他的另一篇的标题是《敬告中国共产党》。《过去内战责任在谁》一文当时引起了不良反应。“一些青年朋友看了都嫌我姑息，责我阻挠革命。”

不良反应使促他重申那个老的要求：允许一切异己者之存在。“我这一请求，第一是为我自己而请求。”国民党当政的时候，“所谓诤友自是对国民党而说”，现在共产党即将领导全国，“自己亦声言要领导全国，同时又始终在以‘联合’‘民主’相号召（未曾宣称一党专政），我就要求做一诤友”。（七月一日，毛泽东发表《论人民民主专政》。）因身处那时尚为国统区的四川，因而他又说：“然每见那边发出之某些宣言或其他文章（按指尚未宣布建都的北平），竟不许‘中间路线’存在，‘自由主义者’亦成了恶名词……似乎容纳异己的空气太缺乏，使我不得不提出此一请求。”就自己而言，他从不标榜中间路线，也不自称自由主义者，并深知革命高潮中某些举动势所难免，都希望“重新考虑而纠正之，千万不要蹈过去国民党的覆辙”。

文章重提“武力用到今天恰好，不可再用”的话，“我不否认有在一年内统一中国之可能。但到那时，却既没有联合，亦没有民主。虽然中共在主观上亦许无意于不要联合，不要民主，而其事实结果则必致如此。武力与民主不相容，武力统一天下，不会有民主的”。

一九四九年，重庆勉仁书院同人为欢送梁漱溟赴京合影。左三起，邓子琴、梁漱溟续弦陈树棻、梁漱溟、熊东民、陈亚三

稍后，有人从香港寄来一些那边左翼报刊的剪报，“皆是反对我，甚至痛骂我的”。于是，他写下《答香港骂我的朋友》，这样回答：“合作是我一贯的信念主张”，现在形势虽然大有不同，合作的精神仍不可少。重申二次访延在中央机关欢迎会上讲的两点（不要在人格上轻于怀疑人家，不要在识见上过于相信自己）。接下来，他说了许多重话，如：“今天我知道共产党要来了，而我对他只能‘和而不同’。在共产党的天下里，我就非小心不可。”“你们不包容我，我包容你们”，“中国文化中国民族自然会修正你们”。

中共对他的态度来到了转折点，距他被打入另册还有一个过程。

这个转折点首先是国家的。国民党败走台湾，从此，我父亲的生活只有和共产党相关了。从一九四六年起，他和蒋介石便无话可说。“可惜国民党不认识我这一真心朋友，在胜利前不领会我们求团结之旨，在胜利后不领会我们求和平之旨。”

朋友——党外人士。共产党将统一战线上升为“三大法宝”之一，对待党外人士不像国民党那样具有个人色彩，是根据时间而定夺，举党一致。

还须请读者注意一个不同处。父亲和国民党的分歧与争执（几乎）是限于纯政治领域、实际的问题，与共产党的争执，此时看起来分歧只是武力用到什么程度为止的问题，其实在这问题的背后，是怎样看中国社会结构方为认识中国。共产党要改造中国社会，我父亲也要为改造中国社会而尽力。（对此人们多不知道或置之一笑。）在他自己，却是最认真不过的事。父亲在致毛泽东、周恩来信中所说“此事至远且大，贵乎有眼光而甚忌操切”，指的就是社会改造。

读者唯有知道他是怎样的不肯轻率放过“认识老中国”，以及知道他有自己心目中的社会主义，才能理解他的人生，才能理解他和共产党的关系。就他这一方而言，以通常意义上的好和坏去表述都不准确。

下篇

“中华民族一新生命的开端”

在进入这个主题之前，我有几句话想说。

以上是上篇，以下将写出的即是下篇。其所以作此划分，原因之一是：父亲以一半（也许还要多）的精力充当“反面教员”，应付接连而至的批判；以另一半精力坚持实现自加的责任，写出《人心与人生》和其他阐述东方文化要旨的著作。还有一项自加的任务，则必然出乎读者意料，他肯定了是毛泽东的路线挽救了中国，并认为苏联不能完成社会主义革命而我们中国可以；对此，他要用自己的观点去加以说明，而且真的这样做了。原因之二是：他从一九五〇年至一九八〇年的日记基本上保存了下来。再者，我已经不是孩子，只其中几年是在外地工作，绝大部分时间同在北京，可以耳闻目睹一些事情，这和以前完全不同。加之我终生是一名非党干部，思想上“框框”较少，有时会向他进言或较少拘束地同他交换看法。

既然内容和写法都将有所不同，何妨称它为下篇呢。

“中华民族一新生命的开端”一语见于一九五一年十二月三十一日父亲致哲学家唐君毅信。信中还说：勉仁书院教授李源澄曾与父亲商量“如何劝驾北来”，此外“巨赞法师亦甚关怀足下，曾以此事为问，兹并以奉告，俾足下知此间朋友之意略同也”。唐一九四九年起一直居港迄于逝世。

现在就用这句话作为本章的标题。所叙情况从一九五〇年一月出川抵京至一九五三年九月，即广受关注的“五三年事件”发生前为止。

父亲本来担心中共下药不对症，这句话表明他原先的疑虑消除了。

期待

父亲二次访延临别时，毛泽东曾明确表示希望他继续“中间偏左”，后来他的表现在中共看来恰恰不如所期，但直到“五三年事件”发生，中共对他的态度才作一百八十度转变。故此以“期待”二字标出这一时间阶段。

早在一九四九年一月，他即致函毛泽东、周恩来，特陈明“今日公等在政治上所为号召（如新政协等），漱不来参加，乞予原谅”。

当年的第三方面人士小部去了台湾，大部于一九四八年底至一九四九年初分批乘船从香港去东北，北平和平解放又到北京。

重庆升起国旗已是中华人民共和国成立后一个多月，父亲打电报给毛泽东和周恩来，说一俟交通恢复就晋京。

且不说“香港的朋友”已经骂过，他迟至一九五〇年一月方才抵京，这迟到无可否认地被视为具有政治含意。

将怎样对待这个迟到者？

父亲一月十三日到京，其时毛泽东正在莫斯科访问。周恩来此时还在北京，周是二十日离京去莫斯科的。周没有见他，其他中共领导也没有见他。

次日的报纸没有报道他抵京的消息。这不合那时的常规。那时每有一位知名人士到达北京——站到人民一边，都发消息。

萨空了（时任新闻总署副署长）特前来作解释：现在的报纸不同过去，不为个人作起居注。周恩来做事过人的细致于此可见。

统战部本来安排好住北京饭店，父亲说不必，家嫂那里尽可住得下。有一个半月之久我伯母那座四合院只见第三方面的旧交你来我往，大家都在等毛泽东回来。

三月十日，统战部来人说，主席专列今天到，请去前门车站参与迎接。工作人员把他领到站台一处地方，说：“梁先生站在这儿。”专列停稳，毛泽东下车迎面就是“梁先生”。握手时毛说：“梁先生，你也到北京了，我们又见面了，改日再约你长谈。”

十一日晚，举行盛大欢宴欢迎毛周访苏归来。父亲写道：“席间主席语我，明天晚上我们谈谈。”十二日晚七时，接他的汽车抵毛泽东的住所（中南海）颐年堂。“我进了第一道门，主席已经在那里迎我了。”在座的还有林伯渠，林老此时任中央人民政府秘书长，几乎只静听。深夜十二时开饭，毛大声说：“梁先生来喽！”江青应声从隔壁走出，四人一起用饭。饭后又谈一阵然后辞出。

谈话从叙旧开始，更确切说是互相补充早年的记忆。那是民国七八年的事。

转入正题，毛泽东问父亲对国事有什么意见。他说：“得天下易，治天下难。”

毛笑着摆摆手说："治天下难，得天下也不易啊！众人拾柴火焰高，大家齐心协力，治天下也就不难了。梁先生这次到京，可以参加我们政府的工作吧？"他答道："像我这样的人，先把我摆在政府外面，不更好吗？"毛泽东显露不悦之色，片刻之后又谈笑自若。

请注意"像我这样的人"这半句话。他看自己是什么样的人？是可以协调折中于各方之间的人。当前做到了武力统一，然而根据四十多年中国的历史经验，他此时"尚信不及中国能从此统一稳定下来"。在他看来："我如其参加政府，就落到共产党一方面，莫若中立不倚，保持我对各方说话历来的立场资格。"他这样预想未来并认为如此才有益于国家。

事实上，此时两人心中最关切的事恰好相左。在毛泽东心中，由中间派协调和谈的情况不会再发生，政府初建，站到这边的人越多越好。在我父亲心中，那个一再推迟的文化比较工作，如今真的该开始了（有条件做起来了）。他绝未料到毛泽东胸中所想是"从头越"，是"不破不立、破中有立"，是"一穷二白"的中国正好按自己的意思做起来，哪里用得着去研究什么旧中国的文化？

（当然，这些话都是毛泽东二十世纪六十年代说的，然而设想毛泽东的气魄、基本观点已经成形，读者或不至以为如此说武断了吧。）

我父亲始终不忘一九三八年和毛泽东的通宵辩论，告辞出门"犹觉舒服通畅之情怀"。他因而寻思"何以此次竟不可得。如其说那次交谈是成功，这次便是失败"。

寻思一时顿有会悟。原来十多年前……彼此开怀曾不起意。辩论极易引起争胜意气，而此种意气竟然不起者，则感应之间主席实居主动。我是在他的感召之下而胜心不起的。主席和我，此时庶几乎所谓'廓然大公，物来顺应'者。而这次却不然。主席有意拉我入政府，我意存规避，彼此各怀得失计较。这些都是私心杂念。一般人将谓彼此各为国家大局设想，怎说私心杂念？此则一般人不学之故。此指孔门古人之学，大乘佛家之学。

主席随即劝我出京到外地参观访问。他说："你过去不是在河南、山东各地搞乡村工作吗？现在这些地方全都解放了，去看看有什么变化。还有东北各省解放在前，算老解放区，亦要去看看。"

父亲"原有意要了解中共在地方上的政策措施"，所以这次谈话落实下来的是去华东、华中和东北参观。情况见另节。

九月十五日从沈阳回京。他十七日日记中记有："晨起写国庆文，分送《光明日报》及李（维汉）毛（泽东）各一份。"大意说，去年此时还在四川过"双十

一九五〇年，初住颐和园的梁漱溟远眺玉泉山

节”，自己是辛亥革命的参与者，对那个国庆觉得有意味，中共领导的革命没有参与，如果不是在参观中领略到开国气象，“那我心中将不会有兴味”。因得共产党领导，“大家心思聪明都用在正经地方”，国家显见生机。

二十三日，毛泽东约谈。听见他说在东北工人见出有了阶级觉悟，“此种觉悟为我立国之本，宜发展普及之，主席欣然色喜”。紧接着毛泽东动员他趁热打铁，南下广东，他没有接受，表示想拿出时间把感想写出来。毛没有因建议被拒不高兴，“笑着摆手说，也好，先写写感想”。

在这之前，父亲在怀仁堂遇见周恩来，他们原已就成立他建议的文化比较研究所的事谈过，这天周恩来就说，可以提出一项建所的计划，以便拿到政务会议上去讨论通过。他回家便把计划写好，此时带了来交给毛泽东阅看。不料毛皱眉不悦地说研究是可以研究的，此时不必忙吧。“我答言，不是急于举办，而是日前在怀仁堂遇见周总理，总理嘱我起草此件……主席说既然你们都商量好，那就去办吧。且接连说两次。我说不然，应当以主席意思为准。”后来见到周恩来彼此都没有提这件事。

此次谈话只一小时余。临近结束，毛泽东对他说：“听说你抵京后一直未有合适住处，我已让人安排你住到颐和园里边去。”

几天后，他和继母便从我伯母家搬到颐和园长廊尽头，石舫旁边的“西四所”住。

一九五一年春，听说四川将展开土改运动。读者不难理解，我父亲对土改有一种必然的关注，自动提出参加。事实上，统战部本有安排党外人士参加进去作为政治学习的计划，工作团中有不少民主人士。他与黄艮庸一同报了名，五月去，八月回京。

听说他回来了，毛泽东立即约谈。他进门，章乃器出门，章正是土改工作团团长。土改的事章既已谈过，就谈别的。我父亲谈起邓小平的才干，举解决势力遍及全川的黑社会组织袍哥为例，本来很复杂的事因为政治运用得当，竟无多大阻力便自行瓦解。“主席听着我的话笑出声来，然后大声说，梁先生看得蛮准，无论是政治还是军事，论文论武邓小平都是一把好手。”

毛泽东看透我父亲的脾气是喜欢自己观察，由自己得出结论，不喜欢由别人推着动，这和毛泽东提倡深入实际、亲自变革的精神相符，于是越发劝他多出去，如果回回接受其建议将是马不停蹄地往返于各省。这次是提议他再去广东参加土改，广东土改开始晚，而且据报进行上有些麻烦。“你去看看好吗？”他以出去四个月刚刚回来为由辞谢了。

父亲还提出一个想法也可以说是自我改造的要求，那就是想去一家国营工厂当副厂长。毛泽东听了面露惊异之色，但完全避免表态。这个想法显然是参观东北工业之后产生的，在那里初次实地感受到社会主义制度给群己关系带来的影响，这是一个他十分注意要研究的问题。然而，处在毛泽东的地位，考虑的是工厂怎样安排这位梁先生呢?

在一九五三年闹翻之前，他们共作过四次单独谈话。最后一次不同以往，是我父亲通过林伯渠提出请求。时间是一九五二年八月七日，写完《何以我终于落归改良主义》(一九七八年首次发表时改题为《我的努力与反省》）之后。

“主席对我说：‘你的检讨文章有好几万字，太长，我请林老阅看后，指画出重要的几段来而后我方才看的。我看上去，你思想识见有进步了，但还不够，慢慢来吧。’”

父亲向我追述在这次谈话里，毛泽东还有另一句话：“人民没有要梁先生检讨，梁先生不必检讨。”

在这之前，父亲还写过《两年来我有了哪些转变》，刊登在《光明日报》(一九五一年十月五日)，并引发了一阵批判。

读者试回想，前面介绍过的《如何成为今天的我》，父亲实际上是告诉中山大学的学生们，我这个人没有别的特殊之处，唯有一切出于主动、自动是我的特殊之处。作检讨他也是出之主动，发觉自己有错，就会产生不安（不容自昧），于是就检讨，检讨到安而后止。反之，如我们常见的，领导上给一个检讨的任务，这对他是没有用的。毛泽东相当理解我父亲，可是居于共产党领导下的时间长了，不免有一种思维习惯，因而说出上面那句话。

我父亲随即表示，想去苏联住上一年半载，对苏维埃制度和俄罗斯社会主义做学术性研究，毛泽东坦言不可行（详见另节)。

于是，毛泽东劝他还是在国内参观、调查；想去什么地方、想调查什么问题全都可以，统战部会通知地方上提供方便。父亲说，“但我内心有自己要做的事”，因毛泽东出言恳切未便明确表示无意采纳，不料次日徐冰便来问准备何时出发。可原来他并不准备去，至此只得明告徐冰。

几年后，父亲说，那时不曾领会毛泽东再三再四劝他出去参观原是想以这种方式帮助自己转变思想，有负毛的美意。现在人们大多从他们闹翻以后的事看他们之间的关系。当然，不妨设想毛泽东此时是期待我父亲站到他这边来的，此一时期我姑且以“期待”二字来概括。

父子交流思想

据父亲的《思亲记》，当初，祖父“尤好与儿辈共语，恣之言，一无禁”。父亲对我也是给予同等思想自由，但不“恣之言”。祖父是鼓励孩子讲出意见，他不悠之言，但亦不禁，因此说得就不会多了。这就是我“弱冠”时的情形。推其缘故是：祖父那时是在家中“议政”而已，并无政治活动。此外，他似乎觉得我“偏左”，他认为自己政治上最值得肯定的就是不偏，各种主张更一一源于对中国历史背景、文化传统的认识，而我于此全然不懂。所以，那时我得到的待遇是仅限于“不禁”。

现在已经记不起我是在济南先得到信抑或他抵京之后打电报到济南。总之，我回京看他只比他抵京稍晚一步。伯母那个院子，自从他住进来便人来人往。他与客人谈话我旁听，一早一晚没有客人，我们就谈话。

此次父子重聚，上距一九四六年十一月为时三年挂零。相见时我已是一名很“嫩”的供给制干部，只一年多的经历。一年多的经历也是经历，这次见面谈话，在他是想听我有什么认识，而我也确有一些不好“乱讲”的思想。

在冀东老解放区，我为接触到的一切所震撼。金钱和自由被从生活中抽出了。突出地感觉是环境干净而与外部隔绝。山沟单薄的经济能力支撑着前方的战事，山沟里的干部领导着从城里新来的“洋”学生。在这里，土气就是革命性。干净也就是简单，而与外部隔绝形成力量。

开始只学文件不工作，一个中山大学学生（好像比我大不少）问我一个尖锐的问题：“是不是只有共产党才革命？”我思索而后回答：“照现在的情形是这样。”我心里的意思是说：本来可以不是（只有），可是现在已经成为这种状况了。

这表明，我首先要的是事实，有革命的事实，纵使不全然合意也要。钱对我没有吸引力，被抽去了自由则是非常可惜的；但是为了那个目标，这个代价我付。

我判断父亲此时和共产党的关系与以往很不同了，但不具体知道其程度如何，例如“香港的朋友骂他”，新华社没有在国内播发，我无从得知。他到达北京而新华社不报，对他不满的程度我便心中有数了。总的感觉是他不该“迟到”，应与其他民主人士同步。

以上情况大概都东一句西一句地说了。有三句话分量重，至今记得清：

他说自己同意马克思的许多结论。我想起列宁说过：“马克思主义必须全部加以接受，或全部加以拒绝。”他应声说：“如果这样，那我也可以说，我的理论必须全部加以接受，或者全部加以拒绝！”我为他显示出的自信着实吃了一惊。现在（二十世纪九十年代末），为写这本书将《梁漱溟全集》通读之后，我懂得了那样说并不是“狂”。人们可以看不起他“那一套”，但是他对人类这一物种、对老中国的看法确是自成体系。

现在已经想不起话是怎么说起的了，我说道：“既然我们只是为国家好，那么别人做对了，我们就可以承认是别人做对了。”非常出乎意料，这句话竟使他勉强忍着没有落泪。这又是出于我不理解他。还是为了写这本书通读《梁漱溟全集》，我才知道，当初不论他是多书呆子气，他真是从行动上力图另开出一条路救中国。此时（一九五〇年一月）我这句话来得太突然，他难以承受。

我在前面两次写到“为了写这本书通读《梁漱溟全集》”，不是自我标榜，是想让读者看到我的褊狭，即使像我这样有“自由化”倾向的人，其实已染上了只有一个主义的意识。我处在自相矛盾中。

与父亲相聚数日后我返回济南，转眼冬天到来，志愿军入朝已有两月，我因事回京几天。听他说，在志愿军入朝即将对外宣布之前，徐冰曾来颐和园告诉他，志愿军入朝将成立一个中国人民保卫世界和平大会，请他参加这项工作，而他表示不参加。原因是，从东北参观回来九月二十三日和毛泽东谈话的时候，两人还谈到和平建设的机会来之不易，毛泽东曾说不准备出兵。现在为什么又出兵了呢？徐冰无言而退，即使知道出兵的决策过程也不能讲。显然这是周恩来想出来的一个让他“站过来”的措施。记得我听说此事之时曾浑身发热，心想：显示一致对外的事怎么可以不参加！事情已成过去，说他没有用了。

他在一九五一年十月三十一日的日记记有“午间恕儿来谈，同往看伍先生。决定发言即通知沙里。辛志超来。徐冰、齐燕铭各作招呼，发言简短而已”。

我是去动员他作大会发言的。平时他住颐和园，政协开会期间临时住北京饭店，距我工作的地点只有十分钟的路（我于是年春自济南调京）。事情可说巧极了，我走后，辛志超（民盟中常委，政协副秘书长、党员）、徐冰、齐燕铭（均为统战部副部长）接踵而至，同奉命动员我父亲作大会发言。

我知道，他还是习惯于重庆时代和中共代表团来往那种方式，有话就直接找周恩来、找董必武，近两年则是通过林老（伯渠）或李维汉转达。我说，这已经不够，共产党非常注意公开表态，期待你在公开场合有一个表示已经很久了。我问他：“有什么障碍吗？”

果然他有心理障碍：“每个人上台都重复一遍赞成和拥护的话，没有意思。发言结束都要喊共产党万岁！毛主席万岁！我不想喊。”

说心里话，他的不良感觉也是我的不良感觉，我赞成和拥护共产党做的事，不喜欢这种形式。可是我们在机关里，没有可能不采取这种形式。既然我来劝他发言，就只好在这方面勉强他一点了，但我胆大包天地说，不想喊万岁就不喊吧。

第二天他的发言在报上登出来，从内容到形式都明显地不协调。

现在翻看他当年的日记（十月十七日，即我去劝他发言之前两星期），发现有如下一句话：“思政治上亦应有合理化建议。”他在东北参观，工厂里合理化建议正搞得热火朝天，很受感动，现在他想合理化建议可以不限于生产上，政治上也应提倡。

因此，他这次发言便有两个内容：对政协的期望，“在听取报告表示拥护之外，是不是亦可以亦应该有些合理化建议呢”？他希望政协会议今后具有的“积极主动性多于被动性”。再者，两年来无论对内对外，在共产党领导下都搞得很好，特别是社会风气变好，“多数人都表现了他们的积极性和创造性，这是比某些具体成绩更重要的。因为这证明路子对了。路子对是产生那些具体成绩的根本。我到此时再不能不相信共产党的领导”。“今后在政治上我将信从共产党的领导”。“今后亦要学习共产党的思想方法以改造我自己。”

他的发言就内容而言没有错误；同时也可以说毛病很大，不合拍。当一个不以万岁结束发言的人走下讲台时，大家不知所措。据他说，只有薄一波特意走过来与他握手说：“讲得好！”

为什么我劝他作支持共产党的公开表态，同时附和他“不想喊万岁”？我对他有一种不必出之于口的理解和赞同。这可以由另一件事来说明。郭沫若在天安门城楼上代表无党派民主人士向毛泽东赠锦旗，上面绣着一行字：“敬爱的毛主席我们永远跟着您走。”他说，如果事先征求意见，他会表示不赞成这样写。那可议之处是“跟着”走。

初识解放区

这一节记述父亲外出参观的大致情况。

今天的读者绝大多数生在改天换地之后，一天也没有见过老中国。须知中国是经历了近百年外敌不断入侵和连续内战的破坏，在它穷困到极点、混乱到极点时换新天的。依我看，换天最显见的意义在于中国有人（政府）管了。有人管、没人管大不同，起初，问题甚至不在朝哪个方向建设。

毛泽东劝我父亲新老解放区都去看看。他熟悉的山东、河南，因为是决战阶段才易手（一九四七至一九四八年），此时大体上算新解放区。东北，除铁路沿线，自一九四五至一九四六年时起就有人管，已经先于全国各地朝着一个方向在建设，算老区。所以，论印象深浅，以在东北所见印象更深。

第一阶段，去山东，一九五〇年四月十日出发，五月十八日返抵北京。陪同者李渊庭和家兄培宽，他是后一步出川来京，此时正有空。我一九四九年起在济南工作，他们去各处参观，我照常上班。

第二阶段，五月二十八日出发，参观平原省（省治新乡后撤销建制），同行者鲜于英、孟宪光、李渊庭。鲜于英中途回京出席政协会议，我父亲此时也成为特邀委员，因而托鲜于英代为报到。虽说只发言不行动、不参加政府，可是总得有个“挂靠单位”（这是现在的用语，因其性质相近，贸然用之）。从日记上看，六月十日回京，当晚“六时应毛主席宴，在座有李四光、华罗庚、梁思成、张难先、卢作孚及宰平先生等”。

七月四日再出发去河南，并于稍后从开封去菏泽，至此，所有当年熟悉的地方看了一遍。

八月一日日记写有，“早赴建军节大会”，在主席台晤张澜、李济深、黄炎培、沈钧儒、傅作义、章伯钧、老舍等。下午准备明日起行。此行是去东北，先北满后南满。九月十四日离沈阳返京，参观至此全部结束。

此时的接待规格绝非后来所能有。在各地，都是由“第一把手”出面。但有例外，当时康生是山东分局书记，据说每当政治上不得意，康生就生病。省主席郭子化、军区司令许世友都出面接待，举行专场晚会。在河南，吴芝圃是在巡视敌后游击区新四军军部中相识。高岗那时是东北大区主席，林枫本已道过歉，说高主席太忙，但最终高还是挤出晚上的两小时到宾馆来。

从这几个月的日记看，所记无非某人与宴、某人来谈。间或记有这样的话：“石科长谈胶东数年来农业上各问题的情况，得一较深了解中共影响农民之大”；“与男妇老幼十余人谈话，印象颇佳”；“饭后，袁秘书长又特作长谈，以灾情及救灾、土改及土改偏差为主题”。

当时我的印象是，太把统战对象当统战对象。在济南十天，我出席了几次晚宴，只有一个雨天与总工会座谈我也去了。父亲拿一张纸，写着希望了解的情况，工会主席据以谈了有关情况。本来谈得挺好，临走他想要回那张纸，因为那上面还记着一个电话号码。工会主席立时陷入窘境，他正觉得拿着这张纸向上级汇报好交代，不肯交还。

十月十一日日记，“讲弁言，讲第一章未讲好”。所说“讲”，是指讲即将着笔写的《中国建国之路》。此时，距参观归来已有四十天，且已从城内移居颐和园。先讲给友人听而后成文——多一个整理思路的机会，这已成为他惯用的工作方式。次日，有如下记述：“翻阅旧著，颇有触发，又阅《新建设》，甚感慨。”《中国建国之路》副题《论中国共产党并检讨我自己》。全书共分上中下三篇。上篇《中共三大贡献》，中篇《建国之路不同》（按指中共与他在建国主张上的分歧），下篇《愿更有所建议》。从思想认识以至写作构思上都是将中共和自己加以对照。如果写完（因参加土改辍笔）那将是他所作关于中国问题的第五本书。不难看出，他连心情也是回看旧著而有触发，阅《新建设》而生感慨。

我认为“弁言”中有两段十分坦率的话（会使人感到不快但却真实），表明了他此时的思想状况（亦即政治态度）：

近百年间的中国人，在感受中国问题刺激之下，提供了许多（多至不可数）解决问题的途径，发起许多解决问题的运动，中国共产党是其中之一，我亦是其中之一。到今天，共产党这条路算是大有成功希望，而我所设想者似乎已经证明是不对，但是否当真如此呢？一个真正用过心来的人，是不能随便就承认，随便就否认的。

通过参观，他“一面对于中共所以领导国人者粗有体认，一面亦于自己过去认识问题之不足，憬然有悟”。

我认为下面一段话，既是他的一贯关心国事的态度，也预兆着他迟早总会因“有所建议”而成为“反面教员”。

“下篇就自己一得之愚，愿更有所建议。问题原是中国人公共的问题，前途亦还待国人好好用心思，好好努力。如此公开讨论，固不可少。”

那么，此时他认为共产党为中国作了哪三大贡献？第一个贡献是实现全国统一稳定。过去中国一直走下坡路，今后将走上坡路，而所取途径正是自己预言其不可能成功的：分清壁垒和由党掌握、使用武力。第二个贡献是为中国人引进了团体生活。这是他在邹平费尽力气没有做到的。为什么没做到？因为不想走斗争的路。“及至见到共产党成功了，胸中只有说不出的感慨！”第三个贡献是“透出了人心”。这个观点一般人直是摸不透说的是什么，而读者经过说明可以懂，因为他时常在谈人心。可是，我在这一节将提一下为止，因为后面还有三章涉及这个问题。这里只透一个信儿给读者。

土地改革“意义甚深”

一九五一年五月父亲去四川参加土改，写《中国建国之路》因之辍笔，并就此作罢。我想他不是因为太忙，是因为思想上起变化，思路已不衔接。

他是这样说的：“一九五〇年去几省参观，引起我在中国问题上的认识自己作了检讨，而此次参加西南土改工作之结果，就使得这一思想转变得到决定。”

他的日记本来简略，土改期间时间紧，更简略，不过还能摘取点滴用作了解当时的情况。

十一日，收徐冰电话，答复问题，并商参加土改事。

十二日，收通知愚及艮庸均定十五日飞渝参加土改。

中央统战部本已安排党外人士参加土改推动思想改造，不包括他在内。他是主动要求参加的。

十八日，赴邓小平约宴，听其谈西南一年来之情形。甚有感触。

二十三日晚间，联合座谈会发言。

六月六日，与黄艮庸随第一分团到达合川县（今重庆市合川区）。

十四日早，出发到云门镇。次日，他们所在小组“决定出去在第六村工作”。

二十日，“对张谈下村中住的问题”。

所云“下村住”，是指从北京来的人都住在镇上，通过听汇报了解下面的情况。他与黄艮庸为直接了解情况提出愿住到村里去，全过程地参与各种工作，得到同意。

三十日，云门乡斗争大会，斗王显文、汤炳荣。

七月六日，各村集镇上学划阶级。团内汇报，小辩论。晚饭后归。追索果实扰之深夜。

十一日，划阶级核定后村民大会宣布。查封地主家财。

十四日，早开始查田试验。

十九日，各村集会于乡，学习分田，写总结文。晚间，开贫雇农会，至深夜，因评产，争吵甚烈。

二十八日，农民早来开会。分别有所进行，分田至此结束。进而分竹、分树、分农具等。

二十九日，早在团部开会任主席，谈斗争及路线两问题。晚间，农协大会至深夜。

八月二日晚间，开川东队大会，传达合川决定。章（团长章乃器）自作检讨。愚发言怀疑此决定。

十日，团内会谈上下午二度。愚发三问。

十一日，上下午区委会，愚发言，与王辩难。

从十四日起，村里、区里、县里以及川东行署的饯别宴会。又在重庆讨论全团总结。

三十日上午，从汉口飞北京。

从日记看，父亲曾发三问、有辩难。那是在什么问题上呢？从现存的土改发言稿中不能直接看出，但大约可以推断是阶级问题。这次亲历土改运动，几乎摧毁了他在中国阶级问题上的观点——即自己探寻得来的观点。首先，承认了自己不够客观；其次，还有些许保留——自己尚非一点道理没有。

发言稿还让我们知道，他以前认为中国革命是知识分子和农民的革命，现在同意是由工人阶级领导；以前坚决不同意中国有任何对内斗争的理由，现在同意中国革命的特点，即如斯大林所说，是武装的革命反对武装的反革命。

从七月六日发言里，可以看到，土改工作团“秘书长的汇报结论用心在引发辩论”——与他辩论。“大家给我帮助，我应当是欢迎的。”

大约由于此时还在一九五三年事件之前，有周、曾两位同志发言说：双方意见距离并不大，意在消弭辩论。而父亲不接受此种“帮助”，说：如果距离是在根本上，“则毫厘之差就是千里之谬所从来”。

那么，他的什么言论需要帮助呢？很可能是（因为没有白纸黑字的证据）他的如下意见：“和平分田不足以完成人事关系的变化。”这指的是：“人与人关系的空前变更，每人自己精神上、心理上空前的变更。抬起头来，站起身来，并且组织起来办事情。”

“土改的影响最大是在政治上稳定政权，在军事上使参军人多，在经济上便利于组织合作，在文化上使教育容易发达。”

他讲了自己心中土改除分田之外的社会、政治意义。这一类话别人是不说的，因此土改工作团的领导不满意了。

然而，当时领导着西南大区的邓小平对他意见更大。父亲间接得知，从北京来到四川的土改工作团到达重庆下乡之前，邓小平曾召开会议，要大家各自说一说，是怎样一种动机和思想参加土改的。父亲和大家一样，说此来为了学习，不过他竟然表示：我在北京参与土改法的制定，此来也想看看一切所行合法不合。邓小平当场没有做出反应，但在另外的会上说：“梁某人真是胆大可恶。”

父亲向毛泽东称赞了邓小平。

邓小平和土改工作团领导对我父亲各有不满。他心里的感觉却是肯定的。这恐怕和怀着什么目标有关。他说自己和共产党之间的距离“在缩短中”，并且这次来参加土改，“亦正求其缩短”。看起来，共产党的期望和他一样。那么，对他不满从何而来？

下面两节讲的事情和这个问题属同一性质。这本不奇怪，中华人民共和国成立之初正是抓思想立场改造，预期的标准是使之一致。

求教无门

父亲想去苏联留学。原以为中苏关系这么好，不难实现。毛泽东说这不好办。毛泽东回答得非常实在：“他们不知道你在搞什么，这是不好的。”这样身份的留学生是没有的。两国尽管强调友好合作，国家就是国家，并不像小百姓想的那么彼此信得过。

他想去苏联解决两个问题：

他常讲人心，巴甫洛夫讲高级神经活动，那虽是生理学却和心理学相关，他想去巴甫洛夫学说的诞生地寻根问底。

另一个问题在国内竟找不到人给予指教，既然如此，只好直接请教苏联老大哥。

这个问题就是：经济基础和上层建筑两者之间的关系究竟如何？它们是怎样相互影响着的？马克思主义的治国者于此不可不知。二十世纪五十年代，尤其是“大跃进”以后，许多重大抉择事后都从这里寻找理论上的支持。一九五一年，我父亲便研究这个问题，似乎有一点超前。

先是斯大林发表了关于语言学的文章《马克思主义与语言学问题》，全国报纸都译载于第一版。稍后，当时担任驻华大使的尤金博士写了《斯大林关于语言学问题的著作对于社会科学发展的意义》，引起我父亲极大的兴趣，可是他“不大晓得自己理解得是否正确”。于是“把原文分别采录于三个问题之下而试作结语”，三个问题是：一、所谓社会经济基础者何指？二、所谓上层建筑者又指哪些？三、此二者关系究竟如何？他希望请教于别人的是：我的结论对不对。对，就是没有

一九五〇年四月二十三日，梁漱溟与长子梁培宽（右一）、侄女梁培和（右二）、侄女婿陈同安（左二）、学生李渊庭（左一）摄于青岛湛山寺

错解尤金的原意。

他首先向《人民日报》理论部请教，因为是《人民日报》首先译载的。那边回信说，理论部的负责人请假，原稿退回。

他转而请教于理论权威陈伯达。稿子寄去，许久不见回音。陈伯达住在中央党校，他住颐和园，相距不远。有一天，他徒步去到党校传达室，问陈伯达在不在？回答是在（没有去外地）。“于是我写信促请其答复，不料一个月之久亦然无只字复我。”

再请教于另一马列理论权威沈志远。沈留学苏联，在延安有马列主义学者之称。民盟改造后成为领导人之一。父亲说：“于是我从民盟总部询知其上海住址后通信求教。沈回信云：‘事务猥集，恕难作答。’”

最后是请全国政协学习会负责人朱洁夫代为向当时宣传马列主义理论的《学习》杂志主编请教，“得其复信，说此涉及许多理论问题，尚须继续研究”。

“多方求教，均无结果，我唯有去苏联了。”

他告诉毛泽东，别人不能回答提问，都将原稿寄还，唯有陈伯达不回信又扣着原稿不还。“主席笑说，你的原件在我这里，是他拿来给我看的。”

父亲说：“但主席亦置而不答我的提问。”

他去不成苏联，但研究的兴趣仍高。一九五三年二月二十五日记有：“饭后俄文学习开始辅导。学俄文字母二十七个。”

“干脆把旧想法完全丢掉”

父亲在一九五一年九月八日日记中写道：“开始写思想转变。”这距参加完土改回京为时八天。十月五日，《两年来我有了哪些转变》在《光明日报》刊出。

后来，便有一些批评文章陆续见报。于是，他写《敬答赐教的几位先生》（其间还写了读尤金大使文章几点认识）。

我用来作为本节标题的话，是刊于报纸上宋云彬先生的批评意见。原话是：“干脆把那套旧看法旧想法完全丢掉”，“不要改掉几点，保留几点”。照宋先生的意见做去，那就很省事，思想改造只是系于一念的事了。

宋先生态度轻率了吗？另一位沈铭先生把我父亲的话看颠倒了，误认为他主张中国“必须先实行法国式资产阶级民主革命”，其实文中明明说西方式革命不适于中国。千家驹先生也把他的话做了错误的理解，认为他愿意看到社会处于无秩序状态，这种社会条件下不就用不着暴力革命了。而父亲恰是说：“必有一个不平等秩序，乃有阶级和阶级斗争。”何炳然先生指责他不知道阶级现象是随着剥削现象而发生的。

原来轻率的竟不止宋先生一个。是什么使得他们不耐烦起来？因为我父亲看起来很顽固，他以如下一句话表达思想改造所持的态度："点头的自是点头，还点不下头来的，亦就不能放弃原有意见。"不是不管明白否简单地放弃了事。

我斗胆猜测一下今天读者的反应。大概是赞成我父亲那种态度的居多。而我用去这么多笔墨的用意，正是要向读者提供一个机会（很小的机会），体会一下当时的政治思想气氛——革命成功的喜悦，也许还有点胜利者的傲慢。亦如"文化大革命"必有其充斥全国的某种政治气氛，才有那么多非理性的行动出现。我绝非将它们等量齐观，但只有从这里才能理解这些批评者（其中不乏知名学者）理应不会有的表现。

请读者停下来想一想：因陶醉于胜利视他人为愚昧不可理喻和匍匐于权威脚下完全失去自信，这两种现象怎么会在我们国家同时发生？

我向他背诵列宁的话："马克思主义必须全部加以接受或者全部加以拒绝。"就我那时幼稚的心态而言，痛快才像革命，与宋先生的态度相近。

对当时的这种社会气氛他似乎有所觉察。一上来就说自己的转变在旁人看着也许不大，而在他自己已是打破纪录。"夙昔我的见解多已站不住。"为什么站不住了呢？"三年来的事实给我的最大教训者，即是若干年来我坚决不相信的事实，竟出现在我眼前。这不是旁的事，就是一个全国统一稳定的政权竟从阶级斗争而奠立了。"

请读者回忆他是多么渴望中国统一稳定，以及相信中国必统一而后有生机；现在果然气象一新。

再请注意，是事实使他觉得以前的见解站不住了。我可以提前告诉读者，从这时起至二十世纪七十年代连续近三十年，他面对事实承认错误，进入二十世纪七十年代末又觉得未可全凭眼前事实（现象）下定论。

现在让我们看看在几个至关紧要的问题上，他是怎样点头或勉强点头的。

"旧日中国是不是封建社会？""我的意见大致没有变"，"有所省察"。

"中国社会发展能不能有特殊？""社会发展史有例外是可能的。"然后他问道："这种讲法能在马列主义中得到许可吗？"听起来这里好像有一点讽刺意味。事实是已存在的东西，它需要许可吗？

中国社会是否缺乏阶级。他本来的看法是中国缺乏阶级，"尤不习于阶级观点"。请读者注意他下面的话：旧日的中国人就是靠缺乏阶级观点"而过日子的"，从前中国人需要这样过的他们的生活，然而，改造中国社会的时刻，"便恰恰不适用了"。共产党之所以成功，恰在以阶级眼光观察中国社会，以阶级斗争解决中国问题。"我现在觉悟到，尽管中国社会有其缺乏阶级的事实，仍然要本着阶级观点来把握它，才有办法。"请留意最后四个字的含意。这不是一个为日后"翻案"留下的伏笔而是一个思想改造中力求其通的表现。

“中国问题是不是要从阶级斗争中求解决？”上文已经给出了答案：在这个问题上他思想转变“最大”，是“肯定的了”。

这一段文字最长，包括体会和反省，他发觉以前“自己蒙蔽自己”，“只爱看其缺乏阶级的一面”；“过去只持静态”，其实既贫富不同，“遇有机会亦可能裂开两边而相斗”。还联系到世界形势，说分成两个阵营而决斗的今天，中国社会势必也“扯裂到两边去”。

他说：“我从不相信我是唯心论者。”那么现在呢？唯物是“对一切事都要从其具有客观性那一面去看它、把握它”。然而过去自己有主观偏向，这样做起事来便“落于被动”。辩证唯物论认为人可以改变，“我即从此义（为了争取主动）而接受唯物观点”。（括号里的话是原有的。）

“过去我强调中国革命的特殊性，总要把它划出于一般革命之外，现在知道了，只能在一般性之中讲特殊性。”这是一个非同小可的改变，这是对乡村建设理论的否定。

在以下问题点下头来是很不容易的：那就是为什么斯大林和毛泽东都强调武装斗争是中国革命的主要形式呢？以前父亲根据辛亥革命以来事实认定暴力在中国用不上，现在事实完全证明要用暴力。“很久我想不通这个窍，如今明白了，不这样，那完成中国革命的力量便无从培养出来。”

我不知道读者有没有感觉到，他的思想转变，虽不是转给别人看的，却有生硬的成分或说痕迹。可是此时（一九五一年底）似乎连他自己都还没有察觉出有什么生硬。这需要时间。

自认是改良主义者

一九五二年元月二日，《进步日报》[①]记者萧离到颐和园向我父亲约稿。在这之前，《进步日报》已经发表了几位知名改良主义者自我剖析的文章。这几位都是进步人士、老留学生、教授，当初的进步如今已成落后。当初进步在反对国民党、主张民主政治，如今落后在相信改良主义，《进步日报》把他们请来座谈而后成文，自我剖析以便清算自己散布的错误思想。萧离说：“这些稿子已经编发完毕，突然想起，差一点把一个大改良主义者忘了。”这天上午恰好没有旁的客人来，他们畅谈半日，言定单写一篇。事实上是作为这一组文章的末篇。

---

① 天津《大公报》一度改成《进步日报》，作为非党报纸，后《大公报》恢复而另在北京出版《光明日报》作为非党报刊。

前云畅谈半日，是有根据的。父亲事后说，那天和萧离兴致很高地谈了一上午。为想通了一些问题而兴致好。萧离听得也高兴，乡村建设是怎么回事，民主同盟是怎么回事，从我父亲口里听了许多闻所未闻的论点和情节。

收到《何以我终于落归改良主义》，萧离却为了难。其他几位先生以前是讲改良主义，以新论点批旧论点（西方政治理念），我父亲是干改良主义，而这些往事，还要不要去提它？怎样提才好？也许是干脆不提为好？

大概还有一个极微妙的问题，即错误一方总（应该有）有其形象以及说话的口气。试举一例，父亲说，以前“从不相信自己是改良主义，总不喜欢旁人向我宣传革命。说真的，假如不是今天有共产党革命的成功，我始终认定我走的路是中国革命唯一正确之路……”

父亲同时将此文的另一份抄件送给毛泽东。正是见到此文便有前面所述毛泽东的那句话：“人民没有要梁先生检讨，梁先生不必检讨”，并许以思想有进步，“慢慢来吧”。

既然有许多不便，《光明日报》决定文章不发表。

父亲在文后加了一段跋语，从日期看是文成一个月之后。可能是在此期间他重新审阅文稿有所省悟，加了跋语，全文如下：

此文最大缺点即在今天批判自己的话还没有自己讲明过去如何用心思的话多。属文之时未尝不一再删节，而删节下来犹且如此，可见胸中求为人知之念多于其自惭之念。惭悔之心不切，检讨文是不可能写好的。

二十世纪八十年代，人们又一次有了改天换地的感觉。漓江出版社出版父亲的自述性文集，将《何以我终于落归改良主义》收入其中，更名为《我的努力与反省》，并以此为书名。

本章临近结束，我想对他这一段生活作一下归纳。自晋京到“一九五三年事件”以前，整个说来他过得怎样？

如读者已看到的那样，他觉得自己思想转变很大，在事实面前大有省悟。其间偶有小不愉快，他反应得相当直率，坦言几位批评者没有弄清是怎么回事就下笔，以这样的文章推动别人改造思想“不顶事”。所以他更欢迎当面赐教。

毛泽东、统战部对他以上宾相待。然而他有一种此时（一党执政）的政治现实所无法解决的苦闷——生活不充实。他习惯于实实在在地做事，例如，对政协会的开法有建议，还近乎异想天开地愿意当一名副厂长。

当然，没有具体事可做，他仍有一些有意义的事可做。例如：“阅《列宁思想伟大力量》有关唯物主义一篇，不甚好。”“复阅《联共党史》第四章，察苏共前后理论变化之迹。”“渊庭购来巴甫洛夫《高级神经学说》。”

但是，父亲在日记中还是出现了如下记述：“生活无用力处，更无得力处，常常在觅事做以遣送时光。”

恰是一九五三年春天，当年祖父在新街口北积水潭畔小铜井一号自建的小院修葺完毕，父亲遂告别颐和园，搬到这里正式安家。

他在日记中写道：“到护国寺花厂购海棠、丁香各二株，梨花、白杏各一株。”“购得金鱼八尾。”“种荷兰菊如昨。”他以前无此心情，也不会有闲暇做这类事，这对他是绝大的改变。

父亲日记还记了这样一件事，听说甥女邹德惠自长沙来京，通知在京亲属举行一次聚会，“九时到车站欢迎彭德怀回京，顺便到宽街接德惠及其两女以及小青等来家午饭”。他以前也没有心思做这种事。

就我父亲个人而言，此一时期的情况有如上述。另一面，毛泽东、党中央是怎样对待他的呢？不得而知，只可根据某些迹象而揣想，但绝非乱猜。我觉得似乎是分两面去对待的，他本人一面，期待他“跟上”，与其他民主人士发生同样作用；还有对社会那一面，则必须有别于其他民主人士，因为曾“阻碍革命”和“迟到”。该不客气的地方就不客气。

那么，他的心情到底好还是不好呢？发现原来是自己的路没有对，“乃生惭愧心”。从这个角度讲，不愉快。然而，因为他本来只是为了国家好，因而又并不会为此郁闷于心，且是为国家的新生命而高兴。所以才有“中华民族一新生命的开端”这句话。拿它作为本章的标题，谁曰不宜。

我要建议的是什么

——一九五三年事件实情

《我要建议的是什么》是父亲为说明自己在一九五三年九月中央人民政府扩大会议上发言的实际动机而写的一篇文章。现在我拿它来做本章的标题。

人们关注的“一九五三年事件”为什么成了副题？因为在毛泽东口里，事情之发生是因为父亲心怀恶意反对过渡时期总路线。父亲在任何场合都坚持说自己没有而且不可能反对这个总路线。国家在统一领导下作有计划的建国，是他盼望了几十年的事。这个罪名与事实不符更在于他正是要提出一个通过群众性教育运动来实现经济建设目标的计划。这样做了，将在实现经济建设目标的同时，收提高人民素质之功。

当然，毛泽东的话算“定案”，但是许多毛泽东当初定的案后来都推翻了，唯独他这个案保持不动。或许读者会想：这个案比起那些改正了的案其实算是小的。那是把它小看了。我们兄弟二人在他身后为他做的最后几件事之一，便是将这于事无据的案从新华通讯社播发的父亲生平介绍中去掉。不为别的，他生前不接受的说法，我们不能替他接受。

原来，当时梁漱溟先生想提一个建议？是的，请回忆他在东北参观工厂时对合理化建设运动的反应和政协一届三次会议上那个很不合拍的发言——党外人士理当通过提合理化建议尽其责任。按照他自己的设想是消除了（毛、周的）误会之后将建议提出。他当然不知道事情已经发生性质上的变化，将以批判他为契机重塑统战工作方式。采用的形式是一次规模和烈度空前的斗争会。斗争会的开法是阻止他发言，然后依事先安排展开批判。建议完全无从提出。国境内外关于这件事的反应和报道，无一涉及（干脆不知道有）建议，因而都是集中在记述和猜度那来得突然而且激烈得出奇的斗争会上。

本章的内容包括：一、父亲的建议；二、发生于九月九日至十八日之间的事；

三、“余震”。

这件事从表面看，是陡然发生、戛然而止，但是既然当时处理得生硬，事后又定要维持原案不动，屡次出现“余震”乃是势所必然。

由主席、总理亲自参加主持、发言斗争，斗争对象是不属任何团体组织、政治上曾多年合作的党外人士，其事先准备之周到和规模之大，用一时动气、言语间相互刺激意外升级到这种程度，是不能解释的。会议结束，事情便了，从此避免作任何结论或再处理，这又是为什么？

事情发生，报刊上只字不提，党内有传达、有文件。社会上少数人有所耳闻。但当时讲纪律，不该说的不说，不该问的不问。耳闻者听了装在肚子里。所以境外比境内“热闹”。这种状况一直保持达二十四年之久才以文字形式公诸于世。一九七七年《毛泽东选集》第五卷出版发行，内中有一篇《批判梁漱溟的反动思想》，包得很严的这件事便抖擞了出来。据了解情况的人说，中央人民广播电台曾有选择地介绍五卷中的几篇文章，批判他的这篇是其中之一。统战部并准备为此发表一“大批判”文章，署名“中央统战部大批判组”。我所在的机关没有组织大家讨论这件事，但凡是读过此文的人无不对那篇讲话中尖酸粗暴的用语感到吃惊。一件被冻结且尘封的事由此而引起人们的留意。从此，尘封不再而冻结依旧。

将计划建国与群众教育相结合

完整的表达是，建国需有计划地进行，而且以群众运动的方式来进行，为此并将群众教育制度化。这就是他的建议。

读者或许会想：这个建议没有错，这个建议其实用不着他提。一点不错，连他自己也说，有计划地做事和搞群众运动“在共产党好比家常便饭”，他们搞群众教育也是高手。那么为什么还要提呢？

因为这次不是通过徐冰、齐燕铭，而是周恩来当面提议他次日作一发言，盛情不可却，又因为不愿讲空洞无物的话，要找一个有实际意义的题目来讲，就想到这里来了。

如果周恩来不提议，他不讲话，就天下太平了吗？不是这个意思。他在日记里写：“生活无用力处，更无得力处。”是没有实际工作做的结果。

于是，他想到（那时）《人民日报》有读者来信专栏，将读者的批评或建议刊登出来，有关部门或地区政府看到了，工作便得以改正。如今，作为政协中的一员，这件事是可以做的。

这是他的处境和思想状况。

在这种情况下讲话一定会讲错吗？不是的。事后，他一直认为自己发言有错误，但是不怀恶意。

这次发言，他只拟出详细提纲，语气不很连贯，可以看懂意思。（见《梁漱溟全集》卷七，第三页至七页。）下面摘录一些，读者看胜过我作转述。

我个人曾是有这样一梦想的人，开展一大建国运动。虽然四十年前追从旧民主革命，只知政治改造而不知经济改造、社会改造，那是没有计划建国的。但对旧民主革命放弃已三十年……那时虽不晓得新民主主义……不走欧美式旧路则千真万确。

下一段说，已经听过李富春、周恩来关于重工业和私营工商业改造的报告，其中提到“相应地发展”，想来“必有整个计划，方方面面照顾无遗”，是否亦可讲给大家“参酌、协商”。事后他觉得不宜向政府“索要”计划。（在批判中毛泽东确有“我们有计划也不给他看”的话。）

然后转入主题。

“我理想的不单是一社会运动，亦是一伟大教育工作……因为完成计划一事，非常富有教育意义，乃至要采用教育方法来完成。”“我曾有一具体方案：《社会本位教育系统草案》，建立一教育制度，建国工作也包括在制度中，通过此制度来完成建国”。“现在无时间讲，扼要一点意思即必须把群众工作做好……这原是共产党的拿手戏。干革命时依靠群众，现在要用于建国。”

接下来他说，心中有个问题，在作计划的同时，把群众工作也都安排了吧？问题就出在这一段话里。

……而所有一切都待农民或乡村居民积极起来。如何动员农民呢？是农会吗？当然是农会，但农会现在是什么情形呢？除了土改中起作用外，今日已不然，今日只有党政干部（各民主党派不到农村），其次团、妇女会。这够不够呢？觉得不够。（一）农村中党亦就是政，政亦就是党。一切事很能做得主，但行政命令传达有之，教育意味不够，群众工作谈不到，此从近几年强迫命令包办代替作风之严重即可说明。（二）而且量亦不够。有党有团之地方照顾面不够，党团所不到之处更不够。总之农民比较落空的。

过去二十年的革命全在于发动农民、依靠农民。依靠农民革命所以成功在此，而农民在革命亦有成长，但进入城市后，工作重点转移到城市，成长起来的农民亦都随着到了城市。一切较好的干部都来做城市工作，此无可奈何者……今建设重点在工业，精神所注重更在此。生活之差，工人九天，农民九地。农民往城里跑，不许他跑。人力财力集中都市，虽不说遗弃吧，恐多少有点。然而农民就是人民，人民就是农民。对人民照顾不足，安顿不好，建国如此？当初革命时农民受日本侵略者，受国民党反动派暴虐，与共产党亲如一家人，今日已不存在此形势。

读者必已觉察到整个发言批评的意味盖过了建议，甚至提到“遗弃”，说共产党与农民亲如家人的形势已不存在。

在毛泽东说我父亲反对总路线之后，他要求解释。十六日作解释，先复述十一日发言，然后说明所提建议的用意。共五点，现在将与建议直接有关的内容摘要于后：

他提议建立群众工作系统以矫正群众工作在时间和空间上的不平衡、不周全；期望由此形成风气。什么风气？“在国家政策政令推行上更着重教育功夫以代替下级干部粗硬作风”；然后说明为什么自己看来像重在农民，“当我看到不能以工会对工人所做功夫所起作用期望于农会，而感觉到如何动员农民有些落空时，我于是想到这个方案”。所说方案就是在乡村建设运动期间拟出的《社会本位的教育系统草案》。

那十一天里发生的事

时间是九月八日至十八日。八至十一日是政协常委扩大会。我父亲不是常委，因为扩大才列席参加了。会场在中南海怀仁堂。十二日起至十八日中央人民政府会议，他又列席参加。当时的体制，有中央人民政府委员数十人，其中许多是党外人士。政协常委扩大会党外人士更多。怀仁堂里党外人士占着相当大的比例。

父亲在九日日记中写道：“周于散会时特致意希望明日发言，允之。”这天是和张治中、侯德榜共坐一个长沙发，位置在主席台下右手。“会间周几次看我，散会时朝我这边走了两步说，明天发发言吧。”

十日，“午后怀仁堂发言者甚多（各地工商联负责人次第起立发言表示拥护公私合营）”。

父亲写一字条送给周恩来，说明将发言改为书面，不占用会议时间。散会时周对他说：“会议延长一天，还是请你发言。”他又应承了。

十一日下午发言。据他事后所写《略记十月九日至十八日的一段经过》，有如下一段话说明自己心中所想：

过去将近三十年的革命都是依靠农民而以乡村为根据地，但自从进入大城市后，工作重点移向城市，从农民成长起来的干部亦都转入城市，乡村不免空虚。近年工人生活提高而农民生活依然很苦，所以各地乡下人都向城里跑，城里不能容又赶他们回去。建国运动而忽略或遗漏了农民——他们是全国人民大部分——怕不相宜，希望政府注意。

恰在前不久他听旁人讲了农村干部强迫命令的一些情况和工人农民生活有如九天九地之差的说法，印象很深，通通组织到发言里去了。

讲完归座。当时任农业部长的李书诚（党外人士）立即讲了一些农业部为改进农业做了些什么努力的事例。同时父亲还注意到周恩来叫秘书到身边嘱咐了几句话，不久秘书拿来一些材料。于是，周恩来举数字说明工人在城里生活开支较农民为多。两人的讲话都没有正面纠正他的发言。他这天日记只有一句与此相关："周似未能接受（建言）。"

十二日日记：列席中央人民政府会议，彭德怀作抗美援朝总结报告。报告完毕而时间尚早，有人请毛主席讲话，毛作即席讲话，"似暗有所指"，父亲"中夜起来，写信给毛"。

他在《略记十月九日至十八日的一段经过》中关于这天的事，是这样写的："主席讲话中，说有人不同意我们的总路线，认为农民生活太苦，要求照顾农民。这大概是孔孟之徒行仁政的意思吧。然须知有大仁政有小仁政，照顾农民是小仁政，发展重工业是大仁政。行小仁政而不行大仁政，就是帮助了美国人。说话中没有提出我的名字，却明明为我而发。我听了微感不快，特别是我何曾反对这一路线呢，亟欲辩明。"

另据汪东林所著《梁漱溟问答录》记载，这天毛泽东的讲话尚有以下一段："有人竟班门弄斧，似乎我们共产党搞了几十年农民运动，还不了解农民。笑话！我们今天的政权基础是工农联盟，工人农民在根本利益上是一致的，这一基础是不容分裂，不容破坏的。"

读者想必注意到毛泽东讲话分量已不轻，我父亲只觉"似暗有所指"和"微感不快"。

十三日上午，他带着半夜写的信去开会，面交毛泽东表示希望有机会说明本意，于是约定晚会前谈话。晚会是梅兰芳演《抗金兵》。

当晚他的日记是这样记的："晚七时晤毛、周。对我发言意旨所在根本没有弄清，且气不顺。"中途退场，"睡眠为思想所扰，但情绪尚宽平耳"。

《略记》中只两句话："主席坚谓我是反对经济建设路线的人，竟不得自明。于是有设法再觅机会复述自己发言之意。"

然而时隔三十二年，汪东林的《梁漱溟问答录》所记，父亲在情绪反应方面颇有不同。"当晚我就在气头上写了一封信，第二天面交毛主席。"还推测"后来我才明白，如果听完毛泽东不点名的批评，我一声不吭，可能事情就到此为止"。

我们再看他的日记，十四日日记完全没有提挨批评的事。十五日日记有"收听俄语重播，发德恒信"，但如下记述表明亲友已听说发言出问题："眉生（山东乡建工作同人）谈主观因素、客观因素虽皆有之，而不必谈客观以致放松自己。

又谈‘自己有所偏’，仍不免于认识‘有对’的一面，只不过偏了。”这是学生在提醒老师要自省了。

十七日狂风暴雨大作，而他十六日日记中反映的情绪是：“早出散步于北海。午后开会，余发言分三段，自以为无事。”其实一场斗争会已经准备就绪。十七日还“早起听俄语”。

十七日，第一场“狂风暴雨”。“午后列席大会。先章伯钧讲，次周恩来讲，追问过去政治行动，毛主席随时插言，有所表示。高岗主席嘱次日准备发言。晚间子为[①]来。”

经历了第一场狂风暴雨回到家里，父亲情绪仍相当平静。那么会场上的情形呢？这里将他所作追记全文照录：

午后开会我循例入场，发现我座席前散发一印刷件，把一九四九年春初我发表于重庆《大公报》的两篇文章中之一篇印发出来。原来（是）两篇，一是对国民党说话，指出国民党人是共方所提和谈八条第一条的战犯，定要追究责任。另一篇则对中共说话，好战者既去，请不要再打，不要以武力求统一。印发者即后一篇。我明白是要批判我。果然，先由章伯钧起立发言，指责我许多。继由周总理在台上长篇讲话，追述往事，说我一贯反动。毛主席三次插言。一次说：“人家都说你是好人，我看你是伪君子。”一次说：“你不是以刀杀人，却是以笔杀人。”末次说：“对于你非止这次不开除你的政协委员，下届政协仍将有你。为什么？因为社会上有一部分人还受你迷惑。”我从座位上起立，欲发言辩解，主席台上宣布会期延长一天，许我明日发言。散会回家，许多朋友都来看我，他们风闻我在会上出了问题，为我担心。我拒绝和他们谈话，集中精力、时间为明天准备发言底稿。

十七日下午的会有三点值得注意的情况在他的日记中没有记或未得到必要的反映。这三点是：

会议由高岗主持，章伯钧首先起立发言。章在政协常委扩大会是我父亲所属那个小组的组长，他以党外人士的组长身份为批判开头，然后由周恩来作长篇讲话，数说过去，定调为一贯反动。父亲曾站起来质问为什么他的两篇文章只印发其中一篇，无人回答。

据黄琪翔（民革中常委）事后说，当周恩来在讲话中说父亲想升官发财，父亲打断周恩来的话，愤然以很高的声音说：“说我想升官发财！笑话，笑话，笑话。”周恩来真的这么说过吗？是的，他说了。父亲为次日（十八日）准备的发言

---

① 指罗子为，山东乡村建设运动同人，时任民盟副秘书长。

草稿中有如下一句："周恩来居然以升官发财看我，真是妙得很。"又在三处注有"此其时矣"四个字。意思是说，如果想升官发财，这都是机会。

周恩来要他交代历史，发言提纲中因而有一句："材料在手边，证人亦在，说几小时不难。唯一要求给我时间。"

不妨说，这次会给他刺激最大的不是说他反动而是说他"想升官发财"。反动与否是对言行性质的判断，"升官发财"没有这种事便不能这样说。因而准备发言的重点便转移到找人对证上来。连带着的变化是前几天的"微感不快"和"尚宽平"的心境，因十七日会议的开法而失去。这表现在如下情况发生：十八日上午富眉生、罗子为又来，"问准备如何发言，亦不与谈。但笑谓，你们晚间再来，且看胜负如何。眉生云不当言胜负。我点头承认他的话，自己解释不过一句笑谈"。

让我们看看他此时的心情。一九五八年五月十五日第二次"向党交心"发言中他追述说："听了周总理指斥我过去怎样反动，（我）依然意气很盛，好像觉得：对我施加高压手段，那我是不受的。毛主席从来不打无把握之仗，这次打击我，怕未必有把握。"他的把握何在？重庆时期做的事是在座许多党外人士一起做的，报纸上也有报道。所谓准备发言底稿，就是列举这些事实且自信对证之下自己是胜方。

请读者注意，后来他转念之间自感有错就错在准备相斗——失去"无对"。"交心"时把它交出来，因为它是错的。虽然，我们从"有对"的心理出发，会认为这很自然。

据他事后所写追记："十八日午后到会发言，不过十分钟即被群众阻止。以往政府开会列席人员不多，恰值此次列席者有二百数十人之多，故颇有声势。我退入座次后，有荣毅仁、许德珩、史良、陈铭枢、章伯钧、李维汉六人连续发言。在李维汉说话的末尾，忽然把我上午对子为等说的'胜负如何'那句话宣布出来。"

父亲所作《略记》实在太略了，但却提供了加以分析的线索。

他发言不过十分钟"即被群众阻止"——突然出现的列席者，出席扩大会议范围以外的人。父亲在准备好的提纲中说："材料在手边，证人亦在，说几小时不难，唯一要求给我时间。"

经表决，他被剥夺了发言权，退回座位，批判开始。共六人发言，五人是民主党派代表。唯一党内发言者是统战部部长李维汉。事先，李维汉曾前往李济深、张澜家，请他们发言，二位谢绝，因而会上发言的是陈铭枢（民革）、史良（民盟）。

二十世纪八十年代，我父亲应汪东林先生的要求，根据记忆和文字资料向他介绍了这次名曰批判实为过火斗争的经过。诚如汪先生所说，父亲很少向别人谈起这天的事，觉得传播这种粗暴行径于国家有损。所以我当年并不曾从父亲口中听到那些"火爆"的情景，我和大家一样看了《毛泽东选集》第五卷才为毛泽东的语言所震惊。

据父亲说，《毛泽东选集》第五卷里那几句最刺耳的话毛泽东当时并没有说，倒是另一些说过的话却没有包括在内（他没有具体讲是哪几句话）。总之，我们看到的毛泽东讲话是事后改动过的。

下文是这次斗争会的情景，引自汪东林作《梁漱溟与毛泽东》。我向读者坦言，我把注意力放在（我觉得）应该作为教训加以记取的会议进行方式上。它太像是给十余年后“文革”期间那无数次斗争会开了先例。我作了节略，不是担心触及什么。

“梁漱溟的答辩发言刚刚开了头，会场上便有一些人打断他，不让他再往下讲。而梁漱溟呢，正迫不及待要往下讲清楚事情的来龙去脉，以解除落在自己身上的大误会。相持之下，梁漱溟离开讲稿，把话头指向主席台，特别是毛主席，以争取发言权。梁漱溟说：‘现在我唯一的要求是给我充分的说话时间。我觉得，昨天会上，各位说了我那么多，今天不给我充分的时间，是不公平的。我很希望领导党以至在座的党外同志考验我、考察我，给我一个机会，就在今天。同时我也直言，我还想考验一下领导党，想看看毛主席有无雅量。什么雅量呢？就是等我把事情的来龙去脉都说清楚之后，毛主席能点点头说：‘好，你原来没有恶意，误会了。’这就是我要求的毛主席的雅量。”

“毛主席这时插话说：‘你要的这个雅量，我大概不会有。’梁漱溟紧接着说：‘主席你有这个雅量，我就更加敬重你，若你真没有这个雅量，我将失掉对你的尊敬。’毛主席说：‘批评有两条，一条是自我批评，一条是批评。对你实行哪一条呢？是实行自我批评吗？不是，是批评。’梁漱溟坚持说：‘我是说主席有无自我批评的雅量。’”

据广州市政协主席、原市统战部部长一九八八年回忆，当时父亲曾一再讲：“主席，请不要动气。”

下面一段文字引自汪东林所著《梁漱溟问答录》，因其有可注意的内容。

“会场大哗，许多人大声呼喊，梁某人是胡说八道，民主权利不给反动分子，让他滚下台来，等等。”

毛泽东表现得从容缓和，说：“梁先生，你今天不要讲长了，把要点讲一讲好不好？”父亲说：“刚才我说过了，希望主席给我充分的时间。”毛主席让他讲到四点钟，而此时已将近四点。

群众不许他讲，毛泽东成了他唯一的希望，会场再次大哗。毛泽东对会场里的人说：“让他再讲十分钟好不好？”会场便安静下来。

十分钟当然不够，父亲再次要求给予公平待遇。会场再次哗然。于是毛泽东说：“不给他充分的时间说话，他说是不公平，让他充分说吧，他就可以讲几个钟头，而他的问题又不是几个钟头，也不是几天，甚至不是几个月可以搞清楚的。而特别是在场的人都不愿意听他再讲下去，我也觉得，他的问题可以移交政协全国委员会辩论、处理。我想指出的，梁漱溟的问题并不是他一个人的问题，而是借他这个人，揭露其反动思想，使大家分清是非。他这个人没有别的好处和功劳，就是有这个作用。因此我主张他继续当政协委员。现在我又提议让他再讲十分钟，简单地再讲一讲。”

父亲说：“我有许多事实要讲，十分钟讲不清楚。”“我依然站在讲台上。”

数十年后，司徒丙鹤先生对家兄讲，斗争会那天他坐在致公党主席司徒美堂老人身边，老人对会场允许喧闹却不给人答辩机会很难接受，曾三次想站起发言都被他劝止。（司徒美堂只会讲英语，司徒丙鹤作为秘书和译员随同出席会议。）

毛泽东说：“你这个人啊，就是只听自己的，不听大家的。不让你讲长话，你说我没有雅量，可是大家都不让你讲，难道大家都没有雅量吗？”毛泽东把矛盾移给“大家”，然后说：“什么是公平呢？在此时此地，公平就是不让你在今天的会上讲话，而让你在另一个会上讲话。”

于是有人提议付诸表决。在高岗宣布表决前，毛泽东说，因为今天这个问题不是中央人民政府会议原有的议程，“列席的同志也可以参加表决”。（引语都是原文，另有三处分析性文字是笔者的。）

在大声呼喊和依次起立发言批评之外，有两个人经过思虑而后小心翼翼地发言。

何香凝的发言有两点与众不同，照旧称呼梁先生而没有和别人那样直呼其名。她认为我父亲一九四九年那几篇文章写得不对，但还不是一生一世没有做过一次好事。建议闭门思过。这含有提醒他冷静的意思。

陈铭枢看出斗争会一经开始便一路升温，在无人挑战的状态下生活惯了的毛泽东讲话越来越尖刻，需要设法刹车，于是提出“请求毛主席明确梁漱溟问题的性质”。三年后（一九五六年），毛泽东才使用“敌我矛盾”和“人民内部矛盾”两种提法，陈铭枢问的等于是这个问题，毛泽东也是针对着这个意思回答的。

“梁漱溟这个人很反动，但是没有发现他暗中有什么活动，也没有发现他与美帝国主义、台湾有什么联系，因此他的问题仍属于思想范围的问题。”

形象化地说，我父亲已被置于敌我矛盾的斜坡上（站在斜坡上的人只需一推就下去），这一问一答使得毛泽东以其具有无比权威的一句话，将父亲留在人民内部。不过，他也留了一个活口。

一九五七年陈铭枢被划为右派，其三大罪状之一是“为梁漱溟作掩护性发言”。

会议的最后一幕是：“末后用举手表决，把我的问题交付政协全国委员会讨论处理。”还责成他作检讨。

想来读者必已注意到所谓“我的问题”含意太过含混。往下，读者还将看到另一件怪事，其实并不真的想要他写出一份检讨来。

中央人民政府扩大会议因为他的“问题”延长一日，至此闭幕。我的叙述从会场转入小铜井一号（寓所）。这个院子里当时的气氛与会场里的气氛非常不同。

“晚间眉生、艮庸、渊庭、子为、云川等同来，谈会上情形及我自己的检讨。”

他不是一再要毛泽东拿出“雅量”作自我批评吗？他不是为得不到公平待遇而非常激愤吗？他是什么时候想到反省的？

我在前面提到过，李维汉发言中揭出一个事实：“你今天上午在家里还对人说要和我们决一胜负！”就是从这被揭穿的一刹那，他开始自省。父亲对我说，听到这句话，他“突然冷静下来”，觉悟到自己落入意气之争。

再看他十九日日记：“午睡尚好，即夜来睡眠亦视前为胜，似与反省而心气平和有关。又有倦乏感觉，亦是精神与身体较合拍之故。午后亚、渊、艮、仰来，艮庸谈对伍先生学（问）之研究。”

二十日，是星期天。我们兄弟二人从机关、学校回家，在这之前完全不知道有什么事发生了。父亲记道：“恕儿、宽儿先后来，为之谈此次事。宽儿出其所见娓娓谈数小时，甚好。另记。恕儿亦有所说。”直到二十世纪八十年代，他只要是向人说这件事都会提到宽哥这天的话对他思想转弯子作用很大。

“眉生来出其所见，亦甚好，均另记。”记到另一个本子上去了。可惜这个本子没有保存下来，无从知道他们具体讲了什么意见，但是父亲在几天后的日记中，记下了他们另一次劝告的大体意思：

“眉生来谈甚多，有云前时（十八日）见先生心平甚好，今日见先生平稳如前，却不好。告以此由一方面麻痹，一面缺乏思想斗争之故。”——心情平稳是反省之心不切的表现，不好。

“晚间宽儿来，询其所见，谓太偏于个人修养考虑而未从政治上考虑。”——应该多从政治上错误和（给国家）造成的损失去检讨，不要偏于反省个人修养如何。

“询其所见”是问看了他写的检讨觉得怎样。他写检讨开始于斗争会后的第三天。从日记上看，他认为自己失去了“无对”的态度，“无对”“超于利用和反抗”。还想到“气动即失心”。这都有违儒家反求诸己的精神。

父亲恳切听取意见。不过他终究是他，不是我们。我是说，他不会有我们这样的从政治观念到思维方式的改弦易辙。请看三十日日记：

“早起续写稿[①]。九时到北海看国画展览，有佳作不少。”接下来记的是几则先贤教语和对自己当前状况的认识：“象山语：要当轩昂奋发，莫恁地沉埋在卑陋凡下处。”“重担子须是硬脊梁汉方担得（大程子语）。”“身不应离心，心不应离身，心身合，谓之中。”“外重内轻，身随物走而离心，失心。”“收拢精神而集中于意之萌动，是谓慎。由慎而入独（内无己而外无人），由独而明朗（明德大明），亦即心正身修。

① 指检讨稿。

二十世纪五十年代中期，梁漱溟摄于小铜井胡同自家宅院中

功夫只在慎独，其他皆非可用力处。”他已把注意力放在自省、自励了。

“夜醒来思年来俗念盈胸，没出息到家，所谓‘古之学者为己’者盖久忘之。自欺太多太大，如何能负荷继绝学之任？”

“没出息”出现在检讨稿中。我看了对他说，自责过甚，不宜用。他说这是自己的真实感觉。既然是真实的，不管颜面上如何，都留着。

十一月十一日，他“以最后改正之《我要建议的是什么》交渊庭送全国委员会转毛主席，计一信、一稿又附件一，参考件九”。

检讨虽已送出，深究错误缘由与友人、门人的讨论仍在进行。请看：“一九五四年三月二十二日，午后艮、亚、渊来谈检讨问题。艮提兢兢业业对大局负责之义。”

五月二十三日，“青（邹晓青）述其意见，大致谓人总是不肯伤及自己，言动之处必与自己利害相合，愚之对新思想及其势力恒加拒抵正亦在此。今应于此搜寻检讨。对于过去在国内社会所起影响作用，应着重检讨。对于面前事实真理不应回避”。

再从日记以外介绍点情况。

我对父亲说什么来着？很奇怪，现在印象不大清楚了。而我对他说的另一些话（见前）为何至今记得清？我认为这是因为我的话不够真切、不是我心中最原本的感觉。看了他的发言提纲，我感觉他不会反对总路线，但是说共产党和农民亲如一家的形势已不存在是犯了大忌，这比说工人、农民生活有九天九地之差还要糟。

我很可能没有说冤枉他了，大概曾指明某些话犯忌，但这不是我说话的重点，重点是要相信共产党；其次，共产党领导着中国，你要配合他们（这个意思几年前就在我心中形成了）。而过去几年有不配合的地方。

我写这本书自然会回顾父子关系，其中包括做过什么对不起他的事。我想到了上面那些话，劝他相信共产党，错在自己一边。那是我的心里话，怎么会成了对不起他的事？他对孔子精神的认知是：孔子要人相信自己，人总是会找到“对”上去。孔子不给人以外在标准。即使我少年时那般不安分，他都相信我，可是我竟然劝他不相信自己。

别人说了些什么，我不知道，但是不会说共产党有错。要知道，日记里常提到的那些人都和他有几十年的师生关系了。

我选择只说一件事的方式，让读者设身处地想象一下事件之后他受到的冷落。而这冷落来自对共产党的信赖。我父亲的二婶（即我的二奶奶）从居民委员会那里听到传达，知道了她的这个侄子“一贯反动”，“反对总路线”。大约在事件之后两个月她生日那天，父亲去拜寿（其实只是选在这天去看望并没送礼之类的习惯），虽然让他进了门，却爱搭不理，父亲辞出。“起初我以为是偶然的，过春节再去，还是不怎么招呼，以后就不再去宫门口了。”家族观念重的老一代人要有多大的义愤才会做到这一步！我这位二奶奶并非苦大仇深，她是同仁堂乐家的女儿，脾气好极了的老太太。（此事父亲亲口对我说，别人不知道。）

街道上的人并不知道那个反动分子是她侄子，没有人动员她和反动分子一刀两断。她不需做给谁看。

我讲这个故事有两个目的，两个目的同等重要。读者由此可以想见我父亲此时感觉到的精神、情感压力有多么大。近几年，不止一篇文章提到他在会场上面对强大压力，其实没有人提到的这种压力才更大，因为它普遍和持久，而且不是经过加工的。共产党得到自动的拥护，反对共产党的人，不是坏人是什么？那还用说吗？生在几十年后的人无法想象当年的社会曾经净化到什么程度。我怀着无限感慨回想乃至于回味那逝去的年代。

如此规模的会开过之后，他的“问题”便挂起来了，从此挂起来没有结局。

父亲依据十天日记所作追记，有附记一则，全文如下：

此后，我即写信给政协请假在家敬候处理，对于各种集会均不去出席。顾久久不见任何动静，而有些开会通知乃至宴会请帖（如公宴金日成请帖）却仍然送来给我。我写信给陈叔通副主席、李维汉秘书长，说明因在假中所以缺席，没有赴会，同时请求给我以当众检讨的机会。李有回信，对于某些通知请帖，说照常送给我，我出席否，随我自己决定。关于我自己当众检讨一层，则嘱辛志超口头答复云不忙。如是延至十二月年尾，经朋友指教，我便销假了。转过年来，一九五四年一月份分组讨论宪法起草，我被分在程潜为组长的一组，参加讨论。所有要给我处分的话，始终不见提，竟然一直无下文。李维汉做事极注意分寸，赴会与否书面答复，检讨问题从此不提但不落笔墨。

从“转过年来”一句看，写附记的时间当在一九五四年一月之后，七月之前。《梁漱溟全集》卷七还收有《准备向潘梓年先生谈的话》一稿。文后有注释两则，其二是这样的：“一九五三年九月我于发言错误后，即曾向领导上陈明自己愿作公开检讨，但一直未得到指示。一九五四年六月十六日又函政协李维汉秘书长请允许我在学习总路线的学习会上借机检讨，所得答复仍嘱从缓（七月十日辛志超同志传此语），遂尔延误太久，深歉于心。”

父亲总惦记着做检讨消除不良影响，当初指责他有种种错误的领导，竟尔再三嘱“从缓”。这是怎么回事？父亲因而有了一种揣想。

一九七六年五月，他拣出“文革”中失而复得的旧日文稿复阅，在《我所要建议的是什么》文后，写了一段话以备忘，并用印。“……惜我发言不慎，以致有破坏工农联盟之嫌，遭受谴责。虽当场举手表决交付政协将给我处分，而卒不见下文。盖后来领导上知我原出善意，遂从搁置也。”

这纯粹是他天真善良的揣想。后来的事实表明，搁置起来并非销案（此处我借用司法用语），实在是一种聪明的做法，不做结论、不给处分的“优越性”，既见于当年，尤见于日后。

我把这个疑问划到下一节去试作探讨。

“余震”

什么算余震？一九五五年春夏，全国报刊展开的批判以及中国科学院社会科学学部召开的“座谈会”算不算？不算。邹平县公安局在全县范围三次收缴一切与乡建运动有关的物件也不算。凡按领导意图发生的事都不算。

一九七七年四月，《毛泽东选集》第五卷出版，《批判梁漱溟反动思想》公开于世，引起了“余震”。举一实例。湖北籍老地下党员段继李，二十世纪三十年代三次被捕，已无法在武汉地区继续隐蔽，转往邹平这座“大庙”“避风雨”，他因而也自认是我父亲的学生。自一九五三年事件发生，段心里就添了一个问号。他说，后来，“从五卷中我看到了《批判梁漱溟反动思想》一文，再三阅读。我感觉好似被批判的不是梁老师其人，又好像毛主席这篇文章不是毛主席的话”。

有段继李这种经历的人绝少，然而觉得“不像”的人却很普遍。

中共十一届三中全会开出了新局。这包括数以万计的人摘去各种政治帽子。而我父亲政协没有按原来说的那样给予处分，没有人看他的检讨，也不曾让他公开作检讨。没有下文亦即没有政治帽子可摘。可不可以理解为他已没有“问题”了呢？决不可以。他仍然是一个有政治问题在身的人，而且不可有所更动或松动。

一九八〇年十一月，《北京晚报》刊出专访《一位刚直不阿的老人》，作者是汪东林先生。诚如汪先生所说，自一九五三年事件以后，这是第一次在报刊上正面报道我父亲。汪先生原本标题较为平淡，《北京晚报》编辑将它强化了。《北京日报》党委事后因此写了检讨，登在中央宣传部内部刊物上。汪先生则被领导找去数说了一顿。

社会上很快传出《北京日报》社挨批，直接责任人受处分，等等。还传出（确有其事）一位身经大起大落的中央领导发了脾气，说搞宣传的人怎么可以这样没有头脑？“说他刚直不阿，他对谁刚直不阿？”（见汪东林著《十年风暴中的爱国民主人士》）

要害就在这儿。这位中央领导说的是心里话，这话使我们看到有人（恐怕不止他一个）不懂得什么是刚直不阿。刚直不阿是对一切人，有选择的刚直不阿与该词原义不符吧。

共产党与民主党派的关系的正式提法是“长期共存、互相监督”。刚直不阿难道要先看对谁，民主党派的刚直不阿可以对着谁、不可以对着谁？

《北京晚报》想约汪东林写这篇专访，原意是显示政治气候“解冻”了，只是他们未曾料到势态如此严重，意想不到地引发了一次“余震”。

“青山遮不住，毕竟东流去。”一九八七年举行“梁漱溟学术思想国际讨论会”，会后报纸发了消息。这又构成一次“余震”。上边追问为什么开这个会，并具体指示：“对梁漱溟这样的人，不宜宣传过分。”

怎样才恰当？是我前面提到过的例子吗？民盟中央举行李公朴、闻一多遇害四十周年纪念会。父亲不是与会者，发言中也看不出他和这件事有任何关系。这次会没有造成“余震”。纪念会主持人是李、闻事件后进入美国领事馆避难者之一。我宁愿设想，那不是他自己的主意。

父亲的“问题”成了大范围解冻之外的个例——不予更动。为什么呢？世间一切事必有其如此或如彼的缘故。

一九五三年九月十一日，他的发言里有两处明显不该讲的话：其一，工人、农民生活差别有如九天九地；其二，共产党与农民亲如一家的形势已不存在。周恩来当即对第一点举出数据作了解释，对第二点未予涉及（十七、十八日两天大会众人发言都不涉及）。总之，周恩来完全没有批评的口气。

十二日毛泽东不指名的批评，定为从方针路线上反对共产党。这表明，十一日晚就父亲的发言曾作研究并有所决定。这意味着对他的期待和忍耐结束了。此后四天都在做准备以完成这个转变。

毛泽东讲明下一届政协仍然让他当委员，用意是做反动教员。但是，会不会还有未加说明的用意？改革开放，言明不再搞政治运动，反面教员已不再需要，特别是人已逝世，不能再当“教员”了，仍然将他的政治身份固定在反对总路线——严重错误上，此时的必要性是什么？

说错误严重吧，为何会后再不作任何表示？这表现在斗争会之后，一切通知请帖照样送，请假也好销假也好，不置可否，检讨一再“从缓”，直至没有下文。显然，有检讨就需有“结论”，或说一声可或不可，但是恰恰不打算这样做。在这一点上，但愿我没有犯武断的毛病。

这是否表明斗争会开过，目的便已达成，再做什么反属画蛇添足了？

据父亲所作《略记十月九日至十八日的一段经过》，十七日会上毛泽东“频频插进讲几句话”，十八日会他被轰下台后，五位民主党派代表上台发言，最后李维汉讲话，毛泽东“略有插言”。是依序进行，是让民主党派表示态度。或许不妨把这次会的作用看作是摆正民主党派与共产党的关系？

统战工作历史上规模最大、成效最大莫过于全面抗战八年和旧政协期间，是以重庆为舞台。当时联系的党外人士此时坐在怀仁堂，他们习惯于“重庆工作模式”。自建立人民民主专政，统战的性质及其工作形式本该相应调整，但这需要有一个使之改变的契机。这种需要不像当反面教员那样便于讲明。

记得父亲曾经对我说（时间约在一九五六年），几位民主党派领导人一度有把他们的党予以解散的意思。针对这个思想动向，毛泽东请他们去中南海，对他们说，共产党将和他们长期共存。民主党派在“文革”期间受红卫兵冲击，停止活动多年，政协全国委员会一度完全停顿，后来处于维持工作勉强进行的状态。“文革”过去后两年，才一切照毛泽东重新塑造的方式继续下去。父亲的“问题”因而固定下来并使其呈现模糊性。

梁漱溟和毛泽东、周恩来后来关系怎样？可以说，完全没有来往。红卫兵抄家之后，父亲曾给毛泽东、周恩来写信，希望帮忙找回《人心与人生》的文稿。《中国——理性之国》完成，他曾送一份给毛泽东，附信请其指教。都不见回音。

周恩来逝世后几天，我谈到从报上登的照片看，毛泽东健康状况不好。父亲说：“肯定过不了今年。”我在震惊状态待了几分钟之后说：“总理和主席在同一年逝世，那就是一个新的历史时期开始了。”他说：“就这个意思。”

清明节，天安门广场人山人海，父亲去了。看见人们纷纷把白纸花别在柏树枝上，他拾起掉在地上的一朵，照着做。

大约是一九九四年感恩节，我在芝加哥，应艾恺先生之邀去他家过火鸡宴，他用不解的神情说道："我问梁先生，周恩来这个人怎么样？梁先生含着眼泪说，周恩来差不多是一个完人。"艾恺先生没有直接问，在那场斗争会之后，为什么提到周恩来梁漱溟先生还会含泪。我说道："父亲说过，他对人不起仇恨心。"

父亲远较我们当中的许多人肯定毛泽东的功绩。不过他不采取所谓三七开或者四六开的说法。对温州黄河清的提问他是这样回答的："常见断见皆非。俗以为今天的我就是昨天的我，便是常见。以为人死如灯灭，就是断见。你不要以为始终是一个毛泽东。他在变，你不能拿他的一段、一角来概括或推论他的前头或后头。那不行。所以实质上没有一个毛泽东，而是无数毛泽东。是前后变化的，种种不同的毛泽东。这是真理，这种真理旁人没有讲，只有佛家讲。孔子说：'逝者如斯夫，不舍昼夜。'大体是一个意思。"

这一年九月十日，发布毛泽东逝世的公告。他十二日日记写道："写出明日小组会发言稿。"十三日，"车来赴会发言，赵朴初有反响"。十五日，"车来赴会，宣布明早十时聚会"。但是，十六日"政协通知今天不接我"。而十七日更有如下记载："宣布明日追悼大会的安排，说我在家不必出来。"下午，"街道革委会李同志等来坐，约我明日看电视广播大会实况"。（见《梁漱溟全集》卷八，第一千零三十一页。）即，周恩来和毛泽东的追悼活动都将他屏之于外。

我最后要讲给读者听的两件事，发生在父亲一九八八年逝世之前和之后。

我们什么时候才能如实地而不是以褊狭的心态对待一个人（我的问题和感慨完全不是为他一人而发）？这个问题甚至是提给海峡两岸的。

那年四月，父亲已住进协和医院，收到我的表姐从旧金山寄来的一份剪报，内容是《世界日报》台湾版副刊发表的文章，标题是《梁漱溟先生，你不能认错》。作者自称对父亲一向极为推崇，可是读了元月号《文汇月刊》里《梁漱溟与毛泽东》一文之后，发现梁先生曾在一九五三年向毛泽东"认错"，失望之余写了这篇文章。说认错关系着"民族的良心和气运"。父亲口授一信，说明自省的认错和向他人低头认错是两回事，并寄给我的表姐要她交给《世界日报》旧金山办事机构，希望予以刊出。

六月，我因开会去美国见到表姐，问起这件事。表姐说对方答称，此信能否刊出须由台北方面定夺，又说，如果发表或须作某些改动。我当即请她转告："发不发表权在《世界日报》，信怎样写，权在个人，可以不发表，但不要改。"信终于未见报，却又有文章借前文再加发挥说，原以为梁先生是大陆学界的一盏明灯，及知有认错之举，"灯即已熄灭，永无复明的希望"云云。

父亲口授复函主要部分如下：

……翟先生表示，他但愿《文汇月刊》一文所写我认错的一些话是访问者的笔误，并希望我能对此事加以澄清。翟先生的用意甚为可感，故敢请借贵报一角，就此略作说明。

当年国务会议上对我不点名批评之后，某日午后将再开会，我准备在此会上就毛泽东认定我的发言系出于恶意一点予以辩明。是日上午我在家中对人言道，“今天将决一胜负”。会议进行时，在对方态度刺激下，我的发言因之较前更欠冷静。然于激烈争执后，突憬然醒悟自己已落入意气用事。善意即是善意，不容指为心怀恶意。为人于是非曲直不应含糊暧昧，自己据理力争就是，何必言胜负？进而忆及平日用以自勉的两句话，“忽毫不能昧，斯须不敢瞒”（明儒罗近溪语），我既省察到自己有杂念，自当不隐瞒，由是在自己思想上对这一错误有检讨之意。中国古人有“反求诸己”的教导，身体力行此教导全在个人自觉，我省悟及此，也是自觉自愿，认错并非向争执的对方认错。

信末说，他不附和批孔的文章已传布海外，如果翟先生看到过，不难明白自己于是非是不苟同的。

而我在父亲日记中更发现有如下的话：“早起查觅旧作检讨文件，有些真切语，值得留示后人。”（见《梁漱溟全集》卷八，第一千零三十七页。）

如此的不苟，恐怕是出乎所有人的意料了。

最可叹的事情发生在一九八八年七月六日，即父亲遗体告别仪式的头一天。

如果读者找出七月七日新华通讯社播发的《梁漱溟生平》，将会发现文中未提“一九五三年事件”，而这是我们遗属力争的结果。不是我们不要提这件事，是力争如实记述这件事。

由中央统战部起草的《梁漱溟生平》初稿，送交遗属征求意见。我们注意到，其中含有毛泽东不容发表不同意见的意思而未予言明，并且说父亲“受到不实事求是的批判”。最可注意的是，初稿没有父亲反对过渡时期总路线的提法，即口气虽然含糊却做到了尊重事实。我们只对三处事实的叙述作了少许改动以使其更加准确，但是，初稿被高层所否定，于是而有第二稿。第二稿则恢复反对总路线之类的说法，却唯独将“受到批判”改为“受到批评”，以示当初即使在对待方式上也合乎分寸。

二稿（亦即高层定稿）是不能修改的。这一点我们在去统战部洽谈之前已经料到。我们的态度是：父亲生前不接受的说法，我们不能替他接受，如果一定要照高层定稿发布，全体遗属将不出席遗体告别仪式。我们的最后方案是完全删去有关一九五三年事件一段，但这个方案也不是副部长有权同意的，最后是阎明复部长从医院里赶来，将一切责任揽到自己身上，同时接受了我们的最后方案。

这个“案子”不能动，是和当初斗争会骤然而发酵又戛然而止一脉衍来。难怪有人叹息现实政治“烫手”。

“国事已上轨道，我无所用其力”

本章的时间阶段为一九五四年至一九六五年，在此之后的“十年浩劫”将另作一章。

“国事已上轨道，我无所用其力”，这句话出现在父亲一九五六年五月十五日日记上。可以说它再确切不过地反映了他“入另册”最初九年的心情。

“入另册”一词，上了年纪的读者一看就知道是出自毛泽东著《湖南农民运动考察报告》。那里面写道，加入农会的贫农在乡里划分阶级，分清谁不是我们这边的人。被打入另册的土劣即刻被孤立起来，（在老中国）人们毕生生活于其乡里，单单“打入另册”，已是不罚之罚。

读者最好不要对我借用这七十年前湖南农民运动中的术语作太多的引申（请注意“太”字，即不是没有引申）。我父亲总是想着“合”，认为联合一切人才能救中国，同时注意到毛泽东走的路子刚好相反，一上来就做“分”的功夫（“谁是我们的朋友，谁是我们的敌人，是革命的首要问题”）；现在毛泽东把分的功夫用在我父亲身上了。只有一次父亲说，这种对待使他感到“寒冷”。当年在重庆常来常往、以礼相待，一下子变得一律再不与他见面。这就是有组织与没有组织的区别。组织的力量有多大，正可于此见之。

在另一则日记里，他写道：“自从中国共产党领导全国人建立人民政权以来，那个困扰我的中国问题已经解决了，不须再为它操心。”这是那时的心情，符合当时的情况。一九五六年！正值中国鼓帆前进的时刻。

情形这么好，他这爱国心切的人深深尝到了不让参与的苦味。然而，他有他的顽强劲儿，“今日忽念及拟写中共从何而得以挽救中国”（一九五六年六月十一日日记）。他要用自己的观点去说明，乱了近百年的国事为什么会上了轨道。这其实是他一厢情愿，对这个问题自有说法，并不欢迎类似他这种人多嘴。

这一点他也领会了。于是，就有一副条幅挂在居室西墙上：“情可不言喻，文期后世知。书付宽、恕两儿。”

写了现在没有人看，将来有人看。这包括他此后写的一切。不过，到了垂暮之年，情况倒也没有这样糟。

我从几方面写他这一段生活。

尚存一个师友聚会处

二十世纪二十年代成婚以后，他有了传统意义上的家和作为朋友聚会处东煤厂、大有庄等那个家。三十年代，邹平县无异于一个大的朋友聚会处，四十年代朋友们所办的中学既是聚会处也是他的家。唯有五十年代自己的家成为了朋友聚会处。不是同住共学，而是在此晤面交谈而已。地点是新街口豁口小铜井一号。

翻开这一时期的日记，会不断看到，“午后亚、艮、渊、仰四人来略谈”，“亚、艮、渊来，仰未到，同出散步于后海一周”，或者“早去北海，艮、渊、大中来，同习拳，略谈，十时散去”。

这里面提到的亚、艮即是陈亚三、黄艮庸两人，“关系至深、踪迹至密，几于毕生相依者”。渊——李渊庭，曹州中学学生，“相从数十年不离者”。“大中（郭大中）与我结识，由张云川介绍……结交虽晚于他友，但近年过从较密者不能不数大中”。至于仰——马仰乾，一九二九年父亲北上考察村治同行者之一，是伍先生在家乡办学的助手、游击队里的军医，五十年代初与伍庸伯同来北京，一年后伍先生病逝，他成为父亲的终生朋友，乃是自然不过的事。还有王星贤，二十年代北大英语系毕业，曾从学于马一浮先生，父亲认为王是一位学问家，自己够不上。由于住得远，大家不经常参与聚会。自“文革”时起，朋友日渐凋零，“幸有王星贤二十年至今同住北京，时常相会，最为得益”，父亲“写《人心与人生》每写出一部分即送星贤看，星贤有意见辄指出修改之”。

富眉生、罗子为相从始于邹平，但属另一类型的师友关系，不讲佛家、儒家学问，且是当时在各自机关工作，平时不来小铜井参与聚会。

早年同住共学的张俶知、云颂天远在四川，时时以书信通音问、谈思想。纵使山川阻隔，在孔门学问上的实践、体证方面，正是“海内存知己，天涯若比邻”。

他们在一起谈什么呢？今天所谓的“旧学”自是要谈。父亲为伍庸伯作传和著文说明伍学的价值，也是他们大家的事，最终成书，虽以他用心用力最多，但朋友们实实在在地参与了此项工作。

与林宰平、熊十力两先生同一倾心于东方之学，一九五三年后，他们之间的关系一如往昔，不受政治影响。（读者径可依自己之见看待这“不受影响”。）二十世纪二十年代便师事林、熊两先生的几位朋友，当然也没有理由作任何改变。林先生一直住本司胡同，父亲每想念这位年长的朋友，便去那里拜访。熊先生住在后海，相距非远，学问上的歧见有时当面交换意见，有时书面交换意见，朋友们在小铜井聚会便将这些意见作为论题。偶尔还有这样的事：“八时半到熊先生处，渊、亚、艮、仰均来。十二时饭于地安门一酒家，又回熊先生处续谈至午后三时。”

谈话也会贴近生活。父亲次日将去北戴河气功疗养所，习气功，“午后亚、艮、渊、仰四人来谈学气功事，各有益言耐味”。

他们也讨论“新学”。如共产党讲“忘我”，和他们常说的“无我”有无相同处？“艮庸出其所作见示，其中良知良能一文犹是老一套，不行（离阶级社会而谈人，离身而谈心）”。

“二时半，亚、艮、渊、仰四人来，泛谈本日报中共论专政历史经验一文之好。”（按指波匈事件后《人民日报》所发《论无产阶级专政的历史经验》。）

读者可能想不到，我父亲从不喜欢整日枯坐室中，一日之内，上下午各去公园一次并不罕见，且时常独自划船。朋友不及他好动，不一同习拳便不去公园。逢到春秋之季天气好，大家会同赴西郊登山。下面的日记则是偶尔一见的盛事：“……去颐和园，张云川及张伯驹夫妇已先候于车站，大中、艮庸、渊庭继至，共七人同搭车到温泉，散步至大觉寺看杏花，漫遍山麓数十里，有似梅花。在寺内

积水潭小铜井胡同家自宅院内景

休息进食，适寺内清静少人，憩息甚适。一时后散步回温泉，登车回城。”

尚存的朋友团体所起作用是不待言的。然而，光阴流逝和接连而至的政治运动最终摧毁了它。读者将看到，只剩下一个人的时候，他是怎样尽到“天”所赋予自己的责任。

“天之所予厚矣”

他是在感叹什么？单看几个字不行，整个意思是这样的：“念东方古人（佛法、儒学）所明，不为今人所晓，有能以晓之者，今日非我乎？自解放以来，国事已上轨道，我无所用其力，而时会恰好安排我用其力于此一任务，岂可玩忽？至于目前环境设备，天之所予厚矣，岂可辜负？”“又念当如何偿先父心愿。”

这是父亲引导自己往通里去想。估计十位读者之中有八个半会觉得，梁漱溟先生早就该这么想。然而，那不是他的个性。

说到居住条件，小铜井一号这院落，共计大小十三间房，父亲和继母住北房五间。屋内为地板，廊下是方砖铺地。屋檐内正中悬着林宰平先生为纪念先祖父所书“桂林梁先生读书处”的匾额，屋内陈设的是二十世纪三十年代初母亲居家北平购置的一套红木家具。我的舅父和舅母一家住在南屋；彼此有个照应而又十分清静。

出得大门，几步之外便是积水潭，是北京城内水系中最北、最小的湖泊。南岸有石碑一通，上书“桂林梁先生殉道处”；北岸，有古城墙和位于小土山上的汇通祠（祭礼水神的小庙），虽云残破，倒也存留着一些故都风貌。

所以，说到环境设备，确是蛮好了。况且，决不应忘记，可以取益的朋友就在不远。

还须说明，前引父亲日记记于一九五六年五月十五日，地点在北戴河气功疗养所。这一年较不平常，他决意把失眠问题解决一下，三度去北戴河，一度上西山八大处，都是为了习静功调整睡眠。习静，必要排除一切思虑，而父亲正是不能排除思虑的人。偶入无思虑静境旋又失去。在经历了睡得非常坏的一夜之后，他写道：“来此原为调整睡眠，今大闹其失眠，（此）乃至有意义之事，应正视之，有勇气克服之，看到底谁战胜谁。这好像是斗争，但却需以平淡取胜，对抗则失败之矣，且看结果吧。”

结果是，学会以卧式和坐式做功，自此而后许多年每日凌晨都做一次。然而，这一年的最大收获（依我看）是思考了而且决定了后来的生活，“五三年事件”带给他的不良心绪成为过去。如上引日记所说，“天之所予厚矣”，抓紧工作吧。

以下几则日记读者看了将会有亲切感，增添些许理解。

伍先生之学能传中国古人所给人类文化最大的贡献，愚幸闻其绪，自审能为先生作说明者，舍我无第二人，则如何阐发伍学，我之责任不亦重乎？当时时不要忘忽。拟于年内抽暇先作一传记草稿。

今日大动思旧之情，不能自已。往日父母兄弟亲戚故旧种种纷纷上心来。因念儒佛异同，儒者笃于人情（人伦是也）而佛徒由多情而超于情（断烦恼、特别是断烦恼之痴）。

由失眠问题思及性格禀赋之偏，不尽属神经衰弱症候，故而难治。同时，追念亡室靖贤，以其尝指出我之短也。

又念当以此身付之天地宇宙之公，此身有其一期之用，然而用与不用亦非我的问题，一切有天命在焉。

检阅一九五三年一月十二日日记，深有所省，兼悟东西学术之异。前者自叹为学无用力处，更无得力处，今者将用力于平淡乎？

（按这一天所记即前章引述过的生活无用处更无得力处。）

又，思索中悟及儒家、佛家之真处，均不可能在社会发展史中发现，须从人之所以为人上觅出之。此《人心与人生》之所以作也。

（果然，搁置了整整三十年的撰写《人心与人生》这一夙愿在这一年真的开始实现了。）

早五时醒即盘坐，初次平常，二次于专志中有念虑起伏，然非杂念，从一向猥琐之鄙念转向积极承当之念。消除一切欣厌之情，高高峰顶立，深深海底行。先从自信自肯入手，无所怖畏而行。此念殆今后一生之大转机。

（读者将看到，从思想见解上重新树立自信自肯大非易事，这关系到对大量事实的再审视而非出自一转念。）

为使今人所不晓的东方学术不致湮灭，此后二十余年他做了什么，将另辟一章。这里只需顺带着讲一件读者会稍感意外并觉有兴味的事。

如今，年届六旬的读者很少有谁没读过《卓娅和舒拉的故事》。那时他们是青少年，而我父亲那时已是六十八岁的老人，可他也爱读这本书，还利用在海拉尔休假的机会重读此书，并写了一篇读后。

当地图书馆形同虚设，“托苗处长借来《卓娅与舒拉》”，将“卓娅书粗温一遍”（以前看过，心里想着它），随即写起来。这本苏联的爱国主义教育通俗读物从什么地方打动了他的感情？自一面说他和大家一样，自另一面说，另有见到处。

那么他看到了什么？这本书“出于其母手笔。二子身为国殇，其尽忠于国之情节自当所详”，可是还写下了唯母亲才能感受的细心事情（似是平日常见），“由是而知，其子忠烈固有本有素”，正唯其叙述“琐细逼真……不意存说教，乃所以感人者弥深”。“慈爱、孝友、忠贞自昔中国人好言之，而如此至文尚不多见，吾是以不能不深深叹美之也。”

然而，这篇读后之所以写，还因为“中国古人尽心知性之学，彼未之前闻，吾将从这里抉而出之”。俄罗斯文化里没有的东西不等于俄罗斯人的心里没有。他每抄一段卓娅母亲柯斯莫捷绵斯卡娅的话，附一段述评。他的目光（姑且说目光）从这母子三人的家庭生活中，看到的是人同此心，《人心与人生》要讲的道理这里就有。

以下是几段引文。

“书中叙述二子出生以至其死，于稚弱情态颇多描绘，而卓娅秉性既有可见。原书二十三页处本意在写舒拉有趣，却透露了卓娅的为人；最有趣的是，如果卓娅不了解什么东西，她就直率地承认这个（不了解），可是舒拉自尊心特别大，‘我不知道’这句话，是很难从他口中说出来的。（下略）

“下文颇长极有趣味，读者可取阅原书，这里不能不从略。这里要指出的是：卓娅所表现正是中国古人所云‘知之为知之，不知为不知，是知也’那句话。最末一个‘知’字——第五个知字，在她内心是明强的。这亦是古人所云‘直心是道’。”（大约此时舒拉至多三岁而卓娅五岁未满。）

再看卓娅稍长大入学以后有一桩事就更清楚。原书一八三页至一八五页处，母亲叙述着：

“‘卓娅你为什么这样愁眉不展呀？’（母问）‘化学得了（评分）很好。’卓娅不高兴地回答说。

“我脸上显出了那样地惊愕的神气，舒拉甚至忍不住哈哈大笑起来。

“‘成绩很好倒使你难受了吗？’我问道。我真有些不相信自己的耳朵和眼睛了。

“因为卓娅坚决地不说话，舒拉就开始说道，“现在就把一切都对你说明白了吧。你知道吗，她认为化学她知道得不够‘很好’。

“在舒拉的语气里表现出他不同意于她。

“卓娅两手托着下颚，一双不高兴的黯淡的眼睛由舒拉身上移到我身上来。

“‘本来嘛，’她说，‘这个很好一点也不能使我高兴。我踱来踱去，左想右想，最后我走近蔚拉·亚历山大罗夫娜（化学教师），对她说，您的这一门功课我知道得不够‘很好’。可是她看了看我，就说，‘您既然这样说，那就表明将来您能知

道。我这次给你的‘很好’，就算是给您的预支吧。’

“‘她（化学教师）一定是想你故意装腔作势。’舒拉气愤地说。

“‘不，她没有这样想！’卓娅昂然挺直了腰，她的两颊马上红了……”

“此下叙述母亲看出舒拉的话痛楚地刺激了卓娅，起来说话支援卓娅，以及另一次卓娅不在时舒拉又拉出此事来讨论，均从略。在此要指出的是：卓娅所表现不又是其明强内心明觉之强，不容一毫欺瞒得吗？”

引文至此已嫌冗长，只得打住。

此次休假他还看了高尔基、拿破仑和几种版本的甘地传。一度都想写读后，但只完成甘地传读书录。八月四日记写道：“续写读书录，不完亦完。”所谓不完亦完，是指休假中写这类杂稿。

不意参与了一件国事

当时，酝酿建立广西壮族自治区遇到一点阻力。广西境内的壮族是中国少数民族人口最多的，但境内汉族人口仍多过壮族。

一九五七年二月十九日，父亲应邀去统战部讨论建立广西壮族自治区的问题，参加者都是广西籍人士。据他对我说，多数持保留态度，而我父亲赞成。如“任公（李济深）未发言”。与此同时，第三届政协也在开会，编组先是将广西人编在一组，后来又取消，还是照老例，将不属任何党派的委员编作“特邀组”。不过，讨论交叉进行。从日记上看，讨论到建自治区问题时又是参加广西组。

父亲一向认为，由于不走民族对立的路，中华民族历数千年而不断扩大。此外也因为前不久毛泽东提出正确处理人民内部矛盾。大会发的文件有一些关于青年思想及罢工、罢课的事件，他的印象是政府处理得“尚开明”。

他在三月六日日记中写道：“九时广西组座谈周总理报告，愚就毛、周先后二次报告，指出内部团结为对外之本。”

十五日，“夜间收星期日为广西问题开会的通知”。事情已经进入实行的阶段，二十六日会上“未发言，并早退席，留一字表示可回桂一行”。在作了这个表示之后，他被指定为广西组召集人，甘春雷为副组长。广播电台约他由桂回京作广播。

须知，这是在一九五五年全国报刊对他进行大批判之后不久。出发前，“诸友嘱我谨慎此行”。

父亲四月二十日抵桂林，五月二十一日返回北京，恰是出门一个月。从日记看，期间曾在临桂县人代会和桂林市人代会讲话各两小时。又应广西师范学院之邀讲建自治区问题和“五四运动”历史意义。父亲日记还记载，这之后，“市人委邀我于明日作报告”。在转赴南宁前数小时，应邀到市府和市政协座谈，“愚分就人代制度及政协工作发言，周市长总结时极表感谢”。

一九五五年四月，梁漱溟摄于上海大厦

朋友不放心的事没有出现，然而只是表面热闹。初到桂林，记者即来采访，请他讲讲此行任务和意义，还同他商量了怎样报道，甚至一起拟了一个稿子。次日报上“完全不用商定之稿，甚可恶”。

返回北京的第四天，“为《光明日报》写一稿，以人代制度及政协工作为题”。看来与对桂林市要讲的是同一主题。此稿未有下文。

因为有此一支持建立壮族自治区的行动，父亲曾担心在广西给他安排职务。幸而没有。

这使我联想到性质相同的另一件事。所谓性质相同是同在“有对”，父亲曾说以“有对”待人“不出乎利用与反抗”。

那是“五三年事件”过后不太久（一九五四年八月），他“忽接电话约到统战部由周（恩来）作报告，主要谈英国工党访华团及解放台湾两事”。这一年春上，中国首次与其他四大国一同出席日内瓦会议，外交局面显见开展。英国工党有可能在秋季大选中上台，于是正副党首和重要成员组团访华以制造声势。因而也是我国首次接待如此有分量的西方国家代表团。

工党代表团中无人认识我父亲，与代表团同来的几名英国记者是抗战时期的老重庆，他们认识。

次日，“亚、艮、渊来同谈英人访华问题”。朋友们关心时事。“晚间叶（笃义）来谈至十时，以英访为中心。”过一夜，收到参加紫光阁酒会请帖，“午后萨空了来”。这两位年资晚于我父亲而同他有过一段较不平常工作关系的人接踵来访，他们奉命打招呼，“那件事”（五三年事件）不必对外曝光。

我听说了这“提醒”，心中很不是滋味，但把它装进肚里直到今天。似乎是我受了一次侮辱，我对中国的忠诚受到了怀疑。我又不能不叹息周恩来操心国事到了无人堪与相比的程度，而且只有他记忆力那么好，萨空了之外还想起了叶笃义。防堵一切可能的纰漏，此外没有别的。可畏可敬的“有对”！

“不服自服”

服什么？服共产党救中国的路对，自己的“原来没有对”。用武力统一了中国，这是他以前“绝不相信的事”。

“不服自服”是原话，见于政协整风小组“向党交心”的发言（一九五八年五月十六日）。

细心的读者会指出：梁漱溟先生自相矛盾了，在北戴河写的日记里不是写过“先从自信自肯入手”吗？

不错，他这样说了。不过日记里所说“自信自肯”是指哲学方面，他在政治见解主张方面则失去了自信。原因很明显，事实是打出了一个统一的中国，打出了一个专政的社会且功效立见。正是人们嘴上常说的事实胜于雄辩。所说“不服自服”，即是服在事实就在你面前。

因为在这一章里要向读者提供此一时间阶段内他的生活状况、思想状况的概貌，所以将政治认识上“不服自服”作为一节放在这里。

不妨预先让读者知道，父亲政治认识上后来恢复了自信自肯，说了这样的话：“他（毛泽东）的道理浅，我的道理深。”

好了，现在读者已知道问题的结局。我将谨守说话有根有据的原则，一路写下来。大家看了印象好坏是大家的事。父亲说过，建国原是公共的问题，公开讨论固不可少，他有社会影响，怎样评价他不是我家的事。

他说：“你便让我空空洞洞不着实，我都不会。我非把握得实际问题要点，我便不会用思。”又说自己的思想行动都受着强烈情感上的“督迫”。

上述原因使他积数十年“筑起了对中国问题认识的一个体系”，无疑，也必因上述原因才会被摇撼。

“因为共产党的思想更有它一贯的体系，而彼此又同在求着解决一个中国问题，所以一切所见不合亦就始终环绕着一个中心问题——中国社会的阶级问题”，以及应否经由阶级斗争来解决中国问题。

一九五一年，他在致林伯渠信中说：“在两年来的体验中，使一个自信很强的我减少了自信，而不能不转移到信任中共。特别是对眼前国家的事情而言。”请注意“眼前国家的事情”，即仍不是一切事。

一九五八年，国家干部人人要向党交心，政协里的老先生们也不例外，并且强调把“黑心”交出来。我父亲说，他不觉得自己有黑或白的心，只有真实情况可说，这情况就是他有“一肚子疑问”，从一个“意见多的人变成了疑问多的人”——眼前的事实仍和自己一向的见解在心中冲突。不过，冲突归冲突，事实摆在面前。“不服自服”就是这么一种心情下说的。于是他承认“阶级社会所有规律在中国一样起着作用”。

“当前最大事实就是国家统一稳定，把过去几十年混乱之局根本消除。不容否认，这正是由善于运用阶级斗争而取得的。”请注意“善于运用”四个字。

也是在交心中，他说自己“多少年来就实际在做着反对革命的事，却自以为是革命，还以此号召于人。这比之不革命的或者简简单单、反对革命的所起的作用大不相同。它阻挠着革命，妨害着革命，表面上还好像不够反动，其实反动力更大更强”。

这等于同意毛泽东在斗争会上批他的那番话了。他唯一的保留是，不曾反对总路线、没有重农轻工的意思。“我不能囫囵吞枣把什么错都承认下来”。

“不服自服”是事实摆在面前你还有什么说的？服了，但还不是心悦诚服。心悦诚服那才是真的解决了问题。

所谓“表面上不够反动，其实反动力更大更强”，父亲接受了这个论点。一个人责己之心过切，会在愧疚的心情下这样讲。这个论点我在机关里参加政治学习讨论过，我没有表示不同意，但也没有接受。后来知道，这是俄共（布）以及苏共用来批判社会党人的论点。这其实也是“善于运用”，我注意到二十世纪三十年代苏联在欧洲组织反法西斯阵线时，首先设法联合的正是那理论上反动力更大的社会党，二十世纪五十年代苏联执行缓和政策时又是首先向社会党靠近。自此而后，我在心里不相信这个论点。

父亲在交心中说，对共产党的拥护有时不很自然。原话是这样的：“由当前一切事实所证明，深知必须拥护党的领导，尽管自己一时不够明白亦拥护，拥护总不会错的。在决心拥护之中而有时候出之不很自然，特别在思想改造运动中如此。”

这句话又一次告诉我们，是事实使他服。“愚衷心感想甚多，自愧不如共产党多矣！”（参观梅山水库日记）“听一位女同志说明一切。豫、皖、鲁、苏四省总括规划周密无遗，而人力之发动尤不可及。”（参观治淮工程日记）还有在朝鲜杀了美国的威风之类让中国人扬眉吐气的事，使他有生逢盛世的感觉（这话是我说的，但不会差得太远）。在我父亲心中，“国”居于什么位置何等重要，是很多人想不到的。所以他才会习静的时候想起来写一本书说明中共何以挽救中国。一九五七年，别人以为他要“鸣放”，却发现他没有什么想鸣放的。

后来，他是否随着政治气候变化翻案了？是“反动本质”迟早要暴露？他恢复自信是“文革”期间。那不是“翻案”的时机，至于原因，我斗胆说一句，恐怕倒是在太看重当前事实。然而，当前的事实有时是表象。“夙性独立思考的我，渐渐恢复了自信。”一九八一年他遂有《试说明毛泽东晚年许多错误之根源》之作（见后）。

此时而得尽亲情

“国事已上轨道，我无所用其力”，原是一件憾事，但这使他有了“闲空”，当父亲和祖父。依我的理解，对当年的不顾家他没有后悔，如今的表现，毋宁说是父性的复苏。这应看作同是天之所予。天——我们不知其所以然的事实推演。

天好像是在捉弄人，父亲有“闲空”了，却不能如所愿的那样尽其亲情。

中国旧貌换新颜，这对我们父子三人是最大幸福。我们还有一个大愿，愿把这种幸福给全世界共享。我们很特别吗？一点也不。在那个最有为的年代，千万中国人同此心愿。其中有一部分不幸者，诸如我们这种家里有“地主资产阶级”代表的，就要注意“划清界限”。在这里，我不提当年那些口号，不回头讲当时怎样为难。

再没有谁比我父亲更爱讲人心了，那绝非空口讲的学问，这门学问用到这个问题上，就是他充分体谅我们的难处，相信凡我们能做（或说宜于做的）我们自会做到。后来，兄弟二人先后成家，成为配偶的张颂华和胡真便“共享”了这份为难。

进入二十世纪八十年代，“划界限”以出乎意料的速度从人们的生活乃至意识中消失。它没有给我们留下需要追悔的事。但是写这一节，不能不提这个政治背景。须知，我们就是这样活过来的。

前面说过，小铜井一号有十三间房，住着四个老人，父亲和继母之外还有舅父和舅母。另一位舅母和她的三个孩子星期天来。总之，这个院子的常住人口是四个。二十世纪五十年代末，舅父、舅母相继去世，院子里只住两个人。即使如此，没有人想过要我们兄弟中有一个搬来住。为了解决太冷清、太孤单的问题，居民委员会推荐一对夫妇住进来。

一九五九年，我和胡真婚后不及一月便下放锻炼，一年后回京在小铜井住了几天，因为要等房管处分配宿舍，全部被褥需要拆洗。一位同志说：“老梁怎么住到家里去了！”她大概觉得我应该去住招待所。我考虑过，那样做已属矫情。我在心里掌握着尺度。

读者看过这住房的例子，对于划界限有些实感了吧。

“家”在父亲心中包括他的哥哥妹妹，以及他们的子女。在这一节里，只写我的婚事和我的儿子幼时所受的关爱。

人的一生是在一代一代重复中有变化。我的儿子长到三十来岁差一点时通知我，“别管我恋爱结婚的事”。这个意思体现在他的缄默中，似乎我只需等着看结果。当初，我比他显得谦恭，内心也是不要管，不过我采取主动汇报的方式，对父亲说了择偶的取向以及虽然“时间已到”，并没有危机和危机感。

有一次，我分析自己内心深处的感觉，以此表明不喜欢由别人介绍。我说，当我去见一个女人目的是看她能不能和我结婚时，我厌恶自己竟然做这样的事。虽然如约去了，却是心绪恶劣，告辞走开如释重负。

那么，为什么还要去呢？因为肯张罗这件事的若非长辈便是交情不一般的朋友。拂逆他人好意只可在万不得已时才做。父亲听了我的想法，边听边点头。

一天，四舅母说将在元旦介绍我认识一位她的同事。地点就在南屋。原来，她是受父亲的委托。我心里怨他多事，决定“完满地”处理这件事，结果是不完满。四舅母的心情是，我应该有话直说，她宁愿我及早回绝，以免给那位同事平添一番苦恼。我把注意之点放在不伤害诸位长辈，她把注意之点放在不伤害同事。她比我更有理。

父亲点了头为什么还要托人介绍呢？他喜欢那番自我剖析，那是在讲人心。他只顾首肯我的情趣不粗俗，忽略了我的暗示。

然而，我还是感激他。事后父亲对四舅母解释说：“培恕有一点变，现在是外圆内方。”显然，我小时外也不圆。经他一说，回看自己处事真的是与前不同。

父亲用心之细，还可见于他的日记。他隔着一个院子和两层玻璃窗观察到“其四舅母态度稍冷”。“恕儿走后赶写一信有所嘱咐。”第二天，“饮食后又发恕儿一信”。

不知这一年我走的是什么运。二月份，又有一位故交愿把她的外甥女介绍给我，对方具有出人意料的温婉和秀丽，她不能摆脱母亲的操纵，以双方受伤而告终。

我们的交往持续了三个月。事情之奇莫过于父亲锐敏地觉察到这位不出场的老太太的破坏性作用，他看出我十分投入不免受伤，但是不能把预感告诉我，那将是干涉。他一个字没有说，而我却已察觉到他掩盖着的疑虑。今天，我要说的是：人心之感应之快捷、锐敏的程度，是人类制造的任何传感、测探工具所不能及。

其间父亲为广西建自治区的事出去一个月，回来我的事情已经处理完毕。

在日记里他写道：“听其谈与 ××× 关系问题。胸次高朗，甚慰于心。午后现之及亚、艮、渊来谈广西之行，兼及恕儿婚事。”

这里要补充一点情况。听我把结束这件事所抱定的原则和步骤讲了，父亲说：“你的态度可以用‘高朗’两个字来概括。”同一天下午，唐现之先生等人去小铜井。第二天我收到他的来信，浓墨重笔：“亚极言 ××× 之好，我只得以情形告之。现之等皆谓不可及。亚且云，‘高朗’二字犹未足以尽之，于其情之深未尽也。”这封信没有保存，我是默记下来的。

亚三先生见到 ××× 是因为我领她去诊脉，我的想法是乘还能见面，再为她做一件事。

下面讲的，是我婚后的事情。

一九六一年一月，我和胡真奉调去黑龙江省安达市工作。县改市以支援大庆油田。那正是所谓“三年自然灾害”带来严重后果的时候。到了那里，发现什么都缺只是不缺人。儿子钦东生下刚三月也抱着去了。大人百事可忍，婴儿没有奶吃不能忍，于是送回北京。

父亲和继母都欢迎这个孙儿回来。婴儿尚无思想意识可言，与祖父同住是可以的。小铜井一号如有婴儿啼声，确可打破那里的冷清。然而我不得不决然把钦东送到兄嫂那里，另租一间小房，请一位山东大娘照看。继母脾气急躁，请了女工总是干不了几天就辞去。

我仍是“外圆内方”，不立刻说不能住小铜井的话。先找肯收婴儿的幼儿园，如不成，就多花钱请专人照看。

回京次日，父亲便和我一同在西四一带寻找接收婴儿的幼儿园。几天过去，都不如意。父亲也只是在这时才将期望说出。他说：“我看你母亲还是有女人疼孩子的心……”这个我注意到了，继母给钦东换尿布办法不对，却是极其小心翼翼。问题在女工待不长。我解释道：“婴儿一切依赖带他的人，换一个人会认生，哭闹好几天才慢慢适应，请来的女工也需要时间熟悉这个婴儿。必有一个互相适应的时间，经常换人，婴儿受影响太大。”

父亲听了用力点头，断然放弃了自己的想望。

宽哥一家住在北京大学蔚秀园宿舍。父亲日记里不时记着去蔚秀园看望儿孙。自这以后，又多了去那间小屋看钦东。

因为适当“困难时期”，父亲还兼职采购。“早五时作外功下地，即去蔚秀园以竹帘付宽儿给小东屋用。又看颂华小元，原麻疹后黄瘦。”“与宽儿通电话，午饭后二时去蔚秀园为小东送去枕头葡萄汁等。又去托儿所接小元。”“收宽儿电话云，小元需用小牙刷。”

“东颇识愚。”这年夏天，父亲离京月余，回来去看钦东，王大妈故意不作提示，钦东略迟疑后张臂求抱。

“东能步矣。”当年父亲未得看我学步，而今从孙辈这里得以补上。

钦东两岁，可以入幼儿园了，辞去王大妈，离开蔚秀园。兄嫂得以息肩，繁难转到父亲身上。正常情况下，星期六下午孩子接回小铜井，星期一上午送回幼儿园。钦东在襁褓中即不爱哭，在爷爷身边本可不太费心。

数十名幼儿睡一间大屋子，夜间不免疏于照顾。接连感冒，钦东成了病儿，坐下了气喘的病根。气温一变就感冒，喘到不能躺下睡觉。

送钦东回京前，机关领导问道：“回去谁给看着？”我漫然回答：“奶奶。”按诸常规，只要有奶奶，当然是奶奶看着最好不过。事实上恰不然。平时在家，爷

一九五九年，梁漱溟与友人在颐和园。左起，陈亚三、黄艮庸、梁漱溟、XXX、李渊庭

爷领着玩儿，领着睡，生了病还是爷爷当护士。如果接连病好几天，孩子就由陈二姨（继母之妹）帮助看护一两夜，让爷爷稍得歇息。一九六三年春天，情况最为严重。一个月内，托儿所数次电话通知接回家去。其间，父亲自己还生了病。

“早起照料小东。九时忽感头脑不适，即嘱芬送小东回托儿所。十一时，张国富及车来，同去北京医院急诊。”

“夜来视小东三次。早五时半起床，忽又感不适，电约渊庭来……”

“回家，忽闻托儿所有电话促我接小东，因其哮喘甚剧。”在家待了两天，还没恢复，已经不能再留了。“愚看小东似痰多了又腹疼，迟疑久久，终送其回托儿所。东似含泪，可悯。去蔚秀园看小元，因其落水。”

“接小东回家，似尚好。晚间文诠（即陈二姨）陪其睡，不意竟而受凉。自夜三时即不睡，文诠照顾不周。”

“东益见病态，伴之一夜，竟不得解衣，曾拟送东去儿童医院急诊，又中止。”

“夜来三时东已醒，移至我床同卧，说话度时间至五时，愚困甚。”

“写发恕儿一信，告以东情况，盼胡真早回京。”但胡真未能成行，因第二个孩子钦慧已在腹中，将于夏季回京待产。

父亲在照顾孩子方面的细致竟然超过了陈二姨，他习惯于从不管家、不管孩子，这对于他是何等难以预料的变化！这一年，他已七十岁。

上述就是我父亲被打入另册之后几方面的生活。东方之学不为今人所晓，东方之学并不玄虚，东方之学被误认作古董。我父亲的种种表现，无论于公于私，都是尽心尽力于为人治世。

一件可能不获理解的事

父亲做了一件可能不获理解的事。

一九六一年，他写了一篇严厉批评熊十力先生的文章：《读熊著各书书后》。社会上不知道他们两人交情深，了解他的人是知道的。

父亲认为，熊先生治学上的缺失已达到“自毁”的程度；还说，熊先生当年原已正确地认识了儒家精神，却一任自己个性和气质上的偏失发展，这直是一种“堕落”。

我说父亲可能不获理解是指下面两点：一、父亲认为儒学、佛学（他称之为东方之学）与西方哲学是两回事。中国人引进西方哲学之后，误将东方之学看作与西方哲学相同的学问了，实则它们是两回事。东方之学实为一种生活实践，不在讲说与推究。熊先生是以对待西方哲学的态度对待东方之学。二、父亲如此严厉地批评是否过当和近于无情？

下文将着重说明第二点。在《读熊著各书书后》的末尾附有题记，他写道：“将写《东方学术概观》一书，特先写此文以资启导。”也就是说，那第一个问题可以从《东方学术概观》中获得解释。

他评熊著起头的一句话便是：“我与熊先生虽同一倾心东方古人之学，以此相交游共讲习者四十年余，然彼此所见固不尽同。先生平素著述甚富，晚年尤孜孜，屡有成书，每书出，必先以赠我，我读之多有不足于先生之处。”

他们之间存在不同意见，并非后来才有的事。他感到熊先生治学上的缺欠越见明显是后来的事。

他们两人所见不尽同，脾气则是非常之不同。《梁漱溟全集》卷八里只有一封父亲给熊先生的信，内容是父亲对熊先生的一个观点有不同意见，而这件事是熊先生从旁人那里听说的，生起气来。待此事传到父亲耳朵里，为避免误会加重，他才写信作说明。当初他之所以不直言，正因习知熊先生容易生气。因而信里又有一段规劝熊先生的话：“当发表自己其实并不确知正确与否的意见时，口气不宜武断，你我都缺乏现代科学知识，遇到这方面的事更不好随便评说。”

规劝没有发生作用，而两个人也往来如昔。这可见之于父亲一九六一年四月和六月的几则日记。那时，他已经在写《读熊著各书书后》了。

四月二十一日，“翻阅熊著有悟其旨”。

四月二十二日，“渊、艮、亚三人到，谈我评熊著稿，适有熊先生新来一信，传阅”。同一天，“又收熊先生答我七言绝句诗，访艮庸付以熊信”。

四月二十八日，“仲光（熊仲光，本姓池，熊先生义女）收到熊先生一极长信论其新旧各书，发熊先生一信”。

六月二十二日，“大约在熊先生胸中确有其灼然见到处，故其书属文时见有其直抒胸臆从主观演绎下来，对于一些根本问题断言如何如何，出语精辟，令人惊服”。

日记没有向我们透露更多信息，但不难看出，两人已在治学方面交换意见。《读熊著各书书后》至七月初“得其大半，又以避暑海拉尔而搁笔”。这是指政协组织委员们外出度假一个月。不过，父亲是带着熊先生所著各书去的，为的是利用这段时间选取书中精粹，成为一本《熊著选粹》。

七月四日抵达目的地，五日，他“开始选取熊著”，此后一连几天都在“抄熊著”。九日，“早四时作外功下地，洗漱后习拳于户外。洗袜子。抄熊著。七时半早餐后小睡，再抄稿。十二时午饭后小睡，睡起再抄熊著，引起自勘自省，真志未立也”。

他在忙什么？他将以《熊著选粹》和《读熊著各书书后》一并留给后世之人。《熊著选粹》有后记，其文如下：“《读熊著各书书后》一文既以愚所不足于先生者写出，求正于后世之学者矣。然先生之学固有其价值不容抹杀，因再举书中我所认识其价值者录于此，冀有助于后之治东方学者之研究。”

这个“后”字的确切含意是，“无意出示当世之人”，故云。不是给我们看的。不过，既然不得不收集在《梁漱溟全集》中而印行于世，我也就把它写进这书里来了。

《选粹》共选二十二则，十之八九取自《读经示要》和《十力语要》，不附任何评语，所以只是选和抄。

父亲说，这是“披沙拣金”，“若使金随沙去，则损失固不在熊先生也”。此外，他也是想用这来证实熊先生早年原本正确。这个正确首先是态度正确，态度正确，所见才会正确。我们也常有这样的说法，不过，他此处是专有所指，指的是东方之学“贵在力行，而不尚思辨，思辨乃为力行而用，舍力行而思辨，曾未之前闻”。

父亲说，《选粹》中那些见解“皆甚正确”，且“时或有胜前贤（朱子），盖无不根于亲觌性体而来”。熊先生自己也说过，有些进境得益于王阳明《咏良知四首示诸生》(“无声无臭独知时，此是乾坤万有基”)。可是后来，他竟说这首诗“甚可玩”！当然，一个人是可以改变态度观点的，不过那要讲出理由，不讲理由而口气变得“略无逊谨婉和之意”，则不对。这是因为，熊先生后来发展到“以理论自雄，习于俯视一切，随便说话惯了”，以至有“余敢断言”如何如何的话。

熊先生“我慢”重，父亲写道：“愚往昔曾进箴规，《十力语要》中尚存有答我之语。”“然我慢之重，亦积习太久，黄河万里拖泥带水而行，本素所喻。然今且将老矣，又病矣。病益为拖带之故”。(《十力语要》卷四第四十七页。)可见，熊先生未尝不自知。熊先生的问题是：“一度见性，却不勉于学，任从情趣亦即从其气质之偏……随年力之衰，而习气更张。”

“堕落”这话诚然是非常重了，不过他对熊先生也是专有所指：“他亦完全明白东方古人之学莫不有其自反之真实功夫，为其学问所自出，不应离开此等真实功夫而谈什么思想理论……怠于自反之功，这便是堕落。”

我父亲有一个特点，非常为后人着想，本不愿对老朋友说这样的重话，“然而及今不言，后之人何由知所鉴戒”！

他写道：“吾文至此结束，掷笔兴叹，不胜惨恻于心。时为一九六一年十二月十九日。”

担任“反面教员”的经历

二十世纪八十年代以来，人们对我父亲产生兴趣，多是因为听说他是新儒家和硬骨头；由此，又对他的政治态度有所揣想。

本章将讲述他是怎样担任“反面教员”的；所谓硬骨头，是因什么而硬。

其实，“反面教员”自古有之，今后仍然会有。它是对敌斗争诸多手段、方法之一。所不同于以往的是，毛泽东明确说，帝国主义反动派可以做人民的反面教员。在这个思想观点的作用下，以及由于政治运动频仍，“反面教员”一词曾被广泛和过度使用。我父亲算是比较显眼的一个。

为了写这本书，我仔细阅读父亲的日记，竟有一个新发现：在他所属的那个学习小组里，政协委员们还曾经请他担任正面教员——辅导学习。当然，不是在批判正进行的时候。这是一件值得深思的事。

一九四九年，“香港的朋友”骂了他一阵；一九五二年，几位先生在《光明日报》发表批判文章，已含有当“教员”的意思，但与一九五三年以后的情况还不能相比。对于自己这种“身份”，父亲心里清楚，但是他的言论不曾因而有改变。这曾使一些人当场愤怒而终于无可奈何。究其原因，不过是一个“直”字——不因利害而拐弯——无所趋、无所避。

他不止一次对领导人表示，因为是政治运动，为了不妨碍运动，自己的意见可以不公开讲或可以写下来给领导人看。但他的好意从未被接受。

二十余年的反面教员生涯可分为前期和后期。前期是领导安排或有人抓辫子，后期他遭批判是自己有所建言引起，同是当靶子，后一种情况在感受上与前者当有不同。

不回避担任反面教员

父亲不回避当反面教员。不错，其中并无欣然之意，但不回避却是真的。

一九五一年十月，《光明日报》刊出《两年来我有了哪些转变》之后，还刊出数篇批评他的文章。于是，他写了《敬答赐教的几位先生》。一上来就说，自己“宁愿面谈，不愿笔战”。原因是，“交换意见只有面谈才亲切”，面谈易于认清对方意思所在，利于纠正对方，在启发对方和进逼对方上较笔墨有力。自另一面看，意见既经写出来，应是较“成熟而臻于精练的东西”，又可以拿来反复看，所以书之于纸也有长处。

可是父亲很知道，“今天改造知识分子思想的运动中，把这些辩论文字在报纸上展开是有其意义的”。

读了苏联大使尤金的文章，父亲将个人体会四处请教，全都避而不答。在他是为了求知，在别人则是深知此中政治责任太大。同理，他希望面谈，别人出于政治原因必要在报上展开批评。这一点，他渐渐看懂了。待到“五三年事件”发生，批判的目的明显不在帮助个人，他因而有如下表态：“所有现在对我的批判是说给广大群众的，还是说给我的？……我想二者兼有，而主要在前者。”①

一九五六年政协大会上，他作了一次发言，专谈自己的思想改造。其中谈到，一九五五年在科学院他面对数十名学者表示拥护这一批判运动（请注意“运动”二字）。“当时郭沫若先生说，他对我的话是否由衷之言，要打个问号。他这一问问得好。”接着父亲就说明，他所拥护的是政治运动，“拥护”二字在内心并不简单直接，“抗拒心理亦不断下去又起来”，最后归结到“建国以来我们的成就太大了”，“国际威望日隆，都是从来没有的事情，甚至是原来不敢期望的事”。反观自己，过去“帮助了某种罪恶局面维持”，抗拒心理是由此而得消除的。在这前提下，个人遭遇置而不论。

为什么这样说？因为他说他考虑了“我在这运动中还应该怎样做”。他决定保持沉默，如果起而反驳批判的不合事实之处，会“减低了既起的作用”。

对于他拥护的是政治运动（不是对事实或学理的辩论），还需再举一实例方能说得透。

历次政治运动中，批孔是他最无法理解、最不能同意的。即使如此，他说：“但我想这是一政治运动，必然有其必要……我不说话好了。”大家知道，后来他还是说了话。因为政治运动没有对立面不热闹，逼他说话的办法是声言不说话也是一种态度。

---

① 梁漱溟与潘梓年的谈话。

一九七三年十一月五日，政协学习会宣读冯友兰批孔论文，父亲日记里只两个字：“可叹。”次日，他在日记中写道：“夜间思索孔子评价问题。”此时再避免讲话是不行了。明知别人是搞政治运动，他自己则决心严守治学态度，于是而有《今天我们应当如何评价孔子》一文。

我据此说他自觉担任反面教员，不知读者是否首肯。

初任反面教员

如上一章所述，中央和地方报纸、杂志都投入了一次集中批判。与此同时，科学院社会科学学部召集数十名学者对父亲作面对面的批判。每接到开会通知，他就按时前往，李渊庭同去，担任记录。

这年秋天，陆定一（时任中宣部部长）曾作内部总结，对历时半载的批判予以肯定。这次运动至此结束。

严格说来，他在全国范围内担任反面教员只这一次。此后，他只是在政协全国委员会机关内起这种作用，政协委员（尤其是他所属的那个小组）以及机关工作人员，拿他当运动的对立面。

这些批判都不涉及一九五三年的事。大体是报刊和座谈会批他过去的学术和社会政治活动，政协机关批他“现行”的言论。

郭沫若在座谈会致开幕词，使用了“予以镇压”的措辞。这似乎证实了批判是政治性的举动，并非学术性。

这次运动期间，父亲曾去拜访当时学部的负责人（亦即座谈会日常主持者），坦言从批判得到的帮助不大。“现在看各篇的批判，有些地方不合事实，我不能承认（此多属于政治方面），有些地方我认识不到它的错误（此大抵在哲学方面）。想要顾到我言必由衷，那说话就要少。”

这最后一句话大概是希望座谈会不要过多要他对批判做出表态，以免顶起来。

在这次谈话中，他还顺便向潘梓年请教。潘梓年翻译过法国哲学家柏格森所著《时间与自由意志》，并写有一篇译者序言，对柏氏学说深致推崇。父亲说：“哲学上我是深喜柏格森的，现在要我否认他的道理，做不到。”他问潘梓年：“你是怎样从柏格森哲学里跳脱出来的？希望指点给我。”潘却笑而不答。

上面这番话是一九五八年政协和全国一道掀起向党交心运动时讲的。由于请教于人屡次得不到答复，“积下了许多疑问”。父亲说：“如果要交心，我感到只是疑问多而已。其中亦有抵触情绪，但并无不敢吐露的话。像对柏格森加一些反动丑恶的帽子而不能明其所以然，这是我不服气的。”

上面所述，见于交心发言稿（《梁漱溟全集》卷七），当年曾由政协印发给全体委员阅看。可惜，父亲一九五五年的日记毁于“文革”，这一年受批判的情形和这一期间的思想状况，我们无从知道得更多。

在回避他的提问，回避给予指教的同时，存在着一种相反的现象——对反面教员其人——一个政治上有问题的人，人人得而教育之。

“大跃进”，这经济上的狂热有政治上的狂热为先导。父亲在交心发言里说，他“一定要拥护党的领导，包括一切政策、一切措施、一切号召，都一律拥护、响应、服从”。这个调子已经不能再高了。只因他是实在人，不知不觉坦白出“我有一大矛盾，一面想改造，一面感觉改造不了……这改造不了的就是佛家出世思想”。于是，“每位先生对我提意见都说到这个问题”，说出世就是拒绝为人民服务。

由于委员们并非都懂得佛家的出世间法，父亲在交心之余又花费时间为他们作了解说。最后他说道：“马列主义在世间法来说完全对，我对它完全承认，没有抵触。问题在于，马列主义不认为有出世这一回事。”其结果是，“我承认马列主义，可惜马列主义不承认我”。这是很危险的言论。只因大家不愿涉入其间，没有招来一番批判。

父亲说，指出他拒绝为人民服务是“警告性的善言”，他思索很久，“愿意亦做些为人民服务的事以自赎。我想到偏远省区乡村中做扫盲工作”。自己是生在北京又通汉文的人，可以推广拼音方案和普通话。

他受到的另一指责是，声言拥护党却不积极参加运动。这表现在他很少发言“帮助”别人。

他也有他的苦衷。运动之初他曾建议少开大会，希望分成小组细谈。“我不满意不痛不痒的这种方式，此议又未获实现，颇感觉难以在这会上达到自我改造的要求。”其实，运动重在声势，细谈怎么行？

在无奈的心情下，他请过三次假。这当然不行，专门为他开了两次会给予“帮助”。“领导上号召鼓足干劲而你却冷淡消极”，“这就是不履行义务”。至于担心思想改造的效果，那是多余的，“领导上早有安排，何待你东寻西求”？

在追问下，他交出了思想顾虑的根子：“六年来许多时光在牵掣中蹉跎过去，不免此心更急。”请假是为了给自己多保留一点时间写《人心与人生》。最后，逼出一个痛苦的问题：不知能否在“做拥护党的公民的前提下，从事研究写作”。

也曾拒绝担任反面教员

政协四届一次会议闭幕前夕，他曾愤而拒绝担任反面教员。（二十余年只此一次。）

一九六四年十二月某日傍晚，我从自己家去小铜井，进门未及谈什么，父亲

二十世纪六十年代，梁漱溟与外甥邹思栋（晓青）

递给我一份文件，说："你看看这个。"这是他在会议分组讨论的发言稿，已经政协打字印刷。我看的时候，他一直站在旁边等我讲读后印象。这使我高度集中注意力搜寻其中的错误。

我看不出错误，但是必然有错误，否则，他怎么会引起批判了呢？于是我说道："发言里讲的两个道理（认识必然以争取主动和相信群众、依靠群众、调动群众的积极性和创造性）没有错。可是别人听了可能不太舒服。你没有工作上的实践，讲这两个工作上的基本精神不免架空而谈，似乎是在说：我懂得两个道理，讲给你们听听。这样在别人听起来就好像在指教人家。此外我就找不出什么错了。"

他点头同意。

然而，事情并不如我所言。同小组的委员们纷纷发言指责他不提狠抓阶级斗争在取得成就中所起的作用。的确，旁人的发言都说周恩来的报告贯穿着"一根阶级斗争的红线"。

这里我想提一下时代背景。年老的读者记得，"三年自然灾害"是经过执行"八字方针"（调整、巩固、充实、提高）后在一九六二年走出低谷的，是从不实际的高速发展退回到较为实际而取得的结果。周恩来的政府工作报告正是对这几年的经验教训总结。

父亲的发言是对周总理这一部分极表赞同。如果他只是说如何如何赞成和兴奋而无所发挥，也许可以免于批判。然而，他的发言包含了自己的认识。

有必要介绍一下他所讲的“两个道理”。

第一个道理：认识必然以争取主动何所指？那就是认识客观规律，认识了必然的客观规律，我们就能因之用之以制胜于客观事物，便能取得主动权。人原是有主观能动性的，但不循由必然而盲动便会碰钉子，落于被动而没有主动可言，亦没有自由可言。

第二个道理：相信群众、依靠群众、调动群众的积极性和创造性，就能完成任何艰巨任务。后一个道理和前一个道理是彼此配合不可分割的。前者重在认识、掌握事物客观规律，后者重在人类主观能动性的发挥和表现。

他接着又说：“两个道理都要紧，但后者尤重要，因为人是主，一切都靠人。”

父亲参观治淮工程在日记里写道：“自愧不如共产党多矣。”愧在何处？我的理解，他愧在下面提出的问题：“人民群众的精神力量往往是潜在的，有待于领导、启发、培训、运用。为什么唯独毛泽东共产党能领导，而旁人不行？这两道理为什么独被共产党所掌握发挥？”

听了周恩来的总结报告，他心中有所悟，不禁想“试申言其理”。

有趣的是，他在讲这两道理之后，逐一指明周恩来报告第几页、第几段讲的就是这个意思，好像是预防有人发难。

但是，此时对内对外的“反修”斗争正在升温，周恩来的报告中还包括了阶级斗争的内容。

其他委员的发言都对强调阶级斗争部分做出响应，而父亲的发言没有提阶级斗争。当时阶级斗争“这根弦”已经绷得很紧，这样的发言确乎异于他人。

亦如父亲的发言没有提阶级斗争，委员们也没有理睬他的“两个道理”，只顾追究他何所居心。说他企图用唯心论曲解周总理的报告，而且这样做本身就是阶级斗争。（阶级斗争就在我们身边！）

对于这种往阶级斗争方面拔高的做法，他多少有些习惯了。（“文革”中称作“猛上纲”。）下一步的发展使他决定起而辩明。

有人把小组讨论出现的这个问题以联合发言的形式提到大会上去了，在重复了小组会上的指责之外又加码，说从他的发言可以看出“反映在旧知识分子当中的阶级斗争的尖锐性和严重性”。

调子高不要紧。父亲要的是实在和公平。为什么不印发他的发言而只印所谓的联合发言？而且大会执行主席向大会推荐联合发言“值得一看”，这是在执行主席不曾看过我父亲的发言的情况下就表态的。这不对。我父亲坚持要的是一个“对”字。于是，他当场写了一封短信直接递给坐在台上的周恩来（时任政协主席），要求大会给予说明事实的机会。（与一九五三年同。）

信递上去，大会已近散会时刻，而第二天便是闭幕式。周恩来总结这次大会的成绩说：这是一次团结的大会、民主的大会。在谈到民主时说，有一位委员来信要求给予辩论的机会，这可以在大会闭幕后安排。

转过年来五月份，政协学习委员会通知将在政协直属小组（即父亲所属的无党派委员小组）进行辩论。“辩论”会共进行了几十次，还扩大了参加者的范围，除两位联合发言者外还来了另几位据认为理论水平高的人。

辩论会成了声讨会，因为最后上纲到某某是挖空心思否定阶级斗争、反党反社会主义。就在话已说尽，批判会难以为继的时刻，领导指示允许答辩。

一九六五年八月三日，父亲作八千字的发言。他先声明负责作记录的同志今天不必辛苦了。今天是宣读发言稿，不作任何措辞改动或发挥，讲完底稿交付办公室。

我不准备复述父亲发言中解释“两个道理”的话，只复述足以体现其个性的部分。

使他必须起而申辩的原因是：“某某这样说，某某执行主席这样信，大会群众就这样信。”

关于唯心和反动，他有三点要讲明：“一是我在政协会上的发言，可以肯定没有落于唯心的窠臼；二是我不敢保证自己能免于唯心，即思想问题没有解决；三是我有充分的证据说明我政治上不反动。”

对父亲这三句的解释，只复述其中小部分。他说，一个人可能不赞成唯心而遇事不自觉地落于唯心；即一时认识不清，属思想问题。同样，一个人政治上基本不反动而有时不自觉地反动，仍是思想范围的问题。“只有政治上自觉地反动，才是真反动。据此，我虽不敢保证自己不唯心，却可以保证自己不反动。换句话说，就是我的思想问题可能没有解决好，但我的政治问题基本上解决了。”“给自己下这个结论绝非自我标榜，而是有十分把握的。”倒是覃异之说他“反动透顶”，不知何所据而言，令人怀疑落于唯心。

批判于是升级，转入揭批父亲在其他场合的反动言论。于是有人回想起一九六四年去山西参观“四清”（亦即社教运动）座谈观感时，我父亲曾引用过恩格斯的一段话，意思是只要人与人之间还存在相互斗争，而没有联合起来共同向自然界做斗争，人类便还没有进入自由的王国。

揭发者认为，引用恩格斯的话是别有用心，将阶级斗争说成是人与人之间的倾轧，要我父亲回答是否妄图否定阶级斗争。

为回答这个质问，父亲说道：“结合恩格斯的论断，联系中共八大《决议》，我原以为在我国完成所有制的三大改造、进入社会主义阶段之后，就不应该把人的力量用在彼此间的斗争上，而应该使人与人之间的关系得到调整，同心协力，把矛盾指向大自然，向大自然开战，这才能使人类做大自然的主人，一步步进入自由王国。因此对这几年忽然又大抓阶级斗争的做法，思想认识上转不过弯来。”他声明，这并不是否定人类社会中阶级斗争的必要性；但所谓狐狸尾巴已经被抓住，与会委员们为之惊喜，辩论会可以开得有声有色了。

父亲非常赞赏恩格斯这段话。据我所知，他第一次引用见于《中国民族自救运动之最后觉悟》（一九三一年），而且以后几乎每讲到社会主义的意义都会引用。（这个问题以后还会专门谈到。）事实上，他是怀着欣慰、欣喜的心情想要讲出自己见到的“两个道理”，一是为国家高兴，吸取教训，“灾害”过去了；二是自己的认识有提高。在邹平，他希望能依靠群众，发动群众可是群众不动。五十年代，他又发现自己不懂矛盾论，不会运用矛盾论。（父亲著有《我的思想改造得力于〈矛盾论〉》，收在《梁漱溟全集》卷七。此处不及详。）

在历次担任反面教员中，唯这一次他心情最不好。满心高兴，结果兜头一盆冷水。

自觉担任反面教员

细看父亲担任反面教员，有前后期之分，而之所以可分是因为前期纯属被动挨批，后期具有自觉性。所谓自觉性就是明知某种话不能说，还是决定说。

“文革”前，大家发言拥护，他也表示拥护，见解上未必全同而心情一样。（例如讲“两个道理”。）“文革”期间，大家发言拥护，他不说拥护，但是也不说反对，而是就事论事地讲事情不该这么做。这一变化和他所说渐渐恢复了自信是相关的。

受“文革”冲击，政协很快处于不（能）工作状态。直到一九六九年春才在军代表主持下勉强恢复工作。从这时起到一九七八年初冬十一届三中全会召开前，九年间父亲因两次议政（宪法问题），一次不同意全盘否定孔子而成为批判对象，这三次都属“自觉担任反面教员”。如以时间为序来叙述，拒不参加批孔运动是在两次议政之间。本节把一九七〇年与一九七八年两次议政并在一起叙述，而将发生于一九七三年至一九七四年的“批孔”置于本节前部。

随着时间推移，“文革”初期被捕、被隔离审查的政协委员，可以露面的日渐多起来，下放到“五七干校”的政协机关工作人员已经回来工作，军代表也已撤回部队。政协具备了投入大规模政治运动的条件。

国内形势林彪事件已处理完毕，周恩来病势渐重。“四人帮”发动“批林批孔”（还批“周公”）运动，运动发端于一九七三年初冬。一九七四年一月二十四日（大年初一），江青在北京体育馆召开万人大会造势，周恩来被迫当众检讨没有把“批林批孔”抓好。

“批林批孔”运动闹过了之后，父亲写出《批孔运动以来我在学习会上的发言及其经过述略》（一九七四年十一月十八日）。一生中他写过两篇“经过”，上一次是一九五三年。

“批孔运动始自一九七三年十一月，我在学习会上第一次发言在十六日，其词是对会上同人向我发问的回答。”

他一上来就声明：“此时此地我没有好多话可说。”为什么呢？自己的意见不宜发表。别人纷纷发言表示拥护了，他始终沉默。当然，都知道他心里有话。在这之前十天（即七日），“杜某挑战不应”（见日记）。无奈接连数日屡遭挑战，他不得不这样说：“毛主席早曾说过的，如有不同意见允许保留的话。新党章内尚且有此规定，何况我们党外人。”

在毛主席和党章的权威面前，众人无话。

但是，由于当时非常强调“与中央保持一致”，以及运动若没有对立面便没有声势，事实上不容他不发言而不发挥“作用”。他把有关于林彪的意见讲了：“我之批林有些不同于众的说法，颇受众人非难，竟然加我以尊孔保林的罪名。”

关于林，父亲是这样说的，“林彪无路线可言”，“我认真找过，没有发现”。“路线是公开的，可以见人的”，“不敢见人的不是路线”。“而刘少奇主张很多，都是公开的。彭德怀也有信给毛主席，他对党的路线、政策有怀疑，公开提出自己的主张。”如果他们有错，“只是所见不同或所见不对”。

这些话，今天看来合乎事实，似乎可以不批。当时“学习会同人在这里却指责我把无产阶级政治中的路线斗争，说成是封建国家或资本主义国家彼此个人间的权力之争，有意反对领导党之所定论。那对我是一种诬赖”。

据汪东林先生书中记载，“对梁漱溟的批判，由一二十人的小组会上升为一二百人的大会”，运动终于因他热闹起来。

这当然仍不合要求。运动的意图是把林彪和孔子合在一起。后来还扯出历史上的儒家和法家之争影射当前。所以事情远没有完。

读者会问，梁漱溟先生既已明言保留（批孔）意见，怎么后来又说话了呢？

他说：“在学习会上我曾表示对于时下流行的批孔意见不能同意，但我不愿公开表示，妨碍当前运动。假如统战部领导方面想知道我的不同意见是什么，我可以写出评价孔子一文，送请阅看。”

这种憋不住想说的心情是从何而来的呢？一九七三年十二月五日，政协学习会宣读冯友兰的批孔论文，他当晚日记评为“可叹”，次日日记说：“夜间思索孔子评价问题，当从理智与理性二分法入手……”他不能不说了。

召集人之一赵朴初原已传达领导方面的话，写不写评价孔子一文听他自由，但他自己却决意去写出来。于是一九七四年一月着笔写《今天我们应当如何评价

二十世纪六十年代，梁漱溟与续弦陈树棻摄于小铜井旧居

孔子》一文。

一月二十四日，江青召开批孔动员大会，霸气十足地喊道："有一个叫梁漱溟的拒绝批孔！"稍后，为加强效果，一位教授在大会进行到一半时应邀入场。当晚有关传闻在京城不胫而走。

紧接着便发生了如下的情况：一月二十日，"恕儿来久坐，极言时势不便"。连续数日记有："星贤约艮庸同来谈批孔事"；"艮庸来谈，其意殷殷"；"雪昭来争吵多时"；"赵君劢来坐，亦致劝意"，"赵朴初说话甚多，略答谢之"。"赵、杨关怀，免为出一言。"

因而，《经过》一文中有如下语："虽家人儿辈及亲友诸关心我者，皆虑我发言贾祸，我一切不顾。"

这"一切不顾"的缘故十分完整地在致王星贤的信中表达出来："顷间为我顾虑的问题未及面答。吾自信此一生是负着沟通东西古今学术思想之使命的。一生遭际都非偶然兴致。年来胸怀只有尽我责任之一念，相信一切皆在天命中。假如有什么祸福、荣辱、得失到来，完全接受，不疑讶，不骇异，不怨不尤……我态度坚强、稳定，兄不难从旁看出。"

一九四六年国民政府重庆政治协商会议闭幕，父亲决定不参加联合政府去做文化工作，曾写《今后我努力之所在》；一九四九年解放军大军渡江之前，写《给各方朋友的一封公开信》。每当他自己认定这件事必须做而又为人所不理解，他就会以文字形式争取理解。这次写的是《敬答一切爱护我的朋友，我将这样地参加批孔运动》。

先答谢厚爱之意，接着便说：“我个性很强，遇到问题要独立思考，以自觉自愿行之。”在很长的一段话结尾处，他再次说到个性：“我的一生是主动的一生。一九五〇年‘五一节’，在天安门城楼上我看见当时无党派人士联合向毛主席献旗，旗上写着：‘我们永远跟着您走！’我那时心里想：从我口里是说不出这话来的。”

既然个性如此，怎么办？他说，“但我想这是一政治运动，必然有其必要”，愿保证“不做妨碍的事”。经朋友劝勉，他细看《红旗》杂志第二期短评，其中说“这不是个学术问题而是个政治问题”。既然如此，他想出一个从学术角度参加批孔的办法，在《今天我们应如何评价孔子》之外另写一篇“专批儒书流传在过去二千多年历史上起的不良作用，特别是在当前社会主义革命和社会主义建设上有碍作用。说话偏于一面（学术）”。

但是后一篇没有写出来，大概是运动热火朝天之际顾不上，运动既过再无必要。

现在《梁漱溟全集》里共收有两篇批孔期间被逼出来的文章，除《今天我们应如何评价孔子》一文之外，尚有《试论中国社会的历史发展属于马克思所谓亚洲社会生产方式》。

就这个问题著文的缘故是：批判会上“程发言极长，迫我谈奴隶制问题，最后决定明日答之”。

那时“四人帮”给孔子定的罪名之一是“维护奴隶制”，他发言中微露此说未足信的意思，可是，“否认奴隶制即使时论失据”，“于是群情爆炸，说我猖狂向党进攻”，“意气方盛的我，遂于二月二十二及二十五日连续作五小时之长篇发言”。

这使政协的批孔运动出现高潮。父亲的心理状态非常有意思。他认为中国社会发展走的路与古希腊、罗马不同，这个话早先书里可以写，解放以来不能写，倒是批斗使他得到机会“倾吐中国社会的历史发展特殊之说”。

中国不属典型奴隶制社会、马克思所谓亚洲社会生产方式、以二分法评价孔子，三个问题已属学术性，此处不及备述，我只介绍其产生的过程如上，然后介绍他申述“应该如何”评价孔子的部分，以及两次精彩的答对。

父亲说，“应当”二字不能轻忽看过，“那就是站在社会主义新中国的中国人立场，从建国二十多年的今天来说话之意”。至于“如何”，“那就是回顾过去历史文化上孔子起了什么作用，什么影响，是大是小，是好是坏，要加以评量。既然说评价就要一分为二，绝对否定，绝对肯定都是不对的”。“孔子本人早已过去不在了，他不会说话，他不会申诉，如何评价，大权在我们手中。而在我写此文时，文中一切就是我的判断，我要负责，应当多加考虑，不要考虑不够，考虑得太少。

如果轻率从事，抬高了他或贬低了他，于他无所增损，只是自己的荒唐失败。那是我自己不允许自己的。”

两次答对。其一在一九七四年一月二十八日。（即江青召开万人大会后四天，火力最猛时。）

父亲发言中有“我尊重领导，同时亦尊重我自己”这么一句话。宋希濂问：“何谓尊重自己？”他回答：“就是尊重自己人格。”于树德问：“人格何所指？”他回答：“表里如一，光明磊落，就是有人格。反之，口是心非，就无人格。”

其二，江青点名后，政协的批斗火力完全集中到他一人。从一月至九月，先则每周四次会，后减至三次，八月天热，减至一次。九月下旬作为结束，举行三天各组联席会，发言都是从批孔归结到批梁。发言完毕，主持者征询感想，父亲答以“三军可夺帅也，匹夫不可夺志”。

按照当时的习惯，批判一方必须是胜利的一方，对得到这样的答复缺乏思想准备，愕然之余勒令我父亲做出解释。他的解释如下：

我认为，孔子本身不是宗教，也不要人信仰他，他只要人相信自己的理性。我只是相信自己的理性，而不轻易去相信别的什么。别的人可能对我有启发，但也还只是启发我的理性，归根结底，我还是按我的理性而言而动。因为一定要我说话，再三问我，我才说了“三军可夺帅也，匹夫不可夺志”的老话。吐露出来，是受压力的人说的话，不是得势的人说的话。“匹夫”就是独一人，无权无势。他最后一着只是坚信自己的“志”。什么都可以夺掉，但这个“志”没法夺，就是把这个人消灭掉，也无法夺掉。

此一答对十余年后公诸于世，大家为他的骨气所感动。读者看了下面的日记，将对这骨气（实为对这个人）有深一层的理解。

三月十一日（写《我的声明》的同天）：“夜来有悟，早四时起写‘空’‘假’‘中’座右铭。”座右铭？这是做什么的？这是批孔期间他写给自己的持志立身的座右铭。全文如下：

时刻自警。

“空”一切法毕竟空，心净如虚空，永离一切有。照见五蕴皆空，何从有我。

“假”无我中幻有今我，从众缘生。

“中”以如此菲材，值此运会，不可免地有其艰难险阻，战战兢兢如临深渊，如履薄冰，要当目不旁视，心不旁用，好好负起历史使命而行。

这使我们再清楚不过地看到，一个佛徒在为继绝学（儒学）而尽力。

本章将近结束，现在讲一讲他两次主动议政（宪法），而两次的遭遇异于寻常。

一九七〇年（林彪处于巅峰状态）、一九七七年（毛泽东逝世的次年）两度修宪，父亲两次议宪。父亲认为，中国的社会条件不宜搬用议会制度这西方社会的产物。议宪用意为何？

让我们先回顾那时的政治形势。

他在一九六九年四月三十日日记中写道："政协来人送明日天安门观礼证件，且将有车接。"五月一日，"六时车来，同车多不相识，观礼台上百分之九十八皆不相识"。这表明，政协机关刚开始从"斗批改"中复苏，重新履行其职能，但原先的政协委员或逝世，或身在囹圄，或仍在接受审查等待结论。父亲反倒成了最没有政治问题的委员。

一同站在观礼台上的人多不相识，而已获解放且相识的委员之少，竟不够组织讨论会。何况军代表进驻不久，工作是从安置生活入手。一年之后，才有了学习讨论会。

林彪作为已被指定的接班人，对自己的前途怀有隐忧，他需要一部于自己有利的宪法。共和国第一部宪法（一九五四年制定）被废除。刚刚恢复学习讨论会的委员们奉命讨论这些"文革"气息十分浓厚的条款。

当时，父亲的日记虽寥寥数语，倒也反映了那时情况。

七月二十六日，"考虑宪法意见，写出两条"。二十七日，"去政协参加讨论宪法，被推整理执笔"。选他整理发言记录，以前不会有这样的事。三十日，"八时半赶到政协，竟不开会，改看电影于礼堂大楼"。

下文引自汪东林所著《十年风暴中的爱国民主人士》，有节略。

"……出席学习会的政协委员们一个个如惊弓之鸟，能被召到政协开会，已经被看成是若干年来未曾有过的'政治待遇'，因此，尽管军代表在会上宣布欢迎大家提出修改意见……没有任何人哪怕是对个别文字提出一点修改意见。"

主持人于树德"出于礼貌"问父亲还讲不讲？父亲从皮包里取出一张纸，上边写着发言提纲，"……我反复看《宪法草案》，也反复考虑，既然上级召集我们来开会，我们如果真没有意见尚可，如真有意见而一条也不提，是否有负上级对我们的信任，或者说我们没有尽到责任？据此，我以自己浅陋之见，提两条供当局修改时参考"。"第一点，据我所知，现代宪法最早产生于欧洲，其最初的出发点之一是为了限制王权。换句话说，宪法的产生，其重要之点是限制个人太大的权力。一个国家有了宪法，则从国家元首到普通公民，都得遵循，而不能把任何一个人放在宪法之上。因此现在的《宪草》序言中，写上个人的名字，包括林彪为接班人，都写上了宪法，我认为不甚妥当。”指定接班人是中国的特殊情况，“不能把特殊性的东西往普遍性的东西里塞”。他声明并不是反对某个人。他又说，新宪法比老宪法条文少了许多，“条文少不见得就一定不好，但有的重要内容少了却不甚妥当。比如设国家主席，一国的元首不能没有”。至于谁当，“则要经过法定手续来选”。他不知道为什么新宪法偏偏没有设国家主席这一条。

林彪当接班人和不设国家主席都是毛泽东的意思，“梁漱溟这两条意见，当时语惊四座”。

“短时间的沉默后，便有人提出这是恶毒攻击的言论，不能听之任之。”

汪东林屡次对长期主持直属小组的于树德委员表示佩服，认为他不仅有忠厚长者之风且善于“灭火”。

“正巧，军代表不在场。”于树德提两点建议，“梁先生的意见，我们负责记录好原话，向上反映，是不是要在小组会上开展批判，听候上级的处理意见再定。这是第一点；第二点，是梁先生在这里说的话，出了这个门，大家就烂在肚子里，谁也不许向外扩散……”

父亲连声说：“我的话我负责，我负责！与诸位无关，无关。我听候处理！”

几天后，军代表传达上级指示：因为是征求意见，所以什么意见都可以提；个别人思想反动不足为怪，可不必纠缠。这“不必纠缠”四字使所有的人松一口气。据说，军代表是向总理办公室请示，得到了这样的回示。

父亲最后一次担任反面教员是在一九七八年，这同时还是最自觉的一次。

汪东林先生在书中写道：“正赶上大家都处于‘文革’结束之初的心情宽松的阶段，因此并没有在会上发生辩论、批判之事。不料半年后的一九七八年二月，当梁漱溟再度就系统地阐述自己的观点和看法时，却终于招来了最后一次受到批判的‘殊荣’。”

不过从他的日记看，发言当即受到了批判，五月间上级组织批判时还扩大范围吸收了外援。

汪东林书中提供了如下背景：“文革”中期起，政协机关恢复工作，还属政协第四届会议的阶段，一九七八年召开第五届会议是一个新的开始。委员中“有不少刚刚解放，甚至刚刚离开监狱”，“同样也几乎无例外地缅怀毛主席、周总理的故去，许多人声泪俱下”。“委员们的发言都无人涉及刘少奇、彭德怀等尚未获得平反的问题，更无人深谈‘文革’的起因而涉及毛主席的功过是非。”

在这种情况下，“只有梁漱溟这个时年八十四岁的怪老头”，“提出人治和法治问题”。大会闭幕且间隔了一段时间，政协常委会奉命在直属小组范围内对我父亲的“错误言论”进行批判，说他“恶毒攻击毛主席、攻击‘文化大革命’和诬蔑以英明领袖华主席为首的党中央”。

《梁漱溟全集》卷七所收三次发言，是根据政协机关的打字文本，时间分别是二月十五日、五月五日和五月十二日。与日记核对，则二月十五日尚在举行第五届大会之前，但已在小组会中“讨论宪草，略有发言”。二十三日，政协大会开幕，委员们纷纷住入宾馆。三月一日早起，程思远动员他发言，为了作准备，虽有三人来访，父亲都“约其改时间再谈”。但“发言反响不佳，自叹独立思考，表里如一之难”。此日发言应属主要，可惜无存稿。七日，父亲又曾发言，“反响不佳，叹息反省而已”。无存稿。

有打字文本的两次发言应是上级组织批判时所作的发言。他在五月十二日日记中写道：“众人追问我上次发言，回家写出若干条。”二十二日，“王芸生发端对我批判，其余诸人继之，一概不答”。六月十六日，“忽有民盟张必来等多人参加对我批判，略答一二语”。显然，虽曾作答，亦无存稿。

现在只能就三篇存稿向读者作介绍了。本书曾有多处讲过他对在中国实行宪政的意见，我现在从旧作中摘出如下两句话，读者可在理解他发言用意时联系起来考虑。

“今天中国所需要的是一个革命党来建立新秩序，所应采的制度，我以为与其说应该采取英美，毋宁说是应该采取苏联的。”

“但我也还不是主张一党制的。不过，是以为距一党制为近……”（一九四六年十二月）

那么，此时（一九七八年）他对共产党制宪、行宪的意见是什么？他“批毛”了吗？还是用他自己的话来回答吧。

我想认真而严肃地指出的是，中国的历史发展到今天，人治的办法恐怕已经走到了尽头。毛主席故去了；像毛主席这样具有威望的领导人现在没有了，今后也不会很快就有——至少在可以预见的几十年内，往后即使有人习惯搞人治，但困难将会大得多。再说，经过种种实践，特别是“文革”十年的惨痛教训，对人治之害有切肤之痛，人们对法制的愿望和要求更强烈迫切了。

显然，他发言的意思是希望继其后者不可硬走老路。

第一次发言[①]他一上来就说，西方产生宪法这个东西是为了限制王权无限大，无产阶级专政是党权无限。毛主席发挥无产阶级专政治理中国，“我国过去的成功和胜利，的确是靠毛主席领导”，“他是不受限制的”。举的例子是毛泽东“绕个弯子”避开正常途径，以发动“文化大革命”的方式解决（他认为的）刘少奇这个

① 其实是解释第一次发言，因而读起来有突兀感。

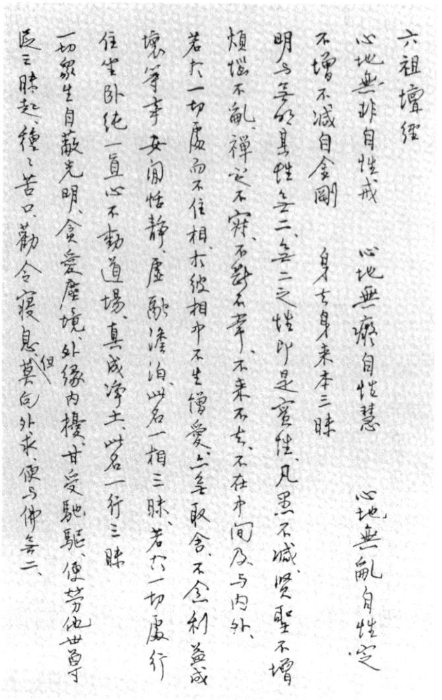

梁漱溟录《六祖坛经》经文手迹

“资产阶级司令部”。

接着，父亲说明他提出问题的用意。毛泽东“权威太大”，“换任何一个人都做不到”，像他这样的人今后再不会有了。中国今后要走的路是“应该尊重宪法，多靠宪法少靠人，从人治渐入法治”。“我特别想强调分清楚过去的一段和今后的一段。”请注意最后这句话，有两层含意：他的意思是说政治改革势在必行，中国已没有可能像过去那样靠个人权威维持统治。第二层意思十分个性化——干的和说的一致才好。

很巧，五月五日的发言（有组织的批判已开始，发言是回答别人的追问）讲的正是应分清两者性质之不同。

宪法始于英国，制定的目的是限制王权，是从下面往上的，“不是由上面往下的东西”。中国的国家性质是无产阶级专政，由代表无产阶级的党“在上面实行无产阶级专政”，“这不合乎宪法当初的意义”。因此，“在无产阶级专政的国家讲宪法只能算是一种借用”。

请注意“只能算是一种借用”。我数了一下，在第二次和第三次发言中，他使用“借用”一词一共八次。即他极不赞成的是“借用”。

他选择了一种委婉的说法，但意思明确。宪法的本意是“由下面限制上面，现在是上面要求限制下面”。然而，追溯历史，中国从清末学着制宪以至民国制宪，“都是上面给下面的，不是真正的人民群众要求的东西。人民群众要求的东西上面不实行”。

第三次发言看来是众人追问“借用”一词暗藏什么用心，他在回答中也就表明自己赞成“说老实话，干什么就说什么”，“在专政的国家党权是高于一切的，所有法制不过是执政手中的工具”。何妨如实说来？

“我发言的意思是什么事都要搞清楚，不要混乱。混乱首先是从斯大林开始……随便杀人……他也讲宪法，这是混乱。”

中国的情形起初不同，毛泽东在《论人民民主专政》里明言实行专政。（“你们专政！亲爱的先生们，你们说对了！”）。一九五四年制定宪法就是“借用”，其结果，“文化大革命”开始，宪法全成空文。

“我并不因为说他，批评他，而否认他的成功”，“从一九四九年建国，二三十年来，中国国内的建设、国外的威望，没法不承认是了不起的成功”。“我批评的是可以不用这个名词。”“不宜模糊混淆，专政就不是宪政。”

“说老实话，干什么就说什么”，作为个人品德定会受到称赞，可是政治上“借用”的事又当别论了吧！

有一位先生曾说，和我父亲辩是徒劳的。

也许有读者会想，如此说来梁漱溟先生是赞成专政的了？恐怕不能这么说。他曾经叹息通过战争实现统一，将不会有民主。他非常痛心国家分裂的种种恶果，日寇入侵即其最大恶果。因此，国家统一是第一要义。在许多人心中，西方式民主才是民主。我父亲没有这个意思。民主没有既定形式。

有许多话是为回答众人的追问而说。我父亲真正想说的，归结起来可能就是下面这句话：“今后不同了，像毛主席这样伟大的人才可能不再有了。没有一点规章制度不行了。但是好像还没有完全变，现在还在量变中，没有到质变，变已经在变了。”这次批判进行得很艰难，因而引入外援，把民盟宣传部张毕来等人请了去。

汪东林的书里说了一种以前没有的现象，“推动批判的工作进行得颇为艰难”，没有人报名发言，只得采取轮流上台发言的办法。“临近召开中共十一届三中全会，批判梁漱溟的学习会就有头无尾地结束了。”

在学习小组里，父亲有时（当然不是在批判热烈时期）被同人当作正面教员。那是一九七一年一月。“到政协学习会，王仍未到，漫谈。众要我讲杨献珍问题的两篇论文。”他在日记中写道：“早起准备讲两文，阅《简明哲学词典》及其他各书。”“早起进食后去政协学习会，为同人讲两文约一小时又半。”

似乎是遇到哲学领域的问题，才去找他。他稍后曾记有：“早起写发言稿，参考《哲学词典》《联共党史》。”又曾“许诺下次就上层建筑发言”。

他看中国的社会主义实践（上）

读者或许会问：梁漱溟先生是社会主义者吗？

我不想用是或否两个字回答，而是用"是，但是……"来回答。有很长一段时间，唯有奉马列主义为圭臬方可称社会主义者。如果仍然这样绝对化，我就只好说他不是。

这个"但是"极有个人特点。二十一岁那年，父亲写道：种种治国救世的主张都已成过去，"其方兴未艾者，独社会主义耳！而人群之进，亦至斯而极"。——实现了社会主义也便方法用尽了。此话怎讲？社会主义者"志原可敬，特误在人之饱暖，天下太平——误在以为物质丰富人生便没有了苦痛。实则有人生就有苦痛，两者本是一件事。使人不苦痛的唯有佛理。虽然如此，社会主义仍然值得支持——它是最终解决人类苦痛的预备阶段（或云前期）。因而，自己今后要做的便是：一曰考研哲理，以阐佛学，一曰倡导社会主义，以促佛教之成功"。别人以为南辕北辙的事，他这里合在一起成了毕生志愿。因而他后来有这样的话："我们的乡村建设原是一种社会主义。"

父亲是终生与社会主义相关的。自一九五〇年起，他生活于社会主义建设之中，无论我们后来怎么回看毛泽东领导时期，那都是勇气十足的实践。

这一章将向读者介绍三篇文章：《中国建国之路》《人类创造力的大发挥大表现》和《中国——理性之国》。它们分别写于解放之初、"大跃进"之后和"文革"之中。

读者或许很有兴趣知道我父亲对"大跃进"和"文革"的意见。不过，他其实不是针对着当时的狂热和狂热的后果说话。他从毛泽东掀起的运动中看到的仍是自己一向用心去观察、去琢磨的问题，真可谓三句话不离本行。他以身心说解释它们，认为它们的发生大可注意、大有缘故——无一不与人类的身心成长、成熟有关，但是千万不要认为这么一来所说就与政治没有多少关系了。不，是非常有关系。除非你干脆不喜欢、不关心社会主义，否则你会感到很要紧。

学者们研究梁漱溟以及为他写传记遇到了难题，于是较少涉及乃至不涉及他的社会主义观，尤其是对他在二十世纪六七十年代写下的意见未予置评。困难是实实在在的。否定一个人容易、切实认识一个人难。

我差不多是一个思想贫乏的人，不够条件理解他。只因为他是我的父亲，我对他有因直接地接触而得到的认识。这直接，便有了一点真切。我这本书如果有些许价值，靠的就是这个。讲他心目中的社会主义，尤其靠的是这个。读者可以借着我这点所见真切，往深里寻绎他的社会主义观。

必要的回顾

他终生与社会主义有关，这是他个人历史的组成部分。一九四九年以后，社会主义当然更和他有关了，而且本章的重点是在这里。但这之前的事，也须要回顾。

父亲在《我的自学小史》(作于一九四二年)里说，他“当时(一九一二年)对社会主义所知甚少，却十分热心”，“认定财产私有为社会一切痛苦与罪恶之源，而不可忍地反对它”。所想并“不深奥，却全是经自已思考而得”。又说，“那时思想，仅属人生问题一面之一种社会理想，还没有扣合到中国问题上。换言之，那时只有见于人类生活须要社会主义却没见社会主义在中国问题上，有其特殊需要”。

上述引语所说心目中的社会主义“仅属人生问题一面”，后来(三十岁以后)，社会主义问题才“扣合”到中国问题上，并说中国对它有一种特殊需要。

我父亲到北京大学去讲印度哲学、儒家哲学是偏于研讨人生问题，而辞职出来为的是便于侧重解决中国问题。教学期间他写了《东西文化及其哲学》，提出人类文化发展有三个路向、三个阶段。此说别人怎样看且置而不论，他本人相信是对的。这中间便谈到社会主义，从人生一面谈社会主义。三个路向的形成和三个阶段先后存在，都有实实在在的必然性。例如，他虽对财产私有感到极不可忍，却又说，“生存竞争中不能不持这种态度”。然而，这种态度后来又会“不复适用”，因为“人类将从人对物质问题的时代而转入人对人问题的时代”。怎么转呢？经由社会主义。

恩格斯有一句话父亲最爱引用：“社会掌握生产手段的时候，商品生产已取消，同时生产物对于生产者的支配亦已取消。在社会的生产内部，以计划的意识组织而代浑沌的无政府状态。个人生存竞争亦随着停止。接着，人类在某种意义

梁漱溟与山西洗心社骨干成员合影。前排右一为洗心社主持者赵戴文，右三为梁漱溟

上决定性地与动物的王国分离，由动物的生存条件进至真正人类的生存条件。”

我们通常把共产主义理解为生产高度发达，阶级统治已不存在，人们的生活可以各尽所能、各取所需；但“决定性地与动物的王国分离”，才是他的注意之点，是他情感之所寄。社会主义之所以值得肯定，值得为之奋斗，是那时人再也不必像动物般地活着。这个阶段就是他所说的人类文化发展第二阶段：人类面临的问题不再是人对物，而是人对人。他认为中国文化就是在人对人上面下了功夫的文化，（不幸）早熟的文化。他预言世界将接受中国文化（不是指有形的中国文化，它大概是指不向外追求满足和关怀着他人的文化）便是从这里来的。人类生活的着重点将转移到这方面来。

他为众人，为人类设想。作为人类，是不可能跳过人对物这极长历史阶段进入另一阶段的。至于个别人，则是另外一回事。他相信，唯佛家看人生的态度是看对了、想通了，但这种态度在当今世界对绝大多数人而言不适用，他是放下自己过佛家生活的意愿，和大家一起把人类从物质匮乏中解放出来。

让我们看看“扣合”到中国问题上来是什么意思。

一九三一年，父亲写了《我们政治上第二个不通的路——俄国共产党的路》。国际共产主义运动曾经将社会主义与苏维埃国家制度视为一个事物到处推广。但半个多世纪的实践教育了我们，没有可供全球套用的一个推翻旧政权、建立新政权的模式，乃至于方方面面的建设都没有一定的模式。当然，他一九三一年写这篇文章的时候，还没有哪个共产党会同意他这个意见。

当时他为什么认为苏联模式用到中国不行？因为父亲觉得苏联模式不能治疗中国最大的病痛。中国的病痛难道不是阶级压迫和阶级剥削吗？这就说到他和中国共产党对中国社会看法上的不同了。他认为中国缺乏一个代表阶级的主体来掌握、运用武力这个工具。在中国，武力不是如常态那样成为阶级的工具，而是成了个人或集团的工具；其结果是国家不能实行其应有的功能——不能组织社会生活，不能组织社会生产。正因为这个特殊情况，他想出了乡村建设这个办法。中国与西方社会不同，中国“病在散漫要加强向心力，以团结合作达成民主。又不像西方先发达了个人资本主义再推翻它来实行社会主义”。西方是两步走，我们要“经济生活的社会化与政治生活的民主化循环推动，同时并进。社会主义与民主主义非为二事，要完成一起完成”。这也就是说，他想用社会主义治疗中国由来已久的社会散漫无序和清末以来的国家分裂和国权不立。在建立了有效政权之后，“与其说应该采取英美的，毋宁说是应该采取苏联的”（政治体制）。因为这种体制有政策一贯和经济建设全国一盘棋之效。

（他否定资本主义的话本书前面多有引述，此处从略。）

父亲对社会主义的憧憬有异于马列主义者。他在“向党交心”发言中说：“我承认马列主义，可惜马列主义不承认我。”这不是怪话，他的意思是：马列主义注意所在是解决人对物的问题，“马列主义不认为有出世间这一回事”。所以他又有这样的话：“马列主义就世间法来说完全对，我对它完全承认，没有抵触。”不过，我父亲认为唯佛家出世态度是对人类最终的解救，现在人类还处于物质匮乏阶段，人类过上物质丰富的生活以后才真正地需要佛教，从中获得感情、精神出路。社会主义的重群体和高度发展生产使之像是跨在两个阶段之间的阶梯（也是桥梁）。持这种观点而认为社会主义为人类必需的人，或许只有我父亲一个。

从二十世纪五十年代至七十年代，他写了三篇长文记述自己对当时的社会主义实践的看法，它们是：《中国建国之路——论中国共产党并检讨我自己》《人类创造力的大发挥大表现——试说建国十年来一切建设突飞猛进的由来》以及《中国——理性之国》。大体上每隔十年一篇，所写时间都正值中国的社会主义革命发生惊动世界的大变革的时刻。

西方人爱用的“毛主义”一词，不同于我们所说的毛泽东思想。我们不将毛泽东的错误观点包括在毛泽东思想之内，“毛主义”是包括在内的。我父亲看到、发表了观感和意见的，近于“毛主义”所表述的那个含意。他是有所感便讲出来。正是他偏偏称赞、肯定了我们后来避免提到或不予肯定的事情，然而那曾是我们非常重要的革命实践。

三篇长文论篇幅已近于三本书，在他笔下时时称“吾书”。

《中国建国之路——论中国共产党并检讨我自己》中为什么提“建国”？他认为，几十年来“我们一直是走下坡路，今后将走上坡路”。中国需要的是救，谈不上建，和共产党的路，分歧在以往走过来的路，不在今后走的路（所以要检讨自己并有所建议）。请注意他最为之欣喜、特别提出来称赞的——初次面对社会主义的反应。

请读者留意后来他评价“大跃进”（被人讥之为“大跃退”）——《人类创造力的大发挥大表现》用的是什么观点，更请留意他评论很有争议的“反修、防修”那段历史——《中国——理性之国》用的是什么观点。事实上，还须回顾自《东西文化及其哲学》以来他各种著述的观点。

他说过“文期后世知”，这三篇长文写完都只在为数不多的朋友间传阅。（他在日记中记有这样一件事：他已将《中国——理性之国》给某人看，而谈话中发觉此人缺乏见识，次日又将文章索回。）

现在距他所说的“后世”也许还不够远。世界上的事，有些是近看看得清，有些是远看看得清。我等不了那么久，尽力而为吧。

在《他看中国的社会主义实践》这个标题下，包含着两个问题：一是毛泽东领导中国革命最可注意之处是什么；二是俄中两国欠发达而社会主义革命反得获胜的缘故及其含意。

《中国建国之路》讲起共产党，从语气上说，不同于以后，倒是较近于过去——朋友的语气、客人的语气。例如：“如第一章所讲，今天中国共产党相当满足了我的第一个要求；现在第二章要讲，在第二个要求上中共又有好的回答给我。”

什么是第一个要求？就是他渴望国家统一。国家总也不得统一，照他看是缺乏一个阶级作为武力的主体。这种情况结束了，共产党“结合一个团体，以统治中国的武力自任。这就是从建党入手，再以党来建军建国。我们没有一阶级可为武力主体，我们自己便制造一个代替品”。这是中共的第一大贡献。

这对于他来说是个极大的改变，他承认用武是必要和有效的了。这个话题我们暂且就说到这儿。

转入第二个问题。中共在什么问题上又给了他好的回答呢？

中共引进了团体生活。读者当然还记得他在邹平想做没有做到的事。他说：“在工作中，使我更体认出团体组织这一桩事在建国前途上关系之重大。这种体认与我作的文化研究不可分。”

中共的第二大贡献：“谁都得承认只有最近一年多在共产党领导下，中国社会实际生活才当真有些改变了……在中国可称空前未有之成功。”

“依我所了解，中国人反团体生活的习惯很深很强。中国共产党既都是中国人，我相信应不例外。然而他们大半生的血斗生涯，却足可把它对治了。”怎么治的呢？“在外有不容情的压迫封锁，在内又一切生活于团体供给制。两下合起来，而后所亲乃不再是家庭；所尊重的乃不再是父母；纪律习惯于是养成……一个中国人到此才真的变了。”接着，他谈到工人组织起来，农民组织起来，乃至民主党派“分别赋予任务，帮助建全其组织”。

二十世纪五十年代初，居住颐和园时的梁漱溟与续弦陈树棻

让我们看看参观东北老区工业，他对什么事情格外高兴。

一向生活靠家庭的中国人生活靠工会了，工会做的事其实是从国家政策法会而来。工人和工会（小团体）、国家（大团体）的关系是前所未有的。他看到工人享有周到的劳动保护，详细开列出来有二十项之多。

“中国人向来是遇到问题，便求亲靠友，而亲友亦多能帮忙。”现在，“大企业已经把人集中起来，其生活的问题亦集中了……像这样团体生活未必便是人类文明的极致……他（工人）的一切问题并非都靠工资来解决，国家许多钱是为工人而花的，不过没有一一交于他手……而是尽可能把一些问题作总解决……所谓团体生活理当如是”。

这不正是我们抛弃了的铁饭碗大锅饭吗？正是它。

父亲说，这“还不是正文”，正文是工人劳动自动和有组织。“任何一组织其组成分子发挥出力量来，最基本的就是当作主体而尊重之”，“不使群众落于被利用的工具那样，而是自觉自愿地去工作”。“正唯其如此，所以工人们大大小小的创造发明层出不穷。”这是事实，宣传上不免大张旗鼓。

父亲说，中共的第三个贡献是“透出了人心”。在一九五〇年七、八、九三个月里，他每天至少在报纸上三次看见“忘我精神”一词，“这口语绝不仅于是一口语而止，它明明是指人们的一种心理状态，而出现在时代风气中”。

这个心理状态是“创造冲动”。（英国哲学家罗素认为，人类有创造冲动和占有冲动。）占有冲动是从外面为自己取得东西，创造冲动相反，“恰似自己力气有余，不是想要东西，却是想要干什么”。两种冲动人皆有之，不过强弱多少不同罢了。要紧的是，社会制度和社会环境很能左右人的心理。罗素就是以此衡量一切社会制度的价值，认为资本主义妨碍创造冲动，而把人牢牢系缚在占有冲动上；事实上，还使得个人减少活动，社会缺乏活气。

罗素和梁漱溟先生何为而发此论？

这涉及我父亲最爱探讨的（人的）身心关系，后面要介绍的《人心与人生》将大量讲这个问题，通篇所讲无非是人有身和心，人有个体生命和社会生命，人与人只是身隔而心不隔。因此，我不准备介绍此一基本观点，径直去了解他怎样看中华人民共和国成立之初的社会透出了人心。他在身心说的基础上得出了就他个人而言堪称里程碑的结论：社会主义的优越在于人的生活因得国家（亦即社会）的关照，身体对心的牵掣减弱，心的作用由此而增大。这是人心也是社会的一个重大升进。

他有点不客气地说：“中共只是无意中做了两桩事：好像一个伟大宗教那样子，填补了中国缺乏宗教的漏空；此其一。从而引进了团体新生活，以代替伦理旧组织；此其二”。

为什么说引进团体生活是给中国人心开新道路呢？“首先要知道他们不是泛泛引进团体生活而是有其理想的。”这当然指的就是社会主义，再加上这个团体（如在东北所见工会组织）把个体生存问题给解决了，“各个人心得以从容透出来。这与资本主义把人心牢系在占有冲动上相反，创造冲动却起来了”。这样就完全符合于人类生命的本性。

可惜一般人不懂透出人心，“只注意鞭策人身（办法总不外乎威胁利诱）……最多不过从浅处发出一点力量而止”。

梁漱溟先生把共产党比作宗教是好意还是恶意呢？依我理解是好意。好意不在于话里有“伟大”二字，而在于其所起的作用——填补了缺乏宗教的漏空。因固有文化崩溃，中国的社会生活失去稳定（出现漏空），“这于人心早启的中华民族实在是一太大的憋闷”，需要“一个对象值得甘心为它卖力气乃至为之牺牲”。父亲用这个道理解释数十年前的“延安精神”和五十年代的社会新风貌之所以出现。这很好，好在正合当前中国所需，也合乎现阶段人类文化的发展水平。

（读者必已注意到“当前”和“现阶段”的说法。这是因为人类还没有达到平静而有情和遇事自己作判断的程度，仍需有外在的标准。即宗教虽与理性相悖，却为人类所需。）

父亲赞美了“忘我精神”和“创造冲动”，然而，这对于他“所说的‘人心’皆嫌褊嫌狭，不恰不妥”而言，还不是最终的好。

《中国建国之路》既是未完之作，许多意见未得写出。然而，建国之路也好，透出人心也好，却是我父亲永远研究不完的课题。有放下不写的时候，没有放下不想的时候。后写的两篇实在是同一问题的后续之作，并不等于缺了一块。

父亲有一个习惯，时常复阅过去的手稿，不是坐在桌前，而是斜着坐在床沿上，像是临时状态却一坐许久，揣摩着、沉思着自己表达得是否欠妥，充分。手稿最后一页上因此常有附记、附识。《中国建国之路》虽云未完，附记共有三则，都是写于一九七六年，即写完《人心与人生》夙愿已偿的次年。其一记写作经过；其二概叹二十五年后看当年文字“思路明敏，信乎值得保存示后”；其三更长达一千余字，概述、评论近代中国人寻找思想出路、民族自救的历程。末后他说：“当年有当年的识见，今既越时二十多年，所见又自不同。——彼时所见者浅。”

“彼时所见者浅”，后来所见又怎样呢？

读者通过阅读必已获得印象，在一九五〇年以前他是作为国家事务的参与者而存在；一九五〇年以后，尤其是一九五三年以后，他是作为非自愿的旁观者而存在。他是必然要思索、必然有意见要说的人。但所处的位置有了不显眼却重大的变化：他的思考以及语气再也没有诤友的味道，他离开了这个角色回到当初自己那哲理思考者角色中去了。

他看中国的社会主义实践（中）

一九五六年，他在日记里写道：国事已上轨道不须为之操心，但想写一本书说明共产党何以挽救了中国。第二、第三篇文章是不是出于上述目的而写的呢？我认为这个想法后来他放弃了。父亲觉得共产党做的事情正确有效，这些实践都无悖于自己的观点，自己的观点得了印证，于是又据以深化自己的观点。他当初的想法是回顾和评说走过来的路，如今有更有意思的事情要做。他在书后跋记中不无自嘲意味地说："谬托学习（马列）之名，却贩卖了自己的思想见解。"

《人类创造力的大发挥大表现——试说明建国十年一切建设突飞猛进的由来》在全集中附有如下题记："本篇为未刊遗稿，始作于一九五九年一月下旬，屡作屡辍，至一九六一年一月十一日完。"

这篇文章肯定"大跃进"是事实。他为什么肯定"大跃进"？他称赞过大锅饭、铁饭碗，莫非梁漱溟先生对极左有共鸣吗？

这篇文章的副题是"试说明建国十年一切建设突飞猛进的由来"，在《梁漱溟全集》卷三第四百四十三页有"十年大跃进"的话，即在他看，十年间都在快速前进，非仅指通常所说的"大跃进"。但文中所引事例基本上都是一九五七年至一九五八年的事，以一九五八年为多。于是，我设法找到他认为有或否认有"大跃进"的证据。结果是，他认为有"大跃进"这一事实。

非常有意思的是，父亲是在讲循序渐进的必要性时认为发生了这次跃进。在《梁漱溟全集》卷三第四百五十六页他说，工农业生产转向大规模应是循序渐进的，"这步骤是不能乱的，不能跳跃的"。可是一九五八年明明跳跃了，他却认为没有乱，这怎么理解呢？原来在他看来，一九五八年的事情是一九五〇年以来生产关系一步步改变（主要是公社化）的结果，不是突发。所以有这么一句话："为什么要等待一九五七年到一九五八年这段时间呢？就为前此高级社还不普遍，或成立还不久，人们从私有制脱离出来把生存问题交托给集体的信心还不成熟，特别是于运用集体力量克服困难还未习知其无往不利。没有这个前提，是不可能发动群众在缺乏近代机械情况下去搞改造山川形势这样艰巨工程的。”

梁漱溟先生竟然没有感受到“大跃进”造成的物资奇缺吗？竟然没有听说饿死人吗？他当然感受到了，也听到了。不过，他的生活环境比我们一般人更加依靠正面渠道获得消息，所谓负面的情况，他比我们听到的少，但他终究是听到了。这里可以举一个例子。一九六〇年初冬，政协委员照例去外省视察，他自报去山东，先去邹平再去鲁西南，郓城县委书记照例作汇报。听完，父亲问了“丰产不丰收”的情况。县委书记反问：“什么叫丰产不丰收？”父亲回答：“邓子恢副总理在《红旗》杂志上发表的文章里谈到了丰产不丰收。”[①]

文中，父亲摘引了《人民日报》报道的各种先进事迹，郑重其事地注上了发表日期——他相信所摘报道属实。这和上面的例子不是矛盾了吗？关于这个问题我可以向年轻读者提供一个自己的经历来解释这类事情。一九五九年春，我下放到辽宁省岫岩县劳动锻炼一年，此时物资供应已显得捉襟见肘，但我仍然急欲看到数月前跃进留下的痕迹，却是半点看不见。我心中疑惑，定要问出一个究竟，村干部先是支吾一番，问得紧了，他说：“闹一阵就过去了。都保持住，中国能是现在这个样子吗？”他说得对，不仅道出了实情还针砭了时弊。

他有没有看出领导上的失误呢？我们可以从文中找到这样的话：“……老中国曾有其‘不扰为治’的传统，近代国家亦曾让人们在各方面去自由竞争，以不干涉为尚。而从新民主主义国家到社会主义国家呢，却于此有大不同处。它恰是要把社会一切生产以至人们的生活都渐次纳入国家统制计划之中，大力发展它，推进它。无疑，这样高度地来发挥运用国家权力，其收效可能很大且很快，远非一般国家所及。但若是一个掌握运用不好，亦很容易出乱子招致大失败。因而这期间乃最有领导得法不得法的问题，殊非一般国家之比。”

“把社会一切生产以至人们的生活都渐次纳入国家统制计划之中”，正是那时的实情，也正是得以突飞猛进的缘由，“一个掌握运用不好”，果然发生了，后果真的“殊非一般国家之比”。

在另一处他还说，高度的权力集中是必须和高度民主相结合的，事实上做好这种结合“殊非易易”，很容易“趋于片面地集中去”。既然人民生活已经“集中起来解决，其结果就难免事事由领导做主而多数人落于被动”。这正是那时的实情。

---

① 据说一九五八年气候不坏，农业原本丰收，但在一个接一个地跃进措施催逼之下，粮食烂在了地里，故云。

父亲这样说是不是在指出当时已经发生的错误？从全文看，从他历来写作作风看，不是的。他思考时，力求不只想一面的道理，写作更是一向申论两面的道理。看到集中的优点，同时想到另一面，这是他中学时代与人辩论养成的习惯。大概这也体现着为人吧。

不过，关于这个问题他也讲过一句话，那是在一九八〇年回答 Guy S. Alitto 时说的："过去党的领导太强，广大社会太被动，现在慢慢起来了。现在他们有两个号口，一个叫民主，一个叫法制。过去没有法制，毛主席的话就是法制，大家都是在被动，几乎就是他一个人在那儿动，大家跟着走。"父亲的话说得很温和。

他是以什么心情写这篇文章的呢？我想，可以说是兴奋。政协学习会时常请劳动模范、学习《毛选》积极分子给委员们讲自己的事迹。他每次听了回来都会高兴许久，多次转述给我，不仅说，还要比画。如此不寻常的高兴，其实还不限于因为建设突飞猛进，而是来自一个我当时不甚了然；到现在才完全懂了的缘故——劳模们的事迹证明人心在什么情况下特别开窍。

如果把文章标题改作《中国人民创造力的大发挥大表现》行不行？当然行，那里面说的本来是发生在中国的事。不过，他是以自己的国家为例讲人类，唯人类可言创造、唯社会主义使人能尽情发挥创造力。而今，他自己的国家正在显示出这种创造力。

中国人是人，别处的人也是人，他们为什么没有这样的大表现呢？而且苏联领导还和西方国家一起嘲笑中国。是唯独中国对，还是唯独中国错？这个情况他知道。父亲可能是世界上唯一写书肯定"大跃进"的人，他还料到此时的世人看不懂。他是从哪儿来的一股劲儿写这本书呢？

是他领悟的一个道理使他必须写。他说，人类的创造力一向"受到重重说不尽的阻碍和埋没"。谁的罪过？社会制度。换上合理的制度就保证可以发挥创造力吗？社会主义有一条要紧的——集中领导、统一规划。（他重视社会主义这个长处。）这就是说，在这种制度下，领导得法与否于成败关系至大，大到非其他制度所可比。换言之，中国人民的表现与毛泽东的领导关系极大。还有，中国人，包括毛泽东都是中国文化哺育出来的。然而，此一人、彼一人其个人才具的高下，又往往是难以并比的。（他称赞毛泽东的领导才能，可谓不吝笔墨。）是所有这些因素凑在一起而有大跃进。这个事例使父亲越发认清于社会制度能够对人产生多么大的影响。

这篇长文所论乃是人类所含蕴、所潜具的创造力为什么在社会主义制度下才得以除去阻碍而开发、发挥出来。他是从制度与人心的关系一面讲，这是马克思没有注意的一面。

父亲以第一至第四节回顾过去的社会制度和中国革命历程，到了第五节才说：

"本文至此将从正面进入本题。"

何谓正面？何谓本题？他说，以毛泽东的才能，在国家统一和相同国际环境下，中国也会不同于过去，但那将和过去区别不大，唯有走社会主义道路才大不相同。这话像是老生常谈。然而，它是"正面"，本题当然是人心。

社会主义使"人们的心思力气直接或间接地都用在对付自然界以求利用厚生之上"。他提醒道：这是"用力所向的问题"——在立场一致之后又加上用力所向一致。

资本主义的特征恰是财产归个人所有，人因此是"分着的"，它对所有权尊重保护、对人们一切活动自由给予容许和保护，"这就导致人们彼此间无穷的竞争斗争，而不能使人们合力一心于向自然界去争取、去创造"。①

如果上面的介绍兴味有限，那么，下面的话可是说到了关键部分，尤其是在讲了资本主义可以发挥人的创造力之后又讲资本主义、社会主义所"唤起的人类创造力深浅不同"，才是他的观点的核心部分。

他认为，资本主义"不利于人类创造力的发挥表现只是后来的事"，这个观点别人也讲过。不过他说，这两种制度是"从不同方面"唤起人类的创造力。

一切生物都有活动力，而创造力是到了人类才有的；创造力诚然是从活动力而来，"却必加以区分才行"。

下面是父亲引用恩格斯的话："人类离开动物越远，他们对自然界的影响就愈益带有预先要想达到一定目标的有计划行动的性质。动物在消灭（吃光）某一地方的植物时，并不知其所作所为。而人消灭植物，则是为了在这块空出来的土地上播种五谷。"这话是什么意思呢？恩格斯解释道："一切动物的活动都不能在自然界上打下它们的意志的印记，只有人方能做到这一点。"

某些动植物捕食的方法，好像是有计划的活动，"然非它有意识自觉，只是先天传下来如此……殆绝创新之机"。它们走的是先天之路，工具不外求，所发达的是身体；人类走后天之路，发达的是头脑心思。恩格斯说：真正的劳动是从制造工具开始的。

下面是父亲自己的话："发达心思和发达身体是两个不同的路向。心思势力的增强恰是从削弱身体势力（本能）来的。或更确切说：心思势力之增强是生命从身体里面得到一大解放来的。"

我读这段话时产生了似曾相识的感觉。我问自己：这是为什么？因为我读过《东西文化及其哲学》、读过《中国文化要义》，这个意思是从那里来的。

---

① 二十世纪最后一二十年，我们渐渐增长了一些见识：原来，人类需要善于和自然相处，而不纯然是斗争。

父亲又说："一切生物的生命都有其个体一面和其群体（种族、社会）一面。除蜂蚁之类外，虽高等动物难免倚重在个体生命上，但人类生命重心则已从个体移向于社会。这与心思之得以从身体解放出来乃是相关的同一回事。不通过社会，人不可能有心思活动的。而不通过心思、不筑基于社会，就不能有创造。心思、社会、创造三者是一贯相连的人类特征。"

心思之得以从身体解放出来这话使我想起他对东北工人享有生活保障的反应，人类生命宁重在社会生命这话他以前也说过。那么，心思、社会、创造三者相连，是新提出的观点。

他继续发挥这层意思：社会生命有似个体生命，也是分作身先心后两个发展阶段，"人方幼稚，总是被动的动和自发的活动，待渐渐长大乃有主动和自动的动和自觉的活动。同样的，人类社会发展史正亦见出其从自发而慢慢地演进入于自觉"。

请注意梁漱溟关于身先心后和从自发演进于自觉的表达，他将大讲特讲这个问题。

上面这番话不见有"社会主义"的字眼，但所指的自觉社会生命不是社会主义又是什么呢?

无疑，看到这里读者已经知道，父亲是在用身心说解释社会制度之间的不同，而且是以身心说结合马克思主义讲社会发展。且看他是不是说得有道理："奴隶完全是被压迫着劳动……难在工作上发生兴趣……奴隶不关心劳动成果，不关心生产工具和生产率……总之一句话，心思在这里是被抑阻的，只不过用其体力……把一个具有创造力的人又返回到没有创造力的牛马……"

封建制度不同了，农奴"以其所生产之一部分贡纳地主，凡生产所得却先经他掌有，于是他便开始了一半'人'的地位"。农奴开始有所有权，关心生产成果，"用心于生产乃在工作上有可能发生兴味与乐趣"。好像是担心别人不注意，他又以强调的语气写道："兴趣之于创造实为本中之本。"此外，封建社会有自由农、有自由工商业者，他们自然有兴趣发展生产。

父亲说，资本主义阶段"值得大书特书"。它标榜人权自由、平等，这"事实上固非一时所能做到"，却是"个人初有了自觉所发出的呼声"，此时人权首先是"生存所资的所有权"。请注意下面的话："过去的私有制并非各个人私有，至此乃归之以个人自己掌握。"到了资本主义才将生存问题落到了每一个人身上，这种情况"前此历史盖未曾有之"。

他用一段话解释"前此历史盖未曾有之"。因为"人人卷入"竞争，"社会生产力的发展于是出现了前此未有的高峰"。

对社会主义的追求因为什么、什么时间出现在人们的脑海里？父亲上面所述表明："个人"的浮现，经历了几个阶段，资本主义之初"只不过意识到一个人的自身”，提出的是要社会（群体）尊重个体，“必待”个人本位的社会“弊害百出”，人们才“决计改造之”，“人类乃始入于自觉地创造其历史时期”。以前的历史是自发性的历史。

《资本主义、社会主义所唤起的人类创造力深浅不同》是第八节的标题。他说社会主义比资本主义更能唤起人类的创造力。他为什么用深浅不同而不用大小不同呢？

前面我们谈到过大锅饭、铁饭碗问题，现在我们回来过头再讲。

谁人不知它们长期被当作体现社会主义精神的新生事物？直到决定抛弃它的时候才给了它贬义的叫法。翻开一九五〇年的报纸，我们会看到许多赞美的报道，报道包括生活改善和生产热情高涨两方面。父亲在东北参观，耳闻目睹了它们的实施，以他的眼光看到的也是这两面，并得出从此愈加肯定的结论：“安顿其身鼓舞其心。”其意义深远。这个结论的意义是，以此为始（社会主义是始），人类走上了告别动物王国的路。告别了动物王国又怎样呢？我想套用句古语：“人皆可以为尧舜。”

后来抛弃它是因为，这需要大多数人具有自觉性，否则整体效果不好，不是受益者不欢迎，不需要。西方发达国家的社会保障（只给老、病、贫和失业者）处于欲罢不能状态（必须重新立法），即是说，安顿其身虽好，但社会负担太重，使一部分人养成依赖性。

梁漱溟先生很少从享用角度看社会主义。

出于对人的理解和信赖，他料到会有依赖铁饭碗之类的消极效应和由此而来的对其可行性的怀疑。他在文章起始处便自拟了三个问题，提出而后回答之，以此消除怀疑。前两个问题是这样的：

不再受到生存问题的驱策，人们是否还努力于生产，还勤于其工作？

私有制废除了，人们不再有增值财产、扩大家业的进取心，是否还积极于生产？

这里指的不正是大锅饭、铁饭碗吗？

父亲说，不应该简单地否定有人提这种疑问，但是产生怀疑是“于人类生命认识不足，远远不足”，“他们只晓得资本主义唤起了人的创造力，不知道资本主义和社会主义乃是历史发展上一先一后各从不同方面来唤起人类创造力的”。

请注意“一先一后”——实实在在的两个发展阶段（亦即阶梯）。这里有个问题，我们且按下不表；“各从不同方面”，指的当然是身和心了。

不通过社会人不能有心思活动，不筑基于社会不能创造。“人类生命重心已从个体一面移向于社会一面”，可是呢，资本主义唤起人类创造力的方面仍（停留）[①]

---

① “停留”是笔者加的，意在显示已“移向”这层意思。

二十世纪五十年代末，梁漱溟与家人摄于北京。前排右起，梁漱溟、梁漱溟续弦陈树棻；后排左起，梁培宽夫人张颂华、梁漱溟长子梁培宽、梁漱溟次子梁培恕、梁培恕夫人胡真

在个体，“还不是群众的积极性”，它也能唤起创造力；只是“远远不够深透”。

为了祛除可能有的怀疑，他提醒不要把“身”理解得窄了，“身不一定是血肉，一切与生俱来的本能冲动正代表着身体势力”，“世俗那些展转不出乎一身的种种念头都从身来”。社会主义不靠刺激身的一面，它是发动人心。

为了说得完备，他又引用罗素关于人有占有冲动和创造冲动的观点比较两种社会。例如，多劳多得就是从身一面唤起力气来；然而某个人在工作中练得好手艺，他会“不为得到什么而高兴去干活”，或者因研究某一事物废寝忘食，这是从心发出的力气了。此即在资本主义社会人也有创造，但那不是群众性的。读者将在后面看到他赞美群众性的创造。

然后，他谈到了大家会感兴趣的问题：人性是好逸恶劳的吗？

“人的活动不应该是身动而心不动，或者头脑虽动而情意不属。”本该是心思领先的，可是人类发展到今天，还只是“趋向于此”，人们的劳动大都是“被强迫的、枯燥无味的、过分疲劳的”，是这种情况使人视劳动为苦事、为畏途，于是一般人“误谓人性好逸恶劳”。在一切生命中活动力最强大的人类“焉得恶动而不好动”？

父亲似乎承认心思领先是一种相当理想的境界，因而补充说：“绝大部分人是谈不到此的。”（他的意思是：人的本质原是好的，是所处环境差，使其达不到本来会有的善的程度）。

这个观点又涉及大锅饭、铁饭碗，因为他似乎是在说：看起来此路不通并不是真不通，只是条件尚不具备。

我这样说的依据是，他有如下一番话：“不过这里要声明一下，在苏联和中国这样的社会主义国家，其所以唤起人类创造力的并不单在心一面着手，而兼从身心之两面。因为苏联和中国都不是充分经过了资本主义而后到社会主义的，在有领导地向着社会主义走时，都需要许多补课功夫。而且可以说，不到共产社会不应过早放弃按劳计酬，其道理亦正在不宜太忽略身之一面，虽则社会主义所以唤起人类创造力者主要不在此。”

我们以后会回到“补课”的话题，第三篇长文《中国——理性之国》里他又讲到“补课”，说苏联出现修正主义是因为他们历史上有一段路没有走。

以上（《人类创造力的大发挥大表现》的前部，约占全文五分之三）所论是人的身心的成长、发挥作用与社会发展之间的关系。他用的结束语如下：“这就是社会主义不靠生存问题的胁迫（一问），不靠财产私有的诱进（二问），而自能发动伟大旺盛的人类创造力远过于其前的道理。”

“不靠生存问题的胁迫”，没有胁迫自己想干，社会前进的动力不是转移了吗？是的，我们通常用所有制来划分社会制度。他是想说，从所有制一面看社会进化是对的、必要的。此外还有一面，那就是身和心在这之中处于什么地位，发生着什么作用。单看一面就是没有看全。[①] 并且，更重要的是，进入共产主义社会后，没有所有制了，心为物累的问题不复存在；试想，此时人类的心将怎样发挥作用？！他说，那将是无限，大到我们现在难以想象！

在讲完这个观点之后，他转入社会主义下人的立场一致、用力的方向一致（资本主义社会谈不上这个），便有了集中领导下的民主问题。于是，他又以自问自答方式提出第三个问题：

“一切问题都集中起来解决，有总的规划和安排，不须个人自己操心，除负责领导的少数人之外，人们只是听分派，只是被动地活动，心思力气难可发挥，还有什么积极创造？”

---

① 在父亲遗稿中发现，他在一页纸上写道：“我们应当对社会发展有一种深刻认识：固然社会发展全要在社会生产关系——它构成社会的经济基础——上看，但其同时人类心理所起的变化正有加以体认之必要。因为只有从这种体认上乃更切深切懂得社会发展是怎样一回事。”又说：“据我体认在人类社会发展阶段上，人类心理亦正在发展变化不同。”这可能是“向党交心”草稿的某一部分。

他在文中有这样的话："高度集中的权力是必须和高度民主相结合的。话虽如此，事实上做好这一结合殊非易易。"又说，"事权过分集中，群众只有消极被动是社会主义国家很难避免的"，领导者如果不给群众留下主动的机会，将窒息群众的积极性到可怕的地步，以至领导者成了"绝大的阻碍"。

我立刻想到我们的沉痛教训，想到了自父亲写这篇文章之后世界上发生的事。他郑重其事地列举了一些当时大肆宣传热闹过一阵的事例，逐一注明见于某日《人民日报》。于是，我在乡下看见的种种"跃进"的"遗迹"纷纷浮现脑际，两者对不上号。

我费了老大的力气才把情绪拉回来。

事实上，二十世纪五十年代至"文革"前期，我们长期处于高度兴奋状态，极少人理会集中领导下的民主问题。当恶果十分明显了，大家只能心里着急，原来我们缺乏纠正这种现象的机制。我认为上文虽然提到人民的民主权利问题，但他并不是注意到问题已经严重存在，他是在从两面讲述事理。

怎样看待那些事例？举这些事例要论证什么？我无法忘记当年的失望。一连几天反复揣想他的用意，我感觉到自己还没有找到他当时写作的意思和情绪。演员常说他们要找到所演人物的感觉才能演，这也是我的情形。

其实问题出在我心浅性急（父亲不止一次说人们心浅性急没看懂他的意思；更指出我的浮躁），文中举出并赞叹的事以工业方面居多，如"两参、一改、三结合""两条腿走路""土洋结合""大中小结合"；农业方面举了"种试验田""开现场会"和"五定"（定人、定田、定质、定时、定工分）以及运输车子化、车子滚珠轴承化；商业方面举了突破在"购、销、调、存、赚"五个字上兜圈子（没有提"大炼钢铁"、没有提粮食产量"放卫星"，这是我读第三遍才注意到的）。

这些事例发生时都感动过我，后来知道它们或是热闹一时或事实被拔高了。然而，不能用虚假来解释这一切，因为事情的确发生过，都是好主意，他用来论证自己的观点——立场一致、用力的方向一致、群众性地发挥创造力并没有错呀！

我引几段话请读者自己去感觉一下他的目光和心思是怎样的：

"人类创造力本来是现成的，但它亦可以不出现；本来是不待召唤而自己跃跃欲试，积极要有所表现，但它亦可以落于消极，呆若木鸡。它说有就有，愈用愈出，说无便无，愈不用愈不见。除了个别人或有例外，在群众来说总是看处在什么境地、什么机会、什么条件下而定。而这种境地、机会、条件之形成，是与其领导上一切措施和作风分不开的。走社会主义道路本来是给群众提供一大好机会……"

"在生产技术上不以土为嫌，在生产规模上不以小为嫌，其道理非止一端，而主要是在我们这个落后国家不土不小，就不能让一般群众都参加得上。”

“工人毛俊杰给洋设备开了刀之后说，我现在对自己生产的每一个零件都抱怀疑态度，以便寻找方法来改进它。这就是工人们去掉了对产品设计的神秘感。”

“把重点放在人（具有能动性）的身上是毛主席生平事业一贯精神，不可不知。”

他在赞美人类，包括盛赞毛泽东的领导才能有“点石成金”之妙时，都是在赞美人类，人类的能动性。毛泽东不把人口多当作负担，并非毫无道理；把人口论变成人手论，“正为其不多从消费者那一面看人，却多从生产者这面看”。

拟出第三个问题是想说，社会主义条件下领导者怎样做才不阻碍且使群众得以发挥创造力。他说，一切生命都有它的一种力量，人的力量不像一般东西那样可以“测定其大小和变化”，它“有伸缩起落”，在不同条件下有不同表现。到现在为止，我们看到的都是人类过去历史上所表见创造力发展较低的阶段，不是“兴起之时”，这使人们对人的生命力、人的认识不足。他干脆给一部分人戴上了“低估派”的帽子。“什么是低估派思想？例如说：人们都是好逸恶劳的，人们都是贪图物质利益的”，凡认为人离了赏罚就不行等等都是低估。他们“有见于人身而无见于人心”。

接下来一段话，我觉得父亲像是因有所见而发。他说中国底子太薄，“虽然解放以来群众生活水平稍胜于前，亦不过工人较得国家保障，而只依靠其集体的农民则过去之苦未忘，当前之需未足，是不能以前述那种要求废除计件工资制的工人来比例推论的。对于其根于身体而来的那一面心理，若稍有所忽略便是绝大错误”。又说“在生活物质种种不足的情况下，身的一面就重要，这是当然的”。

文后附有跋记一则，可以看作他小小的声明。他说，自己同一时期也在写《人心与人生》，胸中萦回往来的都是自己的那些见解，不免有戴着有色眼镜看东西的可能；又说，生产力与生产关系、上层建筑与经济基础、不断革命等理论，“每见人用来说明大跃进，而我却没有”。

他看中国的社会主义实践（下）

单看《中国——理性之国》这一标题会觉得这是一本讲中国的书，的确是一本讲中国的书，而我为什么把它归入《他看中国的社会主义实践》一章里来了呢？

读者从《耕耘与收获的年代》一章中知道他在“文革”中的经历。一九六六年八月二十四日抄家，半个月后他开始写《儒佛异同论》，且接续写了之二和之三。他在这一年的十二月九日日记中写道：“渊庭送来《马恩文选》和《反杜林论》。”这是为写《中国——理性之国》做准备。他的准备工作历时三个月，其间还曾致函政协图书馆，请他们特准借书（因斗“走资派”日常工作已停顿），至一九七〇年四月八日完稿。这期间，他也在写《人心与人生》，两项工作是交叉着进行的。

我发现，不仅《儒佛异同论》是早有成竹在胸，因而即使失去参考书也能写得很快；《中国——理性之国》的部分内容已先见之于政协学习小组会发言（自然挨批了）。

一九七三年旧历除夕，父亲在孤灯之下写信给老友陈仲瑜（“儿孙辈皆在干校”），说《中国——理性之国》“解答的是重大问题。问题是从马列主义来的，解答仍不离马列主义。然所伸张之义，不免惊俗。须十年二十年后再发表，我殆不及见之矣”。

试问，为什么惊俗？因为他议论了这样一个问题：依马克思主义原理，无产阶级革命本该发生在发达资本主义国家，但是没有发生，欠发达的俄国和更加欠发达的中国反倒实现了无产阶级革命。两国为什么能做到呢？又为什么几十年后苏联“中途生变倒退，中国始终坚稳前进”？在讲了一番道理之后，他又据此而预言：中国将在这方面为全世界做出贡献。可是，他也说，弄得不好中国同样有倒退的可能！

所以，这题为《中国——理性之国》的书，我把它归到《他看中国的社会主义实践》一章里来了。

在此之前，他没说过社会主义革命和理性有关。他料到大家对此生疏，事先说明：请先翻阅第十八章然后回头从第一章读起。我们照着他说的做。

“吾书题名《中国——理性之国》，盖本于恩格斯《反杜林论》中有关理性的一些言论而来。”

原来恩格斯说过，现代社会主义是从十八世纪理性主义发展而来的。那时的思想家们喜欢以理性为据批判一切，于是“要求建立理性的国家、理性的社会”。恩格斯说，这一思潮为法国大革命作了准备，气势虽盛，但革命到来之后恰成了“理性胜利的极大讽刺”——非常不理性。

父亲对此的解释是：在有足够条件建立社会主义之前，是谈不上什么理性社会的。末后他并引申此意说：“非待进达共产的无阶级社会，人类实不得毕申其理性也。”

他解释，由于三个原因把该书定名为《中国——理性之国》：一、法国思想家们高唱理性，是“大有得于中国思想之输入”；二、信如恩格斯所说，社会主义出自人类理性的贯彻，当前修正主义风靡一时，社会主义前途唯有赖于中国；三、中国今天能起这样的作用“实为古先中国人理性早启种其因”①。

二十世纪八十年代初，先是香港一家报业集团，后是一所大学曾经顾名思义愿意出版这本书，待看到手稿不免吃了一惊。在国内出版，即使不禁止也太不方便。不过人已故去，作为《梁漱溟全集》的一部分尚无不可。因而，这书只在《梁漱溟全集》中有，此外再无其他版本。

文前附有题记一则，初稿是由我起草别人定稿的，全文如下：

“《中国——理性之国》一书是著者唯一未曾公诸于世的专著。②约十七万字，现收入《梁漱溟全集》首次发表。此书动笔于‘文革’开始后第二年（一九六七年），完成于‘文革’中期（一九七〇年）。如著者所说，它是‘在环境条件困难中’写出的。就是说，是在无法了解社会真相、极不适宜进行学术探讨的环境下写成的。因而，著者真诚地放弃了自己曾一贯坚持的某些观点，对一些为人所诟病的错误却持肯定态度。一九八四年，著者曾试图在亲属协助下对原稿作必要的修改，终以体脑均衰而未果。”

---

① 法国思想界受中国的影响可参阅朱谦之著《中国思想对于欧洲文化之影响》，其中一章谈到中国哲学与法国革命。

② 此处有误。《人类创造力的大发挥大表现》也没有发表过。

回看当年写的题记，我承认自己当时没有看懂。和当初相比，现在我懂了。

这要回顾一下过去。我们不妨说，他的学术兴趣或云工作一直是通过文化比较发现问题又消除疑问。该书是这种工作的结束，借用时兴的说法，叫作“画上了句号”。第一次比较是为回答固有文化还能不能要；第二次比较是为了说明别国的政治体制中国不可用；第三次比较时值解放之初且因故中辍；待重新拿起笔来，不但非复当年的主题，亦且不是当年的那种心情。以往都有争论对象，这次则完全没有争论对象，只是陈述自己的意见，还加上一条留待身后发表。

试问为什么没有争论对象？因为所论主题超前，别人没有谈起过。至于留待身后发表，推想是出于两点考虑：因其超前难为社会理解不如稍待；再者，无意引起政治上无谓的纷扰。

这个论题是什么呢？他的文化比较至此明确转向探求人类社会发展历程及其动力，书中出现了一些结论性的话。如下一句最可注意：“人类社会前途固不能外于人类生命、人类心理而有其开展也。”这岂不是说社会发展在物质生产之外还有一个必要条件吗？

前云“问题是从马列主义来的”，当系指此而言。我们写题记时，错把注意力放在他赞同借“反修防修”为由进行的“文化大革命”，因而有“对一些为人所诟病的错误却持肯定态度”的话，没有认识到他是在说社会发展还有另一个规律，这个规律就是自觉居后、自发居先然后两者互换位置自觉居先——身为心用。（见《梁漱溟全集》卷四，第二百五十三页。）

一如他认为存在“大跃进”而没有赞成头脑发热，他赞同反修防修却并无一言涉及“文革”中的“革命行动”，且有如下一句话：“从‘中国文化大革命运动’近几年的经过看，中国是一样有可能出现修正主义以至资本主义抬头的。”（见《梁漱溟全集》卷四，第四百五十二页。）他不希望这样的事情发生。

下面着重介绍三个问题：一、身先心后，就其发生和发展而言，不离物质基础，自是次第臻于成熟，社会革命不可率意逾越；二、俄中两党不同程度上提早进行了社会主义革命；三、两场革命的分野源于各自民族的历史进程有异。

在这本书里他明确了一个观点：人的个体生命是怎样逐渐成长、成熟的，人类社会同样经由此一过程而发展。婴儿只有身，幼儿开始有心，但此时心和身浑然难分。随着成长，心逐渐显露，渐至有可能转为身为心用。社会发展也是这个样子、这个过程。

他用身心关系解释自发性和自觉性。

亦如就个人成长而言，前期重在身的成长，后期重在心的成长，社会发展有与此相应的前期和后期可分。

从人类初有社会一直发展到社会主义社会出现之前，均属历史之自发阶段，对于后此著见其社会整体自觉心的社会主义社会来说，那只是个预备阶段，只相当于身。

更要知道，在此自发性漫长的社会发展中，其发展动力主要亦出自人身（个人的身体），临末慢慢地才转移到人心为主，自发势力渐次降低，自觉性有所抬头，而后社会主义社会乃得成功。

请注意下面的话："人心的主动性极强，不受任何拘束，而身则于其境遇辄感窒碍，恒多被动。"这是因为，身代表着生物所共有的个体图存和种族繁衍两大要求，心的活动与此有关，但不限定于此。

人类社会发展史的前期——自发阶段，"实以人身为其发展之动力所在"。人的生产技艺和生产工具总在改进，这是因为，人总在设法满足从来不会满足的欲望，它是生产发展的源头，是一自然势力。

在进入资本主义社会之前，人类生产发展缓慢，自进入号称"个人的觉醒"时期，人们的生活欲望得到了争取满足的空前机会，生产发展加速是当然的事。他说，唯物史观家从这里看社会发展"自是得其要领，大有见地"，但还要注意：欲望的发扬，同时人类头脑所具有的创造力也得到发扬，"这是其要紧相关的一面"。

读者请回忆他关于人有个体生命和社会生命的观点，再请回忆他在《东西文化及其哲学》中把西方文化的根本精神归纳为人的个性伸展和社会性发达。在这本书里他说，发生了反奴隶主、反教会、反王权、反行会制度这种种造反行动之后，可以"一句话总括：被埋没的个体生命要出头，被屈抑的个性要伸展。近世以迄于今的资本主义社会，正是以个人为本位的社会，凡事人自为谋，各顾其私。人人的头脑心思却当真用出来了……发明创造此时一年等于过去一千年，其理在此"。

"人自为谋"是什么？是"心为身用、以心从身"。社会发展的自发阶段至此乃造于高峰。

"人身自始便是人类社会发展史上自发的动力源泉"，到了资本主义时期表现得再明白不过。请品味"人身自始便是"的含意。

"人自为谋、头绪太多，各顾其私、杂乱无章，恰预兆着社会整体自觉的即将到来，于是继资产阶级民主革命之后的大发展、大变化便是无产阶级社会主义革命。"自发势力的作用在这里来到转折点让位给自觉。

"人类生命活动恒有自觉贯乎其中"，然而要进行无产阶级革命并坚持下来，一般的自觉却嫌不够，这须有高度自觉。请注意，高度二字此处不是指个人。即便部分人的自觉性高，如果社会整体自觉意识不强，这个社会仍属低级，“必整个社会生命著见有其自觉焉，则进入高级矣”！

既然无产阶级革命的最终命运如何，端看高度自觉与否，请看他是怎样说的。

“为说明高度自觉，当先说一说意识。意识一词在英文为 Consciousness 原属自觉之意。自觉蕴于自心，非以对外，而意识则是对外的。”

“人对外活动时，蕴于内心之自觉或明强，或昧弱，高下绝殊，等差甚多。”

请注意“高下绝殊，等差甚多”。

人大概总不离意识而有活动，在自觉昧弱而活动却不弱的时候，那就是意识作用被本能或后天习惯所掩蔽了。

动物干脆没有意识，它们的感知仅集中在某一点，不能把感知到的东西联系起来。动物和人之间因此是隔断了的。人与人之间自觉的等差虽然可能甚多却没有隔断，等差表现在心思所及的广度和深度。

前面说过，意识是对外的。“所谓高度自觉，盖非第言其蕴于内者明强，抑且言其对外观照之广阔，理解之深入。喻如马克思恩格斯烛见乎人类历史前途为无产阶级革命，其意识作用之所及，何等广阔辽远？其科学社会主义一矫前人之空想，又何等锐入深刻？我们便称之为高度自觉。反之，鄙俗之人意识所存无外一身一家，或稍广及小集体，其于事理亦岂能精微深入乎？高度自觉之云，实涵有广度深度在内，高度、广度固交互相关也。”

他认为能怀大愿者才能烛见广阔，唯这样的人才能“随其所处时代社会环境条件”，领着群众“共趋于高明觉悟”。这自是革命所需的领导人了。

他举当时（二十世纪六十年代）深受标榜的大寨人、大庆人为例，说他们“于其平凡的作业各自觉识得大不平凡的意义”。由这样的群众组成的社会自是高度自觉的社会了。

假定他说的没有错，那么，必然的结论是：单靠自发性远不足以发生无产阶级革命，更不能完成这一革命，必有自觉性而后能发动并完成这一革命。

列宁在《怎么办》里讲的也是这个意见。列宁批评《工人事业报》强调自发成分的意义。“没有革命的理论也就不可能有革命的行动”这句名言，正是出自《怎么办》。不同的是，列宁没有讲身心关系。（此处我先写作“列宁不讲身心关系”，后改作“列宁没有讲”。）

列宁所讲在资本主义欠发达的俄国能够进行无产阶级革命，一向被认为是列宁对马克思主义的发展。在这个问题上，我父亲谈了他的看法，那就是上面关于高度自觉的一番话。

就社会生产力发展水平而言，俄、中革命原本都不够条件发动无产阶级革命，但竟然发动而且获胜。一向的说法是对形势的分析判断得正确，领导得正确。

父亲同意这个说法，非但同意而且说那些见不到和不敢发动革命的人“死于句下”——机械运用马恩理论。

条件不具备事情办不成，那么俄、中革命是怎样变条件不具备为具备的呢？严格说来，并不曾将条件具备，尤其就中国而言，那是“一贯地以人的精神优越抵补其物的条件之不足”。

所谓“一贯”，是指武装斗争时期和“建国后至最近‘文化大革命’前的十七年的一段经过”。

如此强调“人的精神”有唯心之嫌吗？他有这么一句话：中国革命有一系列特点，“特点是存在于客观形势上的，虽创造性的主观努力亦必准据于客观形势，不能有外”。

然而，我引这句话还另有一个动机。父亲认为，中国革命——毛泽东领导革命的“总特点是改造形势”。中国工人阶级数量少，历史短，把这个形势改成由知识分子和农民作为主力，靠这支队伍打天下、靠这支队伍建立政权；地域由小到大，人数由少变多，质量（自觉）由低渐高。每一步都是改造形势，都是经由创造条件达于成功。

这和党史教科书里说的意思差不多。不唯差不多，去掉了政治上必要表述方式上的不同，差得还会更少。那么我们就把注意力放在这一点不同上吧。

毛泽东说，十月革命一声炮响，给中国带来了马克思列宁主义。父亲赞同此说。是谁听见了那炮声？是青年知识分子，是他们知道并感受外部世界发生的事；而且青年人的心最具有能动作用（以身随心），自然是由他们传给生活困苦的劳动大众。困苦可以导致劳动大众揭竿而起，但中国革命“性质难定、曲折多变”，这决定了在中国是知识青年做开路先锋。

社会主义革命属于后期的革命，本该发生于“身”的问题已获解决之后，既经提前，此时知识青年——心的作用的体现者——打先锋实属必然。

中国革命胜利得自改造形势。此处所说改造形势具有两义：改变力量对比和改变人。该书中有一小节专门讲改变客观形势和改造人之间的关系。“人的品质习惯心理倾向虽存于主观这一面，却多是由客观形势环境慢慢给造成的。即使自愿要改造它，单靠自愿不行，亦还要从改变客观入手，有其形势条件乃易收效。”

改造人在中国的革命实践中占着什么样的地位呢？

父亲一反过去认为中国革命不需用武，说自己看懂了在中国武装斗争实属必要。“毛主席在农村领导起武装斗争，意想不到地事后证明恰为农民和知识分子得以改造的有效途径。”中国革命的两大主力，经过长达二十余年的战争改变了自己，亦即改变了中国无产阶级弱小这一事实。（我还想起了人民军队是大学校的提法。）

二十世纪八十年代中期，梁漱溟在复兴门外寓所为友人题字

父亲还发觉，武装斗争也改变了中国社会阶级划分不明不强的事实。“有对抗，始有团结，严重的对抗，引来紧切的团结。单是组织共产党，敌我彼此分界未云明朗坚确，可能有人出出入入于其间。”武装斗争使“苟安已久的旧社会划然分裂对抗而决斗”。

“一般战争主体两方，大都是历史自然发展不知不觉形成的集团，而共产党这集团却不然，它是从那些有着共同理想和意志行为的人们自觉结合而成。”请留心这一不同。他承认采取武装斗争方式，不唯改变了敌强我弱的形势，连社会构造也得以改变。

进入建设阶段面对的是“简陋的社会经济社会文化”，难题像是不同了，其实，“同样是在其所必要的现实有形条件太缺乏”，解决之道仍是“着重对人做功夫”。最好例子莫过于我国独力研制成功了“两弹一星”。

“政治工作是一切经济工作的生命线”，“在共产党领导下只要有了人，什么人间奇迹也可以创造出来”。对于毛泽东来说，这不是口号，是总结走过来的路。

在父亲看来，俄国革命同是以人的精神优越抵补物的条件之不足。不过，“细按下来，中国自始就有自己的道路”。

俄国早于我们将社会主义革命提前了。列宁对《工人事业报》的批评表明，列宁已有见于只靠自发性不行，强调了自觉领先的作用。那么，“细按下来”，自始便不同指的是什么?

"举其显例，人所共知，列宁有常说的一句话：'共产主义就是苏维埃政权加上全国电气化。'这就很不像毛主席的说话，就和上文所论述的重视人的作用，重视人的思想转变全然不是一个精神。"

斯大林也有两句名言："改造时期内技术决定一切"（一九三一年）和"干部决定一切"（一九三五年）。看似后一句提到的是人。翻开《联共（布）历史简明教程》看原文，斯大林说，他提出第一个口号"帮助我们消灭了十分缺乏技术的现象"，但是还很不够；"技术而没有精通技术的人才，便是死的东西"，如果工厂里、红军里有数倍于目前的技术干部，国家所得就会数倍于现在。

电气化为什么对共产主义竟有如此大的作用？共产原指生产设备公有，全国电气化即是全面大规模生产，分析不开了，不再有小生产存在，人自然也生活在组织中。这正是马恩所说生产社会化之义。落后国家建设共产主义自然从这里入手。

不妨说，苏联（俄国）做得对但又不够对。他们在取得政权以后忽略了人的自觉性问题。此时，他们看条件不具备，只看物的一面和看人也只当是技术人才缺乏，事实是整体上人的思想、心理、习惯方面并没有脱离沙皇俄国的社会发展水平，[①]原本亟待提高人的自觉性。列宁、斯大林作为历史的、社会的产物此时也没有所需的高度自觉。中国则不然，在整个毛泽东领导时期，一直都在做人的转化工作和以群众的投入补充现代化设备不足以及通过大搞生产运动发现、培养技术人才。

上面这段话是我对原书的概括。

他说过，社会发展一如个体生命成长，有自幼及长各个阶段。同时不要忘记，中俄都是跳过了一个阶段实现社会主义革命的。

中俄虽在这一点上相同，两民族的历史却大不同。他据此认为："苏联之出现资本主义复辟可以作为其社会发展史上的一次补课来看。"

"绝大多数俄国人既未得到自由发抒其个体生命活动力的机会，沙皇一旦推倒，就匆匆忙忙转入新的集体生活。"即便没有赫鲁晓夫，社会上自有倒退的势力。

碰巧我有一个相关的记忆。某个星期天（时在"文革"前，他写本书之前若干年），谈话偶然涉及俄国历史短的问题，他说那是一个"身体势力强"的民族，

① 原文将俄国社会历史情况概括为三点：短——俄国历史比中国历史短一大半；浅——从宗教、文化情况看不免粗浅幼稚；晚——脱离封建钳制比西欧晚得多，西欧不仅早二百年且其反封建性质远较俄国明确。

说俄国人因为没有经历过资本主义时期，不免向往西方式的自由发展，曾经打比喻，其心理就好像一个没有性经验的人之于性。

这个意思写到该书中便是：俄国当其革命未成功、初成功时，自觉性处于主导地位，久之不免渐失自觉。“其主动衰歇不见，而落于历史隐伏下惰性势力抬头之中。”

他又说，将来那些老资格的资本主义社会取得社会主义革命胜利，是“当真取得胜利”，“那里的人们断不会像今天苏联还有许多人有这般兴味大搞其资本主义生涯的”。

读者或许会问：既然就生产水平而言中国较之俄国还要落后，岂不是比俄国更有可能返回去补课吗？

当然有可能。不过，父亲说的是有两种可能：一种是也回去补课，一种是中国人以其高度自觉坚持在社会主义道路上并率先进入共产主义社会。

中国人也是人，同样隐伏着“身体势力”的要求，也有可能自觉性衰歇；但是中国人理性早启，这使得中国人不一定回去补课，而且为全人类做榜样，开出一条路来。

中国人理性早启是父亲讲了又讲的话题，是他最最核心的观点。这和社会主义有关系吗？有的。中国人早有天下一家的思想和胸怀，中国人虽不能说具有社会主义社会所需的素质，但是本不相远，学起来不难。

那么梁漱溟先生写这本书主要动机是什么呢？是发出警告吗？包括这个意思。但是，他非常爱中国人、非常信任中国人，乃至信任人类——人性是向善的。他大概还是乐观的成分居多吧。

书中以大量篇幅讲中国特见悠长且平和的历史（坚韧亦在此中），讲世界各国文化和宗教的关系，当然一定要讲中国人之淡于宗教。他把这些讲过的话“文革”期间又讲一遍却有其用心。

他的用心是什么？那是重申一个观点：无论就一个民族而言或就一个伟人而言，都不能跳出、逃脱本国历史文化的影响。我想打一个或许不甚恰当的比喻，没有人能甩掉自己的遗传基因。

请注意阅读如下引文：“毛泽东是中国革命成功的第一因素。说列宁，说毛泽东，都不是指孤立的那一个人，而是一切环绕着列宁或毛泽东在其先在其后，从正面从反面，直接地间接地有以助成这个人物的有关社会因素，一总括举在其中。社会为个人所自出，既制约那个人，亦成就那个人，而人物愈伟大，则成就其人者愈大于其制约之。成就列宁的主要是广大欧洲社会，而非止一俄国；成就毛泽东的近则中国社会，远则广大世界。”

为证实此一论点，书中干脆有一节的标题写作《中国社会的特殊即从毛泽东可见》。走农村包围城市这条路，一则因形势不得不然，二则这独出心裁之出在毛泽东表明他“与中国社会如此其密切相关不离，我们正不难从他这个人来认识中国”，然后就列举《毛泽东选集》里的话证明毛泽东面临而又战胜的一个个难题正是中国社会所特有的，《星星之火，可以燎原》里面说小小红色政权在白色政权包围下能够存在是“中国以外无此怪事”。为什么呢？因为别国的内战都是社会分裂所致，而中国是“政权有分裂，社会无隔阂”。中国的特殊又可见之于毛泽东的家境和求学过程，是充满中国色彩的。毛泽东因而兼具农民和知识分子面貌于一身。

试问出于什么目的要证实这一点？他吁请包括毛泽东在内的全体中国人“认识老中国，建设新中国”。对于他，这是老话。所不同者，这次不无忧虑地以身心说谈到“补课”。

必要的赘言

如果有人说，读了你的介绍，我觉得梁漱溟先生好像认为自己和毛泽东之间没有多大距离，见解上还颇有相近处。

我要说，你的感觉没有错。但是，他们二人又非常之不同。毛泽东是毕生都在和人斗争。而父亲还是当年那句话：“我是没有敌人的。”佛家讲破我执，无我，从何而有敌人？

想当初，毛泽东已经明确说自己没有认错的“雅量”。一九七〇年，正值“反修”高潮，《中国——理性之国》里仍照直说，中国有倒回去补课的可能；此外还明白地说毛泽东晚年脱离实际，脱离群众。（见《梁漱溟全集》卷四，第三百一十六页。）他是大着胆子写的吧？不，口气很平淡。不过，他很像是忍不住想劝告毛泽东几句。下面就是那个故事。

一九七二年十二月二十六日，他在日记中写道：“早起写一信。以收回章处之稿，径送最高。”章，指章士钊；最高，指毛泽东。

章士钊是“文革”中极少数特受保护，不受冲击，仍与高层保持着联系的人。父亲将《中国——理性之国》的手抄稿一份托章士钊转呈毛泽东，事隔许久不见转送，于是电请章的秘书将手稿还回，他选择毛泽东生日这天自己送到中南海。先到新华门（正门），警卫见有人朝大门这边走，迎上去说，这里不接待来访，有事去西门。西门的警卫问什么事，他说今天是主席生日，我送一件东西并表示祝贺。警卫说毛主席的生日不收礼。他说这是一份稿件，不是礼物。警卫进去一会儿，请示回复道，可以收下。

收下了。自然是石沉大海。收下的决定未必出自毛泽东。毛泽东此时与外界隔绝、与群众隔绝的程度比父亲想象的要严重多了，他的健康状况父亲自然更不知道。

再讲一件事，但不是故事。

《中国——理性之国》的第二章《怎样去认识老中国》，第一句话便是：“在这里，我们有必要先介绍毛泽东主席的一段话。”接着是大段引文。我这里照录于下：

我们这个民族有数千年的历史，有它的特点，有它的许多珍贵品。对于这些，我们还是小学生。今天的中国是历史的中国的一个发展[①]；我们是马克思主义的历史主义者，我们不应当割断历史。从孔夫子到孙中山，我们应当给以总结，承继这一份珍贵的遗产。这对于指导当前的伟大的运动，是有重要帮助的。（中略）成为伟大中华民族的一部分而和这个民族血肉相连的共产党员，离开中国特点来谈马克思主义，只是抽象的空洞的马克思主义。因此，使马克思主义在中国具体化，使之在其每一表现中带着必须有的中国特性，即是说，按照中国的特点去应用它，成为全党亟须解决的问题。

这段话和我父亲“认识老中国，建设新中国”的意思一致。

不过，这是新的版本。一九四二年至一九四九年间延安解放社的版本不是这个样子，一九五二年以后的《毛泽东选集》里才改成了现在这样子。父亲看书细心，发现这改动并以注释的方式附于之后。

老版本在“有数千年的历史”下紧接着“有它的发展法则，有它的民族特点……”；在“一份珍贵的遗产”下紧接“继承遗产，转过来就变为方法……”父亲写道：“此在现行本中皆省略，其他例不备举。”

我的感觉是，老版本的措辞透着谦谨、恳切。二十世纪五十年代往后，“不破不立，破字当头”之类的说法，已是另一种意味了。

还有一个我们在编辑《梁漱溟全集》时所写附记中说“著者真诚地放弃了自己曾一贯坚持的某些观点”问题。这里指的是：在中国，武装斗争是否果为必须和中国的社会构造是否特殊、特殊何在。

这正是如何认识老中国的问题，所以我们应该重视它，并不是为了别的什么。

前面我介绍到这问题时，读者阅读所得印象是他放弃了自己的观点，其实仔细看会发现并没有。我是有意留到最后再说，以免话题岔开去。

父亲说毛泽东之成功，在于条件不具备就改造条件。二十余年的内战，改造了共产党队伍的主要组成——农民和知识分子，使中国有了达成革命目标所缺乏

---

① 着重号系文中原有。

的无产阶级力量。与此同时，也是通过内战把本来不分的中国社会分到两面去。他的原话是“武装革命恰是改造人的途径”，下面引另一句话就非常清楚了：“很久我想不通这个窍，如今明白了，不这样，那完成中国革命的力量便无从培养出来。”（见《梁漱溟全集》卷六，第八百七十页。）

在中国社会构造问题上，梁漱溟不停地思索，因为他看中国社会和中国文化是一回事，这样的文化产生这样的社会。毛泽东的成功使他不断地想，到底怎样看才对（才如实），认识曾有反复。父亲得出的结论是：毛泽东“善为运用于社会一切实际问题，推动着阶级形势如他需要的那样去发展”。仍然是创造条件改变形势的意思，但也明确了另一层意思——这是一种把任务完成的方法。既然是革命所需，那就这样做，且赞为“不落教条，不泥程式”。（见《梁漱溟全集》卷七，第一百五十页。）

就梁漱溟先生自己而言，有没有最后结论？回答是有的。这见之于他作于一九七七年的《我致力乡村运动的回忆和反省》一文。

原话较长，试转述如下：老中国既有其特殊性，亦有其一般性。毛泽东的成功“就在抓住中国社会的一般性那一面”，以阶级斗争方式达成革命目标，但究其实，中国社会是“散漫和消极相安之局”。毛泽东虽秉持阶级斗争，也曾对斯诺说过一句老实话，“中国是小资产阶级的汪洋大海”。这说明什么呢？在本来缺乏对立的社会搞阶级斗争，“只能是一时借用之”。

然后他又说，如今“百废俱兴，国势蒸蒸日上，但世无久而不变之局。关系全局的毛主席本身即在转变，况乎其他种种讵能久延哉？具有数千年传统文化的中国社会之特殊一面，卒必将显现出来”。

父亲坦言，在如何救中国这个问题上，“我诚然错了，然而所见仍然没有错，只不过是说出来太早了。——失之于太早耳”（见《梁漱溟全集》卷七，第四百二十八页。）

对于人类社会的远景梁漱溟先生有什么设想吗？有的。他的设想极其个性化，凡没有把我这本可读性很差的书半途扔下的读者至此对他已有了相当的理解，一眼看过去便知道，这的确是他的设想。

他认为未来人类社会将是以中国夙日的伦理精神处理人际关系。国粹主义露头了吗？大概不是。且听听他讲的道理。

把“为公”“为私”当作判别无产阶级与资产阶级的界线，并不恰当。能只知有公不知有私吗？不能。在公与私之间“求得其均衡之道”怎样？须知各有所偏是社会发展的必经之路，等到这个过程走完了，人类将会觉出各有所偏之失误。误在何处？误在只肯定集体或只肯定个人都是以一方为其固定本位，不知两者只是表面相反，其实同为从身体出发，同是失之一偏，不通不活。随着“身”的时代过去，人类将在这个问题上持通的态度。

还有一层细微的道理不可忽略：凡事“一时有一时之宜，随其时宜为所当务，虽偏亦不为失”。怎样达成这一理想？“一、平常时候不落一偏，不失均衡；二、于必要时，随有轩轾，伸缩自如。”

父亲在写《东西文化及其哲学》时，身心问题在思想中只初有萌露，不久明确起来，遂决定写《人心与人生》，并自言所关心的不外中国和人心两个问题。后此数十年间所著各书谈这个问题会对另一问题有所涉及，乃至另辟若干章去讲另一问题。到了写《中国——理性之国》，两个问题并到一起去了，干脆用身心说解释中国社会主义革命，同时以此解释人类整个社会发展的历程。不妨说，他是以《东西文化及其哲学》为始，以《中国——理性之国》为终。

耕耘与收获的年代（一）

——善用生命的人

写“文革”十年用“耕耘与收获的年代”为标题，读者恐怕不免要疑心我是在标新立异。不是，真的不是。大家想了解梁漱溟，那么请看在人们普遍身不由己，浪费着生命的十年里，他是怎样度过的。他比正常年头工作得更多，额外完成了自己的写作计划。

他是知名度很高的“反面教员”，按说日子应该很不好过。而且事实上，凡斗争对象遭遇到的，他都不曾幸免。然而他耕耘了，收获了。

五十岁那年，他在《我的自小史》里有如下一句话：“最要紧是在生活中自觉。读书不是第一件事，第一件事，却是照顾自己的身体而如何善用它。——用它来做种种事情……可惜这个道理，我只是在今天乃说得出，当初亦不明白。”

好好对待生命——身体——为了用它。有这个认识的人料想不会很少，难在干扰强加于身而仍不为其所扰。因此我将“善用生命”特予标出，作为副题。

这一切都体现在生活琐事上。这本书很少涉及生活细节，这一章，却是破天荒地充满了细节。能够做得到，全靠他在精力大衰之前，一天也不间断地写日记。

在分几个方面介绍这十年的生活之前，还需要回答读者心中的一个问题：梁漱溟先生对毛泽东发动的“文化大革命”持何种态度？

和全国人一样，他先是赞成，后来不赞成。毛泽东发动这一运动所使用的理由是反对和防止修正主义。但我父亲在《中国——理性之国》里曾预言，苏联由于其民族历史短浅不免要“补课”，还说中国革命如果丧失高度自觉也难免要补课。父亲认为出现修正主义是现实的可能。以这个理由发动的政治运动，他不反对。

但他反对“文革”中发生的许多事。例如纵容打、砸、抢，以“革命不是请客吃饭”为口号胡作非为。一九七〇年修宪，他问道：宪法上是怎么写的？这个质问汇报上去，虽然领导人并非红卫兵，听着还是很觉得逆耳。至于滥施体罚、

北京积水潭南岸的梁巨川纪念碑，在“文化大革命”中被拆除

派性斗争没完没了。毛泽东起初还说“不要怕乱”，及至自觉失控，不也试图消弭吗？国家陷入乱局，他和大家一样只能干着急。“文革”使人们看到了政治机制上的缺陷。

抄家经过

不同身份、不同行业的人对这场运动的感受（或说被卷入的状况）是不一样的。我这个机关干部已然身处热火朝天的运动中，政协委员们还大体如常地开着学习小组会。父亲一九六六年八月十八日日记记载：“早起阅伍、陈两人讲《孟子·尽心》章之文。拟写综述文补遗。去北海未成，以天安门大会，无车可通故也。午后去政协参加学习会。”六天之后，“是日有大字报，要拆碑，限二十四小时”。① 碑拆了，家仍是要抄的。

因此，不妨说，“文革”与他直接发生关系是从红卫兵抄家开始的。他的生活被彻底打乱，失去起码的生活条件。这都不要紧，唯有不能写作无法忍受。“文革”中，一共给毛泽东、周恩来写过三封信，都是为了要继续工作。兹先摘录其中一件于下：

“主席赐鉴：……当红卫兵之来临，我以拥护此一大运动之心情迎之。”（是他去开的门，说请进。）

他请毛泽东回忆一九五二年的一次谈话。当时他说，中国问题现在已经得到共产党的领导，有了一条大道可遁，“我将集中心力于人生问题之研究”，“此番抄家，一切文稿（已完成的、未完成的）全被收去（似有被毁的）。假如在被斗之后，不发还此书稿，即不可能续写，无异于宣告我的死刑。盖人生一日，必工作一日；工作必是从其向上心认为最有意义的工作……失去意义的生活，虽生犹死，生不如死。以故家中书籍几于全数被收或被毁，钱财百分之百被收去（发还十二

---

① 祖父梁巨川投水处立有殉道碑，在积水潭南岸。“革命群众”贴大字报，限定二十四小时内拆去。

元）……在我举不足惜，唯求发还我那些文稿，准许续写成书。书之出版与否，非所计，甚且限于自己寿命，是否得完成其书亦复难定。但我生活一日，必致力于此一工作一日耳。此其心情，主席其必能谅察之乎！倘得文稿发还，准许写作，则有生之年皆领导党之所赐。披沥心肝，冒昧以陈……”

抄家是八月二十四日，九月六日，他已开始写《儒佛异同论》。写信时间是九月十日，信无回音。继《儒佛异同论》之后，他又写《中国——理性之国》。

还是为了能继续写作，一九六八年和一九六九年，父亲两次写信给周恩来。

“七月八日忽奉街道通知，要我随同住之邻人两家另迁新址，而指定给我住之东厢房夏日夕阳太强，又狭窄不透气，蒸热欲死……连日来眠食俱废……至此乃真不能工作矣。”

一九六九年十月，全国响应号召加紧战备。不论实际情况如何，北京的战备动员很像是真的。在这种情况下，他再次写信给周恩来，说那被抄去的文稿，“或者此残存部分至今尚在亦未可知，亟盼在战争爆发之前收回整理此残余部分”，以便完成这一未竟之业。“漱窃自视其工作重于其生命，当乘兹精力未大衰之暮年积极工作，完成夙志”，但都没有回音。

虽然期待最高领导有回应，却不能停下来等着。他的对策之一是将《人心与人生》先行放下，写别的稿子，对策之二是在渐渐获得行动自由之后，去公园看书、写稿。

向主席和总理发出呼吁的情况就是如此。

《人心与人生》半部手稿虽说被抄去，起初一段时间，其实近在咫尺。他当时住在小南屋，而手稿就在北屋地上。这是父亲讲给我听的。红卫兵没有将手稿随其他物品一并装车运走（这是万幸）。红卫兵撤走，那一摞纸赫然放在地板上。自此，时时在他的目注“守护”之下。开门的钥匙在一位姓韩的民警手里。父亲对这位民警说：“那一摞稿纸对我来说非常重要，它对别人没有用，能够还给我吗？”民警说，自己的责任是看守这屋子不让人进来，没有权力动这里的东西，但是他可以注意着不让人随便拿走。

父亲对这个答复的评价是：这个意思也很好——一个善意的答复。

下面从几方面介绍“文革”十年的情况。

关于抄家经过，我事后听说，先是有人在院墙上贴大字报，指称位于积水潭南岸的祖父殉难碑是“四旧”，勒令拆除。当时，父亲对这类勒令只能服从，且意识到这是风暴来临的信号，做了一些准备，将悬于堂屋正中的祖父母的照片取下。（他们所穿的衣服可以被看作“四旧”。）

八月二十四日上午八时，听到敲门声，父亲去开门。红卫兵声言他们来“破四旧”。巡视北屋之后，问：“为什么没有挂毛主席像？”父亲回答在南屋有。那是一大幅毛泽东夏季视察农村的画像，手拿草帽，立于田头显示停下来稍事休息的样子。而红卫兵要的是标准像，那不能算。

“革命行动”以这个借口开始。

下午两点左右，有人招呼我去接电话。对方问明我是梁培恕，便直接告以“我们正在梁漱溟家里‘破四旧’，你回来一下”。

在骑车往新街口方向走的路上，我不止一次看见有卡车停在人家门口，红卫兵和“革命群众”（当发生这类“革命行动”时，如果有谁——邻人、过路人凡自认家庭成分好又愿意参加者，都可以参加），正在把各种物品搬出来扔到卡车上。

在这之前一天，红卫兵曾经进入我所在机关，看见我们的会场里有一排人低头站着，就问谁是为首的？经指给他们看，正副所长就挨了一顿皮带抽打。

看到上述两种景象，我有充分的思想准备。而真的目睹院子里遍地破碎家具、衣被、书籍纸张，还是为之惊骇。父亲和继母正被围在人群中挨斗。（后来知道那是文斗阶段。）一个为首的红卫兵问了我的姓名，同时从上到下打量我，寻找某种不革命的表现——神情、衣着、发型都可以成为不革命的表现。没有找到不妥之处，这使我有“资格”站在人群边上听闻围斗的一问一答。

恰在这时，一辆卡车在门口停下，进来十几名政协工作人员，于是斗争会正式开始。在呼口号的时候，我没有喊和举手，一个政协工作人员问我：“你为什么不举手？”我走了神，竟然没有跟着喊口号，这下子完了！我如实回答：“我正在考虑今天晚上他们怎么吃饭和睡觉。”大概是人性救了我吧。这个人显然有意放过了我。不知有多少人怀着矛盾甚至自责的心情在参加“革命行动”。

家兄到达比我晚一步。从他身上也找不到不革命的表现。

斗争会开完，我找到那为首的红卫兵（后来知道他叫程伟），向他提出建议。我指着任人踩踏的书籍纸张说：“这里面有马列主义著作，有政协发的内部文件，上面盖着戳，最好把马列著作放在窗沿上（桌子都碎了），把保密文件包起来以免散失。”程伟非常不习惯处于被指导的地位，他忍耐着没有发作。我又问：“他们两个今天晚上准备怎么办？”程伟含糊地回答：“这个你不用管。”

我离开时心想：这群人还算掌握政策。后来知道，武斗是我走以后开始的。邻近居民揭发继母以资产阶级态度对待劳动人民。父亲在前述致毛泽东信里因而有“拙妻被殴伤，而我幸未挨打”的话。

后来知道，红卫兵指定他们住在南屋最小的一间。当初大门朝南，后将大门改在东墙，把门洞堵死成为一间小屋。门窗朝北，冬天特别冷。下面请看当天日记。

“……两儿曾应其电话来家一次即去。政协来人两批，对我夫妇有斗争，书籍文稿及衣物均被拉去，用具多被打碎，是夜开始宿南屋中间一间，因灯光太强，睡不好，然心境尚平。”（为便于监视不许关灯。）

二十五日日记中父亲写道："培昭因拆碑后撕去大字报犯巨大错误，经群众斗争，抄家封门，决定送回广东原籍。树芬及韩姑陪斗，受殴打。"

二十世纪七十年代的梁漱溟

堂姐培昭多年担任新街口居委会主任。她以为祖父殉道碑已经拆去，大字报可以去掉。此时只要有一点毛病可挑就是大祸临头，被指称是反革命而且藏着枪支。姐夫黄艮庸同遭殴打，终以逃亡地主身份遣送回乡。《人民日报》刚刚发表过社论《全国人民支持红卫兵》。派出所民警心里明白梁主任不是反革命，但此刻无人敢说话。

二十六日日记父亲写道："早起监督劳动，扫街道厕所。"

我们一向很委婉地将"文革"中发生的这类事情称为"受冲击"。他受冲击始于红卫兵抄家，继之是长期群众专政。

应红卫兵电话，回去是必需的，这以后，我们自动回去则是"划不清界限"。因而有如下一信：

宽恕两儿：

两信均收阅。知父莫如子，知子莫如父。你们生长起来数十年皆在我跟前，我完全懂得你们，你们亦应当懂得我。既然懂得，我就不必须多说什么话了。

事情发生的初期几天内，我稍有些不自然外，却从内到外表基本不改常度。几天之后到现在就完全平平常常了。此指精神亦指身体说。你们不必挂念。

计自八月二十四日至今三十六天，始终不明我的问题究竟何在。三十天来如石沉大海，渺无音讯。（只九月十四日政协来电话，嘱我去领百分之六十的工资一次而已。）我曾写去一些信件（底稿附去一阅，勿失），亦无回音。我只有静候消息。当前事无能为力，所能自勉者只在今后而已……

我颇挂念艮庸的情况如何。他本人无问题，但恐受你二姐和我的牵连影响耳。你们能去看他吗？他似住在民盟内……其余不谈。

黄艮庸是民盟中委，故父亲猜想他们移住民盟总部。实则武斗后，他们夫妇已一同被押往车站回了广东老家。

不改常度和良性互动

这一节所叙，是抄家后数日以及头两三个月内的事。与斗争过自己的人良性互动是不容易做到的，不过那终究是留心之后可以做好的。不失常度是自己内心无异于平素，是一个人的本来思想和心态不是对付外面的。

请看抄家后第十三天至第二十天，由一周之内日记的摘录：（九月七日）"天冷，以毛巾连于短裤，穿在内面"。由此可见生活困苦已极。八月，山西来人外调，谈话又写书面材料，耗去上半天时间，叹息耽误写稿。下午房管来人，宣布房产归公。九日，他为找回文稿事致信毛泽东，自认"心境较正大开明"。十日，扫街后发信。下午复阅《卓娅和舒拉的故事》。十一日，再阅《卓娅》书并加圈识。十二日，天阴，早起室内光线不足，"坐于门前看书"。十三日，早起扫街，活动身体。"思当致力于反躬自省，无虚度时光。"

如果将第八天加上，那么，这天早四时醒，"悟口诵佛号唤醒自心，克化一切渣滓。昨日所谓自修应在此"。下午，他在街上见到重庆告急的大字报，忧虑各地颇有问题。良性互动是指那些原本把他当作敌人的人，于不知不觉中受他影响，凶蛮的心态回归正常，对他甚至有一点（不能表露的）敬意。

为行文方便计，摘引日记的日期只在必要时注明。

晨起之前与芬谈话数句，又自叙几句。芬在厨房被围斗，不得顾之。偶遇程伟向其进言，他又来坐谈，惜我谈话未善，他似不耐而去。午后五时顷有红卫兵来指导工作，冒险向其进言，指出树芬被斗受伤，不合于《十六条》决定……后半夜与芬作最后谈话，程伟皆在门外暗听。

他忽然想起来，在抄去的现金和存款单之外，身边还有一张存款单，"似亦交给程伟为好。早四时觅程伟一谈，当面将各件交他"。

"下午程伟来作别，因他另有任务，被调去他处，以后此间事由高芒、李秀文负责云。"

九月初，天气转凉，他身上只穿单衣，向红卫兵提出是否可以先发还一些衣服。"天凉腹泻，或因睡于地下之故。今晚开始架铺板而睡。"

"高芒告诉我，衣服取不来，但同意以破旧未送走的树芬夹衣两件交给使用。又同意我电嘱培恕送绒裤给我。"

但是我那个机关的"文革"领导小组却不同意。

红卫兵并不知道新街口某处住着一个"反面教员"，他们显然是接到政协工作人员电话就来了。斗过之后才想起对其人一无所知，势必做些了解，否则以后的斗争会无法展开。程伟走后的红卫兵负责人申心农找他。“谈及我的问题，当即以二十九日及今日所写两件给他看，说明切需调查研究，否则开会开不好……”（按指斗争自己的会。）

“晚九时，前次请其看芬伤之王姓红卫兵等二人忽来屋内问伤好否，坐下谈话，询问各情，悉告之。”

红卫兵逐渐撤走，日常监管任务交给当地革命群众。小铜井一号院从此成为公用房。因装有电话，使用起来更觉方便。

“昨夜因红卫兵撤走，院内寂然无声。但今夜又（住进）押来禁闭的人及守卫的红卫兵……”

“一二三中学有电话问我衣被够用否，要我向政协去解决，他们无法想。”已经撤走的红卫兵好像是回味起初做了过火的事。

十月五日，“程伟忽来，坐谈至深夜乃去。他将于明日下乡劳动，半月后乃回来，再三嘱咐封闭之南屋门不可启开，内有五家人的东西……却同意我将北屋之一枕二褥取用”。

“进食后八时余去太平庄一二三中学，往返皆步行……在中学晤红卫军一陈姓女同学……据答下星期一当与史玉兰同来我家。态度沉着平实出言简当。”①

“程伟电话云，星期一午前九时，他同红卫军来帮我解决一些问题。午后电话一次言看到我的各个信件。”

“九时前程伟来……史玉兰及钟姓男红卫军来，又约同孙、于等各位一同把南屋启封，以钱币、银行存单、布票、工业券等归还我（现钱短少八九百元）。又还给一些衣物，皆不重要者。《人心与人生》稿及其他一些文稿亦发还，惜无我为伍先生所撰写各稿及《东方学术概观》（旧）稿。”②

当天，父亲便分函王星贤、李渊庭，告以《人心与人生》手稿还回的喜讯。

与一二三中学红卫兵保持联系直到次年四月底。程伟似乎更不同一些，“……回家后程伟等候我，似有话谈，但终未说出而去。”

红卫兵撤走，街道革委会接管了一切遗留下来的监管工作。每日扫街划分了地段，已不需要逐日分派任务。起初监管很严，不许上街，“思欲剪发，孙（健）答不可能”。后监管渐渐弛懈，不仅可以上街购物，去公园亦已成为平常事。一九六七年四月，正式成立新街口革委会，监管松弛又转严。“中午孙健等二人来言，我被划为右派，嘱多劳动少出门，远出必请假等语。午餐为之受阻，勉强写稿。”

---

① 红卫兵分裂，一派称红卫军。

② 孙、于两人是街道群众专政领导。

转过年来，五月四日，“二时同树芬赴群众会，抵会场乃知我亦在被斗之列，思想上颇有斗争，最后决定服从。会后尚被押游行”。

孙健通知父亲，今后每周送一份思想汇报，他按时送。从此日记里常见“访孙健，略谈数语”的记载。又有随同居民一起“制作红太阳”，连续几天“仍未完工”的记载。在“红太阳下面画海浪”不知是不是他画的，“晚饭后购金纸”，的确是他自己去的了。

一九六八年七月七日，他看见邻人动手移居。父亲写道：八日，“活动身体后写稿至一百四十六页，忽被通知亦要我移居”。而且第二天就搬。“曾到新革委会请求缓移，范同志许缓移至星期三。”“晚间写发大中、星贤、谦之、培恕、慕周、艮庸六封信，皆告以移居事。”要从小铜井搬出去，这里本是父亲自己的产业，况且是祖父自建旧居，但日记里看不出父亲分毫不愿割舍的心情。在这之前，房管局早已向他收房租，都不曾引起半点反感。此事之不公，尚不在剥夺而尤在有意虐待。

十日，“夜三时起收拾一切，春生、雪昭、文诠、赵凯为助迁居铸钟厂四十一号。疲劳不堪，天热异常，平板三轮送什物五次。下午西晒太阳，几乎眠食俱废”。

以最坏待遇给予“反动分子”是那时的不变方式。把“对敌人仁慈就是对自己人残忍”的“思想武器”交给群众，后果并不是利于革命。他向周恩来说的只是无法工作，对群众并无怨尤。

北京城本有“北穷南富”之说。铸钟厂更是其中穷苦人的聚居区，居处狭小破旧，生活水平低、文化水平低，但是他们身上似乎尚留着老中国尊重读书人的传统。

“八时去东方红居委会，则方锁门另处开会，只询知主任姓李，副主任姓朱、姓杨……午后二时写迁居报告，再去东方红，遇主任李应毓……谈话不少，态度甚好。”

八月一日，“去参加建军节群众会，将完时引我先出，乃知误参加了”。那是革命群众才有资格参加的会。此一误会本来可以引发一顿斥责甚至围斗，却没有发生。

“互动”一词从前没有人用（原是外来语），现在用的频率很高。人在心情态度上有互动这个道理，是父亲首先讲给我听的。铸钟厂居住条件远较小铜井差，因为互动好，住在这里那段时间，他很有改变，也许他自己都不曾觉察。

父亲写道：移居铸钟厂第二个月，“忽然许多孩子向我吵闹围攻，自午后三时至七八时，诉之刘、贾，不甚理会。晚饭未得进，只进点心”。次日，他把小孩哄闹写出交李主任，恰小孩又来，贾同志一天两次斥责令散去，无奈“情况有甚于昨”。闹到第四天，李主任来看，父亲正为顽童读报。第五天“晚饭时李来看，答以本日情形特好”。

再后来，有了这样的记载：“马瑞霞托我写大字报，拟明日为之抄写。”

一九七〇年八月八日，移居东四十条外新中街，临行“与何、巴等谈话，又与贾、刘告辞。访李主任不值，留一信”。

父亲本来是没有体力劳动习惯的人，请看下面日记：“因昨晚被通知今早八时要去革委会，提前去紫竹院，并早回。进食后赴会，乃知参加劳动，缺乏准备，因而回家放下东西，再未赶上队伍，怅惘而返。”

在“深挖洞，广积粮”，“要准备打仗”那段时间，天天参加劳动，“早出进食，参加劳动。午饭后去北海散步。归后休息，再劳动。回家晚饭”。这是什么样的活动量！

“午后去劳动，以人少而回。”“夜来小雨至晨未休，不出门，默坐省心。劳动因而停工。开始写稿。雨终不止，去北海习拳。”

以这样的心态对待集体劳动，以前不会有。

机关“造反派”不如革命群众

与老百姓相比，各机关的“造反派”思想动机就不那么单纯了。年轻读者多半不知道，从一九六七年起，两年间“外调人员”在全国到处跑，查询某个人的历史，以判定其人有无“政治问题”。又因为所有的机关、团体学校几乎无一例外地分成两派，此一派外调意在证明其人应该打倒，另一派外调意在证明其人应该“结合”。数十年间，与父亲有过接触的人很多，一时间找他外调的人接踵而至。为一个人要把话说两遍，更难办的是他们只想取得他们想要的材料，如果听着不顺心，就会恶言相加。据父亲说，人最多时有如候诊。这对他来说实在是一大苦事。谈话费时，阅读记录费时，写证明材料费时。他十分珍惜时间，而对方恰不在乎。“又有上海三人询乡农学校及朱经古事，颇费唇舌，气不平顺，就睡后思之不安。”感到歉然的反而是他。

说“造反派”不单纯，起码有一件事可以为证。上海造船研究所的“造反派”外调他们的所长孙鸿亮自首问题，以为可以打和吓出一份他们想要的外调材料来。“早起写稿。有上海来访询孙鸣亮事情十二人，野蛮威吓我去左家庄，留住一日。”即失踪一日。

这一天是一九六八年二月四日。先一日，这批人已经来过，他们想取得的证词是孙鸿亮在邹平乡建研究院曾被捕，向韩复榘变节自首，认定父亲是此事知情人。可父亲记不得孙鸣亮其人，但是可以肯定没有劝过任何人自首。因为表现

“不配合”，这批人悻悻而去。第二天再来，进屋之后上面一巴掌下面扫一腿，父亲当即仆倒，眼镜亦跌落地上。给过下马威之后，父亲被挟持着去了左家庄。左家庄如今地处北京市三环路以内，人口稠密已成闹市，当时却是地处荒郊。不知什么机关盖了一栋楼，大体竣工空着未用，此时成了来京串联的革命群众临时接待食宿之处，也是“造反派”们的据点。这批人认为这个环境足以形成巨大的心理压力，因此将他挟持到这里再问话。“带你去上海和孙鸣亮对质，你去不去？”“当然去。”“路费和粮票你自己出。”“没有问题。”“造反派”至此泄了气，只得放他回家。[①]

“树芬奔走终日，文诠来伴他。闻公安军警均因此动员访查线索云。”这后一句多半是好心人事后安抚的言谈。

说一说我自己

“革命行动”猝然加之于身，一直都心境平稳吗？那倒不是。起初非常想不通。父亲这个人爱讲理，因此我想，抄家之后对他最有帮助的莫过于帮他了解一个基本事实——中国已进入非常无序状态，凡按诸常理不该有的事，此时都可以有。自己只是北京市被无端抄家的数万家之一。一旦了解到这个基本事实，他便会知道何以自处。

那就是诉诸人的理性，首先以理性要求自己，以此推动一切相关的人趋向于理性。

我当时并没有这么高明，写得出上面那段话。是回顾父亲一生才有了这样的认识。当时虽不能，心里倒也明白七八分。我写信向父亲介绍情况。不能邮寄，托继母之妹，陈二姨带去。老太太，家庭妇女带信相对安全。不巧，去到她家，她说上午刚（冒险）去看过他们了。我说，那就过几天再去吧。后来知道，第二天她还是去了。

此外还托她带去一瓶酱菜，用以象征关注着他们的生活。真正必需的帮助，我此时恰不能提供。

之前程伟从上到下打量我，以便发现我有反革命、不革命的某种迹象。这也是我所在机关“造反派”的态度。不是他们都对我怀有恶意，但只要有一个人被抓到一点把柄，其他的人全都爱莫能助。“造反派”也有他们的心理压力，必须以行动保持自己的造反派身份，那是非常有用的。因此，有这样的父亲，我就“先天不足”了，必须格外“检点”。

---

① 回家后，父亲写信给我们兄弟二人告以事情经过。

福斯特·杜勒斯（美国国务卿）有句名言：“走到战争的边缘而不至于跌下去，是一种必要的艺术。”走到不失亲情的边缘而不跌下去，对于我是必要的功夫。

父亲当然不愿意我们跌下去。不过他不甚理解我们站在边缘上的危险性。在了解到是社会失常，自己的境遇并不特别之后，下一个需要是和儿孙辈们接触。这种感情需求无可代替。他的渴望在我这里成为心理压力。

永不去于心的感激

第一个（敢于）去看他的友人是王星贤。（十月七日）两个星期之后，“晚饭后久候恕儿不至”。（十月二十四日）次日，“收恕儿信说明不来之故”。又过四天，“晚饭后渊庭、大中来谈彼此情况，盖不见面已有两月有余”。又过两天，“八时半宽恕两儿先后来家，为我安装屋内火炉，整理厨房天窗，解决许多琐碎问题，亦略谈彼此情况，知诸孙情形”。

凡事，只要开始做了，继续做就不难。我希望由我去看他，这比他到我宿舍来要好——不显眼。可是这一点他不体会。也许，一个人越被社会孤立，越想与人亲近，“写发恕儿胡真一信，告以星期日去看他们”。我终于不曾开口说：少来为好。

“自煮杏仁茶食之，然后去东四芳嘉园（托儿所）看小孙钦东，东住隔离室中，以体温略高也。不能挈其出来，即就与谈话约半小时。”自从找到这种方式，他的问题和我的问题都获得一定程度的解决，三个孙儿一个孙女，时而去托儿所领一个、两个出来玩儿。“去接小东，即为其购一上衣及草帽，携其回家，发现其有劣行，斥责之。晚饭后送其回幼儿园。”这里所说的“家”，房间只八平方米，以两副木板置于地上为床，一张极旧的方桌，此外更无其他。

在“文革”期间是别人，而不是我们为人子者，给他极多关心和具体帮助。他们（那些我至今怀着感激的心情回想起来的人，如今过半已经逝去）是真正不可少的。特如陈氏兄弟所做的事，虽子侄辈也不易做到。父亲尝说，危险总是与他擦肩而过——这种感觉一再得到验证。如今我想补上一句，在困境中他从别人那里得到关爱是一般人所没有的。当然，在那失常的岁月中，也有一些人从他那里得到关爱。这两个方面都值得写下来。

前面提到的陈二姨，我久已知道她是好人，好人的身世往往不幸。她和我并不亲近，却意向我外吐露明知腹内生瘤而不去治，她说：“我不想活。”首先冒险去看望姐姐和姐夫的是她。起初，她把绝大部分饮食需要包揽下来——专政对象不准上街，这一个阶段过去，其他需要提上日程。生活本来就是一种需要引发另一种需要。何况抄家之后有待补充、改进的事情多得很。于是，她把自己的亲戚

二十世纪七十年代，梁漱溟随政协视察团摄于山西省曲沃县

先后引来。毋庸讳言，他们属于市民阶层，一向并不和我父亲这大知识分子攀亲戚。然而此时，他们却次第出现。更可感的是，“文革”过后，父亲生活日渐改善，他们又次第隐去，好像本该如此。

只因叙事必有先后，我从陈二姨讲到她的亲戚。实则整个这件事使我陷入沉思，直至不得其解，只好置诸一旁。然而这不得其解却值得讲给读者。

谈到关注、帮助父亲的人次第出现又次第隐去。我说得太轻巧了。活在世界上的人有谁不是次第出现又次第隐去？只不过当我们将目光定在某个人身上时，便会发觉，这出现和隐去有着说得清和说不清的关系和作用。一个“缘”字出现在脑际，但随即想抛开它。它不科学（因为我们常把当下解释不了的事当作不科学），然而我终于把它留下。在父亲晚年，确实有一些因“缘”而至的人，是我理应讲到的。对他们，我一向心怀感激，但又觉得不需要。可是，他们做了那么多事，难道是该当的吗？

移居铸钟厂的第一个冬天，“昨日取出冬衣备用。九时赵凯送来铁炉，文淦继来，雪昭亦到，开始糊窗，又安装炉子。尽一日之功，完成两事”。

“晚间赵凯来，送到豆腐等食品。”

接连三天水管坏，自来水公司不来修，“赵春生从远处提水，已五桶”。

春暖，“赵氏父子来，拆除烟筒、火炉，糊窗，大致完工。明日搭棚”。（遮挡夏日骄阳。）

这一类工作，赵氏一家从一九六八年至一九七六年一直在做。赵凯、赵春生姐弟曾去农村插队，一个去云南，一个去黑龙江。其间每回京便来帮忙。

一九六九年五月十三日，“闻赵凯是日去云南西双版纳农场”。

但是在这之前，父亲在一月八日的日记里写着，“陈维博之弟来”。而一九六七年十月六日，他在日记里第一次提到“陈维博来赠书，又托他代购香油”。这是陈氏兄弟次第出现的相关记载。他们的身份是工人，赵氏姐弟是学生；当时，学生需要接受再教育，工人则无须为受教育而离开北京。

他们并不是简单地代替了赵氏姐弟。“陈维博来，行事师礼”，他之来且师事父亲缘于信佛。维志从一切方面不同于其兄，唯倾心师事父亲这点与其他则全同，就是以某人为师的那个意思。他们和父亲形成了世所罕见的密切关系。赵氏姐弟是抽出时间来帮着做一些事，陈氏兄弟是尽自己的时间用于照顾他、陪伴他。

于是，父亲便有了这样的记载：“午前维博来……此日为旧年除夕，殊冷漠。晚间维志来。”“旧元旦……陈氏兄弟相继来，维博装订，维志抄写，愚改稿写稿。”下午，“雪昭夫妇及其长女来坐，送到食品”。如是者接连三天都是这样度过。下一个旧历年竟是一模一样，“旧除夕，维博来洗衣，同出东安市场购可可粉。维志晚间来，维博继来。雪昭送到果品”。“旧元旦。六时起，微有感冒。维志来……”中午有两家人来贺年。“维志午后再来抄书，维博晚来粘书页。”

他们之间关系的不寻常还表现在另一面，均见于日记。“写发陈维博一信，指其有乞怜语，见于来信之非宜。晚间陈来见，又面语之。”“维博泥滞不通，可悯。”“晚间维博从张家来，知其有谬举，痛斥之。”“维博忠言喋喋，未加理会，后来思之有歉于心。”

陈维志完全不同。第三个冷清的阴历除夕，“维志晚来，为讲社会结构为文化骨干之义”。这个观点我比陈维志晚知道二十年，而且是为了写这本书研读《梁漱溟全集》而后得知。我在父亲生前没有机会、首先是没心情听他讲这些期望传之后人的话。父亲并不是偶然讲起，而是在日记中屡屡记得这样的谈话。“维志来读理性之国一稿，为其讲解孔孟对于阶级问题……”“维志来，为讲老子。”“午后维志访岳（岳美中医师）归来，偶为说出世间法。”“维志来，为谈清季以来学术变迁。”“维志来，为谈儒家大旨。”

从父亲这一时期的日记才可以看出，他日常生活最需要的是可以与之对谈的人，不够条件对谈，能够听他讲的人也好。“文革”前始终有人可以对谈，即早年的学生和友人，“文革”把这些人赶走了，维志遂成为此时唯一够条件听他述讲的人。进入“文革”后期，可以对谈的人一度重聚，旋又因亡故而失去，永远地失去。从这个意义上讲，他最后的日子（二十世纪八十年代）是在孤寂中度过的。

“早四时半起床。五时半星贤、维博兄弟一同去香山，路过北大嘱小元去其外祖家。在香山门口会晤大中，同登玉华、芙蓉两处，望红叶。天气绝佳。下山到西单素菜馆，少怀、晓青、一鸣、罗太太及其孙俱到。酒食共去四十七元余。回家后眉生来坐，送糟蛋。宽儿夫妇及小宁来家小坐去。收颂天慕周祝寿各一信。”

我将这一天选作标志——人的情趣不可能长久被压抑，它定会复萌的。这天是农历重阳节，父亲的生日。类似这样的祝寿活动——登山、聚餐原是惯例，此番是中断了又恢复。

恰在这次多年未有的聚会次日（一九七二年十月十六日），父亲“收培昭信，知其政治问题得到昭雪”。被牵累遣送的黄艮庸当然也可以回京了。消息传开，先是“收马仰乾信，知遇艮庸于广州，他自己将于十二日到京”。接着，“收阎宗临兑艮庸百元”，阎料想他们原先的家必已荡然无存，回京需用钱，人未到人情先到。十一月十五日，“艮庸、培昭到京，晓青引来叙谈”。

下面插一段我的回忆。

黄艮庸、梁培恕回京两年无房住，暂住民盟总部。我从“五七干校‘毕业’”比别人晚，已是一九七四年初，即与他们八年不见。在去民盟总部路上，我一路都在想：见面说什么？这不是一般的重逢。应具有安慰性质的话，似乎又不宜太伤感。我终于想不好说什么才适合。进门屋里没有人，忽觉有人从背后拍我肩膀，还哈哈大笑。我没有笑出来，他既已付之一笑。我说，任何话都是多余而且愚蠢。我当时乃至现在仍没有能够完全懂得那笑声蕴涵着多少平凡者所达不到的修养和见识。

在《朋友》一章，曾谈到儒家与西方哲学不同，它是一种生活，是天天在实践的道理。

请看下一则日记：“徐昌玉、云颂天（之）妇由川来京。相见甚欢，留午饭，四时乃去。卢君雄（子鹤之三女）同表方先生之幼女忽来访，坐谈甚久。”

以上四位均是女性，年龄皆在七十上下。前两位是代替自己已逝的丈夫和不克来京的丈夫看望老师；后两位是川中早经故去的耆宿卢子鹤、张澜的女儿来看望父执。

“早起预备讲话提纲。进食后星贤、艮庸、颂天来，为之讲心经，又谈有关佛法事，十时半散去。”这不是二十世纪五十年代在小铜井时常进行的那种谈话吗！二十世纪七十年代中期，它得到了短暂的恢复。

我摘引上述日记，一则表明人情味不可抗拒地回来了；二则它还预示果然光阴似箭，人寿不永。父亲虽又有了可以谈话的人，但好时光没有持续多久。

以上从三方面为读者介绍了父亲“文革”中的境遇。还有一方面，即政协一面尚需讲一讲。（把外在环境讲过之后，再回过来讲他本身，我以为这样讲比较周全、真切。）

“文革”中的全国政协

一九五〇年晋京迄于逝世，父亲一直是政协的工作对象。每当人民代表大会开会，政协也同时开会。人代会的中心议题也是政协委员的议题。除此之外，政协的学习委员会组织在京委员学习，这种学习常年进行。像他这样无所属的委员——不属任何部门，不属任何党派团体——生活方面的事全由政协负责照管。所以，一旦政协机关陷于瘫痪，他就没有人“管”了。（唯有工资照发。）

和其他机关一样，政协在解放军进驻之后渐渐恢复其职能。从父亲日记看，政协恢复职能做的第一件事如下：一九六九年一月二十三日，“晚饭后赴政协开会，亦为百余万反动传单事，动员检举也”。看来动作晚于居民委员会了。

二月四日，“有政协物资查抄小组田锋同志二人来，访问一九六六年查抄事。谈话后嘱我写出概况”。这件事后，历时一年多抄去的物品分两次发还完毕。父亲在事先说明：发还的物品不得因其破损而拒收，未见发还的物品，不得索要。父亲将一切文字性的物件拉回家，将一切家具直接拉到拍卖行当即贱价处理（一张书桌除外）。

七月二十九日，政协请天津三条石工人讲当年血泪史。日记中写道，已三年不进政协礼堂。一九七一年五月二十八日，收到通知去开会，“商讨学习事，共到九人，决定星期一开始学习”。

当年一场“文革”风暴，给“政治生态”造成的破坏何其严重。

政协得到规复又怎样呢？那情形已在《担任反面教员的经历》一章讲述。让我们叹息一声便把它打发了吧。

下面，将向读者讲述他本人的情形。讲他怎样抓紧写作，尤其要古稀之年的他是何等精力充沛，何等闲不住、待不住。他善用生命。如其生命状态不佳，从何得到想做的事？袁鸿寿（稍后将讲到他）对自己的境遇“愤慨欲死”，而父亲对他的劝告是：“不要和自己过不去。”

前面讲政协逐渐恢复其职能，我曾话到嘴边留半句。为什么留半句？因为政协恢复职能，在我父亲这里即是又要去给人家当“反面教员”了。我不想说话刻薄，但是我又想，既然事实如此，我何必留那半句？在那政治运动（制造出来的阶级斗争）不断的年代，人们的生活不由自主，当反面教员的人更是明明白白地不许有自主性。说话要挨批，不说话也挨批。他非常珍惜时间，最担心的莫过于未及把书写完。说出这个担心有用吗？政协恢复职能，他也“复职”了。经过斟酌，为了不刻薄，我将这种状况称作“生活中自主性降低”。

自一九七二年起，父亲日记里常见的一句话是“进食后去政协学习会”。转过年来，这句简化为“车来赴会”。有时加一句“听发言”，“偶发言”。间或有短短的评语“漫谈居多”。意趣索然可见。

进入一九七三年冬，政协学习会上的气氛反映到日记里来了，“答宋数语”，“发言一小时半，宋、朱仍不肯服”。待到“宋某出恶言”，终于决定不忍耐；写信给学习小组三位组长，声明“我抗议宋希濂委员昨天对我厉声的、粗野的辱骂，假如负有维持会上秩序之责的三位先生没有适当的表示，我将拒绝出席这个小组的学习”。

宋希濂口出恶言其实是政治姿态。有人喜欢看。

下面讲的是他生活中自主性降低之前的情形。

精神身体两无窒碍

“气温低，且有风，不得活动身体。”天气不好，他只得拘处室中。我特意选择这种人人遇见过的情况作为开头。再请看下文：“晚饭后去天安门厕所大便即回。”这种情况定然大出读者意料。它反映的是：父亲非常之乐意活动身体，故而不惮远行，坐五路公共汽车在南长街下来，步行到天安门登厕。

“早起改旧稿。进食于外。去紫竹院散步。本日为旧除夕，游人绝少。回家午饭。饭后小睡，收陈肃信，答之。去北海散步，阳光可爱。购蛋糕等，回家晚饭。洗钢笔，改用新墨水。”

这是抄家后的第一个春节，他本人和社会状况均极不正常，前不久上街还要请假。

“早起散步城外，进食后写稿至九时，去王府井购素菜……午后三时去紫竹院散步。晚饭后访鲜恒。”一天之内出门四次。他一天出去三次的情况居多，出去四次并不少见。

夏天白昼长，所说“早起”通常是指凌晨四时或四时半。“早四时起，五时去紫竹院散步，习拳、大便，换汽车月票。”在做了这些事之后，“进食后回家不足八时”。再看另一天日记：“早起去紫竹院散步、习拳。转至中山公园写稿。九时后购食品回家。”在别人刚开始工作的时候，他已经做完了许多事。

“早起去紫竹院散步，即转赴颐和园进食。散步至后山一周，未得习拳。午后去北海写稿，仍未得习拳。有欲雨之势，即速回家。”

熟悉北京地理的读者知道，这三处地方相距有多远，后山走一周是多少路。即使如此，他还以未得习拳为憾。

再请看，“去北海划船两小时。年内只此一次矣”。因为当时已九月尾，划船季节将过，他感到惋惜。稍后“去颐和园划船，天气佳”。

他这么爱划船连我也是读日记才知道的。据我记忆，一生中仅两次与父亲一起在北海划船，自始至终都是我划，因为不知道（没有料到）他会划船。

“划船遇风，几乎不得回航，幸得二人为助乃得回。”这一年，他七十七岁。

“文革”期间，他用在活动身体的时间较平时为多，一则有必要加意保持健康以便完成使命，二则政协无活动、少活动，给了他支配时间的自由。培昭二姐蒙冤在广东农村监督劳动，父亲去信，教她怎样对待这种境遇。

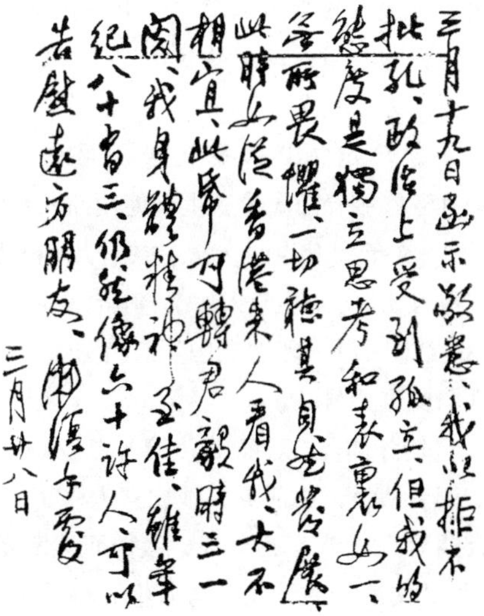
三月十九日函示敬悉，我从拒不
批孔，政治上受到孤立，但我的
态度是独立思考和表里如一，
无所畏惧，一切听其自然发展。
此时如从香港来人看我，大不
相宜，此节可转君毅、明三一
阅。我身体精神至佳，虽年
纪八十有三，仍能像六十许人，可以
告慰远方朋友。漱溟手覆
三月廿八日

一九七五年三月二十八日，梁漱溟致香港友人周植曾信

“关于昭侄日常生活，我有些嘱咐的话。这话可从我的精神身体状况说起。我现在身体这样好，全从精神好而来。我思想通畅，丝毫没有什么窒碍迷闷之处。同时精神振作，有用力方向，有充分地信心在写《人心与人生》一书……同时，身体每日有一定的活动，不偏于用脑。心气很壮，便把身体带着健康起来……以心（即精神）带动身体则是一条不易之理。”

父亲对培昭二姐是从保持身体健康和引导与他人（虽为敌对者）建立良性互动这两方面介绍情况；然后，自然是归结到怎样写作。

归结到完成使命

抄家后一个月零十天，红卫兵还驻留家中。此时，父亲《儒佛异同论》之一已经写完，正续写之二。“收马仰乾从其乡间来信，乃知其遭遇的问题差不多，原想写的伍先生传记难完成矣。文化学术之际遇自有天命，非个人事也。”他担心夙愿有不得实现之虞。①

幸而事情没有那么糟，他赶在“文革”结束后一年将其完成了。这本书，在他心里分量又是非同寻常的重。请看如下一段话：

“一九二七年夏，漱溟在广州习闻伍先生谈此学，一日欣然自许曰：‘公无意

① 马仰乾，伍先生老友，自一九五〇年起同在北京，和黄艮庸、陈亚三一道参与伍庸伯学术介绍工作。陈亚三于一九六五年病逝，黄、马“文革”初被抄家遣返广东家乡。

著书，他日我当负责笔之于书以传诸世人。’先生笑曰：‘你听了，不当下切己反省，自勉于行，却想替我传道，何其为人之意多邪！愚领教恍然自失，而窃蓄此心愿，无时或忘。’”

领教归领教，我父亲还是初衷不改，毕生做学问，为他人之意特多。一九五二年春伍先生逝世，他便断断续续在写。

“文革”发生时，父亲共有几本书已开了头，有待完成，或计划中必须要写，有待开始。《人心与人生》《礼记·大学篇·伍严两家解说》有待完成，《儒佛异同论》《中国——理性之国》有待开始，《东方学术概观》已有成稿，嫌它文笔气势太弱要重新写。

任务如此之多而自度衰年将至，于是有意识地加快了步伐。“文革”前半段，如读者从日记中所见，他比常人多工作一个时间段（清晨至早饭前），还带文稿去公园写。“文革”后半段，政协职能恢复，各种会议多起来，他被迫放慢写作步伐。

“文革”中《人心与人生》稿子被抄去，黄、马两位被遣返广东，《礼记·大学篇·伍严两家解说》的完成势将受影响，时间不可空过。于是他将《中国——理性之国》提前来写。开头的一段如下：

“我久想写此一书，今（一九六七年三月二十五日）始动笔。”“全世界所有人类的历史发展已汇合成一流的今天，任何一个地方、任何一民族无时不在互相影响着，是人所共喻的。而过去百多年间恒落于被动地位的中国人，从今后却将在世界上起着巨大作用，使得全人类受它的影响，亦是可以预料的。”文中不见有无奈感，他倒是显得心绪昂扬。

紧接着，父亲又引毛泽东的话：“近代世界历史上那种看不起中国人、看不起中国文化的时代应当完结了。”

抓紧时间做事在他这里表现为什么呢？这样说不够清楚。他曾一再说，孔门之学贵践履实修，那是一种生活，“非徒口耳三寸之间事”。那么，在此一颇为异常的时间阶段，他的儒家功夫的表现是怎样的，也可从日记里寻其事例。

以下两则日记引自抄家后第一个冬天。

“多风，颇冷，有时晴。早起因风大未扫街。夜间有灰土落于头面枕边，亦是风大从烟筒空隙而入者。忽觉述佛学文字有漏洞，必须改作。”

“抄论稿第三份”，指《儒佛异同论》着手抄第三遍。在这之前，他日记中常有抄稿至多少页的记载。读者再看下文就知道做什么用了。“访星贤以论稿付阅。回家提前午饭，去谦之家，以论稿付阅，并嘱其转寄张申府。”原来是为了征求意见。他的文稿历来都抄若干份分送朋友请提意见，只不过此时条件艰窘异常，小屋内只有两副铺板和小方桌一张，一切事都在唯一的小方桌上做。

遭遇这样大的变故，父亲“胸次只小小不愉快而已”。梁漱溟先生有什么办法使自己不受刺激吗？他的回答是：那不是一种办法，那是东方之学的人生实践。依佛家之见，“一切问题出自人类生命本身”（总要去苦就乐）；依儒家之见，“生命流畅自如则乐，反之，顿滞一处则苦”。

但是，莫谓他如此生活就自然轻松啦！请看如下几则日记：

“夜来自觉贪看书之非。”

“晚饭后（维博）陪我看《野猪林》，尚演得好。然我不应往看，致乱念虑。”

“早起改昨写稿。自觉急迫求成之病。”

他把刚写完的稿件拿给黄艮庸看，谈了一些话。写日记时觉察到，“访艮庸，谈话骄矜。”次日又记，“早六时起床，有惭愧心。稍有自知，稍写稿”。

然而，类似下面的日记并不罕见：“阅旧稿《创造力》，觉甚好。”“阅旧著，欣赏不置。”复阅旧稿是经常事，复阅旧稿总是与当时正在写的文稿相关。可以自肯的，就自肯。即使欣赏不置，也不是错误。

“阅巴氏（巴甫洛夫）书有悟于心物两面（物非外物，即此身是）。”“昨悟自身虚矫之气。”不清楚当时是什么引起他有悟。“悟”字时时在他的日记中见到。儒家要求“此心常在常明”。

接济他人渡难关

父亲日记里有这样一句话：“领取工资，待分配。”令人看了十分费解。“文革”十年，父亲那份工资成了“小金库”，资助着生活无着、生活艰难的朋友。随着遭停发、扣发工资的人日渐减少，这种需要渐渐减少。这件事通常写作：去政协领取工资，兑某人二十元，兑某人十五元。只一次写作“待分配”。我专挑这一次引用，因为出于无意的这一笔倒反映了他的心理状态。需资助者在外地，通过邮局寄兑，在北京者大多自己来取。这项工作持续了六七年，直到受资助者表示已不再需要。

我注意到，他按月兑往外地的，是他确认对方需要，不待对方提出而主动资助。北京的朋友则有不同，他认为自己有责任资助到底的写作“赠”，略次于“赠”的写作“助以”。由对方提出的写作“借”。写作“索借”则是不赞同其人的生活态度——有困难是事实，但虽难不应该有依赖心理。无休止地索借终于使他改变了方式，“许以下月付给二百元，年内不再给”。可是，他却没有当真不再给。“晚间雪昭送来面包，腰骨伤痛，精神委顿，其妻病颇重，付以三十元。”

袁鸿寿回忆我父亲，文中有一段写到自己得资助的事，摘录于后。

“‘文革’中，我在最困难时期，每月只给生活费九元，梁老闻之，不让我求助于我的老伴，他说：‘妇女受不得大刺激，你还缺多少？’我说：‘我不能戒烟，每月还缺十四元。’他立刻给我二十八元。他补充说：‘我平时修养还不够，现在冤假错案如此之多，心中还有不平之感。’”“后来我的生活费加到二十元，梁老的十四元就不再去取了。”“我恢复名誉补发工资一万多元，梁老却提及二十八元之事，我立刻归还，并谢罪。盖梁老对于孟子‘可以与，可以不与，与伤惠’高一层体会，他不直说，二十八元是小事，自己脱离了困境，却忘了还有别人在困境中。”

可以休息了吗？但是……

“文革”在一九七六年结束。《人心与人生》于同年完稿。这是绝对、必须做完的事。除此以外，所写长短文字就载于《梁漱溟全集》卷七的而言，还有三十九篇。这之中有为回答批斗而写的《今天我们应当如何评价孔子》和《试论中国社会的历史发展属于马克思所谓亚洲社会生产方式》，等等。还有几篇关涉他自己思想成长、改造过程的重要文字，如《自述早年思想之再转再变》。父亲也绝未忘记二十世纪二十年代的另一心愿——代卫西琴解说他那独具只眼的教育心理学；他写出了《追忆往昔所了解的卫氏学说大意》和《卫西琴先生传略》。

我们无法确言，他这十年到底写过多少篇文章。在同期日记里，记着写过或写完的文章还有不下五六篇，而在遗稿中未能寻得。

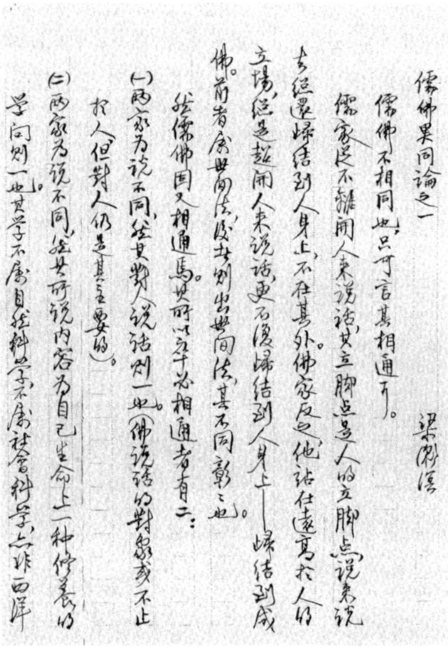
儒佛异同论之一　梁漱溟

儒佛不相同也，只可言其相通耳。

儒家从不离开人来说话，其立脚点是人的立脚点，说来说去总还归结到人身上，不在其外。佛家反之，他站在远高于人的立场，总是超开人来说话，更不复归结到人身上——归结到成佛。前者属世间法，后者则出世间法，其不同彰彰也。

然儒佛固又相通焉。其所以相通者有二：

（一）两家为说不同，然其为对人而说话则一也（佛说话的对象或不止于人，但对人仍是其主要的）。

（二）两家为说不同，然其所说内容为自己生命上一种修养的学问则一也。其学不属自然科学，不属社会科学，亦非西洋

一九六六年，梁漱溟《儒佛异同论》手稿

对我父亲来说，这是耕耘与收获的十年。

个体生命绝无刹那的驻留，它是销毁中的存在。生命应该善加利用，父亲在四月份（《人心与人生》临近脱稿时）致田慕周信中说，“今日可死而轻快地离去”，“我一任其自然，无意求速，亦不作推延之想”。信末落款写作“老僧”而不署名。

半个月后，“去公园看牡丹，惜海棠、丁香均谢落矣。回家觉得腿脚乏力”。

这是巧合吗？我认为不是。

他的确非常不适应这新出现的变化。他习惯于精力充沛，习惯于能做事。他在日记里出现这样的叹息：“老

矣，不能写作（如前）矣！”

不能写作如前，谁不知道这一天迟早会来？只是晚一点来才好！发出这样的慨叹不等于服老，父亲终究还有话想对世人说。所以，仅以一九七七年和一九七八年两年而言，他各写了十篇和十五篇文章。

“文革”有时被称作“十年浩劫”或“十年动乱”。都是亟言其所造成的损害严重。“浩劫”尤其道出了人们的感受。不过，这终究是从表面上讲。千百万人在寻思：何以会有如此的浩劫？浩劫为什么必待发动者毛泽东逝世才能刹得住？

“文革”在这种情况下结束，亦即它所造成的影响开始发酵和扩散。

这年六月三日，父亲说日记写道：“晚饭后风停，散步附近。晓青来，我畅所欲言，十时乃去。一夜为之失眠。”

为一次谈话而彻夜失眠！我逐日读父亲的日记，这样的记载前所未见。晓青——他的外甥，十几岁加入共青团，一九三八年去延安。本书曾引用他在抗战前，以及一九五〇年的《寄青甥信》。我们无从知道那天晚上他们谈过些什么，让我们做一点合理的推想。那必然是关系到共产党亦即关系到中国民族前途的。父亲写了《中国民族自救运动之最后觉悟》，后来证明自己没有对，在事实面前“不服自服”。发生浩劫也是事实，同样必须加以思考，断不可随便放过。①

如果他还能像十年前那样，精力充沛地工作，在别人起床之前已经写稿一段，说不定我这本书还会多出一章来介绍他怎样看待后毛泽东时代的中国。

然而，并无这种可能。

① 这句话依我现在的认识，有笼统的错误。书中有多个“觉悟”，关于中国文化的性质、关于西方文化缘何迅速兴起，仍是精彩的“觉悟”。对中国共产主义革命（一九三〇年），他自然还不会有后来的认识。

耕耘与收获的年代（二）

——“卒得偿夙愿于暮年”

“文革”期间，他最大的收获是写成《人心与人生》。

先说一件相关的记忆。

一九五六年初夏某日，在北海公园白塔后身，览翠轩茶室，父子相向而坐。他做着手势说：“这本书不写出来，我的心不死！”这本书，指的就是《人心与人生》。这样的用语还加上手势，使我为之一惊。不过，我只是心里吃惊，并不去打断他的话，问个为什么，但这句话我记住了。

假如当初问过，此时只需追述，正确无误。现在，我却不得不试着回答这个问题。

“卒得偿夙愿于暮年”，这句话见于《人心与人生》的《书成自记》。意思是半个世纪前决心做的事，终于做成了。

《东西文化及其哲学》第八次再版，附有《人心与人生》的序言。目的是预先让读者知道，因《东西文化及其哲学》有严重不足之处，将另写一本《人心与人生》以纠正前失。时为一九二六年。本书前已介绍过两本书之间的关系。

然而，仅仅以纠正前失解释《人心与人生》之所以作的原因，仍嫌不够。父亲一生最大的特点是极其认真，有了一个思想认识，行动立即跟上，从不允许自己混着过。所以，写《人心与人生》和写《东西文化及其哲学》，同是暂且放下过佛家生活的心愿，改过儒家生活必然会有的表现（行动）。行动有两方面：到社会中去和坐到书桌前，说（写）出个所以然。

简介《书成自记》和绪论

当《人心与人生》最终在一九七五年脱稿时，他特作《书成自记》附于书后。现在我就据此叙述他撰写《人心与人生》的原委。

父亲为《人心与人生》单写序言就有两次。第一次是一九二六年，这以后，他三次口授书的部分内容而不曾着笔。父亲的日记表明，自一九五一年初起（不是一九五三年以后），他的心思即已转向准备写《人心与人生》。一九五五年第二次写序言，可是“着笔而未写完，一九五七年八月十二日续成之”。

书的撰写情况怎样呢？“此书撰写实开始于一九六〇年，顾未能倾全力于此一事。至一九六六年夏，计写出第一至第七各章，突遇‘文化大革命’运动，以自己所储备之资料及参考用书尽失而辍笔。一九六七年遂改写他稿。”一九七〇年，抄去的书稿获发还，“乃重理旧绪，日常以大部分时间致力于此，虽间杂为其他笔墨，而今卒得偿夙愿于暮年”。

“书虽告成，自己实不满意”，读书是“草草写成”，因精力衰减，“文笔有时简明顺畅，有时则否”。这完全是实情。一九八四年，交上海学林出版社出版时，竟忘记了一九五七年还写有序言，故在《梁漱溟全集》中亦付阙如。迟至一九九四年经家兄寻出，次年乃补刊于香港、北京、台湾三地同时出版的《中国文化》杂志。

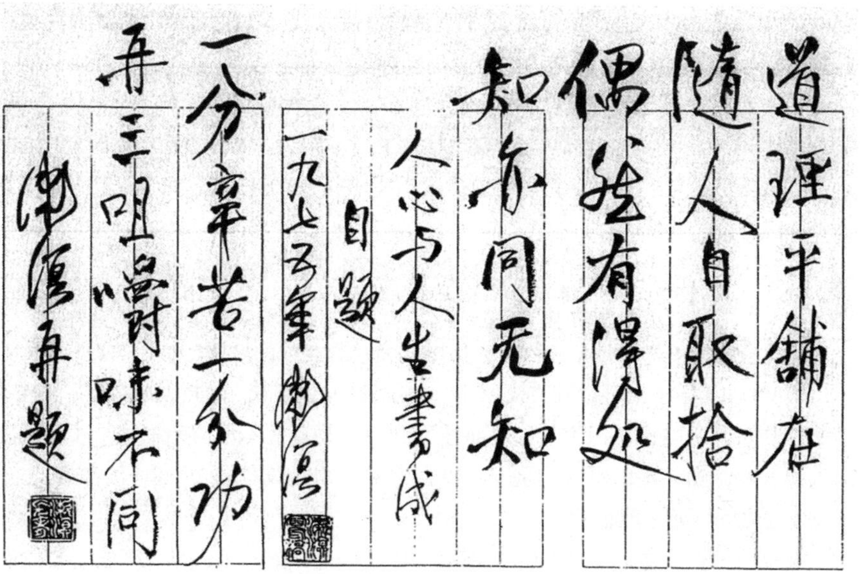

一九七五年，梁漱溟《人心与人生》书成自题手迹

《书成自记》有一段写道："一九二四年，愚辞北大讲席，聚会少数朋友相勉于学。自是以后，数十年来相从不离之友，既习闻《人心与人生》的讲说，因之有记其讲词至今者。"记录并保存着讲词的是云颂天。一九七五年，父亲写《书成自记》时，当年友人多已凋谢，仍在世，且有机会相聚的只黄艮庸、云颂天两人。一九六〇年，父亲真正开始写《人心与人生》，云颂天将记录稿寄来北京，成为重要参考材料。一九七〇年云颂天由川晋京，父亲日记里写着："颂天、星贤来坐甚久，以稿付阅看。"阅看的便是因抄家失而复得接续着写的《人心与人生》。一九七五年书成，云颂天恰又到京。父亲这年七月十一日日记有"早起检出颂天抄旧讲稿记录阅看，去艮庸家与颂天谈话"。不数年，黄、云均先于父亲谢世。

"我的思想、主张，都在这一本书里头。"

书是七月八日写完的，七月十五日《书成自记》也写完了。只隔两天，父亲便"早二时半起，写新稿"（按指《东方学术概观》）；同日，致田慕周信中说，《东方学术概观》大约须用一年时间，"尚有一些零星学术性工作，或又须一年"。此外，当年力谋两党之间合作的史实，"拟写出留示后人"。这大约又需二三年，他认为，一旦完成，"吾可以去矣"。

绪论以提出一个问题开始：人类为什么管不住自己？也许有人会反问：人类干吗要管住自己？一任自己的意思活多好！君不见科技日进和危机日近的现实吗？

人类共同的家——地球不是已日益不适于居住了吗？

人类和自己过不去、给自己制造问题的事，时刻都在发生。在努力解决某个问题的同时，足以抵消这种努力的行为仍受到放任乃至鼓励。

一句话，看来人类真是管不住自己。那么，怎么办呢？

老实说，二十世纪七十年代父亲写这本书时，问题远不如当前年显眼和严重。

如果我说，《人心与人生》正是要讲人类怎样生活才对，才能脱困，那不是夸张。

"吾书旨在有助于人类认识自己，同时盖亦有志介绍古代东方之学于今日之知识界。"

用古代东方之学可以治疗现代人类的病，这就是他的夙愿。

"科学发达至于今日，既穷极原子、电子种种之幽渺，复能以腾游天际，且即攀星登月，其所以能认识于物，从而控制利用乎物者，不可谓无术矣。顾大地之上人祸方亟，竟无术以弭之。是盖，以言主宰乎物，似若能之，以言人之自主于行止进退之间，殆未能也。"

有谁能够否认这是今日人类的实情？

"历史发展卒至于此者非一言可尽，而近代以来西方人之亟于认识外物，顾不求如何认识自己，驯致世界学术发展之有偏，讵非其一端欤？”

人类原本多样性的文化百年来日趋归一于西方化。至于效应如何，恐怕是各持一说。认为担心这个问题纯属多余的，应是少数。

也许有读者会想，怎么能说西方不认识人类自己呢？拿出一根骨头来就能验出这个人曾经生活在多少千年以前，验一下 DNA 能判断谁是谁的儿子。不过，这和攀星登月走的是同一条路——走研究物的路以认识人。确切地说，是认识人体而非全面认识人。

“讲到人，离不开人心。要必从人心来讲，乃见出人类之首出庶物。非然者，只从其机体构造、生理运行乃至大脑神经活动来讲，岂非基本上曾无以大异于其他许多高等动物乎？纵或于其间之区别一一指数无遗矣，抑又何足以言认识人类？”

从机体构造方面看，似乎人有的，高等动物也有；即使有点区别也很细微，“一若无足轻重者”。其实不然，那一丁点区别“所含具之意义则往往甚大甚大……恰为人对动物之间无比重要巨大的区别”。动物有微妙的思维活动和伟大的精神气魄吗？

这一事实又是人所共见的。那么，一下一个问题就出来了：顺着西方这条路研究下去，岂不是人与动物缘何有此巨大区别的问题依然拿不出答案吗？

是的，父亲正是想促使我们对东方之学产生兴趣，并了然西方人所精于观察和东方古人体验到的（人心）是一种未被注意到的共存关系。换言之，认识人类必须两面都看。

这就是《人心与人生》要说的吗？不，他刚刚讲到主题现在还没有展开。

你不从生物学、心理学上发现人类心理真相，不能够解决社会问题，不能够确立社会理想与社会标准。

请看以下两个相关的观点：“人类生命宁重在社会生命一面。”还有，动物和人同样有机体和本能，动物受它的限定而人类则否。

父亲很像是不同意现在的心理学家把注意力放在个人忽略了社会（人必是社会中人），而且缺乏一种认识——很少从生命——具有主动性的力量去看人。

请不要忽略了这层意思。我父亲想说明和希望人们理解并接受的，无过于这层意思了。当他认为人生唯是苦的时候，还没有这层认识；是儒家的人生态度使他有了这个认识。回到世间来，他的认识发生了什么变化呢？他爱上了生命，尤其爱上了可以与人无隔、与宇宙大生命无隔的人心。“我曾努力这工作——对孔子学说的重新认识，把晦暗的孔子重新发扬光大，重新透露其新面目。”每当他说人心，心里是否都会想到孔子。

绪论的后半转向谈人生。

“自一九五七年反右政治运动以来，人无敢以人性为言者”，可是“吾书盖不啻如一篇《人性论》也”。

有长达二十年的时间，在中国只许讲人的阶级性，不许讲人有共性——人性。然而，不谈（不承认）人性，这本书就无法写，也不必写了。

我尽力扼要说一下梁漱溟先生讲人的共性着重点在哪里？

他是进化论者，认为人由进化而来，且至今仍未停止进化。

以进化观点看人性，认为人性属先天是一种世俗之见。“须知连我们身体尚且是后天的产物（按指生产劳动、共同生活的交互作用）”，是“在其活动改造外界的同时改造着自身，其自身且是后天产物矣，则人性又焉得有先天之可言邪”？

人类有一致的人性吗？他的答复是：人类从形体到心理无时不在“潜默隐微演变中”，“心理倾向尤为易变多变”，人类分处各个地域，各有其发展经历，“求所谓一致之人性盖难言之矣”。

这个观点重要吗？初看似不重要。人性可以不相同（动物受机体限制而相同），此即是人能改变，“自觉转变即人性也”！假如人不会自觉转变，“人何为而自勉”？我们又怎么（能）期待别人有转变？（自然是指向好的方面转变。）

动物进化和人类进化不相同，人类进化“非因（本能）有所增益”，倒是因为“逐渐有所剥除”——从人身上剥除了动物本能，对人类而言是进步。

我们不可无见于本能帮了一切生物的大忙（包括人），又不可无见于人之异于动物不受本能的限定。唯独人因有此长处而富于活变性和可塑性，“是则为后天学习与陶铸留地步也”。

绪论最后的一句话如下：“然而无谓人性遂如素丝白纸也。素丝白纸太消极，太被动，人性固不如是。倘比配虎性猛、鼠性怯、猪性蠢而言之，我必曰：人性善。或更易其词，而曰：人之性清明，亦无不可。”

不清明是什么？受身体支配而动便是不清明，反本能才会清明。

我父亲所说人性善不是指善良、善心、善行，而是大异其趣。（他当然没有反对那些。）与宗教家主张的博爱不同，与善男信女所理解的慈悲更不同，那都嫌消极、被动，不够有力地有一好的趋向。父亲时刻警觉着少失误更近于完善。

人生实践与这本书不相离

二十世纪三四十年代，当忙着乡建运动和团结抗日的时候，他心里一直惦记着写两本书——《中国文化要义》和《人心与人生》（《要义》于一九四九年出版）。

于是就要叙明我少年时，在感受中国问题刺激稍后，又曾于人生问题深有感触，反复穷究，不能自已。人生问题较之当前中国问题远为广泛、根本、深澈。这样便不为现实问题之所囿。自己回顾过去四十余年，总在这两个问题中沉思，时而趋重于此，时而趋重于彼，辗转起伏虽无一定，而此牵彼引，恰好相资为用。并且，我是既好动又能静的人。一生之中，时而劳攘奔走，时而退处静思，动静之间，三番五次不止。是以动不盲动，想不空想。其幸免于随俗浅薄者，赖有此也。(《中国文化要义》序言)

有人惋惜他空掷了许多时光，他倒肯定自己的人生实践总是去做当时最重要的事。那此时可以是文化工作，彼时可以是政治活动，并因而在思想认识上有收获——思考与行动相资为用，幸免于随俗浅薄。当“国事已上轨道，我无所用其力”的时候，写《人心与人生》就百分之百地应该提到日程上来了。

书写出来，父亲说自己心里有许多感喟。他最大的感喟是，为什么这本书只能由他而不是别人来完成。他认为书中阐述的是再大不过的问题：“从人的个体生命一面讲，人类是怎样一种东西；从人的社会（群体）生命一面讲，怎样生活方为合理，以及人类前途应是和将是怎样的。”限于学力，他认为自己本不胜任，“竟而勇于尝试论述者，则亦有故”。那是什么缘故呢？他曾经“寻究佛法”，对人生“有其通达的认识”。请注意“通达”二字，不通达或欠通达是世人难免的欠缺（或云局限），他则“不囿于世俗之见，转而能为之说明一切”。请注意“转而能”，因为他曾经决心出世而又决心住世，这出去又回来的思想经历，是别人所没有的，这在认识上和心态上是全然不同的。故而“此事殆非异人任”。

再请看他以下日记：

“坐功中平，得失相间，然忽有领悟于大脑与真如本性之关系。第二次坐仍中平，然于佛家、道家、儒家在此一关系之分别又似有悟。”

“午后阅《人体解剖》一书及《生理学》巨册讲神经处，细究交感神经问题。”

他所说“坐功中平”，是当天习气功效果中平。一九五六年，他三次去北戴河气功疗院习气功。读者于日记中可以见出，他写《人心与人生》真是时刻在念。他从习气功（调节身体）中悟及佛、道、儒三家各具有的真理性。而第二则日记表明，《人心与人生》不离科学，当年他曾想当一名会看病的和尚（见前），看了一些医书，在生理学方面只能算是有点底子。一九五二年他学俄文，想去苏联，也和想了解巴甫洛夫学说有关。政协委员自愿参加的专题小组，他选择了医药卫生组。为写一本书做这么多准备工作，也是不多见的。

读者从前此各章已经知道，我父亲是越来越详于讲人的身心关系。数十年间，他随处留意，在体察到身心之间的交互作用至密、至大。这便渐渐成了他自己的

二十世纪七十年代后期，梁漱溟全家福。梁漱溟与续弦陈树棻坐于前排；立者右起，长子梁培宽、幼孙梁钦宁、长媳张颂华、次孙梁钦东、次子梁培恕、次媳胡真、孙女梁彤、长孙梁钦元

研究课题，放不下，也绝不想放下。例如对社会构造的研究，他起初是为了回答中国社会数千年来缘何盘旋不进，结果是另有收获——看到社会发展进程与身心关系之间的联系。

再者，中国古人很注意体察心之为用，心要时刻主宰着自己的生活。如果我没有弄错，父亲没有特意往这方面下功夫。他很愿意得到这方面的教益，亲近过这方面有学养的人。当兹暮年将至，他必然又想到，这些友人在修身（此处“身”实包括身心）方面有所亲证的道理，都应该写进这本书里来。虽然，无一字提到他们的名和事。

幸得达尔文和马克思给予启示

父亲说，没有达尔文和马克思的启示，“吾书固无由写成”。他引谢姆考夫斯基的话说：生物学者达尔文是在同兽类关系密切上认识人类，而社会学者马克思则进一步是在同兽类大有分别上认识人类。

他们两人虽分别研究生物和社会，但用的都是西方眼光。梁漱溟先生能从他们那里得到什么帮助来阐述东方之学呢？

最好先阐述一下，在我父亲心里，东方之学是一种什么学问。

一提东方之学，大家就觉得它深奥不易捉摸。可是，我们生活于其中的物质世界难道不深奥吗？它曾经是完全不可捉摸的。只近二三百年西方科学、文化飞速发展，人类才开始认识物质世界，包括认识由物质构成的人体。

人有心。各民族的语言里都有“心”这个词。这表明，一切人都感觉并承认心的存在和活动（起作用）。然而，沿着西方科学的眼光和方法永不会找到人心。中国古人在这个问题上下了功夫且大有成就。可惜这个成就，一不能完全说明人心，二不能促进物质生产。这第二个缺陷使东方之学显得不管用，中国人不禁怀疑自己的文化，并且正如英国谚语所说的那样，把婴儿和洗澡水一起泼了。于是，事关紧要之人心竟被忽视。

读者必已觉察东西文化在人心问题上各有偏失，形成了一个缺口。在我父亲看来，这个缺口带来的恶果正日益明显。他认为，亟须并能够将缺口缝合。

这被忽视了的人心果真很难找见吗？请允许我做一个大胆的比喻：地球引力无时不作用于我们的生活，而我们曾经不知道它的存在和起什么作用。又正因其时时起作用，反而不觉其存在。有生活即有人心活动。至于生活，它当然有两面：个体生活、群体生活。人心也便存在于、表现于这两面。

高等动物也有心。它们的心当然远比人心简单。它们也有社会，当然又和人不一样，弄清楚这个差距的分别，以及它们的心和社会都已不再往前发展，大有助于人类认识自己的心和自己的社会是怎么一回事。上述这些问题，《人心与人生》都力求解答。

西方文化以物为研究对象，达尔文和马克思是于无意中帮了我父亲的忙，并且这个忙是一定会帮的。因为那是实情，凡实情，则纵使无意寻找，照样会反映出来。他们两人没有想过要发现人心，却从各自的研究领域证实了我父亲想说而尚觉论证不足的问题。

父亲因而写道：“应知达尔文之认识到人兽间大有分别是从人的个体生命一面来的。而马克思之认识到其间大有区别者，却从人的社会生命一面来的。”两个人的研究课题合在一起，验证了我父亲关于人心的看法。更有进者，他们的研究证实动物的社会建立在身与身之间，受限于机体和本能，它们的社会构造不会有变化。人则不然，人类社会不受机体和本能的限定，人类生命重在社会生命一面，借社会交往以发展起来，亦即建立在人心之上。

这正是我父亲特别想要说明和强调的。他不由得颇有感慨地写了如下一段话：“达尔文、马克思先生启示于吾人者，有其共同之处，亦有其不同之处。其共同处则昭示宇宙万物一贯发展演进之理，人类生命实由是以出现，且更将发展演进去也。其不同处，泯除人类与其他生物动物之鸿沟，使吾人得以观其通者，达尔文之功也，而深进一层，俾有以晓然人类所大有不同于物类，亟宜识取人类生命之特征者，则马克思（和恩格斯）之功也。设非得此种种启示于前贤，吾书固无由写成。”

但是，如果把达尔文和马克思的“帮忙”只看作从另一方面（物的一面）论证人心之存在，又是非常不够的。

我父亲穷毕生之力想要证明两点：一、东西文化不仅各有成就而且（其实）是相通的；二、“学术又何分乎东西？”不过“恰有彼此对照的事态出现，乃姑为此称号方便于论说耳”。我父亲相信未来“合并归一是可以预料的”。他因而写道：“如我今资借于达尔文、马克思以来的学术，对人心与人生得有所窥见，有所说明者，盖亦由东方古学有以启发之。”是一种互相发明的关系。

最终纠正了自己的错误

一九八〇年温州黄河清同志将自己手抄的一九二一年版《东西文化及其哲学》寄给父亲请他题字，这引起他为这本书作了最后一次跋记，也可以说是为同一个错误第二次表示歉疚。“自愧当年识见浅稚，于儒家孔门之学妄尔摭拾本能、直觉等近代西方所用名词术语以为阐说，实属根本的严重错误……”上一次表示歉疚见于第三版自序（一九二二年），他在书中写道“第四章末尾有‘西洋生活是直觉运用理智，中国生活是理智运用直觉’……这话乍看似很不通，但我为表我的意思不得不说这种拙笨不通的话”。即，自己的意见没有改变，却又表达不好。这表达不好其实是没有真正弄通，故而做出夹生饭。从此，他对这个问题详究不舍，终于可以满意地去阐释它们。

在历数了人心的发生及作用的升高之后（析辨人与动物不同），他以一章的篇幅（第七章《我对人类心理的认识前后转变不同》）解释了当年没有弄通的问题。所谓没有弄通，只在一点上：那就是自从人有“心”，人和动物便分道扬镳，两者纵有许许多多由“身”（本能）而来的相同和相似，终非一码事了。当年，对他影响很大的克鲁泡特金、索照蓝、麦独孤等，于此有见到处，有未见到处。现在，他可以明白指出，最要紧的一点是，西方学者“本能、理智的两分法失之于简单，不足以说明问题。于是我乃于理智之外增用理性一词代表那从动物式本能解放出来的人心之情意一方面”。

西方学者止于找到理智并大大称赞它，以为“人类之贵于物者在此”。父亲认为，理性才是真正可贵的。人类可以对与自己（身）无关的事做出反应，而动物不会。是“超乎其身”的禀赋为人类社会提供基础，动物社会（群体生活）中那些“无私”的表现，实是本能的“刻板文章”。克鲁泡特金、索照蓝和麦独孤的观点虽说各有不同，他们都无见于人性、无见于人性善，认为人类心理定要从“衔接动物本能而来者求之，乃为有据”。也即是说，他们认为“人之有道德必在人类生活上有一定用处”。他说，这是错误的。首先没有目的，它是“在争取自由、争取主动之外别无所为”。这非常重要，“唯借此不隔之心超乎其身”的特性，给“人类共同生活提供了基础”。这意味着，人类社会不是建立在各顾其身上面。

我父亲为了纠正数十年前《东西文化及其哲学》中的粗疏错谬，于是提出了他自己对孔子思想的解说，即书中所阐发的关于生命本性、人性、人性善的思想。

从“文如其人”看《人心与人生》

“文如其人”这话本来是说一个人写的文章，从风格上会像他自己。将口是心非的人除外，著述必是讲自己的意见，特如我父亲，是位个性鲜明的人，《人心与人生》可谓集中了他想说的话；而且，我强烈地感到文字之间时时情感显露。我因而想到选择若干片段让读者看，既了解他的观点，又感受到他的情感。

由于我的无知而且漫不经心，在读《人心与人生》以前，一直错误地认为生物进化过程是已经过去、停止了的事。据生理学家说，人的形体机构并未定型——有的仍在发达着，有的显出退化。父亲对这一事实的评论是：“此正以人类还在争取主动，争取灵活未已。”真的，一切生物都只会照老样子活，唯人不是。

此一事实难道生物学家不知道吗？当然知道。可是他们思想里没有“生命本性”这个概念，我父亲思想里有，不但有，而且一贯以极大的热忱赞美永不休止地争取主动、争取灵活。他说，那是生命本性。于是我记起了他说，自己一生为学治事总是出之主动。他说的时候并非意在自我肯定，只是经回顾而发觉自己是如此的。当然，他也感觉到，假如不这样，就活得很别扭。

“假如不争取了，那便没有灵活性，亦且没有了一切。”“无形的人心之出现，实缘此有形的演进。”

请注意“无形的人心之出现，实缘此有形的演进”。中国古人通过内省知道有人心，却完全不知道有生物进化这回事。西方学者观察到生物进化，却没有去

一九七三年五月，梁漱溟随政协考察团摄于广州白云山

一九七三年五月，梁漱溟随政协考察团摄于广东从化

找“人心”。父亲读了达尔文和巴甫洛夫的书，把他们的发现用于写出《人心与人生》。

每当发现一个这样的事例，对他便是一次鼓舞，增添了“这本书必须写出来”的使命感。虽然被“打入另册”，他仍然生活得富于意趣，这不仅基于平素的涵养，而且也与此有关。

他写道：“人类有一种最大的本领，一切其他本领都是从这里来的，那就是以外在事物摄入心中，通过思维构成观念、概念，又得到语言文字的帮助，方便地加以联想运用，对事物一一预有其观念、概念，从而人的行动可以有计划性。动物没有这个本领”，“后此人类文明日进……要皆资始于此也”。

他讲过上面那段话以后，话锋一转，说“吾意别有所在而不在此”！原来，“吾以为人心之特征在其能静耳”！“能静”，这为什么是最重要的？能静即是人可以有理智和理性的缘故，亦是东方之学必不可少的途径——内省的前提。

《人心与人生》并不讲古东方之学，讲的是能静与否，是人与动物的分野——有心思活动和没有心思活动。《人心与人生》处处指证这个、这个……是人所具备而动物所不具备的。自一方面说，这像是常识，不过他想说的是人类怎样一步步提高，有了自觉、意识、理智、理性。但是千万注意，这“有了”，其实是可以有而非一定有，这不是一旦拥有可以拿着用的东西，它恰是随时可以失去的。所以，他真正要强调的是：人虽已首出庶物，尚待不停地争取提高。真的不能停，一停即陷于昏昧，即陷于退堕。

若问他为什么热衷于这种研究和讲述，他的回答是：在他看来，靠本能活着的生命因其已停止进化而不能对之有所期待，人则不然。人有很好的本质，一直在设法挣脱本能这副枷锁。可惜的是，人仍不够清明——近似役于本能的生命，过着差不多动物般的生活——不免时时役于本能。为活而活，是人的最大错误，痛苦而不自知，不自知即不能改变。这种状态是他所不愿见，不忍见的。使人脱离这种状态实是他最根本的心愿。

“自觉”一词频频出现在他所著各书里。现在他说，自觉之义将“用以贯彻吾书”——即使不见自觉二字，所论未尝离开自觉之义。

现在有两个问题：一是能静和自觉是什么关系？请看以下两句话：“自觉与心静是分不开的……但今点出自觉来，较徒言心静，其于知识“计划之关系乃更显明”。他又说：“进于理智的人类，于静躁之间是有很大伸缩性的。”二是“自觉”为什么可以贯彻全书？因为自觉是理智、意识、获取知识的前提条件，也是理性地处理一切问题的必要条件。

“自觉”二字也常挂在我们嘴上，我们的理解和他是一样的吗？

“自觉是随在人心任何一点活动中莫不同时具有的。”事后就不一样了吗？同时而有是天然之意，故不待思索而有。再请注意它是“甚至一念微动，外人不及知而自己知之甚明”。所以，自觉——“非以对外也”。因为不是用以对外，“它极其单纯”，“通常除内心微微自觉，无其他作用”。一再用微字，意思都是，它常常不显著。更可注意的是它会时而失去。所幸者，一念之间又可以回来。事实上，人人有这样的生活经验，心不在焉的时候对周围的事可视而不见、听而不闻，心回来了，又看得见、听得见了。

我们很少（几乎从来不）警觉自己几秒钟以前曾陷于昏昧！如果我没有弄错，儒者也会有这种现象。不过，他们随即自责。

他说，人的感情、意志是复杂万状，但可总括为两大方向：好和恶。我们对之会有取和舍，或迎和拒，或趋或避。高等动物也有这两大方向，不过，它们全视乎利害得失，无所谓善恶。

两大方向同样摆在高等动物和人面前。动物的取舍出于本能，人则不一定，可以出于自觉或失去自觉。面对个体图存和种族繁衍的本能，动物只能充当它的工具，人不会放弃图存和传种的本能，但可以不囿于二者落于机械地充当它们的工具。

他所说以“自觉”之义贯彻全书，就是再三把动物和人对比着讲，阐说人有种种理由向上争取、不要浪掷了天赋与人的好资质。

这难道不是蕴含着情感的书吗！

为举一反三，我选择关于“理智”的一段供读者参看。

“……当初理智的发展，原为营求生活的新途径而发展，故从乎营求生活的立场吾人时时都在计较利害得失是在所当然的。但理智的发展又是越出两大问题之外不复为其所纠缠的，尽管时时用心在应付和处理问题，却可不受牵累于任何利害得失（诱惑、威胁）而易其从容自主自决之度也。”

“利害得失是相对的，是可以商量的，因而亦是可以彼此交易的，是非就不然了。求真之心‘无以尚之’。是则是，非则非，无可商量，它亦不能同任何利害做交易（凡交易皆从利害之计算出发）。”

大家称赞他在“四人帮”最猖狂的时候顶风拒绝批孔的勇气，其实他只是在履践上面这个意思。

请看下面这句话：“今在此一节（第七章第二节）叙出我对人心之最后认识。”他整本书都在讲“人心”，这里所说的“最后认识”是什么意思呢？他的意思是，自己最后将唯人才有理性这一点认清了。有句话他没有明说，在其叙述过程中表明，他觉得，在他之前的心理学于此有欠。

克鲁泡特金对“人心”作二分法——本能、理智，罗素作三分法，加上一个“灵性”（Spirit——通常译做精神，说灵魂也用这个字。此处当然没有这个意思）。

我父亲认为，二分法失之于简单，没有把人心活动说全，而罗素用灵性的意思又不十分切当，“我乃于理智之外增用理性一词，代表那从动物式本能解放出来的人之情意一面”。

“情意”，实指他心目中的理性（我颇觉这是他的创见）。他写道：理智，“是夹杂一毫感情（主观好恶）不得的。理性反之，以无私的感情为中心，即从不自欺其好恶而判断”。他又说，“情理虽必于情感上见之，似动而非静，却不是冲动”。（后十个字加有重点符号。）他的意思是，此时出现的是情感，却不失清明自觉，亦即全非出于本能，亦非不动情的理智。

紧接着，他写道：“冲动属于本能。人当为正义而斗争时往往冲动起来，此即从身体上发出斗争本能了。”在他看来，虽正义斗争亦属本能冲动。

更请注意下面的话：“本能是工具，是为人类生活所不可少的工具。正以其为工具也，必当从属于理性而涵于理性之中。本能突出而理性若失，则近于禽兽矣。”话说得非常重。

父亲自从将“理智”和“理性”分别予以界定，同时就据此认为西方文化（第一人生态度）的优长在理智，中国文化（第二人生态度）的优长在理性（曾经以充满情感的口气说，如果儒家亦有其主义，那就是理性至上主义）。他承认第一人生态度现阶段的合乎实际，而期待人类进入第二人生态度，过上由理性做主的生活。

在《道德——人生的实践》一章里，“道德之真”四字再三再四地出现。他只差没有直斥时下无道德可言。不过，他的意思首在长久以来人们讲的道德，“难语乎道德之真”，还不是指腐败盛行。

“道德原自有真，亦人类生命之势所必然。”照这么说，道德不是硬着头皮勉强去做，而是天然会去做？恐怕问题全在那个“真”字上。

父亲说，人们往往看道德是拘谨的，于是留心不出乱子，不遭人非议。也有人看道德是枯燥的。这都不对。人没有趣味不能活，只不过趣味有高下之分。“道德是最深最永的趣味”，是人的生理、心理——知、情、意——三者的和谐，也是自我的生命与社会其他人生命的和谐。看似道德是与日常生活无涉的事，也不对，道德就在日常生活中，不是多添一件事。

他把道德分为真伪两种。他所说的伪道德不只是指把道德挂在嘴上；挂在嘴上诚然是伪，此外还有其他的伪道德。

理解他所说的真，而后才能懂得他所说的伪是什么。“率性而行便是道德。”率性是随自己的意吗？《辞源》对率性的解释是“依循本性而行”。他曾对我说：“人性是向善的。”那就是说，“人心”在不受外物支配和遮蔽的情况下，对是非自然会有的、清明的判断。照本性做便对了。换言之，为适应需要而表现的道德，背离了率性这个意思。

他所赞成、承认的道德不是通常起着维系社会人心、安定社会作用的那种道德。那种道德和法律一起成了工具。

他是这样说的：社会必有一种相安共处的道路，为社会所公认和共信的观念、礼俗。凡是行事合乎这个的，社会便称奖之，否则便认为不道德而排斥之。因此，庸俗的、非真的道德是因时间、地域不同而各异，但又相近。

他没有说这个东西是糟的，不该要的。“那是有其不得不然之势的，但那只是一个方面，另一方面则道德原自有真，亦人类生命之势所必然。”

他一再讲，一切生物都已停在它们所进达之度，唯人类仍可以并仍在发展前进。所以，“人在生活中能实践乎此生命本性便是道德”，又说，“道德者人生向上之谓也”。

接着，他仍用身心说发挥这个意思。头脑心思发达的人类，“自是应当心主乎其身的，但事情却不然，往往是心从身动”，“那便是退堕了”。

我们往往对随俗给予谅解。他说，“一言一行独立自主，方显示生命本质”，怕违俗遭人议论，是让身做了主，是错误。

这听起来近似严酷，其实不然。“所谓对人类生命有了解是什么？就是了解人类生命当真是可悲悯的。因为人类生命是沿着动物的生命下来的，沿着动物的生命而来，则很近于一个动的机器……机器是很可悲悯的，他完全不由自主。”

有了这个理解，如何严酷得起来？他心里有的恰是同情，“所以，（我）对人的过错，口里虽然责备，而心里责备的意思很少”。

上文摘自《朝话》一文（收入《梁漱溟全集》卷二）。

道德自始便有其社会功能。在一切文明进步方面有贡献于社会；亦“可许为道德”，不要偏从才智方面看贡献，“人在社会中能尽其各种伦理上的义务，斯于社会贡献莫大焉，斯即为道德，否则，于道德有欠”。

我父亲重视伦理。他说，社会在发展，“尽伦”的其情其义不是死的，因而在社会主义社会、集体和个人之间也有相互义务；守“死规矩”，“那至多有合于一时一地的社会道德，不是道德之真”。

他进而说，这种道德的自觉和法律上的义务（权利对待）不同，它“只是义务而已”。正因为如此，他说道德是“自课的”，不但自课，也没有范围可言，“生命至大无外”；作为代表这种本性的人类，就应该如宋儒陆象山所说的那样，“宇宙内事乃己分内事”。“今天说的无产阶级负担着解放全人类的使命，颇合此意。”看到这里，读者中或许有人会觉得梁漱溟先生的道德之真原已曲高和寡，讲到后来又大包大揽。

其实，大包大揽还只是他对当代人类生命的心怀。《人心与人生》的最后一段话讲的是，“人类将不是被动地随地球以俱尽者，人类将主动地自行化去，此在古印度人谓之还灭”。而这本书的最后一句话则是：“夫谁得为一往究极之谈耶？然尽一切非吾人所知，独从其一贯趋向在争取自由灵活，奋进无已，其臻乎自在自如，彻底解放，非复人世间的境界，却若明白可睹。”

说到底，他还是不想受躯壳的拘束。

读者看完本节，若在叹息之余掩卷沉思，将对他更多一层理解。

为何不写出心不死

父亲认为，《人心与人生》这本书非写出来不可。他对伍庸伯先生说，既然你不打算写书，将来我替你写，传播你的学问。伍先生笑他“何其为他人之意多邪”！他听了当时“怃然自失”，却“窃存此心愿，无时或忘”。更动感情的话还在后头：书写出来“究在何时付印，不敢知也，窃愿及身见之耳，脱不及见，当属之愚子若孙”。

全是动感情的话。

以前，我从父子相处的经历感到：父亲因心情平静而见事极真。这个结论被

一九七三年六月，梁漱溟摄于韶山毛泽东同志旧居。右起，程思远、王克俊、梁漱溟、钱昌照、甘祠森

现在的认识推翻了。事实是，他的心热得非同寻常，只不过他是热心别人不热心的事。我愿读者首先这里理解他这个人，从而理解他视同生命的这本书。

一本书推迟五十年写出诚然令人叹息，不过这又是好事。他研究人（人类）的问题是不脱离社会发展进行的。五十年的时差，关系至大。世界，首先是中国社会面貌发生了意想不到的变化。这使得《人心与人生》中的许多认识（对人类、对社会发展）是五十年前不会有的。其次，五十年后，他读了许多当年不可能读到的书，拓展了知识领域。因此，写《人心与人生》所抱定的目的之———以现代科学解释东方之学之合于科学，以及解释他自己发展起来的身心说，得以做得更有依据。

不过，古东方之学对人的认识自有其来历，并不绝对地依赖社会发展。"思索中悟及儒家、佛家之真处，均不可能在社会发展中发现，须从人之所以为人上觅出。"他又说，"此学盖为人类未来文化在古代中国之早熟品，它原应当出现于方来之社会主义社会中。出现过早，社会环境不适于其普及发展……近代西学入中国后，留心及此者更少，其价值乃益不为人所知"。

他认为，研究人，在相当大的程度上是一门独立的学科，中国古人在这方面先走了一步，所取得的成就眼看着将因无人能够知晓而失传。失传之所以可惜，在于它正是未来人类非常需要的。

然而，说了上面那些话，还不等于把写这本书的必要性说完全了。

父亲是想以倡导一种生活态度救中国、救人类。宗教家、革命家各用自己的方式救世。他认为自己充分认识宗教之于人，可起多么大的作用，也充分了解社会问题需要革命。这些他都看到了，都承认他们的道理（"各在人类生命中有其依据"）。但是，还有一种最好（无副作用）和最根本（源于人心）的路。他看见了这条路，这条路中国古人走过，如今已是依稀可辨的荒径。使它成为人们易于辨认和遵循的路，便是他决心去做的事。他要写一本书，说明这条路为什么是真正从根本解决问题的。

那是什么路呢？在乡建一章里，我曾说他很像是主张非暴力，但不是。他是想通过提高人类的质量解决人类个人生活以及社会生活所面对的种种问题。这些问题是只要活着就无法从中跳脱。迄今，人们心中想的办法都不是办法，不是出路。出路是人要不受本能（身）支配，时刻不失自觉，时刻有理性。（我把这说成提高人类的质量。）

最后，请允许我大胆说出自己的感想：是他的感情推着他过了一生，这种感情是如此激烈，以至近于革命；这种感情是如此的不忍伤害人（悲悯），使他力求不伤害任何人而达到目的。

晚年

父亲是八十三岁（一九七六年）那年才感到腿脚乏力的。这迟于许多人十几年甚至二十年。二十世纪八十年代初一次体检，医生颇惊讶地说，他的心脏跳动差不多像年轻人那样有力。九十一岁（一九八四年）患肾功能衰竭之前，他仍可以说虽年高而不衰。即使进入九十年岁以后，并非什么都不写，只是与过去相比差多了。他勤于思考则一如往昔，如“就欧洲文明濒末路写数语存之”。因此，出现了这样一种情况：来访者见梁老身体少见的好，为之欣然。他却淡淡地回答：“没有什么病，但是头脑恍惚。”他不喜欢不能工作的生命。

这本书里所说的晚年从一九七九年算起。这是把两个因素考虑在内：精力不如前和第二个配偶逝世——一种持续了四十五年的家庭生活、家庭结构终止了。

在父亲的生活里，家庭生活始终不重要，无论第一个或第二个配偶都不重要。我料想，如果他回顾一生，会对她们两人都觉歉然。

艾恺先生写《最后的儒者》完全是根据文字材料，他推想父亲是和第二个配偶感情好，因为她教育水平高，是师范大学毕业生。一九八〇年，他当面问起父亲这个问题，得到的答复却不是。于是，艾恺在《最后的儒者》的第二版里做了修正。

父亲的第二次婚姻不妨说是半个失败。因为同是北京的生活习惯，自结合以来父亲的饮食起居得到细心照顾，此外可肯定的就不多了。她的坏脾气使亲属和友人极小心地和她保持距离。和她保持距离的动机不是针对她，而是为了免生龃龉，生龃龉则父亲便受影响。看了这个说明，读者必已得到印象——梁漱溟先生一向得到人们的关爱。是的，一九五三年以后，他在各种政治场合受冷落；在小范围——熟悉和理解他的人当中，完全不是。

然而，大家可以和她保持距离，父亲却没有可以和她保持距离的空间，不得不承受干扰，所请的保姆则往往是她发脾气的对象。数十年中，保姆经常在换人。

袁鸿寿回忆：“我见其督责保姆太严……我虽着急，但又无法勉强，只给她找了一个南方保姆，一直侍候她到死，终年八十四岁。梁老自身在被围攻之中，而室人又歇斯底里经常发作，所以丧偶之痛甚淡。”

再看父亲的日记：“早二时半[①]起，邀芬谈话，年纪已到，为日无多，相约不生气恼，对于连芬亦不吵闹，但于来后终又吵闹。至于走了不再来。”于连芬，赵凯、赵春生之母，继母与她有亲戚关系，尚且如此不能相容，其他可以想见。

一九七六年二月四日，即《人心与人生》将完稿未完稿之时，父亲的心情已经开始发生变化，写了如下一封信：

培恕吾儿：

春节过后，我便是八十四岁的人了，虽身体轻健，精神旺盛，非他人所及，然人寿毕竟有限，且吾此生所负历史使命大致已可了却，未见得再活几多年。（多也，少也，一切无所容心。）对于身后之事颇拟略作交代部署。你们两兄弟中，培宽有病在身，又居处稍远，不如你方便，所以先向你讲一讲，希望你空时多来我处作一些谈话。

父手字

我从“五七干校”回来，宿舍分在和平里，与父亲居住的新中街同在北京（今二环路外）东北角，骑车二十多分钟可达。因这个缘故去看他的次数本已较宽哥多，自接此信后又较过去为多，但是仍然不如他希望的多。日记中常有“培恕、胡真来助理一切”之类的记载，但是也有“连日不见儿孙辈来，不知何故。尤可讶者培恕等儿孙多日不见来，亦无信息。午后二时去和平里视之，竟无甚事”。又如，“夜来芬高声求助，以致未睡。早起坐息亦不佳。维博来，送通知培恕，于是胡真来，助理琐事。午后培恕来”。

“培恕绝早来，送到甜酒，即加鸡蛋食之。”

“胡真、晓音（次女钦慧）来助理琐事，谓培恕在写作。”

还有我当不知道的事：“多日不见维志来，不解其故，写信责之。”未婚青年自有未婚青年的事。一年多后，维志结婚。

对于这种情况我们所能做的是注意多跑几趟。父亲晚年得以安适度过，只能在继母去世之后。这样说诚属悖于人情，但事实确是如此。

“袁昌介绍孙姓女工来见，议定明日来上工。”前引袁鸿寿回忆文，提到的就

---

① 即半夜。

是这件事。时间是一九七八年三月。十一个月以后，“芬跌伤左下肢，颇严重……女工甚得力”。“入夜芬病加剧，忙乱至于将明乃入睡。我和女工均缺睡眠。”

一九八六年，梁漱溟在寓所楼下习拳

经送医院检查知道是腿骨骨折。由于年高，一般的接骨或再生的办法都不适用。实际上，是卧床逐日消耗体力直至最后。继母本来暴躁，至此更加暴躁，平时别人尚且受不了，此时如何受得了？女工孙梅娣三番五次打电话哭着叫我去，声言她不干了，但是终于坚持下来。孙梅娣一字不识，然而她有一个认识：“老先生是好人。”其次，她此时很需要挣钱（但去别处也能挣）。再次，我确实尽了最大的努力留住她。“女工呕吐，恕儿来助理一切。此子胜于其兄。”这后六个字本来不该引在这里，我实是逊于“其兄”。父亲深知此时孙梅娣之不可少，一时感动记下了那句话。

卧床七个月，继母逝去。以父亲的待人和善以及生活上的简约，不会发生保姆辞工不干的事，但是孙梅娣不同之处在于，以前雇的保姆同样会觉出“老先生是好人”，却没有因此而加意忍耐。随这个认识而来的是关切和工作主动。举一例，上海客人饶余安晚上谈得过久（其时继母尚卧病邻室）。孙梅娣请客人结束谈话，客人点头，父亲则说：“好，我把这个意思讲完。”我在一旁感到，这才是侍候老人最合适的人选。

孙梅娣意识有不健康之处，在不相识者面前喜欢抬高自己的身份，有时言语不当，后来发展到越权自作主张。一次她请假回无锡，回来之前打电报叫去车站接，大小五件行李全由我背着提着，她两手空空走在前。主仆贵贱思想我已批判了，而这样待我岂是公平？说起这件事不为表彰自己，身为“上班族”，白天不在家，父亲身边有个靠得住的人最要紧。我必须忍着。

（几年以后，她的女儿经商小富，把她接回去了。）

不过平心而论，父亲能安度晚年，两位女性功不可没。这个“家”——父亲居住之处，终需有个调度一切的人，胡真起到了这个作用。父亲为她题字，写的是“德不孤必有邻”。她问：写这句话给我是什么意思？我答：“这是表扬你。”

安度晚年还欠一个条件——扩大居室。新中街七号楼那套房，使用面积总共不到三十平方米，朝南一间大些，父亲住。工作、会客、进食、睡眠都在这里。朝北一间很小，继母住，再放几个箱子就满了。厨房小，食品柜放在过道里。继母逝世前，孙梅娣就住过道，白天收起卧具。

“文革”十年间，误伤了许多人，老了许多人，长大了许多孩子。大概是有见于这种实际需要或许还有一点悔悟，政府以很快的速度在复兴路盖起一栋楼，老百姓叫它“高干楼”，安排因各种原因应予照顾的人住进来，父亲也被照顾到这里，三室一厅。以那时的条件和人们的眼光，除父亲及女工外，我那个小家也够搬进去住了。

下面父亲四则日记颇可见出另一生活阶段确已开始。

一九七九年九月二十八日，“张国富（政协工作人员）通知木樨地新楼可以迁入了”。

父亲安度晚年尚欠的那个条件看起来似乎是得到了解决。其实还差一点。

两天后（十月一日）日记写道：“卢广绵来坐，并交阅一束剪报，记我甚详，可讶。”他觉可讶的是，香港《镜》报和《镜》报月刊对他的生活起居怎会知道得这么详细。

他忘记了，二十多天前有两位记者衔命来新中街访问。十二年后，我在香港见到其中一位，他就是当年为司徒美堂担任秘书兼翻译的司徒丙鹤。司徒说，廖承志把他找去，交给的任务是采写父亲，释出较多信息，谈生活，不谈政治。廖承志还说，他（司徒）以后可以长住香港，不必回来了。这批文章发表，效果显著，在海外人看来，消失了三十年的人重新浮现于天际。处在掌握中的政治解冻开始了。

邓小平既然为中国开辟另一历史时期，一九五三年事件，也要有新的对待方式。一九五三年的事，具有突发性，但其背后所含具的政治性大于个人事件。一九七九年只作调整而不做改弦更张。将一方面向海外释出信息，一方面又将《北京晚报》两年后贸然作的报道遭批评合并到一起来看，作调整的政治考虑和调整的尺度，便可体会到十之七八。

张国富来通知可以迁居的次日，父亲日记写道：“培恕夫妇及晓音宿于北屋。”十月二日日记：“早起，恕夫妇及晓音回和平里，颂华、培宽来陪我一天。”（孙梅娣意识到自己的工作有了稳定性，再次请假回乡。）

从这时起，父亲那边必定有人陪同。迁居木樨地后，发展为轮流值班。这和父亲想的有差距。我知道他有一点失望。年轻的读者不知道，一九五七年，有人因为说一九五六年的政治气候有如乍暖还寒而被划作大右派。一九七九年，中国的政治气候再次乍暖还寒。我们和他完全合住在一起仍觉不合适。政治原因之外的原因是：他的生活习惯往往排斥社会习惯，他无意间把一套住房变得有点像一座庙。气氛总是静穆的。这种排斥我们感觉得到，他自己感觉不到。起初是我的那个家每晚必有人去那边住，后来扩大到宽哥一家也参加值班。实际上真正适合在那里陪他的，只有四个“中生代”，往下，不免疏于职守。

移居以前，几乎无日不来做伴和做事的陈氏兄弟，恰在这一年先后成婚。中国人发明了“家累”一词，实在大有道理，加之地理上相距甚远，他们不能一如既往地经常来。人际关系一经升温和降温，都有其成因并会成为一种趋势。陈氏兄弟渐渐从他的生活中淡出。

王星贤、郭大中、袁鸿寿同住东城，距父亲新住处远，更何况他们一年老似一年。

处于类似情况的其实不止上面提到的三位。

还应该说一说住在“高干楼”他最后八年的日常生活。

事有凑巧，搬进“高干楼”是一九七九年十二月三十一日。次日，他便进入中国换新颜的八十年代。

从铸钟厂那个贫民窟搬到新中街七号楼，无疑是一次生活大改善，但是没有买任何家具，所添的家具全是向政协借的：两张床、一张书桌、两个尺寸极小的软椅，都已相当陈旧。这些东西一律搬进“高干楼”继续用。但是，从此以后，他有了客厅和餐室，必须购置点新家具。购置的原则是：凡不买也能过得去的就不买。我是操办者，因此记得很清楚，花八十元钱买一对已经落伍的人造革靠椅，两个带玻璃的书柜。后来又添置了夏天用的藤椅两把。客厅里唯一像样的东西是一张紫檀木书桌，那是抄家后发还的，只这一件能用。餐室里买了一个可折叠方桌、四把胶合板椅子，从集市上买回一个食品柜。因为有了第三间卧室，买了两张木板床。父亲屋里甚至没有桌子，只有一个发还回来的书架和一个旧床头柜。

他这时穿的衣服全是抄家后买的，四季够穿而已。早先的衣服已不存在。我记得非常清楚，只为他买了一件灰色亚麻布有垫肩的中山装，作为夏天出席会议之用。这是经他同意了的。我有所建议父亲总是摇头，说不必了。之所以不必，是因为一个不说出来的理由：余下的几年，不要买（用不完）的东西。

他向我称赞过一个人，此人之值得称赞是因为他穿得差，和大家集体照相全无自惭形秽之色。

这是一个生活阶段的告终，另一个阶段的开始，这是移居“高干楼”的含意。

造访的人少了吗？没有。刚好相反，从人数上说可能超过以往。以往，去看望他的人几乎是固定的。政治气候转暖带动着各个方面，或许我应该以积极的口吻谈到此后的造访者。事实是，他们当中不相识者比例增加，故交渐少，交谈的

一九七八年重阳节，梁漱溟与友人合影于香山。右起，陈维博、袁鸿寿、王星贤、梁漱溟、XXX、XXX

梁漱溟与续弦陈树棻摄于新中街寓所外

深度降低，甚至只是前来致意而已。

晚上我们会问父亲，白天都有谁来过？他往往想不全。我们需要知道是否有事待办，或曾应允为造访者做什么事，总之是兼起秘书性质的工作。我们一度放一本类似签到簿那样的笔记本在桌上，请来访者留名、留言。

同是一九七九年十二月一日日记，父亲写道："早晓青及恕儿夫妇来谈吾稿出版问题。"事实上，此时谈出版他的书差不多还是纸上谈兵。不过这终究反映出，已经可以去想它了。

有一天（大约是一九八二年秋），我在报上看到一条不显眼的消息，说上海成立了学林出版社，可以为个人自费出书。这是一个很大的松绑行动，为出版他的著作提供了现实的可能性。田慕周正好住在上海，父亲的许多手稿（包括《人心与人生》就是由他抄写）。我们托他和学林联系，自费出版《人心与人生》的事开始启动。一九八四年春天，宽哥和我一同去银行取钱汇往上海，好像是五千元上下，数目不大，却是倾囊。情况继续在变，后来《东方学术概观》出版已不必自费。

在他身故前还有多部旧著再版。

曾经有人主动表示，愿在香港出版《中国——理性之国》，但是看过手稿他们退缩了。没有人（我可以有把握地这么说）料到他如此关注社会主义革命，更没有料到引述那么多毛泽东的话。那部手稿使人困惑，他们想象中的梁漱溟先生不是这样。父亲原说待身后再发表，为什么改了主意，这个，我没有问。

一九八一年尾，他出人意料地写了《试说明毛泽东晚年许多过错的根源》，寄香港《百姓》杂志发表。在此之前，《百姓》杂志主编陆铿先生曾写信，并托人面见，目的是请他撰稿，但父亲谢绝了。自改革开放以来，屡有造访者征问对时局意见，父亲总是回答："脑力衰减，甚少出门与社会接触，没有什么意见可讲。"这是实情，是恳切地回答。当然也有不随便讲话的意思。前云"出人意料"，因为《试说》所论虽然是毛泽东（已经过去的）的错误，不过，没有当时的变化便没有这《试说》。对毛泽东的错误，领导上有说法，但任何"杂音"则非所愿闻。统战部某副部长前来兴问罪之师。大意是说，对毛泽东的意见为何不在发表之前让领导看一看？父亲回答："如何评价孔子原是写给领导看的，送去后一直无所表示，而且连稿子也下落不明了。"副部长只得说："那是不对的。"最后，副部长表示，希望今后再有文字写成先在国内发表。可是，谁来保证得到发表呢？

将《试说》寄海外发表，显然是料到在内地不能发表。

《试说》共六段，仅一千一百多字，最长一段四百零五字，追叙第一次访延两人争论中国的阶级问题。转入主题的是两段，其一是说：中华人民共和国成立后毛泽东"在阶级问题上，作有步骤的措施"，自己一直参加历次知识分子改造，

"努力学习之不暇，鲜有甚么意见主张。然而事情是发展变化的，多年之后，夙性独立思考的我，渐渐恢复了自信，而毛主席临到晚年暴露其阶级偏见亦加倍荒唐错乱达于可笑地步"。其二是说，毛泽东反复强调"千万不要忘记阶级斗争"，"要年年讲、月月讲、天天讲"。"试问若真有阶级对峙，自然就有阶级斗争，避免不得，何须叫喊千万不要忘记呢？这显然是在加工制造阶级斗争，逞其主观谬想，荒唐错乱，可笑亦复可哀！"文中最可注意的两句话是说自己"渐渐恢复了自信"，以及毛泽东"加工制造阶级斗争"，竟因其"不可抗的权威"而遂行无阻。

本书前面谈到，父亲曾说自己是"不服自服"——服在事实就在面前。"事实胜于雄辩"这句成语，我们都相信其无误，因为它像是（也的确是）客观的、存在着的事实。既然如此，他因什么又变为不服——恢复了自信呢？这个变化依据的是什么（事实）？请允许我妄言，那就是一个人（领袖）的绝对权威得以凭借党的威信和国家机器的力量而推行而无阻，在一个期间内可以成为（就在你面前的）事实。它是事实，却不实在。他以前从未用过这样的语气谈论毛泽东。怎样理解这语气变化？请翻阅本书前面介绍他批评熊十力治学态度部分，语气同样重，但批评的同时又特为另作《熊著选粹》。同样的，《试说》的开头第一句话是："从建党建军而建国以来的毛泽东主席，其一生功大于过，这是不争之论。"那语气自是表达他的情绪，有情绪而不失公正。

文章的结束语如下："可为欣幸者，今后既不会再出现这样稀罕人物，而在标出要集体领导，要遵行法制，要民主协商，前途正可抱谨慎的乐观。至少我个人是如此。"

在这段话里，行法制与民主和毛泽东这样人物"不会再有"相关联。好像是说，不具如此才能和权威的领导，则势必转向法制及民主而治理国家社会。从道理上看该是这样，却非必然。所以又有"抱谨慎乐观"的话。

此文一出，香港媒体刮起一阵"梁漱溟旋风"。某副部长所表达的不悦是对这篇文章在香港引起的反响的反应。

现在，我应该做什么事？我想是应该把这件事从"旋风"中拉出来，使写《试说》不被仅仅当作政治波澜。

如果他精力一如从前那样充沛，《试说》不会写得这么简略。不过，幸而写了《试说》，使我们得以知道这总在沉思的人对国事最后的见解。无疑，读者愿意知道得更多一点。写《试说》之前几个月，艾恺先生来访，谈话有半月，内容涉及极广。

艾恺是有备而来，带着笔记本还有录音机。时间是一九八〇年八月十二日上午。我在电梯门口迎接他，用录音带累计三十余盒，收在《梁漱溟全集》中的是其精选部分。即使如此，仍很长。下面的引文是有关评价毛泽东和近数十年中国社会变迁的那一部分问答谈话记录。

艾问：现在的中国社会，还算不算儒家社会?

梁答：毛泽东主席在北京建立新政权以后，当然是一切都开一个新局面。虽然他也逃不出中国的那个旧影响……毛主席这个人才气很高，他什么事好像都不看在眼里。所以他也就缺乏尊重老文化、老学问的那个样子，其实他还是逃不出老文化。

艾问：中国文化要旨，核心的实质，还存在吗?

梁答：残余是有的，不能说一扫光啊，还是有一些遗留。

艾问：和过去五十年相比，哪些方面是比以前好的。

梁答：过去是党的领导太强，广大社会太被动，现在慢慢地起来了。现在他们有两个口号，一个叫民主，一个叫法制。过去没有法制，毛主席的话就是法制，大家都在被动，几乎就是他一个人在那儿动，大家跟着走。

艾问：你觉得最伟大的中国人是谁?

梁答：毛泽东实在了不起，恐怕历史上都少有……是世界性的大人物。不过他晚年就不行了，就糊涂了，有很多错误……人人都纪念周，可是对毛有人就不满意。

他的态度前后一致，内容又是相互补充的。

艾恺说现代化“是一种使人类失去他们本性的过程”，担心中国“跟着别的国家走，久而久之，总有一个时候会付出代价”。

父亲这个被疑为倾向保守的人是怎么说的呢?

梁答：如你所知道的，我比较乐观。如果说变化，或者破坏，早已开始破坏了，从清末已经变化了……尽管说，他已经变化很大，破坏很多，但是他还有他中国人的精神，中国人的气味。

艾恺进而又问，你觉得四个现代化这个计划对中国文化有无什么害处?

他的回答是：中国生活在现在的世界上，它不能违反潮流，它只能往前走。把物质文明发达起来，那是需要的。但“不过要紧的就是过去西洋物质文明发达靠的是资本主义发达起来的，中国自从西洋强大的势力过来，中国已经没有走资本主义路子的余地，不可能走资本主义，所以就不能不走社会主义的路子。只能在谋社会福利里边，有个人福利，不能让个人福利压倒社会福利。所以共产党在中国出现，并且成功，那是很合理的，不特别，不奇怪”。

中国已经没有走资本主义路子的余地，他的这个意见首见于《中国民族自救运动之最后觉悟》(一九三一年)；只能在谋社会福利里边有个人福利，不能让个人福利压倒社会福利的话，以前，没这样说，但是这个意思与《中国建国之路》

一九八六年八月，武汉大学哲学系教授郭其勇拜望梁漱溟

一九八七年，梁漱溟与美国学者林琪交谈

一九八七年十一月，梁漱溟在“梁漱溟学术思想国际研讨会”上发言，左一为周谷城，左二为张岱年

梁漱溟与美国学者艾恺在复兴门外寓所交谈

（一九五一年）里边的见解及感受相合。

如果父亲仍然健在，对于依靠市场机制，与国际市场接轨的种种政策措施会怎么看？不能猜测他将怎样回答。

艾恺问：那么在你的著作中，你最喜爱的是哪一本？

梁答：《人心与人生》，那一本是最完全的。

艾恺问：有没有著作你认为已经过时了的？

梁答：像那个《东西文化及其哲学》，其中就有过时的。所谓过时，是把他们（孔孟）解释得粗浅了，粗浅了也就是错误。

艾恺问：已经出版的书中，你最喜欢的是哪一本？（按：当时《人心与人生》尚未出版。）

梁答：已经出版的，认为妥当的，就是《中国文化要义》。

迄今，大家几乎只评论《东西文化及其哲学》，甚少乃至不评论其后的著作。

下一个问题必定是读者同样想知道的。

艾恺问：你有今天的成就，在你背后支持你的原动力是什么？你的动机，心里的精神寄托。

梁答：我觉得还是得力于佛。

那么，儒家思想的作用呢？儒家总是站在人的立场说话，佛家超过人说话。所以好像他们是很不同，不过还有同的一面，那就是无我而救世。

父亲说，佛、儒的区别，“就是在‘我’的问题上。佛家的意思就是说，分别就是错误，就是要恢复他一体，复原到一体，宇宙浑然一体，这个就是佛……儒家是要在世间活动，就是像我们一样，穿衣、吃饭、饮食男女，他不要做神。这是跟我们完全相同的一面。不同在哪里呢？‘廓然大公，物来顺应’，这八个字是儒家……孔子有痛苦，佛超过这个，不一样……我佩服佛教，倾向于佛教，可是我还是一个平常的人。我是一个想要做好而不够的人，如果再说明怎样不够，那就是在破我执上”。

艾恺再问：依你看，你倾向佛家，生活上受儒家影响，这种情形比较接近于中国历史上哪一位思想家？

梁答：我懂一点佛家的道理，在思想意识上懂一些佛家，可是我实际生活希望跟着王阳明走。

艾恺问：在思想意识深处，是不是有一点圣人的意思，觉得自己是来救人类的？

梁答：就我懂得的，圣人不是平常人，他那个生命，那个人格已经完全超过普通人了，可我还是一个普通人……我可能比其他普通人不同一点的，就是我好像望见了，远远地看到，看到了什么呢？看到了王阳明，看到了孔子。我是望到，远远地望到，并且还不能清楚地看见，好像天有雾，在雾中远远地看见孔子是怎么回事，王阳明是怎么回事，我只是这个程度。

我把父亲谈话的开场白作为以上引述的结束：

“我是希望你了解我思想的根本，我思想的根本是儒家和佛家。如果能够对佛家和儒家多了解，比什么都好，比了解我过去的一些事情重要。我愿意把我所懂得的儒家跟佛家说给你听。我的意思是把我们谈话的重点放在这个地方，而不是重在我个人的事情。不但是希望于你，并且我也希望欧美人能够多了解这两家。”

“我希望你能发问”，否则“等于没有听”。

读者可以从上面那句话里感受到谈话是在什么气氛下进行的。

一九八七年十一月，中国文化书院为父亲举行“梁漱溟学术思想国际讨论会”。关于这次会我有一个清楚的记忆，父亲以尽可能明确的口吻说：“我不是书生”，“我是一个实行家”。很像是有意作此声明。接着，他以乡建运动为例（虽然我们认为那不免有理想主义之嫌）说，那是为建设一个新中国打基础，地方自治是民主、宪政国家的必要条件。“我不单纯是思想家，我是一个实践者。我是一个要拼命干的人。”

他对艾恺解释了思想和行动之间的关系。学问家是知道的东西多，吸收的东西多（吸收中也有创造，没有创造不能吸收），思想家则是创造多于吸收。

在自己最后一次参加的公众集会上，父亲说自己是行动家。我不禁要想，他为什么作此声明？

听时，我有意外感，因为我记得他的几次重大努力（行动）都没有成功。这就是说，在我心里隐然有一个观念（一个偏向），以为成功了的行动才算数，而且“大”的行动才算数。这样，就把他从第一人生态度转为第三人生态度，再转为第二人生态度忽略了。他是出奇地认真，思想必与行动一致，才有了一生改换三种生活态度的事。

但是，如果我们没有看到他实质上的一贯，便是更严重的误解。

艾恺问：是否“五四”时代放弃了佛学转入儒学，又在老年恢复对佛家的兴趣？

父亲回答：“说放弃，也没有放弃，不过是原来想出家做和尚，把这个出家做和尚放弃了，在思想上还是那样。”他说，搞乡村建设运动、介入现实政治是出于救世，“与出世一点也不违背”。大乘佛法就是不舍众生。

艾恺又问：是否老来还保持着出家心情？

父亲回答：还是那样，现在不过是不必出家了，其实还是想出家。假如说让我去住在山上的庙里，那我很高兴。

一九八七年秋天，父亲写了一个启事贴在门口，请来访者将谈话时间限制在半小时。

大约在这以后某一天，来京参加藏密学术讨论会的三个青年人，一男二女敲门求见，进入客厅，低声交换一下意见，双手合掌毕，跪下，屈身，双手触地向前平伸，全身匍匐于地呈一字形，即常说的“五体投地”。如是者三次。这是源于古印度佛教致敬的礼节，依所示敬意程度，分为九等，这是等级最高的一种，我国藏传佛教采用。如此的礼敬使我吃惊得退入门后。父亲没有还礼，他说：“因为腰痛不能躬身，请原谅。”他腰痛这么厉害没有对我们说过。他每天按时起床，午餐以前不躺下，虽有病痛坚持像正常人一样坐着，以致我不知道。

种种迹象表明，他余日不多了。

我的中学同窗朱袭文兄在自己的错案平反后，一意为故乡做点事，父亲的手迹因而镌刻在桂林名胜穿山和榕湖。一九八八年三月，袭文兄来京，我坦言有所托请：我们希望归葬故里。父亲没有想过这一类的事，这类事在他心里是没有的。

一九八八年三月下旬，倾心佛学的女教师高琳领来一个上了两年大学，弃学出家的小和尚。他显得很特别。年轻人的眼睛喜到处看，到了新地方更会如此，但是他全不看，他的心情是领取佛法，或许只是为了听到一种可以引领自己的声音。父亲也全然忘记了周围的一切，专一于对这很像自己的年轻人说话。他只有一个话题，并且几乎只有一句话，反复重复地说：“就是要发愿，发悲愿。”父亲每说一句，小和尚都高声逐字重复一遍，好像唯恐遗漏。他们起初分宾主坐在两把藤椅上，不知何时两把椅子并到了一起。如果心灵可以交融，那就是当时的情形。

父亲从不喜欢医院那种环境，总说想回家。不想住在医院还有一个不说出来的缘故——从思想认识上，他无意勉强延长生命。我这样说是有根据的。二十世纪五十年代，一位故交的遗孀向他请教，问道：“先生，人什么时候能得到解脱？”回答是：“佛家不求生、不求死。”加速、推迟都不必。然而，当他觉察到自己生命结束在即就不再提出院的事。这不是本意，是出于照顾世俗人情习惯。他让亲属，还有医生，让他们尽到自己的责任。

由于他的肾脏已不正常工作，西医的解决办法是吃泻药，使病人通过腹泻排出部分尿毒。他一向认为西医有些办法非常笨。我从他的脸上看到了他那不赞成的神色，但是没有说。还有抽血，他很知道自己不会康复，抽血化验已不必要，他也没有说——让医生去做他们责任范围内的事。

梁漱溟先生有遗言吗？有。他说：“注意中国传统文化，顺应世界潮流。”

台湾《远见》杂志记者尹萍找到协和医院病房。家兄对她说：“家父体力很

李先念（时任全国政协主席）出席梁漱溟遗体告别仪式

习仲勋（时任书记处书记）出席梁漱溟遗体告别仪式

差，你要少说话。”尹萍说：“我看一眼这位大师就行，上大学的时候拜读过《中国文化要义》。一定要见一见。只提一个问题。”尹萍问道：“您对台湾青年有什么希望？”父亲的回答就是上面那句话。

“我生有涯愿无尽，心期填海力移山”。（二十世纪三十年代自撰联语。）人生数十寒暑，对他来说不够用。

他“静中曾动发愿再来之想。”（一九五六年十月八日）

结束语

请不要寻思人能不再到世间来。父亲那乘愿再来的心情无疑是感人的。让我们看看，如果再来，他践履的将是什么心愿——最终肯定此生的什么思想主张。

一九七六年，八十四岁的他自认使命已告完成的那一年，写了《老来回忆此生》。数百字而已。

想来，是只说最要紧的话。通篇，未见他有自谦的句语，更未见有半点悔意。他肯定自己一生的作为。他唯独把作于一九三三年的《社会本位的教育系统草案》提出来说，并给予充分的肯定，确实让我们没有想到。难道他对自己一生做的事唯独肯定这一件?

回忆一生，父亲先剖析自己的思想行动"一若忽此忽彼、率尔行动者"，实则"沉思熟虑是吾生性，其间审决于衷者固非外人想象所及"。

对于普遍认为事涉理想主义的乡村建设运动，父亲觉得是"继以日寇入侵，未竟其意"。如果他不认为邹平的实验是有理想的可行之举，这个《草案》便不会得到这般的肯定。《草案》实际上是把同出一源——他自己的思想主张——改造社会的远景计划提交当时的中国社会教育学会。《草案》的部分设想在邹平已经实施，国内其他的地方未见有后续行动。

一九五三年九月，他原本想提交给全国政协扩大会议的，也正是这个《社会本位的教育系统草案》。

看来他真是执着得很。

需要扼要地介绍一下他的社会本位教育的基本观念。

一提到教育，我们会想到各种程度、各种类型的学校，想到从那里得到知识技能的传授。换言之，是为将来或眼前的生计着想而接受教育；我们也会想到智育、德育；我们还承认，应对天才和残障人给予特别地教育。我们认为，教育不只关系到个人，同时也关系着社会如何发展，但总之是为着一个个的人。可是，当我父亲提到教育的时候，他想到的是一切人类社会的不完善或病态都经由教育加以改造和改善。着眼点不在个人。当然，施教的对象必是一个个的人，但施教的目的是使各个人参与社会改造工程，适应社会变化。受教育者远不限于学龄儿童和青年，是各年龄阶段和业别的人。

社会本位教育（不是个人本位）的含意就在于此。试问，为什么要以社会为本位施教？

他认为，就人类社会而言，无论政权形式如何，“社会秩序之最后维持，端赖武力而非理性”，假如人类较进于理性，对社会存在的问题随时进行修缮，在种种自觉的安排中都有教育在其中发挥作用，社会的新建本可避免做机械的解决。

至于中国，预期将建设的新社会机构因缺乏历史的孕育，有赖于教育之处比其他国家更多，需要“全社会共同学习人家、创造自己”。中国的建国运动“不是教育工程是什么呢”？再者，建国运动成功的“前提是政治统一和有方针、有计划”，需要“革命意识更加明澈”，办法就是“纳社会运动于教育之中，从改造教育完成社会改造”。

这一革命运动是尚待形成或未来将会出现，还是已经出现于中国的某个革命运动？理想必借助于有形的力量方得成为现实，这个力量应是一个政治团体。但是，梁漱溟先生既已认为国民党和共产党的政治理念与此一设想不符，而乡村建设运动又不准备形成组织，他的整个的设想岂非不能得到落实了吗？

其实，《社会本位的教育系统草案》并不是什么别的，它是把邹平实验向全国推广的设想，而这个设想筑基于他对人之所以为人的认识，筑基于对中国民族文化历史及其所面对困难的认识，以及中国富于理性的文化未来将发煌于世界的信念。

使我感到惊讶的是，仔细寻绎，多年后，他写的《中国文化要义》《人心与人生》以及《中国——理性之国》，无一不是在印证、在深一层地解说和发挥。他从未踌躇和迷失，并且确信它们都可以实现。

难怪他要乘愿而来。

亲爱的读者，让我们为他那勇于探求、勇于践履、锲而不舍的精神叫好吧！